Album

Cuentos del mundo hispánico

Cuarta edición

Joy Renjilian-Burgy
WELLESLEY COLLEGE

Rebecca M. Valette
BOSTON COLLEGE

HEINLE
CENGAGE Learning·

Australia · Brazil · Japan · Korea · Mexico · Singapore · Spain · United Kingdom · United States

HEINLE
CENGAGE Learning

Album: Cuentos del mundo hispánico, Cuarta edición
Joy Renjilian-Burgy, Rebecca M. Valette

Vice President, Editorial Director:
P.J. Boardman

Publisher: Beth Kramer

Executive Editor: Lara Semones

Assistant Editor: Joanna Alizio

Editorial Assistant: Greg Madan

Associate Media Editor: Patrick Brand

Executive Brand Manager: Ben Rivera

Market Development Manager:
Courtney Wolstoncroft

Senior Content Project Manager:
Tiffany Kayes

Senior Manufacturing Planner:
Betsy Donaghey

Rights Acquisition Specialist: Jessica Elias

Design and Production Services:
PreMediaGlobal

Cover Designer: Leonard Massiglia

Cover Image: © Elena Climent

Compositor: PreMediaGlobal

For product information and technology assistance, contact us at
Cengage Learning Customer & Sales Support, 1-800-354-9706

For permission to use material from this text or product, submit all requests online at **cengage.com/permissions**
Further permissions questions can be emailed to
permissionrequest@cengage.com

Library of Congress Control Number: 2013932051

ISBN-13: 978-1-133-94104-0

ISBN-10: 1-133-94104-4

Heinle
20 Channel Center Street
Boston, MA 02210
USA

Cengage Learning is a leading provider of customized learning solutions with office locations around the globe, including Singapore, the United Kingdom, Australia, Mexico, Brazil, and Japan. Locate your local office at: **international.cengage.com/region**

Cengage Learning products are represented in Canada by Nelson Education, Ltd.

For your course and learning solutions, visit **www.cengage.com**

Purchase any of our products at your local college store or at our preferred online store **www.cengagebrain.com.**

Instructors: Please visit **login.cengage.com** and log in to access instructor-specific resources.

Printed in the United States of America
1 2 3 4 5 6 7 17 16 15 14 13

Acknowledgments

We would like to extend our gratitude to World Languages Publisher Beth Kramer, Executive Editor Lara Semones, and Project Managers Tiffany Kayes and Sumathy Kumaran for their work on the fourth edition of *Album*. The authors wish to express special appreciation to Patrick Brand for his comprehensive editing and technical assistance and to Joanna Alizio for her work on the website and teacher materials. At Wellesley College, we thank Joanna García and Laura López Nevado for their research assistance and close reading of the manuscript, and Jael Matos for her technical input. Finally we wish to thank our families for their loving support.

We would also like to express our appreciation to the following colleagues, whose comments and suggestions were very valuable for this revision: Gloria Arjona, *University of Southern California*; Melany Bowman, *Arkansas State University*; Miguel Caban, *SUNY Ulster*; April Kock, *Miramar College*; Dorothy Moore, *Gettysburg College*; Susan Mraz, *UMass Boston* Luz Quintero-Barrientos, *Wellesley (MA) High School*; Alyse Schoenfeldt, *Palm Beach State College*; John P. Sullivan, *Prairie View A&M University*; Lorna Tonack, *Blue Mountain Community College*; Nicholas Uliano, *Cabrini College*; and Mary-Anne Vetterling, *Regis College*; and Priscilla Colón.

Joy Renjilian-Burgy WELLESLEY COLLEGE

Rebecca M. Valette BOSTON COLLEGE

Cover image: *Nación* or *Nation*, by Elena Climent, signed and dated ©2010. Oil on canvas. From the 2010 exhibition "Imágenes de la Patria" celebrating the Bicentennial Anniversary of the Mexican Independence, sponsored by the Museo Nacional de Arte (MUNAL) in Mexico City and at the Museo de Historia Mexicana in Monterrey.

About the cover artist: Elena Climent was born in Mexico City in 1955 to a Spanish father, artist Enrique Climent, an exile from the Spanish Civil War, and to a Jewish New York mother who moved to Mexico in the late 1940s and later worked as a journalist for the Mexican publication of the American newspaper *The News*. A self-taught artist, Climent combines her memories and nostalgia for the world in which she grew up with a reflection of contemporary Mexican and American reality as well as the beauty of the industrialized world. She moved to New York in 1988, then to Chicago in 1995, and in 2004 returned to New York, where she has been living until the present. Climent also spends several months a year in Cuernavaca, Mexico, where she has a studio. In the past years, her paintings have been closely related to her Mexican-American life. Her 2010 painting *Nación*, or *Nation*, is one of her most important recent works that describes her life as a dual national. It is done in a narrative format composed of multiple images that represent simultaneous stories about Mexico City, New York and moving back and forth between the two countries.

About the illustrator: Anna Veltfort was born in Darmstadt, Germany, was raised and educated in Cuba and the United States, and resides in New York City with her family and cats. She has designed and illustrated numerous books for children and adults, and interactive CD-ROM games for young teens.

Contenido

Student Preface

Dear Spanish Student:

Congratulations for continuing your study of Spanish, a language that will open many doors for you and be a special asset as you explore future educational and professional opportunities. As you know, millions of people in the United States and around the world speak Spanish as a first or second language.

Welcome to *Album: Cuentos del mundo hispánico*, **Cuarta edición.** Although you have already read numerous Spanish texts in your prior years of language study, this may be the first time that you have the opportunity to enjoy complete, unabridged short stories by recognized Hispanic authors from Latin America and Spain, as well as the United States. The stories we have selected are not only of human interest, but will serve as a springboard for discovering and reflecting on the wealth and diversity of literatures and cultures of the Spanish-speaking world.

Before you begin reading a story, view the opening illustration and read its corresponding quotation. Try to guess what the reading will be about and who the characters might be. The author biography and the *Contexto cultural* will further help set the scene for your reading. You will discover that words and expressions that might be unfamiliar are glossed in the margin. Cultural references and longer expressions are explained in footnotes. In addition, we have provided a Spanish-English vocabulary at the end of the book. With these many reading aids, you should be able to enjoy the stories as literary works rather than as linguistic puzzles to be decoded.

If we can offer one bit of advice, it is to **listen** to the recordings of the stories. The stories can be found on the premium website and downloaded as mp3s at your convenience. For some stories you may want to listen to the recording first, after viewing the opening illustration, to see how much you can understand, and then read the printed text. For others, you may wish to read the story first and then listen to the recording. Or, you can play the recording while reading the story in your book. You can even try speaking or lip synching along with the portions of the recording to get the music and rhythm of Spanish into your head.

Each story is accompanied by a variety of classroom activities that enable you to build your vocabulary, to analyze what you have read, and to share your insights and reflections with your classmates. Indeed, the many *Interpretación* activities will also help you prepare for other Spanish courses, and/or study and travel abroad. In the appendixes you will discover listings of *Términos literarios* and *Expresiones cinematográficas* as well as answers to the *Resumen* activities and additional *Comparaciones y contrastes en contexto* topics.

¡¡Diviértete!! Enjoy this rich collection of short stories!
Joy Renjilian-Burgy & Rebecca M. Valette

1
Una carta a Dios

~ Gregorio López y Fuentes ~
MÉXICO

«…comenzó a soplar un fuerte viento
y con las gotas de agua comenzaron a caer granizos muy grandes.»

1

Una carta a Dios

Gregorio López y Fuentes (1897–1966), novelist of the Mexican Revolution, grew up among peasant farmers (campesinos) in the state of Veracruz. In "Una carta a Dios,"[1] which appeared in Cuentos campesinos de México (1940), the unshakable faith of the peasant Lencho evokes an unusual and surprising response from the postmaster.

CONTEXTO CULTURAL Como resultado de la Revolución Mexicana de 1910, las reformas del gobierno permitieron a muchos campesinos poseer dispersos terrenos propios. Sin embargo, las familias campesinas normalmente eran muy humildes, y sus vidas podían ser fácilmente devastadas por desastres y fenómenos naturales, como la sequía *(drought)* o las tormentas imprevistas. Así, muchas familias tenían que vender sus tierras a grandes terratenientes.

La casa de Lencho

La casa... única en todo el valle... estaba en lo alto de un cerro° bajo. Desde° allí se veían el río y, junto al° corral, el campo de maíz° maduro° con las flores del frijol° que siempre prometían una buena cosecha.°

Lo único que necesitaba la tierra era una lluvia o, a lo menos° un
5 fuerte aguacero.° Durante la mañana, Lencho... que conocía muy bien el campo... no había hecho más que examinar el cielo hacia° el noreste.°

—Ahora sí que viene el agua, vieja.°

Y la vieja, que preparaba la comida, le respondió:

—Dios lo quiera.°
10 Los muchachos más grandes trabajaban en el campo, mientras que los más pequeños jugaban cerca de la casa, hasta que la mujer les gritó a todos:

—Vengan a comer...

La tempestad°

Fue durante la comida cuando, como lo había dicho Lencho,
15 comenzaron a caer grandes gotas° de lluvia. Por el noreste se veían avanzar grandes montañas de nubes.° El aire estaba fresco° y dulce.°

El hombre salió a buscar algo en el corral solamente para darse° el gusto° de sentir° la lluvia en el cuerpo, y al entrar exclamó:

—Estas no son gotas de agua que caen del cielo; son monedas°
20 nuevas; las gotas grandes son monedas de diez centavos y las gotas chicas° son de cinco...

Glosses (right margin):
- hill
- From / next to the / corn / ripe
- bean / harvest
- at least
- heavy downpour
- toward / northeast
- = **querida esposa**
- **Dios...** God willing.
- storm
- drops
- clouds / cool / pleasant
- to give himself
- pleasure / of feeling
- coins
- = **pequeñas**

---

[1] «**Una carta a Dios**» "A Letter to God."

2

Y miraba con ojos satisfechos el campo de maíz maduro con las flores del frijol, todo cubierto° por la transparente cortina° de la lluvia. Pero, de pronto,° comenzó a soplar° un fuerte viento y con las gotas de
25 agua comenzaron a caer granizos° muy grandes. Esos sí que° parecían monedas de plata° nueva. Los muchachos, exponiéndose a la lluvia, corrían a recoger las perlas° heladas.°

—Esto sí que está muy malo —exclamaba mortificado el hombre—, ojalá que pase pronto...

30 No pasó pronto. Durante una hora cayó el granizo sobre la casa, la huerta,° el monte, el maíz y todo el valle. El campo estaba blanco, como cubierto de sal.° Los árboles, sin una hoja.°

El maíz, destruido. El frijol, sin una flor. Lencho, con el alma° llena de tristeza, pasada la tempestad, en medio del campo, dijo a sus hijos:

35 —Una nube de langostas² habría dejado más que esto... El granizo no ha dejado nada: no tendremos ni maíz ni frijoles este año...

La noche fue° de lamentaciones:

—¡Todo nuestro trabajo, perdido!

—¡Y nadie que pueda ayudarnos!

40 —Este año pasaremos hambre° ...

Pero en el corazón de todos los que vivían en aquella casa solitaria en medio del valle había una esperanza:° la ayuda° de Dios.

—No te aflijas° tanto, aunque° el mal es muy grande. ¡Recuerda que nadie se muere de hambre!

45 —Eso dicen: nadie se muere de hambre...

La idea de Lencho

Y durante la noche, Lencho pensó mucho en su sola esperanza: la ayuda de Dios, cuyos° ojos, según le habían explicado, lo miran todo, hasta° lo que está en el fondo° de las conciencias.

Lencho era un hombre rudo,° trabajando como una bestia° en los
50 campos, pero sin embargo sabía escribir. El domingo siguiente,³ con la luz del día, después de haberse fortificado° en su idea de que hay alguien que nos protege, empezó a escribir una carta que él mismo llevaría al pueblo para echarla al correo.°

No era nada menos que una carta a Dios.

55 «Dios», escribió, «si no me ayudas, pasaré hambre° con toda mi familia durante este año. Necesito cien pesos para volver a sembrar° y vivir mientras viene la nueva cosecha, porque el granizo...»

Escribió «A Dios» en el sobre,° metió° la carta y, todavía preocupado, fue al pueblo. En la oficina de correos, le puso un sello a la carta y echó
60 ésta° en el buzón.°

---

² **Una nube de langostas** A cloud of locusts. A traditional plague in which swarms of locusts or grasshoppers strip the vegetation from large areas.

³ Since Sunday was the day the peasants would come to the village to attend church and go to the market, it was also traditional that the post office be open for business Sunday morning.

Glosses (right margin):

covered / curtain
all of a sudden / to blow
hail / Those really
silver
pearls / frozen

large vegetable garden
cubierto... covered with salt / leaf
soul

= **fue una**

pasaremos... we shall be hungry

hope / help
worry / even if

whose
even / bottom
uneducated / = **animal**

strengthened

para... to mail it

pasaré... I'll go hungry
volver a... to plant again

envelope / put in

= **la carta** / mailbox

El correo

Un empleado, que era cartero° y también ayudaba en la oficina de correos, llegó riéndose° mucho ante su jefe, y le mostró° la carta dirigida° a Dios. Nunca en su existencia de cartero había conocido esa casa. El jefe de la oficina... gordo y amable... también empezó a reír, pero muy
65 pronto se puso° serio y, mientras daba golpecitos en la mesa° con la carta, comentaba:

—¡La fe!° ¡Ojalá que yo tuviera° la fe del hombre que escribió esta carta! ¡Creer como él cree! ¡Esperar° con la confianza° con que él sabe esperar! ¡Empezar correspondencia con Dios!

70 Y, para no desilusionar aquel tesoro° de fe, descubierto° por una carta que no podía ser entregada,° el jefe de la oficina tuvo una idea: contestar la carta. Pero cuando la abrió, era evidente que para contestarla necesitaba algo más que buena voluntad,° tinta° y papel.

Pero siguió° con su determinación:° pidió dinero a su empleado, él
75 mismo dio parte de su sueldo° y varios amigos suyos tuvieron que° darle algo «para una obra de caridad».°

Fue imposible para él reunir° los cien pesos pedidos° por Lencho, y sólo pudo enviar° al campesino un poco más de la mitad.° Puso los billetes° en un sobre dirigido a Lencho y con ellos una carta que tenía
80 sólo una palabra como firma:° DIOS.

	mailman
	laughing / showed / addressed
	he became / **daba**... he was tapping the table
	faith / had
	To hope / confidence
	treasure / revealed
	delivered
	will / ink
	he followed through / decision
	salary / were obliged to, had to
	obra... act of charity
	to gather / requested
	= **mandar** / half
	bills
	signature

La reacción de Lencho

Al siguiente domingo, Lencho llegó a preguntar, más temprano que de costumbre,° si había alguna carta para él. Fue el mismo cartero quien le entregó° la carta, mientras que el jefe, con la alegría° de un hombre que ha hecho una buena acción, miraba por la puerta desde su
85 oficina.

Lencho no mostró la menor sorpresa° al ver los billetes... tanta° era su seguridad°... pero se enfadó° al contar° el dinero... ¡Dios no podía haberse equivocado,° ni negar° lo que Lencho le había pedido!

Inmediatamente, Lencho se acercó° a la ventanilla° para pedir papel
90 y tinta. En la mesa para el público, empezó a escribir, arrugando° mucho la frente° a causa del trabajo que le daba expresar sus ideas.[4] Al terminar, fue a pedir un sello, que mojó° con la lengua y luego aseguró° con un puñetazo.°

Tan pronto como° la carta cayó al buzón, el jefe de correos fue a
95 abrirla. Decía:

«Dios: Del dinero que te pedí, sólo llegaron a mis manos sesenta pesos. Mándame el resto, como lo necesito mucho; pero no me lo mandes por la oficina de correos, porque los empleados son muy ladrones.°
—Lencho.»

	usual
	handed over / joy
	surprise / so great
	certainty / he got angry / upon counting / **no**... could not have been mistaken / deny
	approached / window
	wrinkling
	forehead
	moistened / affixed
	blow of a closed fist
	As soon as
	thieves

Gregorio López y Fuentes, «Una carta a Dios». *Cuentos campesinos de México.*
From *Cuentos campesinos de México,* Editorial Cima, 1940.

---

[4] **a causa... ideas**   because of the effort it cost him to express his ideas. Literally, because of the work that expressing his ideas gave him. (Note that **expresar sus ideas,** which is the subject of **daba,** is placed at the end of the sentence for emphasis.)

Comprensión

¿Qué pasó?

La casa de Lencho

1. En todo el valle, ¿cuántas casas había? ¿En qué parte estaba la casa de Lencho?
2. ¿Qué prometía el campo de maíz y frijoles? ¿Qué era lo único que necesitaba la tierra?
3. ¿Cómo sabía el campesino que iba a llover?
4. ¿Qué preparaba la esposa de Lencho? ¿Qué hacían los hijos? ¿en dónde?

La tempestad

5. ¿Qué comenzaron a caer? ¿Cuándo? ¿Cómo estaba el aire?
6. ¿Para qué salió Lencho a buscar algo en el corral? Entonces, ¿qué exclamó él?
7. Después de caer el granizo, ¿cómo estaban los árboles, el maíz y el frijol?
8. ¿Qué destruyó la tempestad? ¿Qué dijo Lencho al lamentarse durante la noche?

La idea de Lencho

9. ¿Cuál fue la sola esperanza que tuvo él?
10. ¿A quién le escribió Lencho una carta? ¿Por qué?
11. ¿Para qué le pidió Lencho cien pesos a Dios? ¿Qué le explicó a Dios que iba a pasar si no tenía ese dinero?
12. Después de meter la carta en el sobre, ¿qué hizo Lencho?

El correo

13. Al ver la carta dirigida a Dios, ¿qué hizo un empleado de la oficina de correos?
14. ¿Qué idea tuvo el jefe de la oficina? ¿A quiénes le pidió ayuda?
15. ¿De los cien pesos que pidió Lencho, ¿cuántos reunió el jefe?
16. ¿Qué nombre firmó el jefe en la carta para Lencho?

La reacción de Lencho

17. Al contar el dinero, ¿cómo reaccionó Lencho? Entonces, ¿qué hizo?
18. En su segunda carta a Dios, ¿qué escribió Lencho sobre los empleados de la oficina de correos?

🔊 Audio

Despúes de escuchar la historia, indica si la idea es verdadera (**V**) o falsa (**F**).

1. V F   2. V F   3. V F   4. V F   5. V F   6. V F

Palabras

Cognados

Cognates (**cognados**) are words in two languages that look alike and have the same or similar meanings. A few Spanish-English cognates are spelled exactly the same: **idea, invisible.** More often, there are minor spelling differences: **evidente,** *evident;* **exclamar,** *to exclaim.*

Frequently, Spanish-English cognates do not have exactly the same meaning in both languages. Sometimes the English cognate has a synonym that is more commonly used. For example:

comenzar	*to commence*	BUT USUALLY:	*to begin*
terminar	*to terminate*	BUT USUALLY:	*to finish, to end*
grande	*grand*	BUT USUALLY:	*large, big*

In such cases, the cognate will remind you of the more common English equivalent.

Transformaciones

Da el cognado en inglés de cada palabra.

1. el valle
2. imposible
3. la existencia
4. la familia
5. examinar
6. serio
7. la oficina
8. responder

Conexiones en contexto

Refiriéndote al cuento, empareja cada término de la Columna **A** con el *correspondiente* de la Columna **B**.

Los correspondientes

A	B
1. mandar	a. billetes
2. chico/a	b. empezar
3. dinero	c. gritar
4. exclamar	d. agua
5. comenzar	e. aguacero
6. lluvia	f. correspondencia
7. carta	g. enviar
8. mortificado/a	h. contestar
9. responder	i. pequeño/a
10. gota	j. preocupado/a

Refiriéndote al cuento, empareja cada término de la Columna **A** con su *opuesto* de la Columna **B**.

Los opuestos

A	B
1. tristeza	a. jefe
2. empezar	b. todos
3. cielo	c. en el fondo
4. jugar	d. bien
5. transparente	e. alegría
6. empleado	f. desilusión
7. en el medio	g. tierra
8. mal	h. terminar
9. alegría	i. trabajar
10. nadie	j. cubierto/a

Resumen*

Vuelve a contar la historia, cambiando los verbos en itálica al tiempo presente.

1. La casa *estaba* en lo alto de un cerro bajo.   2. Lo único que *necesitaba* la tierra *era* lluvia.
3. Lencho *conocía* muy bien el campo.   4. Los hijos más grandes *trabajaban* en el campo.
5. *Comenzaron* a caer grandes gotas de lluvia y Lencho *miró* con ojos satisfechos el campo de maíz maduro.   6. *Llovió* muchísimo y el granizo *dañó* la cosecha.   7. Muy triste, Lencho *pensó* en la ayuda de Dios, cuyos ojos, según le *habían* explicado, lo *miraban* todo.   8. Le *escribió* una carta a Dios y él mismo la *llevó* al pueblo a la oficina de correos donde la *echó* al buzón.   9. Un empleado de la oficina de correos *trajo* la carta dirigida a Dios a su jefe, quien la *abrió*.
10. Entonces el jefe y los empleados *reunieron* más de la mitad del dinero pedido por Lencho.   11. En un sobre dirigido a Lencho, el jefe *puso* los billetes y un papel en el que *firmó* «Dios».   12. Cuando Lencho *leyó* la carta, se *enfadó* mucho.   13. Lencho *escribió* otra carta y *pidió* un sello que *mojó* con la lengua.   14. Cuando la carta *cayó* al buzón, el jefe *fue* a leerla.   15. En la carta de Lencho *decía* que los empleados *eran* muy ladrones.   16. También *indicaba* que ellos le *habían* robado el dinero que *faltaba*.

Interpretación

Análisis
1. Describe el valle donde trabajan y viven Lencho y su familia. ¿Qué imagen te produce? ¿Qué adjetivos y sustantivos usa López y Fuentes para crear un tono coloquial y un ambiente rural?
2. Haz un retrato de Lencho. Incluye su relación con la familia y la tierra. ¿En qué se ocupa? ¿Qué le preocupa?
3. ¿Qué infieres sobre las condiciones socioeconómicas de Lencho y su familia? Señala algunos detalles en el relato.
4. En diferentes momentos de la narración, el granizo evoca emociones conmovedoras, positivas, preocupantes o alarmantes. Identifica esos momentos, con referencia a Lencho, sus hijos menores y los empleados del correo. ¿Qué contradicciones e ironías observas?

* Answers to the *Resumen* exercises appear in Appendix D, pp. 270–276.

5. Caracteriza el lenguaje que el autor emplea para describir la naturaleza: se refiere a «montañas de nubes», «la transparente cortina de la lluvia», «perlas heladas (=los granizos)». ¿Qué imágenes evocan y qué efectos narrativos tienen estas metáforas?
6. Explica la actitud y las acciones del jefe del correo y su empleado hacia Lencho. ¿Por qué se comportan así? ¿Qué harías tú en su lugar?
7. Hay una expresión que dice, «La fe mueve montañas». Basándote en esta expresión, ¿qué infieres de la fe de Lencho?
8. Analiza el final del cuento.

Ensayos

1. Inventa la próxima escena. ¿Qué les va a pasar a Lencho, su familia, la cosecha destruida y los empleados de correos?
2. En la narración, aunque la tempestad ha arruinado la cosecha de maíz y frijol, Lencho muestra su fe absoluta cuando él afirma que «hay alguien que nos protege». Explica esta y las otras referencias del autor a la fe de Lencho, de su esposa y de los empleados del correo. ¿Estás o no estás de acuerdo con sus perspectivas filosóficas?

Dramatizaciones

1. El maíz y el frijol hablan de su vida productiva en el valle antes de la tempestad y después de la destrucción devastadora del viento y el granizo. ¿Qué comentan sobre su existencia antes y después de la catástrofe?
2. Imagínate que han pasado cinco años. En el café del pueblo, Lencho se encuentra con dos empleados de la oficina del correo y el vendedor de semillas de maíz y frijol. ¿Qué se comentan los cuatro sobre los altibajos de sus vidas y de sus trabajos en el pasado y en el presente?

Discusiones

1. Hoy en día, en muchos países, los niños pasan hambre. Describe algunas causas. Sugiere posibles estrategias para combatir el problema global del hambre.
2. ¿Dónde vives tú, en la ciudad o en el campo? Describe los desafíos de las diferentes estaciones del año en donde vives.
3. Nombra algunos productos agrícolas que fueron destruidos por alguna tempestad o desastre natural en los últimos cinco años. Comenta las consecuencias.
4. En los últimos años, ha habido muchos desastres naturales (terremotos, *tsunamis*, huracanes, incendios, tornados). Habla de uno que conozcas, incluyendo: la categoría, el lugar, la destrucción que causó, cómo afectó a la gente.
5. Imagínate que estás en un concierto en tu ciudad y te encuentras con amigos que no has visto por dos años. Cuéntales los detalles de algún viaje que has hecho a un lugar rural, dentro o fuera de tu país.
6. Cuenta un incidente desilusionante que un/a amigo/a ha tenido este año. ¿Cómo le hizo sentir y cómo lo enfrentó?

Comparaciones y contrastes

Lencho, en «Una carta a Dios», y el padre, en «Cajas de cartón», son hombres muy trabajadores. Analiza sus semejanzas y diferencias con respecto a sus trabajos, sus relaciones con la familia y la tierra, su carácter y su filosofía de la vida. ¿Quién tiene una vida más difícil? ¿Por qué?

2
La mala racha

~ Eduardo Galeano ~

URUGUAY

«Mientras dura la mala racha pierdo todo … llaves, lapiceras,
dinero, documentos, nombres, caras, palabras.»

La mala racha

Eduardo Galeano (1940–) was born in Montevideo, Uruguay. He began his career as a journalist in Uruguay and lived in exile from 1973 to 1985 in Argentina and Spain. Social and political critiques of repression and oppression in Latin America abound in his works, which include chronicles, essays, and short narratives. Las venas abiertas de América Latina *(1971) is a scathing diatribe against centuries of underdevelopment in Latin America and has been translated into more than twenty languages.* "La mala racha"[1] *is taken from* El libro de los abrazos *(1989). Only one paragraph in length, it reveals a profound message about the human condition. Is its tone comic or tragic? You decide.*

CONTEXTO CULTURAL Como muchas personas en cualquier parte del mundo, los latinoamericanos suelen tener fuertes creencias sobre la buena y la mala suerte. Por ejemplo, en el centro de Montevideo hay una 'fuente del amor eterno' con una placa que dice: Si dos personas enamoradas depositan un cerrojo con sus iniciales, regresarán juntas a la fuente y su amor estará guardado bajo llave.

Mientras dura la mala racha, pierdo todo. Se me caen las cosas° de los bolsillos° y de la memoria: pierdo llaves, lapiceras,° dinero, documentos, nombres, caras, palabras. Yo no sé si será gualicho° de alguien que me quiere mal y me piensa peor, o pura casualidad,° pero a veces el
5 bajón° demora en irse° y yo ando de pérdida en pérdida,° pierdo lo que encuentro, no encuentro lo que busco, y siento mucho miedo de que se me caiga la vida[2] en alguna distracción.

Se... Things fall out
pockets / fountain pens
evil spell
coincidence
decline / **demora**... lingers /
  de... from loss to loss

Eduardo Galeano, «La mala racha», from *El Libro de los Abrazos*. Reprinted by permission of Eduardo Galeano.

Comprensión

¿Qué pasó?
1. ¿Qué condición experimenta la persona retratada en este cuento?
2. ¿Dónde tiene sus cosas? Enuméralas.
3. ¿Qué supone la persona que le puede causar la mala racha?
4. Cuando la persona tiene el bajón, ¿dura mucho o poco?
5. ¿Qué pierde la persona? ¿Lo encuentra?
6. Al final, ¿qué miedo siente?

---

[1] "Bad spell, bad luck." Literally, **una racha** is a gust of wind. Figuratively, **tener una mala racha** means *to have a run of bad luck.*
[2] **que se me caiga la vida** I may die. Literally, my life may fall away.

Audio

Despúes de escuchar la historia, indica si la idea es verdadera (**V**) o falsa (**F**).

1. V   F   2. V   F   3. V   F   4. V   F   5. V   F   6. V   F

Palabras

Sustantivos cognados *(-ción, -cción)*

Many Spanish nouns that end in **-ción** and **-cción** have English cognates ending in *-tion* and *-ction*. These nouns are feminine.

-ción ↔ *-tion*		**situación** ↔ *situation*
-ción ↔ *-ction*		**extinción** ↔ *extinction*
-cción ↔ *-ction*		**distracción** ↔ *distraction*

Transformaciones

Da los cognados en inglés de cada palabra.

1. la imaginación
2. la admiración
3. la determinación
4. la preocupación
5. la restauración
6. la conversación
7. la satisfacción
8. la convicción
9. la acción
10. la destrucción
11. la inspección
12. la abstracción

Resumen

Vuelve a contar la historia, cambiando los verbos en itálica al tiempo futuro.

1. Al experimentar la mala racha, lo *pierdo* todo.   2. Se me *escapan* las cosas de mi persona y de mi mente.   3. Por ejemplo, se me *pierden* las llaves, las monedas y los papeles oficiales.   4. Me *pregunto* si *puede* ser gualicho de alguien, si cierta persona me *desea* mal.   5. También *pienso* que es una casualidad.   6. Algunas veces, me *pongo* demasiado triste.   7. A veces *ando* perdiendo cosas ya encontradas y no *encuentro* lo buscado.   8. Siempre *tengo* mucho miedo de que se me caiga la vida al distraerme. ¡Qué mala racha!

Interpretación

Análisis

1. Según tu interpretación de la narración, ¿qué es una «mala racha»? Comenta los ejemplos que el autor nos presenta. ¿Qué profundo mensaje infieres?

2. ¿Qué malas rachas afectivas y físicas notas en la narración? En tu opinión, ¿cuáles son las más fuertes? ¿Por qué?

3. Describe los componentes de la «distracción» mencionada al final de la narración. ¿Describe el autor a una mujer o un hombre? Explica tu interpretación.

4. Lee este microcuento en voz alta. Entonces, vuelve a narrarlo, cambiando los verbos de primera a tercera persona. ¿Qué cambios ocurren? Compara cómo te impresiona cada versión.

5. Galeano intercala muchos verbos en este microcuento. Categorízalos. ¿Qué efectos narrativos producen? ¿Qué distintos tonos tienen como resultado?

6. ¿En qué etapa de la vida te parece que experimenta la persona del relato la mala racha? ¿Cuántos años tendrá? ¿Qué profesión ejercerá? Describe su actitud y sus emociones. ¿Por qué piensas así?

Ensayos

1. Imitando el estilo de Galeano, escribe una narración titulada «La mejor racha de mi vida». Inventa contextos sociales y da ejemplos concretos.

2. ¿Cuáles son algunas estrategias para enfrentar una mala racha? Explica la mala racha y describe actividades físicas y estrategias mentales y emocionales que puedes emplear.

Dramatizaciones

1. Dos estudiantes —de 17 y 20 años— comparan una mala racha que tienen ahora. ¿Qué cosas relatan y en qué contextos?

2. Inventa una conversación entre cuatro de las «cosas perdidas» por la *persona* del relato. ¿Qué se cuentan de su propia existencia y propósito en la vida?¿Qué se comentan sobre la condición y comportamiento de la *persona*. ¿A qué conclusión llegan ellos?

Discusiones

1. Comenta este dicho: «No hay mal que dure cien años ni cuerpo que lo aguante». ¿Estás de acuerdo? Explícalo, con ejemplos.

2. ¿Las malas rachas pueden convertirse en buenas y viceversa? Comenta una «mala racha» del semestre pasado de un/a amigo/a o un/a pariente. Incluye detalles.

3. ¿Qué consejos le darías a un/a amigo/a si está teniendo una mala racha?

4. ¿Cómo se puede tener más buenas rachas en vez de malas?

5. Describe buenas rachas que suceden a las siguientes entidades: escuelas, equipos, corporaciones, emisoras de televisión, grupos teatrales. Da ejemplos.

6. ¿En qué distracciones caes tú? ¿y tus amigos/as? ¿Qué sucede como resultado de esas distracciones?

Comparaciones y contrastes

Compara y contrasta las *pérdidas* de Lencho, en «Una carta a Dios», con *las* de la persona descrita en «La mala racha». ¿Cómo influyen en la vida de los dos?

3
Emma

~ Marjorie Agosín ~

USA/Chile

«Mi amiga Emma es de esas amigas del alma. Me siento con ella
y tiene un poquito de pan fresco con mantequilla recién batida...»

Emma

Marjorie Agosín (1955–   ) was born in the United States of Chilean parents. She spent her formative years in Chile until age fifteen. She now lives in the USA and teaches Latin American literature at Wellesley College. A prolific poet, she has also won awards for her international work in human rights. In 1991, she published her first narrative work entitled La felicidad. *"Emma," which is taken from that volume, is the poignant story of a lifetime friendship between two Chilean girls.*

CONTEXTO CULTURAL En octubre de 1973, un golpe de estado derrocó al presidente de Chile, Salvador Allende, quien fue sustituido por el dictador, General Augusto Pinochet. Durante los próximos 16 meses, al menos un millar de partidarios de Allende fueron asesinados y muchos otros dejaron el país para evitar ser encarcelados y torturados. Finalmente, en 1990, se proclamaron nuevas elecciones y un gobierno más democrático llegó al poder.

Mi amiga Emma es de esas amigas del alma.° Por ejemplo, vamos las dos muy juntas al baño y ella, como nació dos días y un mes antes que yo, me vigila° mientras yo orino.[1] La palabra orinar, parecida° al sonido de un piano de señora vieja, me la enseñó mi amiga Emma porque dice que su
5   vocabulario y ortografía° son superiores al mío. Pero siempre me cuida en el baño y no le gusta que los compañeros nos aguaiten° ni que nos digan cosas al oído° porque la Emma es muy seria. Tiene el pelo negro y usa unas trabitas° azules y a veces pienso que su cara es perpendicular y es buena, me presta° las trabitas cuando tengo clase de matemáticas, que es mi pavor.°
10   Mi mamá dice que ella no tiene amigas del alma, que "las urgentes", así les decía porque siempre necesitaban algo urgente, la acusaron cuando ella se enamoró de un cadete y guardaba un lápiz° *shocking red* en la puerta del medidor de luz.°
   Ellos dicen que las amigas del alma siempre la traicionan° a una, y
15   así termina por acercarse a una madre o a una hermana. Pero yo le° dije que Emma y yo somos especiales, a veces sólo la pienso y se me aparece en la esquina. Me siento con ella y tiene un poquito de pan fresco con mantequilla recién batida° y nos sentamos muy juntas a comerlo. Ella dice que no le gusta el cuento de Pulgarcito[2] porque nadie guarda migas

amigas... best friends

looks after / like

spelling
nos... = **nos miren**
digan... whisper things
small hair barettes
loans / fear

= **lápiz de labios**, lipstick
medidor... electricity meter
betray
= **a la mamá**

mantequilla... freshly made butter

---

[1] **orino**   urinate. The young narrator is proud to have learned from Emma the word **orinar,** which she uses instead of the usual familiar expression **hacer pis.**

[2] **Pulgarcito**   Tom Thumb. This fairy tale is about a boy who is the size of a thumb and who, after many daring adventures, is reunited with his parents. Emma has "Pulgarcito" mixed up with "Hansel and Gretel," where brother and sister are abandoned in the woods and Hansel tries to mark the trail home with bread crumbs.

de pan.° A mí me gusta mirarla con sus trabas perpendiculares,³ como sus ojos pardos,° parecidos a mi gata, y pienso que cuando sea grande, mi hija se llamará Emma porque es un nombre de emperatriz° o de institutriz.°

Emma es mi amiga del alma, sueño con verla y contarle cosas. A veces le escribo cartas, pero se me olvida entregárselas° y ella me dice: "dame esa carta que tienes en el bolsillo° izquierdo". Yo la quiero hasta cuando me regaña,° se enoja° conmigo por hablar con la boca llena pero le digo que son las migas de Pulgarcito.

Han pasado los años y Emma se cambió de barrio,° arrestaron a su papá y dicen que nada de eso es verdad, que él tan sólo cruzó la cordillera° disfrazado de cura,° pero sé que el papá de mi Emma está en algún calabozo° y él sí necesita las migas de Pulgarcito para seguir adelante.⁴ Y yo pienso que no podré ver a Emma llegar tras las esquinas silbando° entre coqueta y enojada.° A la mamá de Emma también se la llevaron presa,° dijeron que por ser mujer política porque se puede ser mujer, pero no mujer política. Tal vez tiene razón mi mamá, que no hay amigas del alma, pero yo sé que Emma me escucha y que algún día recibirá las cartas que hay en mi bolsillo porque ella me adivina° los sueños, el sabor y el aliento° de mis palabras. Después de todo es mi amiga del alma.

migas... bread crumbs
brown
empress
governess

to give them to her
pocket
me... scolds me / gets angry

se... moved away
mountain chain
disfrazado... disguised as a priest / = **prisión**
whistling
angry
se... they took her prisoner

guesses
el sabor... the flavor and the sound

Marjorie Agosín, «Emma» from La Felicidad. Reprinted by permission of Editorial Cuarto Propio.

Comprensión

¿Qué pasó?

1. ¿Quién es mayor, Emma o la narradora? ¿Por qué protege Emma a su amiga?
2. ¿Cómo es la apariencia física de Emma?
3. ¿Por qué la mamá de la narradora no tiene amigas del alma?
4. ¿Qué dicen *ellos* sobre las amigas del alma? ¿Cuál es el resultado?
5. ¿Por qué a Emma no le gusta el cuento de Pulgarcito?
6. Cuando tenga la narradora una hija en el futuro, ¿cómo va a llamarla? ¿Por qué?
7. ¿Con qué sueña la narradora? ¿Qué se le olvida?
8. ¿Dónde guarda la narradora las cartas para Emma?
9. Según la narradora, ¿dónde está el papá de Emma? ¿Y la mamá? ¿Cómo describe la narradora a la mamá de Emma?
10. De adulta, la narradora sigue considerando a Emma una amiga del alma. ¿Por qué?

³ **trabas perpendiculares perpendicular barettes.** On each side of her head, Emma's hair is brushed back and held in place by a barette.
⁴ **para seguir adelante** to follow the right path [and be able to return to his family].

Audio

Despúes de escuchar la historia, indica si la idea es verdadera (**V**) o falsa (**F**).

1. V   F   2. V   F   3. V   F   4. V   F   5. V   F   6. V   F

Palabras

Más cognados *(es-)*
Many Spanish words that begin with **es**- have English cognates that begin with **s**-.

    especial   *special*

Transformaciones
Da el cognado en inglés de cada palabra.

1. la escuela   5. el espacio   9. el estilo
2. el espíritu   6. la escena   10. la estatura
3. el estudio   7. el escándalo   11. estúpido
4. el estado   8. el esposo   12. espectacular

Resumen

Vuelve a contar la historia, completando las frases con la forma apropiada del pasado del verbo entre paréntesis.

1. Emma y yo *(ser)* _____ amigas íntimas.   2. Cuando nosotras *(ir)* _____ al baño, ella siempre me *(vigilar)* _____.   3. Emma *(usar)* _____ unas trabitas en el pelo.   4. Mi mamá *(decir)* _____ que ella no *(tener)* _____ amigas del alma.   5. La gente también *(comentar)* _____ que las buenísimas amigas siempre se *(traicionar)* _____.   6. Pero yo siempre *(responder)* _____ que Emma y yo *(ser)* _____ especiales.   7. A mí me *(gustar)* _____ mucho los ojos pardos de Emma que *(ser)* _____ parecidos a los de mi gata.   8. Yo la *(querer)* _____ aún cuando Emma me *(regañar)* _____.   9. Lamentablemente, los padres de Emma *(sufrir)*_____ problemas políticos.   10. En cierta época, Emma *(mudarse)* _____ a otro barrio.   11. Pero yo *(saber)* _____ que ella me *(adivinar)* _____ los sueños.   12. Después de todo, Emma *(ser)* _____ mi amiga del alma.

Interpretación

Análisis

1. La narración presenta diversos temas tanto sociales como personales. Cítalos e ilústralos con ejemplos del relato.

2. La narradora dice que Emma es «de esas amigas del alma». ¿Qué infieres de esta descripción? ¿Qué significa 'del alma' en relación a la amistad? Basándote en los ejemplos que la autora da en el relato, ¿considerarías a Emma una amiga del alma?

3. Lee la última frase del cuento. ¿Qué impresión te deja esta frase con respecto a la narradora y el valor que ella le da a la amistad? Compara y contrasta esta última frase con la opinión que tiene su madre acerca de que no existen amigas del alma. ¿Por qué crees que la narradora piensa así?

4. Narra la historia desde el punto de vista de Emma. ¿Por qué crees que la narradora no tiene nombre en el cuento? Analiza las percepciones y sensaciones que tiene la narradora de niña y de adulta con respecto a Emma.

5. Contrasta a las dos madres y sus actitudes y acciones. ¿Quiénes son y qué le importa a cada una?

6. Enumera las posibles causas o razones por las que las protagonistas de la narración dejaron de estar en contacto. En tu opinión, ¿crees que con los avances tecnológicos de hoy día podrían haberse mantenido en contacto? ¿Por qué?

7. Analiza cómo Agosín emplea el tiempo presente. ¿En qué persona escribe la autora su cuento? ¿Qué impacto tiene en la narración? ¿Qué tono produce?

8. La narradora se refiere a «ellos». ¿Quiénes pueden ser? Imagínate que el título del relato es «Ellos». Explica los cambios que tendrá el cuento.

9. Señala las referencias a la política chilena observadas en el cuento.

10. A la madre de Emma se la llevaron presa por 'ser mujer política, porque se puede ser mujer, pero no mujer política'. ¿Qué te sugiere esto con respecto a la cultura y sociedad de Chile de aquel entonces?

Ensayos

1. Existe un refrán que dice: 'Los amigos son como las estrellas: a veces no puedes verlos, pero siempre están ahí'. Basándote en el cuento, interpreta esta filosofía, con referencias al relato. ¿Estás de acuerdo con el refrán? Explica.

2. Desarrolla el cuento como si el amigo del alma de la narradora fuera un chico en vez de una chica. ¿Cómo cambiaría la historia?

Dramatizaciones

1. Imagínate que un/a periodista entrevista a la narradora sobre la amistad y su niñez, y sobre Chile en las décadas de los 70 y 80. ¿Qué temas le plantea él/ella y cómo le contesta la narradora?

2. Dramatiza un intercambio 15 años más tarde, entre Emma y la narradora. Imagínate que una hija de 12 años acompaña a Emma, y un hijo de 13 años está con la narradora. Los jóvenes son amigos por Internet. ¿Qué preguntas hacen los jóvenes y cómo les contestan las madres?

Discusiones

1. ¿Cómo defines a un/a amigo/a del alma? Describe qué cosas hacías con tu mejor amigo/a cuando tenían más o menos la edad de Emma y la narradora.

2. Relata un buen recuerdo o memoria de tu pasado con un amigo/a, primo/a o hermano/a.

3. ¿Qué cuento infantil era tu preferido cuando eras pequeño/a? Resúmelo. ¿Te sigue gustando hoy día? ¿Por qué?

4. Cuando eras joven, ¿qué merienda comías generalmente después de la escuela? ¿en dónde? ¿con quién o con quiénes?

5. Piensa en alguien especial por quien tengas tanta admiración como la narradora por Emma. ¿Qué rasgos personales manifiesta la persona? ¿Por qué la admiras?

6. ¿Crees que es diferente la amistad entre chicos y entre chicas? Justifica tu respuesta e ilústrala con ejemplos.

7. ¿Crees en la amistad para toda la vida? Para ti, ¿qué es más difícil, la amistad o el amor para toda la vida? Enumera las razones por las que se puede romper una amistad y por las que se puede romper una relación de amor. Compara y contrasta las dos relaciones.

8. El cuento habla de la traición. Define qué entiendes tú por ese concepto. Describe brevemente la trama de un libro o película en que los/las amigos/as se traicionan. ¿Cómo es la historia?

Comparaciones y contrastes

Compara y contrasta el tema de la clase social en «Emma», de Marjorie Agosín, y en «Una carta a Dios», de Gregorio López y Fuentes. ¿Qué les motiva a los personajes? ¿Qué presiones tienen? ¿Qué perspectivas filosóficas revelan sobre la familia, amistad y tragedia?

4
Sala de espera

~ Enrique Anderson Imbert ~

ARGENTINA

«Costa… observa atónito cómo el fantasma toma tranquilamente
la valija y camina con la señora hacia el andén…»

Sala de espera

Enrique Anderson Imbert *(1910–2000), novelist, short story writer, and literary critic, enjoyed a long university career both in his native Argentina and in the United States. As a writer, he was perhaps best known for his brief "microcuentos," in which he blends fantasy and magical realism. His story "Sala de espera"[1] is taken from El gato de Cheshire (1965). Just as Alice's cat vanishes into the air, leaving only a smile, so does Costa find himself caught up in a similar phenomenon.*

CONTEXTO CULTURAL El realismo mágico es un tema importante en la literatura latinoamericana. Las historias se sitúan y desarrollan en un mundo normal donde ocurren sucesos supernaturales y fantásticos. Uno de los ejemplos más conocidos del realismo mágico es *Cien años de soledad*, la novela extraordinaria, de Gabriel García Márquez.

    Costa y Wright roban una casa. Costa asesina° a Wright y se queda con° la valija° llena de joyas° y dinero. Va a la estación para escaparse en el primer tren. En la sala de espera, una señora se sienta a su izquierda y le da conversación. Fastidiado,° Costa finge° con un bostezo° que tiene

5 sueño y que va a dormir, pero oye que la señora continúa conversando. Abre entonces los ojos y ve, sentado a la derecha, el fantasma° de Wright. La señora atraviesa° a Costa de lado a lado° con la mirada y charla° con el fantasma, quien contesta con simpatía.° Cuando llega el tren, Costa trata de levantarse, pero no puede. Está paralizado, mudo° y observa atónito°

10 cómo el fantasma toma tranquilamente la valija y camina con la señora hacia° el andén,° ahora hablando y riéndose. Suben, y el tren parte. Costa los sigue con los ojos. Viene un hombre y comienza a limpiar la sala de espera, que ahora está completamente desierta.° Pasa la aspiradora° por el asiento° donde está Costa, invisible.

column notes:
= mata
se... keeps / = maleta / jewels

Annoyed / pretends / yawn

ghost
looks straight through / de... from one side to the other / = habla / friendliness
speechless / astonished

toward / platform

deserted / vacuum cleaner
seat

---

[1] **«Sala de espera»** "Waiting Room."

Comprensión

¿Qué pasó?

1. ¿Qué roban Costa y Wright? ¿Qué le pasa a Wright después?
2. ¿De qué está llena la valija? ¿Con qué motivo va Costa a la estación?
3. En la sala de espera, ¿quién conversa con Costa? ¿Qué hace la señora cuando Costa finge que tiene sueño?
4. Cuando Costa abre los ojos, ¿qué ve a la derecha?
5. ¿Cómo reacciona la señora frente al fantasma de Wright?
6. ¿Qué ocurre cuando llega el tren? ¿Qué observa Costa? ¿Quiénes suben al tren?
7. ¿Qué hace el hombre que viene a la sala de espera?
8. Al terminar el cuento, ¿cómo está Costa?

Audio

Despúes de escuchar la historia, indica si la idea es verdadera (**V**) o falsa (**F**).

1. V   F   2. V   F   3. V   F   4. V   F   5. V   F   6. V   F

Palabras

Verbos cognados (*-ar*)

Many Spanish verbs ending in **-ar** have English cognates. Observe the following patterns:

-ar	↔	Ø	**robar**	*to rob*
-ar	↔	-e	**continuar**	*to continue*
-ar	↔	-ate	**crear**	*to create*

Transformaciones

Da el cognado en inglés de cada palabra.

1. contemplar
2. observar
3. acusar
4. recuperar
5. indicar
6. presentar
7. educar
8. declarar
9. protestar
10. imaginar
11. adornar
12. escapar

Resumen

Vuelve a contar la historia en el pretérito, usando los verbos de la lista.

tomó	limpió	fue	fingió	mató
pudo	robaron	vino	subieron	charló

1. Wright y Costa _____ una casa.
2. Costa _____ a Wright y _____ a la estación para escaparse.
3. La señora _____ con Costa.
4. Costa _____ tener sueño porque la conversación le molestaba.
5. Cuando llegó el tren, Costa trató de levantarse, pero no _____.
6. El fantasma _____ la valija; él y la señora _____ al tren.
7. Un hombre _____ a limpiar la sala de espera.
8. El hombre _____ el asiento donde Costa estaba invisible.

Interpretación

Análisis

1. ¿Quiénes, te imaginas, son Costa y Wright? ¿Cómo son? ¿Cuántos años tendrán? ¿Serán parientes o amigos?
2. Enumera los rasgos ficticios y reales que Anderson incluye en su narración. Luego compara ambos. ¿Es realista o mágico el relato? ¿Hay realmente un robo o es todo imaginado en el cuento? Caracteriza el tono del relato.
3. Esta historia es un «microcuento». Explica la categorización, señalando unas características específicas.
4. ¿Qué infieres del título del cuento? ¿Sería «La valija» un buen título? ¿Por qué? Inventa tú otro título según tu interpretación de la narración. Explica tu decisión.
5. ¿Crees tú que Costa mató a Wright por un impulso o lo tenía todo anteriormente planeado? Reflexiona sobre cuál de las dos opciones sería peor, en tu opinión.
6. Narra el relato desde la perspectiva de Wright. ¿Piensas que Wright habría hecho lo mismo que Costa?
7. La señora está entre Costa y Wright y conversa con ambos. ¿Cuál es su función en el relato?
8. Basándote en la narración, ¿el final del autor es el más adecuado para la historia? ¿Cómo lo interpretas? Imagínate otros dos finales alternativos.

Ensayos

1. Cuenta la narración desde la perspectiva de Wright. Haz un retrato de cómo es la casa robada. ¿cuántos cuartos? ¿qué objetos valiosos? ¿cuánto dinero en efectivo? Imagínate que aparecen los dueños de la casa cuando Costa y Wright están dentro robando. Desarrolla la historia, usando verbos en el pasado.
2. Relaciona el siguiente refrán al relato: «Recoges lo que siembras». *(You reap what you sow)*. ¿Estás de acuerdo? Explica.

Dramatizaciones

1. Inventa un diálogo entre Costa y Wright un año más tarde. ¿Dónde se encuentran? ¿Todavía son criminales? ¿De qué charlan?
2. Imagínate que hay ruidos raros en la sala de espera del tren, pero están allí solamente el trabajador y dos muchachas universitarias. El tren está acercándose. Dramatiza la escena.

Discusiones

1. ¿Qué situaciones te fastidian? ¿Por qué? ¿Cómo las manejas?
2. ¿Te gusta más viajar por tren o por avión? Imagínate que estás en una sala de espera. Describe a las personas, el ambiente y los ruidos.
3. ¿Prefieres el género fantástico o realista? Nombra tus obras y películas de fantasía preferidas.
4. Resume la historia de un robo o asesinato de un libro de detectives o de una película reciente. Describe a los personajes y la trama. ¿Cómo se resuelve?
5. Describe las distintas categorías de crímenes que existen hoy en día. Incluye los delitos tradicionales y los tecnológicos. ¿Sienten remordimiento por sus acciones los criminales? ¿Estás de acuerdo con que la policía emplee adivinos para resolver crímenes? Explica tus ideas.
6. ¿Crees tú en los espíritus o los fantasmas? Indica cómo te imaginas el aspecto físico de un fantasma. Si te encontraras a un fantasma, ¿cómo reaccionarías? ¿qué le preguntarías y qué le dirías?

Comparaciones y contrastes

«Sala de espera» y «La mala racha» son microcuentos de un solo párrafo. Examina cómo cada uno empieza y cómo termina, con respecto a la forma y al contenido. Compara y contrasta el efecto narrativo en el/la lector/a.

5
El nacimiento de la col

~ Rubén Darío ~

NICARAGUA

«La rosa deseó…la utilidad.»

El nacimiento de la col

Rubén Darío *(1867–1916) was born in Nicaragua as Félix Rubén García Sarmiento. Today he is considered as one of the greatest poets of Latin America. As a leader of the* modernista *movement, he emphasized perfection of artistic form and the importance of beauty. «El nacimiento de la col»[1] first appeared in 1893 in* La Tribuna, *an Argentine newspaper. In this carefully crafted short tale, Rubén Darío takes the reader to the biblical Garden of Eden on the fifth day of Creation, after God has brought forth the plants and the animals.*

CONTEXTO CULTURAL Rubén Darío estaba familiarizado con la historia bíblica del Jardín del Edén. Según el Génesis, el demonio tentó a Eva a desobedecer a Dios y comer una manzana del Árbol del Conocimiento. Cuando Dios descubrió que tanto Adán como Eva comieron la fruta, les desterró a una vida de lucha y mortalidad.

En el paraíso terrenal,° en el día luminoso° en que las flores fueron creadas, y antes de que Eva fuese° tentada° por la serpiente, el maligno° espíritu se acercó° a la más linda rosa nueva en el momento en que° ella tendía, a la caricia del celeste sol, la roja virginidad de sus labios.[2]

    —Eres bella.

    —Lo soy° —dijo la rosa.

    —Bella y feliz —prosiguió° el diablo—. Tienes el color, la gracia y el aroma. Pero...

    —¿Pero?...

    —No eres útil. ¿No miras esos altos árboles llenos de bellotas?°

    Ésos, a más de° ser frondosos,° dan alimento° a muchedumbres° de seres animados[3] que se detienen° bajo sus ramas.° Rosa, ser bella es poco...

    La rosa entonces —tentada como después lo sería° la mujer[4] —deseó la utilidad,° de tal modo° que hubo palidez en su púrpura.°

    Pasó el buen Dios después del alba° siguiente.

    —Padre —dijo aquella princesa floral, temblando° en su perfumada belleza—, ¿queréis° hacerme útil?

    —Sea,° hija mía —contestó el Señor, sonriendo.

    Y entonces vio el mundo° la primera col.

Rubén Darío, «El nacimiento de la col»

paraíso... Garden of Eden /
= claro
was / tempted / evil
approached / when

Indeed I am
continued

acorns

besides / leafy / **dan**... feed /
multitudes / live, stop / branches

would be

usefulness / **de**... so much so /
que... that she became pale /
daybreak, dawn
trembling

would you

So be it

= el mundo vio

---

[1] **«El nacimiento de la col»** "The Birth of the Cabbage."

[2] **ella tendía, a la caricia del celeste sol, la roja virginidad de sus labios** she was offering to the caress of the celestial sun the red purity of her lips. Rubén Darío poetically describes the moment at which the rosebud in the warmth of the sun unfolds its fresh petals.

[3] **seres animados = fauna: animales, pájaros, insectos.**

[4] **la mujer = Eva.** In the third chapter of Genesis in the Bible, the serpent tempts Eve to eat of the fruit of the Tree of Knowledge of Good and Evil.

Comprensión

¿Qué pasó?

1. ¿Dónde tiene lugar el cuento? ¿Cuándo ocurrió la historia?
2. ¿Quién se acercó a la más linda rosa?
3. ¿Qué le dijo el maligno espíritu a la rosa? ¿Qué más le comentó el diablo a la flor?
4. ¿Qué le dijo el diablo sobre los árboles? ¿Cómo reaccionó la rosa?
5. ¿Cuándo habló la rosa con Dios? ¿Qué pregunta le hizo la rosa?
6. ¿Quiso Dios hacer útil a la rosa? ¿En qué convirtió Dios a la rosa?

Audio

Depúes de escuchar la historia, indica si la idea es verdadera (**V**) o falsa (**F**).

1. V   F   2. V   F   3. V   F   4. V   F   5. V   F   6. V   F

Palabras

> ## Sustantivos derivados de adjetivos *(-ez, -eza)*
> In Spanish, nouns may also be derived from adjectives with the addition of the following suffixes. These nouns are feminine.
>
> -ez   **pálido**   ↔   **la palidez**   *pale*   ↔   *paleness, pallor*
> -eza   **bello**   ↔   **la belleza**   *beautiful*   ↔   *beauty*

Transformaciones

Da el sustantivo en inglés que corresponde a cada palabra.

1. la pobreza (pobre)
2. la naturaleza (natural)
3. la grandeza (grande)
4. la tristeza (triste)
5. la riqueza (rico)
6. la firmeza (firme)
7. la madurez (maduro)
8. la pequeñez (pequeño)
9. la rapidez (rápido)
10. la extrañeza (extraño)

Resumen

Vuelve a contar la historia, completando las frases con el tiempo presente del verbo entre paréntesis.

1. Dios (*crear*) _____ el paraíso terrenal.   2. El maligno espíritu (*acercarse*) _____ a la rosa nueva y le (*decir*) _____ que ella es bella.   3. El diablo (*proseguir*) _____ diciendo que la flor (*tener*) _____ el color, la gracia y el aroma, pero que no (*ser*) _____ útil.   4. Sin embargo la rosa (*desear*) _____ la utilidad.   5. Cuando (*pasar*) _____ el buen Dios, la rosa le (*indicar*) _____ lo que ella (*querer*) _____.   6. Dios (*sonreír*) _____ y le (*contestar*) _____ que sí, y el mundo (*ver*) _____ la primera col.

Interpretación

Análisis

1. Categoriza la narración. Da ejemplos concretos de tu respuesta. ¿Qué temas presenta el cuento?
2. Comenta el lenguaje usado por Darío en el primer párrafo. Analiza cuál es su intención autorial y las impresiones que evocan el lenguaje y el vocabulario en el lector.
3. Nombra las cualidades y utilidades de la col y las de la rosa. ¿Es la col siempre más útil que la rosa? ¿Por qué escogió Darío la rosa y la col para el cuento? ¿Qué simbolizan?
4. Existe un refrán que dice: «La belleza está en los ojos de quien la mira».¿Estás de acuerdo con esta idea? Aplica el refrán al cuento y analiza la historia.
5. ¿Cuáles son, para ti, las moralejas del cuento? ¿Consiguió la rosa ser más feliz al convertirse en col? Cita partes del relato para sustentar tus argumentos.
6. Señala algunas referencias lingüísticas en el cuento a los sentidos de la vista, gusto, oído, olfato y tacto.
7. Inspirándote en el relato, narra el nacimiento de la primera rosa.
8. ¿Cuáles son los paralelismos entre este cuento y el de Adán y Eva de la Biblia?

Ensayos

1. Según tú, ¿valora demasiado la sociedad el aspecto físico de las personas? ¿Crees que siempre fue así? Si no lo fue, ¿qué causó este énfasis en la belleza exterior?
2. ¿Cómo te imaginas que es el paraíso y la vida diaria allí? ¿y el infierno?

Dramatizaciones

1. Inventa una nueva escena entre un pavo real y una gallina en la que dialogan sobre su apariencia y su utilidad y los altibajos de sus vidas. ¿Qué se revelan?
2. Tres animales del paraíso terrenal hablan sobre lo que ha ocurrido. ¿Qué se cuentan?

Discusiones

1. ¿Cuál es tu flor favorita? ¿qué simboliza? Describe un jardín o parque famoso. Además de flores, ¿qué más tiene, o natural o inanimado?

2. Define la belleza y la utilidad. ¿Crees que algo útil puede ser bello? ¿y vice versa? Explica, con ejemplos.

3. ¿Es la col siempre más útil que la rosa? Hoy día, ¿crees que hay más coles que quieren ser rosas o rosas que quieren ser coles?

4. ¿En qué actividades se puede participar para sentirse útil en casa, en la escuela, en la comunidad, en el país?

5. Describe un libro o una película en que figure un espíritu maligno. ¿Cómo es la trama? ¿Cuál es el desenlace? Haz lo mismo, con un espíritu bueno.

6. Esta narración tiene que ver con transformaciones. Explica otro contexto situacional de la literatura o del cine donde un personaje principal se transforme físicamente. Describe el proceso y cómo es el final: ¿feliz? ¿triste? ¿trágico? ¿realista? ¿surrealista? ¿increíble? ¿irónico? ¿divertido?

Comparaciones y contrastes

Categoriza los elementos de la naturaleza que intercalan Darío, en «El nacimiento de la col», y Borges, en «Leyenda», para crear sus historias. Examina cómo los distintos aspectos naturales se parecen y se diferencian en los dos relatos ¿Qué tono y ambiente producen?

6
El tiempo borra

~ *Javier de Viana* ~
Uruguay

«¡Indalecio! …Yo estaba sola; no podia cuidar los intereses…
Todos me decían que tú no volverías más… »

El tiempo borra

Javier de Viana (1868–1926) devoted much of his literary career to recording the rural life and customs of his native Uruguay. In "El tiempo borra,"[1] which was published in Macachines (1913), de Viana introduces the reader to the gaucho Indalecio, who, after a very long absence, is returning home to his lovely wife, his teenage son, and his precious ranch. Find out what sent him far away and what has happened to Indalecio's family and land, in addition to his hopes and dreams of the last fifteen years.

CONTEXTO CULTURAL En el tiempo del imperio español, Uruguay o la Provincia Oriental del Río de la Plata era parte de Argentina. En 1811, el país logró su independencia bajo el héroe nacional José Gervasio Artigas. Sin embargo, diez años más tarde, fue anexado a Brasil. En 1830, y tras varias revueltas y guerras fronterizas, el país fue finalmente declarado estado independiente con su propia constitución.

El retorno de Indalecio

En el cielo, de un azul puro, no se movía una nube. Sobre la llanura° una multitud de vacas blancas y negras, amarillas y rojas, pastaba.° Ni calor, ni frío, ni brisa, ni ruidos. Luz y silencio, eso sí; una luz intensa y un silencio infinito.

5 A medida que° avanzaba al trote° por el camino zigzagueante, sentía Indalecio una gran tristeza en el alma,° pero una tristeza muy suave.° Experimentaba° deseos de no continuar aquel viaje, y sensaciones de miedo a las sorpresas que pudieran° esperarle.

¡Qué triste retorno era el suyo!° Quince años y dos meses de 10 ausencia.° Revivía° en su memoria la tarde gris, la disputa con Benites por cuestión de una carrera mal ganada,[2] la lucha, la muerte de aquél,° la detención suya° por la policía, la triste despedida° a su campito,° a su ganado,° al rancho recién construido, a la esposa de un año... Tenía veinticinco años entonces y ahora regresaba viejo, destruido con los 15 quince años de prisión. Regresaba... ¿para qué? ¿Existían aún° su mujer y su hijo? ¿Lo recordaban, lo amaban aún? ¿Podía esperarle algo bueno a uno que había escapado del sepulcro?° ¿Estaba bien seguro de que aquél era su campo? Él no lo reconocía. Antes no estaban allí esos edificios blancos que ahora se presentaban a la izquierda. Y cada vez 20 con el corazón más triste siguió su camino, impulsado° por una fuerza irresistible.

plain	
was grazing	
As / at a trot	
soul / gentle	
He felt	
might	
= su retorno (his return)	
absence / He relived	
= Benites	
= de Indalecio / farewell / dear land	
cattle	
still	
tomb (i.e., prison)	
propelled	

---

[1] «**El tiempo borra**»   "Time Erases."

[2] **una carrera mal ganada**   a race unfairly won. An accusation of cheating had led to the fight in which Benites had been killed.

El encuentro

¿Era realmente su rancho aquél ante el cual había detenido su caballo? Por un momento dudó. Sin embargo, a pesar del techo° de zinc que reemplazaba el de paja,° era su mismo rancho.

a... in spite of the roof

thatched

25 —Bájese —le gritó desde la puerta de la cocina una mujer de apariencia vieja, que en seguida, arreglándose el pelo, fue hacia él, seguida de media docena de chiquillos° curiosos.

= niños

—¿Cómo está?

—Bien, gracias; pase para adentro.

30 Ella no lo había reconocido. Él creía ver a su linda esposa en aquel rostro° cansado y aquel pelo gris que aparecía bajo el pañuelo° grande. Entraron en el rancho, se sentaron, y entonces él dijo:

face / kerchief

—¿No me conoces?

Ella quedó mirándolo,° se puso° pálida y exclamó con espanto:°

35 —¡Indalecio!

quedó... stared at him / became / astonishment

Empezó a llorar, y los chicos la rodearon.° Después, se calmó un poco y habló, creyendo justificarse:

surrounded

—Yo estaba sola; no podía cuidar los intereses.° Hoy me robaban una vaca; mañana me carneaban° una oveja;° después... habían pasado cinco años. Todos me decían que tú no volverías más, que te habían condenado° por la vida. Entonces... Manuel Silva propuso° casarse conmigo. Yo resistí mucho tiempo... pero después...

property

butchered / sheep

40

condemned

proposed

Y la infeliz° seguía hablando,° hablando, repitiendo, recomenzando, defendiéndose, defendiendo a sus hijos. Pero hacía rato que° Indalecio no la escuchaba. Sentado frente a la puerta, tenía delante el extensivo panorama, la enorme llanura verde, en cuyo fin se veía el bosque° occidental° del Uruguay.

unhappy woman / **seguía**... kept talking / **hacía**... for quite a while

45

forest

on the western border

—Comprendes —continuaba ella,—si yo hubiera creído° que ibas a volver...

had believed

La despedida

50 Él la interrumpió:

—¿Todavía pelean en la Banda Oriental?[3]

Ella se quedó atónita° y respondió:

aghast, astounded

—Sí; el otro día un grupo de soldados pasó por aquí, yendo hacia la laguna Negra,[4] y...

55 —Adiosito° —interrumpió el gaucho.

So long

Y sin hablar una palabra más se levantó, fue en busca de° su caballo, montó,° y salió al trote, rumbo al° Uruguay.

fue...went to find

mounted / toward

Ella se quedó de pie,° en el patio, mirándolo atónita, y cuando lo perdió de vista, dejó escapar un suspiro° de satisfacción y volvió pronto a 60 la cocina, oyendo chillar° la grasa° en la sartén.°

standing

sigh

sizzle / grease / frying pan

Javier de Viana, «El tiempo borra»

[3] **la Banda Oriental**   Uruguay. During Spanish colonial times, Uruguay was the "Eastern province"—**la Banda Oriental**—of the Viceroyalty of Río de la Plata, which included the present countries of Argentina, Bolivia and Paraguay and the southwestern part of Brazil. In the nineteenth century, Uruguay was involved in a series of border wars with its neighboring countries.

[4] **la laguna Negra**   small lake in Uruguay near the Argentine border.

Comprensión

¿Qué pasó?

El retorno de Indalecio

1. ¿Qué animales hay en la llanura? ¿Qué tiempo hace? Describe el cielo.
2. A medida que avanzaba al trote por el camino, ¿qué sentía el gaucho Indalecio?
3. ¿Qué sensaciones experimentaba el gaucho?
4. ¿Cuánto tiempo había estado ausente? ¿Por qué fue Indalecio a la prisión?
5. ¿A quién o a quiénes esperaba encontrar en su casa?
6. Al regresar a su rancho, ¿cuántos años tenía Indalecio?

El encuentro

7. ¿Adónde llegó él? ¿Quién le gritó desde la puerta de la cocina?
8. ¿Cuántos hijos tiene la mujer? ¿Cómo sabemos que ella no reconocía al gaucho?
9. Al reconocerlo, ¿cómo reaccionó la mujer? ¿Por qué volvió a casarse ella?
10. Sentado frente a la puerta, ¿hacia dónde miraba Indalecio?

La despedida

11. ¿Con qué pregunta interrumpió Indalecio a la mujer? Luego, ¿qué hizo él?
12. Cuando se fue el gaucho, ¿cómo reaccionó la mujer?

 Audio

Depúes de escuchar la historia, indica si la idea es verdadera (**V**) o falsa (**F**).

1. V   F   2. V   F   3. V   F   4. V   F   5. V   F   6. V   F

Palabras

Verbos cognados *(-er, -ir)* Ø

Observe the common cognate patterns of Spanish verbs ending in **-er** and **-ir**:

-er, -ir ↔ θ	**extender** *to extend*	**referir** *to refer*
-er, -ir ↔ -e	**mover** *to move*	**servir** *to serve*
-ger, -gir ↔ ct	**proteger** *to protect*	**dirigir** *to direct*

Transformaciones

Da el cognado en inglés de cada palabra.

1. responder
2. elegir
3. discernir
4. combatir
5. defender
6. preferir
7. resolver
8. corregir
9. decidir
10. consentir

Conexiones en contexto

Refiriéndote al cuento, empareja cada término de la Columna **A** con el *correspondiente* de la Columna **B**.

Los correspondientes

A	B
1. disputa	a. con espanto
2. hacia	b. revivir en la memoria
3. regresar	c. volver
4. atónito/a	d. ganado
5. gritar	e. triste
6. recordar	f. exclamar
7. ni ruido	g. lucha
8. multitud de vacas	h. seguir
9. continuar	i. silencio
10. infeliz	j. rumbo a

Refiriéndote al cuento, empareja cada término de la Columna **A** con su *opuesto* de la Columna **B**.

Los opuestos

A	B
1. sentado/a	a. levantarse
2. calor	b. sin hablar
3. seguir	c. de pie
4. campito	d. bajo
5. bajarse	e. construido/a
6. calmarse	f. frío
7. frente a	g. quedarse atónito/a
8. ahora	h. detener
9. destruido/a	i. cielo
10. repetir	j. entonces

Resumen

Usando los verbos de la lista, vuelve a contar la historia.

reconoció	lloró	preguntó	movían
iba	salió	avanzaba	arregló
hacía	regresaba	gritó	revivía

1. Las nubes del cielo no se _____. 2. No _____ ni calor ni frío. 3. Indalecio _____ por el camino zigzagueante. 4. El gaucho _____ la memoria de aquella tarde gris. 5. Él _____ al rancho después de quince años de prisión. 6. Al principio él no _____ su rancho. 7. Una mujer le _____ desde la puerta de la cocina. 8. Ella en seguida se _____ el pelo. 9. Al reconocerlo, la mujer _____. 10. Ella creyó que Indalecio no _____ a volver más. 11. Él le _____ sobre la guerra en la Banda Oriental. 12. Indalecio montó a su caballo y _____ al trote rumbo al Uruguay.

Interpretación

Análisis

1. Analiza la descripción de la naturaleza con que de Viana introduce la narración. ¿Cuál es, para ti, su intención estilística y qué efecto les produce el lenguaje (verbos, adjetivos y sustantivos) a los lectores?

2. Describe el rancho y la vida diaria que experimentaba la mujer de Indalecio después de su encarcelamiento. ¿Qué desafíos se le presentaban? ¿Hizo ella lo correcto al casarse por segunda vez? ¿Por qué? ¿Crees que ella todavía quiere a su primer esposo? Explica.

3. Relaciona la siguiente cita del cuento al desarrollo de los personajes y el desenlace de la narración: «¿Podía esperarle algo bueno a uno que se había escapado del sepulcro?»

4. Describe algunos momentos de ilusión y nostalgia y de desilusión y soledad en el cuento.

5. Relata cómo imaginas el cuento desde la perspectiva del hijo de Indalecio y su mujer, un adolescente de 15 años.

6. ¿Qué piensas tú del final del relato? ¿Cómo lo cambiarías, y con qué intenciones y resultados?

7. Existe un refrán que dice: «La esperanza es lo último que se pierde». Basándote en la narración, ¿qué crees que Indalecio esperaba, deseaba y temía encontrar al volver? ¿Lo encontró? ¿Por qué?

8. El título del relato es «El tiempo borra.» ¿Estás de acuerdo con esta idea? ¿Qué borró el tiempo para Indalecio y su mujer? Inventa otro título y explica dos posibles cambios en la narración.

Ensayos

1. ¿Es Indalecio una figura trágica? ¿y su esposa? ¿y su hijo? ¿En qué aspectos, infieres tú, ha sufrido cada personaje física y emocionalmente?

2. En el relato, Indalecio va a unirse con los miembros de la Banda Oriental. Según tu interpretación, narra la historia que les contaría sobre los altibajos de su vida.

Dramatizaciones

1. Imagínate que Indalecio y el actual marido de su mujer se encuentran cuando el primero sale a unirse a la Banda Oriental. ¿Cómo actuarían y qué se dirían?

2. Ponte en el lugar del hijo de 15 años de Indalecio. Su tía está de visita. ¿Qué preguntas les hace el chico a su madre y a su tía sobre la llegada y salida de Indalecio? ¿Qué le cuentan ellas?

Discusiones

1. Basándote en el cuento, ¿cómo piensas tú que era la vida en las prisiones de Latinoamérica a principios del siglo XX? ¿Piensas tú que, hoy en día, la cárcel ayuda a los/las prisioneros/as a ser conscientes y no repetir actos criminales? ¿Cómo afecta a las personas el encarcelamiento de sus seres queridos?

2. ¿Qué hechos importantes ocurren en la vida de una persona entre los 15 y los 24 años? ¿entre los 25 y los 40? ¿entre los 41 y los 80? Incluye buenos y malos sucesos.

3. ¿Qué elementos de la naturaleza apreciabas más cuando eras niño/a? ¿y ahora? Explica.

4. Imagínate que, como seres humanos, pudiéramos conocer el futuro. ¿A ti te gustaría saber el tuyo? Explica y enumera los posibles usos positivos y negativos de tal conocimiento.

5. ¿Crees tú en el destino? Explica por qué, con ejemplos.
6. Imagínate que tienes que marcharte del lugar donde vives ahora. Al regresar después de 15 años, ¿qué memorias guardarías del pasado? ¿Qué esperanzas tendrías para los próximos 15 años?
7. Comenta las características buenas y malas de la instantánea comunicación tecnológica de hoy en día. Cuando estás lejos, ¿cómo te comunicas con tu familia y con tus amigos?
8. Imagínate que de pronto estás sin pareja y tienes que criar solo/a a tus hijos. Detalla las dificultades con ejemplos.

Comparaciones y contrastes

López y Fuentes, en «Una carta a Dios», y de Viana, en «El tiempo borra», presentan los valores masculinos y los valores femeninos de la primera mitad del siglo XX en Latinoamérica. Compara y contrasta los papeles de los hombres y de las mujeres en los dos cuentos. ¿Por qué no les dan los autores nombres a las esposas de Lencho e Indalecio? ¿Qué significa?

7
Cajas de cartón

~ *Francisco Jiménez* ~

USA: Chicano

«… Papá… miraba hacia el camino. «Allá viene el camión de la escuela», susurró
… Roberto y yo corrimos a escondernos entre las viñas.»

Cajas de cartón

Francisco Jiménez *(1943–), who came to the United States as the child of Mexican migrant workers, earned his doctorate at Columbia University. Now professor of Spanish at the University of Santa Clara, Jiménez has turned to the short story as a vehicle for recreating the world of the Chicanos in California. In "Cajas de cartón,"[1] published in 1977 in* The Bilingual Review, *he relates the experiences of eleven-year-old Panchito and his family members, who are forced to move around the state harvesting one crop after the other.*

CONTEXTO CULTURAL A principios de 1900, la agricultura se había convertido en un negocio muy importante y dominante en California. Para mantener los precios bajos y los beneficios altos, los agricultores contrataban emigrantes para trabajar en las granjas, principalmente de México. Los niños trabajaban junto a sus padres porque no podían ir a la escuela. En 1950, la ley del trabajo prohibió el trabajo infantil e ir a la escuela fue obligatorio, pero en realidad, en muchas familias los niños aún continuaron trabajando en los campos.

El fin de la cosecha°

Era a fines de agosto. Ito, el contratista,° ya no sonreía. Era natural. La cosecha de fresas° terminaba, y los trabajadores, casi todos braceros,° no recogían° tantas cajas de fresas como en los meses de junio y julio.

Cada día el número de braceros disminuía.° El domingo sólo uno
5 —el mejor pizcador° —vino a trabajar. A mí me caía bien.° A veces hablábamos durante nuestra media hora de almuerzo. Así es cómo aprendí que era de Jalisco,[2] de mi tierra natal.° Ese domingo fue la última vez que lo vi.

Cuando el sol se escondió° detrás de las montañas, Ito nos señaló°
10 que era hora de ir a casa. «Ya hes horra°», gritó en su español mocho.° Esas eran las palabras que yo ansiosamente esperaba doce horas al día, todos los días, siete días a la semana, semana tras° semana, y el pensar que no las volvería a oír° me entristeció.°

Por el camino rumbo a casa,° Papá no dijo una palabra. Con las dos
15 manos en el volante° miraba fijamente° hacia el camino. Roberto, mi hermano mayor, también estaba callado. Echó para atrás° la cabeza y cerró los ojos. El polvo° que entraba de fuera° lo hacía toser° repetidamente.

Era a fines de agosto. Al abrir la puerta de nuestra chocita° me detuve.° Vi que todo lo que nos pertenecía estaba empacado° en cajas

Glossary (right margin):
- cosecha° — The end of the harvest
- contratista° — contractor
- fresas° — strawberries / braceros° — day laborers
- no recogían° — were not gathering
- disminuía° — was diminishing
- pizcador° — picker / **A...** I liked him
- tierra natal° — homeland
- se escondió° — set / señaló° — signaled
- «Ya hes horra°» — = «Ya es hora» It's time / mocho° — broken
- tras° — after
- **no...** I would not hear them again / entristeció° — saddened
- **Por...** On the way home
- volante° — steering wheel / fijamente° — intently
- **Echó...** He threw back
- polvo° — dust / de fuera° — outside / toser° — cough
- chocita° — small shack
- detuve° — I stopped / empacado° — packed

---

[1] **«Cajas de cartón»**   "Cardboard Boxes."

[2] **Jalisco**   Mexican state that borders on the Pacific Ocean. Its capital is Guadalajara.

20 de cartón. De repente sentí aun° más el peso° de las horas, los días, las   *even / burden, weight*
semanas, los meses de trabajo. Me senté sobre una caja, y se me llenaron
los ojos de lágrimas° al pensar que teníamos que mudarnos° a Fresno.[3]   *tears / to move*

La mudanza

Esa noche no pude dormir, y un poco antes de las cinco de la   *= mañana / seemingly,*
madrugada° Papá, que a la cuenta° tampoco había pegado los ojos° en   *apparently / tampoco...*
25 toda la noche, nos levantó. A pocos minutos los gritos alegres de mis   *had not shut his eyes either*
hermanitos, para quienes la mudanza° era una gran aventura, rompieron   *move*
el silencio del amanecer.° El ladrido° de los perros pronto los acompañó.   *dawn / barking*
Mientras empacábamos los trastes° del desayuno, Papá salió para   *dishes, pots, and pans*
encender° la «Carcanchita°». Ése era el nombre que Papá le puso a su   *to start / little jalopy*
30 viejo *Plymouth* negro del año '38. Lo compró en una agencia de carros
usados en Santa Rosa[4] en el invierno de 1949. Papá estaba muy orgulloso°   *proud*
de su carro. «Mi Carcanchita» lo llamaba cariñosamente.° Tenía derecho°   *affectionately / the right*
a sentirse así. Antes de comprarlo, pasó mucho tiempo mirando otros
carros. Cuando al fin escogió° la «Carcanchita», la examinó palmo   *he chose*
35 a palmo.[5] Escuchó el motor, inclinando la cabeza de lado a lado como
un perico,° tratando de detectar cualquier ruido que pudiera° indicar   *parakeet / could, might*
problemas mecánicos. Después de satisfacerse con la apariencia y los
sonidos° del carro, Papá insistió en saber quién había sido el dueño.°   *sounds / owner*
Nunca lo supo,° pero compró el carro de todas maneras.° Papá pensó que   *He never found out / de... anyway*
40 el dueño debió haber sido° alguien importante porque en el asiento de   *debió... must have been*
atrás° encontró una corbata azul.   *asiento... back seat*
Papá estacionó° el carro enfrente a la choza° y dejó° andando° el   *parked / shack / left / running*
motor. «Listo», gritó. Sin decir palabra, Roberto y yo comenzamos a
acarrear° las cajas de cartón al carro. Roberto cargó las dos más grandes   *to carry*
45 y yo las más chicas. Papá luego cargó el colchón° ancho sobre la capota°   *mattress / roof*
del carro y lo amarró° con lazos° para que no se volara° con el viento en   *secured / ropes / it wouldn't fly off*
el camino.
Todo estaba empacado menos la olla° de Mamá. Era una olla vieja   *big cooking pot*
y galvanizada que había comprado en una tienda de segunda° en Santa   *secondhand*
50 María[6] el año en que yo nací. La olla estaba llena de abolladuras° y   *dents*
mellas,° y mientras más° abollada° estaba, más le gustaba a Mamá. «Mi   *scratches / the more / dented*
olla» la llamaba orgullosamente.
Sujeté° abierta la puerta de la chocita mientras Mamá sacó   *I kept*
cuidadosamente su olla, agarrándola° por las dos asas° para no derramar°   *grasping it / handles / to spill*
55 los frijoles cocidos.° Cuando llegó al carro, Papá tendió° las manos para   *cooked / stretched out*
ayudarla con ella.° Roberto abrió la puerta posterior del carro y Papá puso   *= la olla*
la olla con mucho cuidado en el piso° detrás del asiento. Todos subimos   *floor*

---

[3] **Fresno**   city in the fertile San Joaquin farming area of central California.

[4] **Santa Rosa**   California city about 50 miles north of San Francisco.

[5] **palmo a palmo**   inch by inch. **Un palmo** (a span) is an old measure of length representing the
width of a man's hand or about 4 inches.

[6] **Santa María**   California city about 50 miles north of Santa Barbara.

a la «Carcanchita», Papá suspiró, se limpió° el sudor° de la frente° con las
mangas de la camisa, y dijo con cansancio:° «Es todo.»

wiped / sweat / forehead
tiredness

60   Mientras nos alejábamos,° se me hizo un nudo en la garganta.[7] Me
volví° y miré nuestra chocita por última vez.

we were leaving
I turned

La llegada a Fresno

Al ponerse el sol° llegamos a un campo de trabajo cerca de Fresno. Ya
que° Papá no hablaba inglés, Mamá le preguntó al capataz° si necesitaba
65   más trabajadores. «No necesitamos a nadie», dijo él, rascándose° la
cabeza, «pregúntele a Sullivan. Mire, siga° este mismo camino hasta que
llegue° a una casa grande y blanca con una cerca° alrededor. Allí vive él.»

At sunset
Since / foreman
scratching
continue on
you arrive / fence

Cuando llegamos allí, Mamá se dirigió a la casa. Pasó por la cerca, por
entre filas° de rosales° hasta llegar a la puerta. Tocó° el timbre.° Las luces
del portal° se encendieron° y un hombre alto y fornido° salió. Hablaron
70   brevemente. Cuando el hombre entró en la casa, Mamá se apresuró°
hacia el carro. «¡Tenemos trabajo! El señor nos permitió quedarnos° allí
toda la temporada°», dijo un poco sofocada° de gusto° y apuntando hacia
un garaje viejo que estaba cerca de los establos.

rows / rose bushes / She rang / doorbell
porch / were turned on / heavy-set
hurried
to stay
*season / choked up / **de...** with pleasure*

El garaje estaba gastado° por los años. Roídas por comejenes,° las
75   paredes apenas° sostenían el techo agujereado.° No tenía ventanas y el
piso de tierra suelta° ensabanaba° todo de polvo.

*run down / **Roídas...** Eaten away by termites / barely / full of holes*
***piso...** dirt floor / covered*

Esa noche, a la luz de una lámpara de petróleo, desempacamos°
las cosas y empezamos a preparar la habitación para vivir. Roberto
enérgicamente se puso a° barrer° el suelo;° Papá llenó los agujeros° de las
80   paredes con periódicos viejos y con hojas de lata.[8]

we unpacked
began / to sweep / floor / holes

Mamá les dio de comer° a mis hermanitos. Papá y Roberto entonces
trajeron el colchón y lo pusieron en una de las esquinas° del garaje.
«Viejita», dijo Papá, dirigiéndose a Mamá, «tú y los niños duerman en el
colchón, Roberto, Panchito, y yo dormiremos bajo los árboles.»

***dio...** fed*
corners

Trabajando en la viña

85   Muy tempranito por la mañana al día siguiente, el señor Sullivan nos
enseñó donde estaba su cosecha y, después del desayuno, Papá, Roberto y
yo nos fuimos a la viña° a pizcar.°

vineyard / to pick

A eso de las nueve,° la temperatura había subido hasta cerca de cien
grados. Yo estaba empapado° de sudor y mi boca estaba tan seca que
90   parecía como si° hubiera estado masticando° un pañuelo. Fui al final del
surco,° cogí la jarra de agua que habíamos llevado y comencé a beber. «No
tomes mucho; te vas a enfermar», me gritó Roberto. No había acabado de
advertirme° cuando sentí un gran dolor de estómago. Me caí de rodillas°
y la jarra se me deslizó° de las manos.

***A...** Around nine o'clock*
soaked
*as if / **hubiera...** I had been chewing / row*
***No...** He hadn't finished warning me / **Me...** I fell to my knees / slipped*

95   Solamente podía oír el zumbido° de los insectos. Poco a poco me
empecé a recuperar. Me eché° agua en la cara y en el cuello° y miré el
lodo° negro correr por° los brazos y caer a la tierra que parecía hervir.°

buzzing
I threw / neck
mud / run down / to boil

[7] **se me hizo un nudo en la garganta**   I got a lump in my throat. Literally, **un nudo** is a knot.

[8] **hojas de lata**   thin sheets of tin, also known as **hojalatas**.

Todavía me sentía mareado° a la hora del almuerzo. Eran las dos de dizzy, sick
la tarde y nos sentamos bajo un árbol grande de nueces° que estaba al walnuts
100 lado del camino. Papá apuntó° el número de cajas que habíamos pizcado. wrote down
Roberto trazaba° diseños° en la tierra con un palito.° De pronto vi was tracing / designs / small stick
palidecer° a Papá que miraba hacia el camino. «Allá viene el camión° de to grow pale / bus
la escuela», susurró° alarmado.[9] Instintivamente, Roberto y yo corrimos he whispered
a escondernos entre las viñas. El camión amarillo se paró° frente a la casa stopped
105 del señor Sullivan. Dos niños muy limpiecitos y bien vestidos se apearon.° got off
Llevaban libros bajo sus brazos. Cruzaron la calle y el camión se alejó.° drove off
Roberto y yo salimos de nuestro escondite° y regresamos a donde estaba hiding place
Papá. «Tienen que tener cuidado,» nos advirtió.° he warned

Después del almuerzo volvimos a trabajar. El calor oliente° y pesado,° pungent-smelling / heavy
110 el zumbido de los insectos, el sudor y el polvo hicieron que la tarde
pareciera° una eternidad. Al fin las montañas que rodeaban° el valle seem / surrounded
se tragaron° el sol. Una hora después estaba demasiado obscuro para swallowed
seguir trabajando.° Las parras° tapaban° las uvas y era muy difícil ver los **para**... to continue working / grapevines / covered / bunches / signaling
racimos.° «Vámonos», dijo Papá señalándonos° que era hora de irnos.
115 Entonces tomó un lápiz y comenzó a figurar cuánto habíamos ganado
ese primer día. Apuntó números, borró° algunos, escribió más. Alzó° la he erased / He raised
cabeza sin decir nada. Sus tristes ojos sumidos° estaban humedecidos.° sunken / wet (with tears)

Cuando regresamos del trabajo, nos bañamos afuera con el agua fría
bajo una manguera.° Luego nos sentamos a la mesa hecha de cajones° de hose / crates
120 madera y comimos con hambre la sopa de fideos,° las papas y tortillas de noodles
harina° blanca recién hechas. Después de cenar nos acostamos a dormir, flour
listos para empezar a trabajar a la salida del sol.° sunrise

Al día siguiente, cuando me desperté, me sentía magullado;° me beaten
dolía todo el cuerpo. Apenas podía mover los brazos y las piernas. Todas
125 las mañanas cuando me levantaba me pasaba lo mismo hasta que mis
músculos° se acostumbraron a ese trabajo. muscles

La escuela

Era lunes, la primera semana de noviembre. La temporada de uvas
se había terminado y ya podía ir a la escuela. Me desperté temprano esa
mañana y me quedé acostado° mirando las estrellas y saboreando° el **me**... I stayed in bed / savoring
130 pensamiento° de no ir a trabajar y de empezar el sexto grado por primera thought
vez ese año. Como no podía dormir, decidí levantarme y desayunar con
Papá y Roberto. Me senté cabizbajo° frente a mi hermano. No quería head down
mirarlo porque sabía que él estaba triste. Él no asistiría a la escuela
hoy, ni mañana, ni la próxima semana. No iría hasta que se acabara° la would finish
135 temporada de algodón,° y eso sería en febrero. Me froté° las manos y cotton / I rubbed
miré la piel seca y manchada de ácido[10] enrollarse° y caer al suelo. peel off

Cuando Papá y Roberto se fueron a trabajar, sentí un gran alivio.° relief
Fui a la cima° de una pendiente° cerca de la choza y contemplé a la top / slope
«Carcanchita» en su camino hasta que desapareció en una nube de polvo.

[9] It is fall and both Panchito and Roberto should be in school. However, the family needs the income that the boys earn and cannot afford to let them attend.

[10] **la piel... ácido** dry, acid-stained skin. After a day of grape-picking, the workers' hands are purple with grape juice. The harsh cleanser (**el ácido**) used to remove these stains tends to dry the skin and to leave discolored areas.

140   Dos horas más tarde, a eso de las ocho, esperaba el camión de la escuela. Por fin llegó. Subí y me senté en un asiento desocupado.° Todos los niños se entretenían° hablando o gritando.

       Estaba nerviosísimo cuando el camión se paró delante de la escuela. Miré por la ventana y vi una muchedumbre° de niños. Algunos llevaban
145   libros, otro juguetes.° Me bajé del camión, metí las manos en los bolsillos,° y fui a la oficina del director.° Cuando entré oí la voz de una mujer diciéndome: «May I help you?» Me sobresalté.° Nadie me había hablado inglés desde hacía meses.° Por varios segundos me quedé sin poder contestar. Al fin, después de mucho esfuerzo,° conseguí° decirle en inglés
150   que me quería matricular° en el sexto grado. La señora entonces me hizo una serie de preguntas que me parecieron impertinentes. Luego me llevó a la sala de clase.

El señor Lema

       El señor Lema, el maestro de sexto grado, me saludó cordialmente, me asignó un pupitre,° y me presentó a la clase. Estaba tan nervioso
155   y tan asustado° en ese momento cuando todos me miraban que deseé estar con Papá y Roberto pizcando algodón. Después de pasar la lista,° el señor Lema le dio a la clase la asignatura° de la primera hora. «Lo primero que haremos esta mañana es terminar de leer el cuento que comenzamos ayer», dijo con entusiasmo. Se acercó a mí,° me dio su libro
160   y me pidió que leyera.° «Estamos en la página 125», me dijo. Cuando lo oí, sentí que toda la sangre me subía a la cabeza; me sentí mareado. «¿Quisieras° leer?», me preguntó en un tono indeciso.° Abrí el libro a la página 125. Mi boca estaba seca. Los ojos se me comenzaron a aguar.° El señor Lema entonces le pidió a otro niño que leyera.°
165   Durante el resto de la hora me empecé a enojar° más y más conmigo mismo.° Debí haber leído,° pensaba yo.

       Durante el recreo° me llevé el libro al baño y lo abrí a la página 125. Empecé a leer en voz baja, pretendiendo que estaba en clase. Había muchas palabras que no sabía. Cerré el libro y volví a la sala de clase.
170   El señor Lema estaba sentado en su escritorio. Cuando entré me miró sonriéndose. Me sentí mucho mejor. Me acerqué a él y le pregunté si me podía ayudar con las palabras desconocidas.° «Con mucho gusto», me contestó.

       El resto del mes pasé mis horas de almuerzo estudiando ese inglés con la ayuda del buen señor Lema.

La trompeta

175   Un viernes durante la hora del almuerzo, el señor Lema me invitó a que lo acompañara° a la sala de música. «¿Te gusta la música?», me preguntó. «Sí, muchísimo», le contesté entusiasmado, «me gustan los corridos° mexicanos.» Él cogió una trompeta,[11] la tocó° un poco y luego me la entregó.° El sonido° me hizo estremecer.° Me encantaba° ese
180   sonido. «¿Te gustaría aprender a tocar este instrumento?», me preguntó. Debió haber° comprendido la expresión en mi cara porque antes que° yo le respondiera,° añadió:° «Te voy a enseñar a tocar esta trompeta durante las horas de almuerzo.»

[11] **una trompeta**   The trumpet is a key instrument in Mexican folk music.

---

empty
were amusing themselves

crowd
toys / pockets
principal
I was startled
desde... for months
effort / I managed
to enroll

desk / introduced
scared
pasar... taking roll
work

Se... He came up to me
me... he asked me to read
Would you like / querying
to water
le... asked another boy to read / to get angry
conmigo mismo... with myself / Debí... I should have read / recess

unfamiliar

a... to accompany him
folk songs / played
gave / sound / tremble / delighted

He must have / before
could respond / he added

185   Ese día casi no podía esperar el momento de llegar a casa y contarles las nuevas° a mi familia. Al bajar del camión me encontré con mis hermanitos que gritaban y brincaban° de alegría.° Pensé que era porque yo había llegado, pero al abrir la puerta de la chocita, vi que todo estaba empacado en cajas de cartón...

news

were jumping about / joy

Reprinted by permission of the author.

Comprensión

¿Qué pasó?

El fin de la cosecha

1. ¿Cuándo ocurrió la historia? ¿dónde? ¿Qué recogían los braceros?
2. ¿Cómo se llamaba el narrador? ¿y su hermano? ¿De dónde eran? ¿Cuál era mayor?
3. ¿Qué palabras esperaba ansiosamente Panchito todos los días? Al regresar a la casa, ¿quiénes estaban callados?
4. ¿Qué vio Panchito al abrir la puerta de su chocita? ¿Qué sintió de repente el narrador? ¿Por qué lloró?

La mudanza

5. ¿Qué reacción tuvieron los hermanitos ante la mudanza a Fresno?
6. Describe la «Carcanchita» y qué sentía el papá hacia su carro. ¿Qué cargaron Roberto y Panchito en el carro? ¿Dónde puso el padre el colchón?
7. ¿Cómo era la olla de la mamá? ¿Qué había cocinado la mamá en la olla?
8. ¿Qué sintió Panchito al ver su chocita por última vez?

La llegada a Fresno

9. ¿Quién de la familia hablaba inglés? ¿Cómo se llamaba el hombre que les dio trabajo? ¿Dónde les permitió quedarse?
10. ¿En qué condiciones estaba el garaje? ¿Cómo prepararon el garaje para vivir allí? ¿Dónde durmieron la mamá y los niños? ¿y el papá, Roberto y Panchito?

Trabajando en la viña

11. ¿Quiénes fueron a la viña a pizcar? ¿A cuánto había subido la temperatura?
12. Describe las actividades del papá y los hermanos en la viña y los efectos del sol.
13. ¿En dónde y por qué se escondieron los dos hermanos en la tarde?
14. ¿Cómo se sentía Panchito al día siguiente? ¿Por qué?

La escuela

15. ¿Por qué no podría ir Roberto a la escuela? ¿Cuándo pudo Panchito ir a la escuela?
16. ¿Cómo llegó él a la escuela? ¿Por qué se sobresaltó en la oficina del director?

El señor Lema

17. Cuando el maestro de sexto grado le pidió que leyera, ¿cómo reaccionó Panchito?
18. ¿Cómo pasó Panchito sus horas de almuerzo durante el resto del mes?

La trompeta

19. ¿Qué pasó un viernes en la sala de música? ¿Por qué no podía Panchito esperar el momento de llegar a casa ese día?
20. Cuando llegó a casa, ¿qué hacían sus hermanitos? ¿Qué vio Panchito al abrir la puerta de la chocita?

Audio

Despúes de escuchar la historia, indica si la idea es verdadera (**V**) o falsa (**F**).

1. V   F   2. V   F   3. V   F   4. V   F   5. V   F   6. V   F

Palabras

Cognados falsos

Not all words that look alike in Spanish and English are true cognates. Some cognates have more than one meaning:

un maestro   *a maestro (musician)*, BUT also, *a teacher*

A few Spanish words that look like English words are false cognates.

contestar   *to answer*   NOT *to contest*   (**disputar**)
una lectura   *a reading*   NOT *a lecture*   (**una conferencia**)

Transformaciones

Estudia los siguientes cognados falsos que se encuentran en los cuentos de este libro. Utiliza cada uno en una oración.

1. **actual**	*present*	NOT *real, true*	(**verdadero**)
2. **la desgracia**	*misfortune*	NOT *disgrace*	(**la deshonra**)
3. **realizar**	*to accomplish*	NOT *to realize*	(**darse cuenta de**)
4. **ignorar**	*to be unaware of*	NOT *to ignore*	(**no hacer caso de**)
5. **los parientes**	*relatives*	NOT *parents*	(**los padres**)
6. **gracioso**	*witty, funny*	NOT *gracious*	(**amable**)
7. **la miseria**	*poverty*	NOT *misery*	(**la infelicidad**)
8. **simpático**	*nice, congenial*	NOT *sympathetic*	(**compasivo**)
9. **soportar**	*to tolerate*	NOT *to support*	(**mantener; apoyar**)
10. **injuriar**	*to insult*	NOT *to injure*	(**dañar**)

Conexiones en contexto

Refiriéndote al cuento, empareja cada término de la Columna **A** con el *correspondiente* de la Columna **B**.

Los correspondientes

A	B
1. alejarse	a. irse
2. cansado/a	b. aguado/a
3. salida del sol	c. al fin
4. callado/a	d. delante de
5. terminar	e. estar mareado/a
6. enfrente de	f. madrugada
7. enfermarse	g. entonces
8. empapado/a	h. acabar
9. por fin	i. con cansancio
10. luego	j. sin decir nada

Refiriéndote al cuento, empareja cada término de la Columna **A** con su *opuesto* de la Columna **B**.

Los opuestos

A	B
1. techo	a. bajar
2. seco/a	b. poco a poco
3. sacar	c. recuperar
4. manchado/a	d. limpiecito/a
5. de pronto	e. meter
6. de la noche	f. aliviado/a
7. alzar	g. suelo
8. detrás de	h. enfrente de
9. enfermarse	i. humedecido/a
10. nervioso/a	j. por la mañana

Resumen

Vuelve a contar la historia, cambiando los verbos en itálica al tiempo condicional.

1. Ito, el contratista, no *sonreía*. La cosecha de fresas *terminaba*.   2. Los braceros *trabajaban* cada día, pero no *recogían* tantas fresas como antes.   3. A Papá le *gustaba* mucho su «Carcanchita» que él *manejaba* a casa.   4. Yo *sentía* el peso de las horas, los días, las semanas, los meses de trabajo. 5. *Teníamos* que mudarnos a Fresno. Para mis hermanitos *era* una gran cosa.   6. Papá *suspiraba* y se *limpiaba* el sudor de la frente.   7. Mamá *hablaba* con el capataz para pedir trabajo.   8. Nos *quedábamos* en el garaje y *llenábamos* los agujeros de las paredes con periódicos viejos.   9. Roberto *barría* el suelo y mis hermanitos *comían*.   10. Mamá y mis hermanitos *dormían* en el colchón.   11. El señor Sullivan nos *enseñó* donde *estaba* la cosecha.   12. Cuando nos *fuimos* a la viña a pizcar, *hacía* mucho calor.   13. La temperatura *subió* a cien grados y yo *tenía* mucha sed.   14. El camión de la escuela *vino*

y Roberto y yo nos *escondimos*.   15. *Regresamos* del trabajo y nos *bañamos*. Me *dolía* todo el cuerpo.   16. *Comimos* sopa, papas y tortillas.   17. Dos meses después yo *asistí* a la escuela.   18. El maestro, el señor Lema, me *saludó* y me *presentó* a la clase. 19. Entonces el maestro me *pidió* que leyera, pero no *pude*.   20. Me *enojé* conmigo mismo y me *llevé* el libro al baño, donde *leí* en voz baja.   21. Un viernes el señor Lema me *dijo* que me enseñaría a tocar la trompeta.   22. Muy contento, *fui* a casa a contar las nuevas a mi familia.   23. Los niños *estaban* saltando y brincando de alegría.   24. Al entrar en la chocita, *vi* que todo *estaba* empacado en cajas de cartón.

Interpretación

Análisis

1. Pon en orden importancia los siguientes temas del relato: la agricultura, el aislamiento, el amor, las clases sociales, la desesperanza, la educación, la familia, los idiomas, la mudanza, la pobreza. la salud y el pasar del tiempo. ¿Cúal te impresiona más? ¿Por qué?

2. ¿Qué significan «mi Carcanchita» para el padre, «mi olla» para la madre y la trompeta para Panchito? ¿Qué simbolizan los distintos objetos en la vida de cada uno de ellos?

3. La familia vive en un garaje, utiliza cajas de cartón como muebles, cultiva y cosecha frutas y se muda con frecuencia. El carro y la olla son de segunda mano. ¿Qué nos indican estas realidades sobre Panchito y su familia?

4. Panchito narra la historia en la primera persona. ¿Cuál crees tú que será la intención autorial de Jiménez? ¿Qué revela sobre las presiones corporales y la ansiedad emocional de Panchito? ¿Qué efecto produce en el lector? ¿Qué tono tiene como resultado?

5. ¿En qué contextos narrativos retrata Jiménez estos elementos de la naturaleza: «desapareció en una nube de polvo», «las montañas que rodeaban el valle se tragaron el sol»; «la tierra que parecía hervir»; «el sol oliente»? Analiza qué sentidos provocan estos recursos literarios en nosotros, los lectores.

6. ¿Qué función tienen los insectos, pájaros y otros animales en la narración? ¿Cómo influyen en los protagonistas y en qué circunstancias?

7. Señala los momentos narrativos en que Panchito lloraba y también cuando él se sentía mareado a lo largo del relato. ¿Qué revelan de los sentimientos y pensamientos del joven hacia sí mismo, la familia, el trabajo y la escuela?

8. Narra ejemplos de alegría y esperanza que el autor intercala en el cuento. Comenta momentos de melancolía y frustración en el relato. ¿Qué ironías notas en los momentos alegres y tristes?

9. ¿Qué sensación te transmite la familia protagonista? Describe las relaciones entre ellos usando ejemplos del cuento.

10. ¿Qué múltiple simbolismo llevan las cajas de cartón? ¿Qué múltiples mensajes sociales manifiesta el cuento sobre los trabajadores migratorios?

Ensayos

1. Relata la narración desde el punto de vista de Roberto, el hermano de Panchito. Inventa también un objeto que sea el preferido del adolescente y explica por qué es importante para él.

2. Un dicho nos plantea esta idea: «Mientras hay vida, hay esperanza». Teniendo en cuenta este dicho, relata un final diferente y positivo que inspire a Panchito, su hermano Roberto y sus padres.

Dramatizaciones

1. Imagínate que unos meses más tarde, el maestro Lema y el contratista Ito hablan sobre los episodios recientes. Dramatiza lo que se dicen sobre la temporada, la cosecha, la escuela, Panchito y su familia.

2. Inventa una conversación en que, 25 años más tarde, el hijo de Panchito se casa. En la fiesta, Roberto y Panchito contestan las preguntas de los jóvenes sobre el pasado y el futuro y sobre otros parientes. ¿Qué hechos de su juventud, buenos y difíciles, recuerdan los padres y qué consejos les dan a sus hijos?

Discusiones

1. El relato habla de la importancia de conocer más de una lengua. ¿Cuál te parece la más difícil de aprender? ¿y la más fácil? ¿Qué idioma nuevo te gustaría aprender? ¿con qué motivo?

2. Califica las condiciones de trabajo que nos enseña el relato. Enumera algunos trabajos manuales cuyas condiciones sean duras. Describe el trabajo más duro (manual u otro) que tú has tenido que hacer. Explica cuál sería el trabajo de tus sueños.

3. ¿Cómo te imaginas la vida de una familia de braceros? ¿Podrías trabajar siete días a la semana? ¿Por qué? ¿Qué te parecería vivir en ese garaje del cuento?

4. Enumera qué tres cosas empacarías primero si tuvieras que mudarte, ¿Por qué? Nombra algún objeto del cual te sientas orgulloso y que siempre lleves contigo.

5. ¿Te mudaste o te separaste de alguien o de un lugar alguna vez? ¿Cómo te sentiste? En tu opinión, ¿cuáles son las mayores dificultades que enfrentan quienes emigran de un país a otro?

6. Comenta los problemas económicos de tu región y su relación con el papel de la educación en tu vida. ¿Qué trabajo harás en diez años?

7. Ponte en el lugar de un/a profesor/a o un/a maestro/a. Imagínate que Panchito está en tu clase. ¿Qué estrategias puedes usar para que el chico se sienta cómodo?

8. El cuento se refiere a los «corridos», populares canciones folclóricas de México. Describe las características de las canciones tradicionales de tu región. ¿Qué clase de música te gusta escuchar, cantar o tocar?

Comparaciones y contrastes

A causa de la fuerza de los elementos de la naturaleaa, los protagonistas en «Cajas de cartón», de Jiménez, y los en «Una carta a Dios», de López y Fuentes, tienen distintos choques y tensiones. Analiza los episodios chocantes y cómo los protagonistas se sienten y actúan. ¿Cuál es el resultado y qué efecto tiene en cada relato?

8
Leyenda

~ Jorge Luis Borges ~

ARGENTINA

«Ahora sé que en verdad me has perdonado —dijo Caín—
porque olvidar es perdonar. Yo trataré también de olvidar.»

Leyenda

Jorge Luis Borges *(1899–1986), born in Argentina, is one of the outstanding figures of contemporary Hispanic literature. One recurrent theme of his work is the relationship between reality and fantasy, between life and fiction. According to the book of Genesis, Cain is banished as a fugitive and vagabond for having killed his brother Abel. In "Leyenda,"[1] published in* Elogio de la sombra *(1969), Borges elaborates on the Biblical tale by having Abel reappear in the desert for a final encounter with Cain.*

CONTEXTO CULTURAL Según la Biblia, Adán y Eva tuvieron a su primer hijo, Caín, quien cultivaba la tierra, y a un segundo hijo, Abel, quien pastaba las ovejas. Ambos entregaban sus ofrendas a Dios: Caín la fruta del campo y Abel las primeras ovejas que nacían. Ofendido porque Dios prefería las ofrendas de Abel, Caín, en un arrebato de celos (*fit of jealousy*), mató a su hermano y como resultado, fue condenado a vagar por la tierra como vagabundo.

Abel y Caín se encontraron después de la muerte de Abel. Caminaban por el desierto y se reconocieron desde lejos, porque los dos eran muy altos. Los hermanos se sentaron en la tierra, hicieron un fuego° y comieron. Guardaban silencio,° a la manera de la gente cansada cuando
5 declina° el día. En el cielo asomaba° alguna estrella, que aún° no había recibido su nombre. A la luz de las llamas,° Caín advirtió° en la frente° de Abel la marca de la piedra° y dejó caer° el pan que estaba por llevarse a° la boca y pidió que le fuera perdonado su crimen.

Abel contestó:
10 —¿Tú me has matado o yo te he matado? Ya no recuerdo, aquí estamos juntos como antes.

—Ahora sé que en verdad me has perdonado —dijo Caín—, porque olvidar° es perdonar. Yo trataré también de olvidar.

Abel dijo despacio:°
15 —Así es. Mientras dura° el remordimiento° dura la culpa.°

> fire
> **Guardaban**... They remained silent
> draws to a close / appeared / yet
> flames / noticed / forehead
> stone / **dejó**... dropped / **estaba**... he was about to put into

> to forget
> slowly
> lasts / remorse / guilt

[1] «Leyenda» "Legend."

Comprensión

¿Qué pasó?

1. ¿Cuándo se encontraron Abel y Caín? ¿Por dónde caminaban?
2. ¿Por qué se reconocieron desde lejos? Después de encontrarse, ¿qué hicieron?
3. ¿Por qué guardaban silencio?
4. ¿Era de día o de noche? ¿Cómo lo sabemos?
5. ¿Qué advirtió Caín? ¿Qué dejó caer Caín?
6. ¿Qué le pidió Caín a Abel? ¿Cómo contestó Abel?
7. ¿Por qué dijo Caín que sabía que Abel lo había perdonado?
8. Según Abel, ¿cuál es la relación entre el remordimiento y la culpa?

Audio

Despúes de escuchar la historia, indica si la idea es verdadera (**V**) o falsa (**F**).

1. V   F   2. V   F   3. V   F   4. V   F   5. V   F   6. V   F

Palabras

Cognados con cambios ortográficos

Spanish-English cognates are often spelled somewhat differently in the two languages. For example, masculine nouns in Spanish frequently end in -**o** and feminine nouns in -**a**.

el desierto	*desert*	**la leyenda**	*legend*
el silencio	*silence*	**la marca**	*mark*

Some other common spelling changes are:

c	↔	cc	**preocupado** *preoccupied*
f	↔	ff	**la oficina** *office*
l	↔	ll	**la ilusión** *illusion*
n	↔	nn	**la manera** *manner*
s	↔	ss	**pasar** *to pass*

Transformaciones

Da el cognado en inglés de cada palabra.

1. el motivo
2. expresar
3. asesinar
4. el efecto
5. diferente
6. imposible
7. acompañar
8. inocente
9. el colector

Resumen

Vuelve a contar la historia, cambiando los verbos en itálica al presente perfecto.

1. Abel y Caín se *encontraron* mientras ellos *caminaban* por el desierto.   2. Los dos hermanos se *reconocieron* desde lejos.   3. Ellos se *sentaron* en la tierra, *hicieron* un fuego y *comieron*.   4. En el cielo *asomaba* una estrella.   5. Caín *advirtió* en la frente de Abel la marca de una piedra.   6. Caín le *pidió* perdón a su hermano.   7. Abel no *recordó* quién *tenía* la culpa.   8. Caín *dijo*, «olvidar es perdonar».

Interpretación

Análisis

1. ¿Qué es una leyenda? Indica los elementos reales y ficticios que quiere enfatizar Borges al darle el título, «Leyenda» a su cuento.
2. ¿Qué temas trata el relato? ¿Cómo interpretas el final?
3. Define qué es para ti el arrepentimiento. Analiza el comportamiento de Caín y Abel en este relato. ¿En qué se parecen y en qué se diferencian?
4. En la historia bíblica de Caín y Abel, ¿Por qué mató Caín a Abel? En tu opinión, ¿el arrepentimiento de Caín merece el perdón de Abel?
5. ¿Cómo funcionan el desierto, la estrella y la luz en el cuento? ¿Qué simbolizan?
6. Imagínate que los hermanos se encuentran de día, no de noche. Cuenta la historia, con algunos cambios para representar el ambiente diurno.

Ensayos

1. Inventa una leyenda ara algún acontecimiento contemporáneo que te llame la atención.
2. Resume la historia y explica qué enseñanza nos ofrece el cuento. ¿La consideras útil para la vida real? ¿Por qué?

Dramatizaciones

1. Imagínate que Adán y Eva hablan de lo que pasó entre sus dos hijos. ¿Qué se comentan?
2. Dramatiza el cuento, imaginando que Abel recuerda que Caín le ha matado. También inventa a dos hermanas. ¿Cómo es la conversación entre los cuatro hermanos?

Discusiones

1. Narra una leyenda popular breve de tu país y explica sus mensajes.
2. Describe una situación de celos que hayas observado en la literatura o en el cine. ¿Cuáles fueron los motivos de los celos y las consecuencias de las acciones tomadas?
4. En tu opinión, ¿qué es más difícil, pedir perdón o perdonar? Explica tu respuesta.
5. ¿Te gusta mirar las estrellas? Nombra una constelación y comenta su significado.
6. ¿Cuáles serían los desafíos de vivir en el desierto, las montañas o el bosque por un mes? ¿Podrías vivir en uno de esos lugares de la naturaleza? ¿Por qué?

7. Hay mucha rivalidad entre hermanos en las familias de nuestra sociedad? ¿y violencia? ¿y abuso? Explica tus respuestas. ¿Cómo deben ser las relaciones entre hermanos?

8. Describe algún momento en que te hayas sentido culpable y otro en que hayas sentido remordimiento. ¿Qué diferencias hay entre ambos sentimientos? ¿Cuál es peor, sentir culpa o remordimiento? Explica.

9. Nuestro autor, Borges, ha declarado: «Yo no hablo de venganzas y perdones. El olvido es la única venganza y el único perdón.» ¿Qué piensas de esta filosofía borgiana?

Comparaciones y contrastes

Compara y contrasta el asesinato de Wright, en «Sala de espera», con el de Abel, en «Leyenda». ¿Cómo termina cada relato? ¿Qué ideas y sensaciones te producen los dos cuentos?

9
Un oso y un amor

~ *Sabine R. Ulibarrí* ~

USA: Chicano

«Chistes y bromas. Risas y más risas. Coqueteos fugaces.
Preguntas intencionadas. Contestaciones inesperadas.
La fiesta en su apogeo.»

Un oso y un amor

Sabine Ulibarrí *(1919 – 2003) was born in the small town of Tierra Amarilla, New Mexico, which provides the background for many of his short stories. At the time Ulibarrí was growing up, Spanish was spoken not only by the Hispanics who had settled the area centuries earlier but also by the neighboring Pueblo Indians and the Anglo newcomers. In "Un oso y un amor,"[1] which appeared in* Primeros encuentros *(1982), the young narrator is helping Abrán (Abraham) herd the sheep to their summer grazing area in the mountains. They are joined for a picnic by several of the narrator's school friends, but a bear interrupts the festivities.*

CONTEXTO CULTURAL La ciudad de Tierra Amarilla está situada en el Valle de Chama, al norte de Nuevo México. Los primeros exploradores españoles en conocer esta zona la describieron como apropiada para diversas actividades agrícolas. Con la construcción del Camino Real entre Santa Fe y Los Ángeles en 1829, Tierra Amarilla se convirtió en una parada temporal de mucha importancia. La ciudad fue fundada en 1832 por los pobladores mexicanos cuyos descendientes representan hoy en día la mayoría de la población total.

La sierra

Era ya fines° de junio. Ya había terminado el ahijadero y la trasquila.[2] El ganado° iba ya subiendo la sierra. Abrán apuntando,° dirigiendo.° Yo, adelante con seis burros cargados.[3] De aquí en adelante° la vida sería lenta y tranquila.

5   Hallé° un sitio adecuado. Descargué° los burros. Puse la carpa.° Corté ramas° para las camas. Me puse a° hacer de comer° para cuando llegara° Abrán. Ya las primeras ovejas estaban llegando. De vez en cuando salía a detenerlas,° a remolinarlas, para que fueran conociendo° su primer rodeo.[4]

    El pasto° alto, fresco y lozano.° Los tembletes[5] altos y blancos, sus
10 hojas agitadas temblando una canción° de vida y alegría. Los olores° y las flores. El agua helada° y cristalina del arroyo.° Todo era paz y harmonía. Por eso los dioses° viven en la sierra. La sierra es una fiesta eterna.

the end

cattle / pointing / directing

De... From now on

I found / I unloaded / the tent
*branches / I began / **hacer**... to prepare the meal / would arrive*
*to stop them / **fueran**... would get familiar with / grass / lush*
singing a song / fragrances
icy / stream
gods

---

[1] **«Un oso y un amor»** "A Bear and Love."

[2] Sheep-raising is an important activity in northern New Mexico. In the winter the sheep (**las ovejas**) are kept in the village. Once the lambs have been born in the spring (**el ahijadero**) and are old enough to travel, and after the wool of the adult lambs has been shorn (**la trasquila**), the herd is taken up to the summer grazing areas in the mountains (**la sierra**).

[3] The shepherds travel with donkeys, which carry all their supplies (**burros cargados**), since they will not return to the village until fall.

[4] When the herd is being gathered for the night at the campsite (**el rodeo**), those sheep that tend to wander on must be turned around (**remolinar**) and directed back to the central location.

[5] **los tembletes** the aspen. These typical Rocky Mountain trees of the poplar family have leaves that tremble in the slightest breeze (**hojas agitadas**). In Spanish, the aspen is known as **el álamo temblón** or **el templete**.

Las ollitas° hervían.° Las ovejas pacían° o dormían. Yo contemplaba la belleza° y la grandeza de la naturaleza.°

little pots / were boiling / were grazing / beauty / nature

El festín°

banquet

15   De pronto oí voces y risas° conocidas. Lancé un alarido.° Eran mis amigos de Tierra Amarilla. Abelito Sánchez, acompañado de Clorinda Chávez y Shirley Cantel. Los cuatro estábamos en tercer año de secundaria.[6] Teníamos quince años.

laughter / I gave a shout

Desensillamos° y apersogamos° sus caballos. Y nos pusimos a gozar 20 el momento. Había tanto que decir. Preguntas. Bromas. Tanta risa que reanudar.° Ahora al recordarlo me estremezco.°¡Qué hermoso era aquello!° Éramos jóvenes. Sabíamos querer y cantar. Sin licor, sin drogas, sin atrevimientos soeces.°

we unsaddled / we tethered

renew / I shudder
= **aquel momento**
atrevimientos... vulgarity

Cuando llegó Abrán comimos. Yo tenía un sabroso° y oloroso° costillar 25 de corderito asado° sobre las brasas.° Ellos habían traído golosinas° que no se acostumbran en la sierra. La alegría y la buena comida, la amistad y el sitio idílico convirtieron° aquello en un festín para recordar siempre.

tasty / delicious-smelling
costillar... roast side of lamb / coals / delicacies

transformed

Shirley

Shirley Cantel y yo crecimos° juntos. Desde niños fuimos a la escuela juntos. Yo cargaba con° sus libros. Más tarde íbamos a traer° las vacas 30 todas las tardes. Jugábamos en las caballerizas° o en las pilas de heno.° Teníamos carreras° de caballo. En las representaciones° dramáticas en la escuela ella y yo hacíamos los papeles° importantes. Siempre competimos a ver quién sacaba° las mejores notas.°

grew up
carried / to bring in
stables / haystacks
races / performances
hacíamos... played the roles
would get / grades

Nunca se nos ocurrió que estuviéramos° enamorados. Este año 35 pasado, por primera vez, lo descubrimos, no sé cómo. Ahora la cosa° andaba en serio.° Verla hoy fue como una ilusión de gloria.

we were
relationship
andaba... was serious

Shirley tenía una paloma° blanca que llamaba° mucho la atención. Siempre la sacaba° cuando montaba a caballo. La paloma se le posaba° en un hombro,° o se posaba en la crin° o las ancas° del caballo. Llegó 40 a conocerme° y a quererme a mí también. A veces la paloma andaba conmigo. Volaba° y volvía. La paloma era otro puente° sentimental entre nosotros dos. Hoy me conoció. De inmediato° se posó en mi hombro. Su cucurucú° sensual en mi oído° era un mensaje de amor de su dueña.°

dove / attracted
took it along / perched
shoulder / mane / rump
Llegó... It got to know me
it would fly away / bridge
De... right away
cooing / = **oreja** / owner

Era gringa[7] Shirley pero hablaba el español igual que yo. Esto era lo 45 ordinario en Tierra Amarilla. Casi todos los gringos de entonces hablaban español. Éramos una sola° sociedad. Nos llevábamos° muy bien.

single / We got along

El oso

Chistes° y bromas. Risas y más risas. Coqueteos° fugaces.° Preguntas intencionadas.° Contestaciones inesperadas.° La fiesta en su apogeo.°

jokes / Flirtations / fleeting
loaded / unexpected / height

---

[6] **en tercer año de secundaria**   in ninth grade (i.e., the third year of secondary school, which begins with seventh grade).

[7] A **gringo** or **gringa**   is a non-Hispanic American.

De pronto el ganado se asusta.° Se azota° de un lado a otro. Se viene sobre
50 nosotros° como en olas.° Balidos° de terror. Algo está espantando° al ganado.

Cojo° el rifle. Le digo a Shirley, «Ven conmigo.» Vamos de la mano.° Al
doblar° un arbusto° nos encontramos con un oso.° Ha derribado° una oveja. Le
ha abierto las entrañas.° Tiene el hocico° ensangrentado.° Estamos muy cerca.

Ordinariamente el oso huye° cuando se encuentra con el hombre.
55 Hay excepciones: cuando hay cachorros,° cuando está herido,° cuando ha
probado° sangre. Entonces se pone bravo.° Hasta° un perro se pone bravo
cuando está comiendo.

Éste era un oso joven. Tendría dos o tres años.° Éstos son más
atrevidos° y más peligrosos. Le interrumpimos la comida. Se enfureció.°
60 Se nos vino encima.°

Los demás se habían acercado.° Estaban contemplando el drama. El
oso se nos acercaba lentamente. Se paraba,° sacudía° la cabeza y gruñía.°
Nosotros reculábamos° poco a poco. Hasta que topamos con° un árbol
caído.° No había remedio.° Tendríamos que confrontarnos con el bicho.°
65 Nadie hizo° por ayudarme. Nadie dijo nada. Las muchachas calladas.°
Nada de histeria. Quizás si hubiera estado° solo habría estado muerto de
miedo. Pero allí estaba mi novia a mi lado. Su vida dependía de mí. Los
otros me estaban mirando.

Nunca me he sentido tan dueño° de mí mismo. Nunca tan hombre,°
70 nunca tan macho.° Me sentí primitivo, defendiendo a mi mujer. Ella y los
demás tenían confianza° en mí.

Alcé° el rifle. Apunté.° Firme, seguro. Disparé.° El balazo° entró por la
boca abierta y salió por la nuca.° El balazo retumbó° por la sierra. El oso cayó
muerto a nuestros pies. Shirley me abrazó.° Quise morirme de felicidad.
75 Desollé° al animal yo mismo.° Sentí su sangre caliente en mis manos,
y en mis brazos. Me sentí conquistador.°

En una ocasión le había regalado° yo a Shirley un anillo° que mi madre
me había dado a mí. En otra° una caja° de bombones.° En esta ocasión
le regalé la piel° de un oso que ella conoció en un momento espantoso.°
80 Cuando se fue se llevó° la piel bien atada° en los tientos° de la silla.°

Recuerdos

Pasaron los años. Yo me fui a una universidad, ella, a otra. Eso nos
separó. Después vino una guerra que nos separó más. Cuando un río se
bifurca° en dos, no hay manera que esos dos ríos se vuelvan a juntar.°
No la he vuelto a ver desde esos días. De vez en vez° alguien me dice
85 algo de ella. Sé que se casó, que tiene familia y que vive muy lejos de aquí.
Yo me acuerdo con todo cariño de vez en vez de la hermosa juventud que
compartí° con ella.

Recientemente un viejo amigo me dijo que la vio allá donde vive y
conoció a su familia. Me dijo que en el suelo, delante de° la chimenea,°
90 tiene ella una piel de oso. También ella se acuerda.

Glosses (right margin)

is frightened / It whips

Se... It comes toward us / waves /
Bleats / has frightened / I grab / hand
in hand
Coming around / bush / bear /
He has downed / **Le...** He has
ripped open the entrails / snout /
bloody / flees

cubs / wounded

tasted / he becomes fierce / Even

Tendría... It was probably 2 or 3 years
old / daring / He became furious

Se... He came at us

approached

He stopped / he shook / growled

backed up / we bumped against

fallen / choice / = **animal**

did (anything) / silent

hubiera... I had been

master / so much a man

manly

confidence

I raised / I aimed / I fired / shot

nape of the neck / echoed

hugged

I skinned / myself

conqueror

given / ring

= **otra ocasion** / box / candies

skin / frightening

she took with her / tied /
straps / saddle

divides / will join again

De... From time to time

I shared

in front of / fireplace

Sabine R. Ulibarrí, «Un oso y un amor», from *Primeros Encuentros*, 1982, pp. 23–27. Reprinted by
permission of Bilingual Press / Editorial Bilingüe.

Comprensión

¿Qué pasó?

La sierra

1. ¿En qué estación del año ocurre la narración? ¿Qué ha terminado?
2. ¿A dónde va subiendo el ganado? ¿Quién lo dirige?
3. Después de hallar un sitio adecuado, ¿qué hace el narrador?
4. ¿Por qué sale el narrador de vez en cuando a detener las ovejas?
5. Describe la sierra. ¿Qué hacen las ovejas? ¿y el narrador?
6. ¿Qué contempla el narrador?

El festín

7. ¿Qué oye el narrador? ¿Quiénes son? ¿Cuántos años tienen? ¿En qué año de la escuela están?
8. ¿Qué cosas se dicen los jóvenes?
9. ¿Cómo reacciona el narrador físicamente al recordar el pasado?
10. ¿Qué más recuerda el narrador de cuando eran jóvenes? ¿Quién llega entonces?
11. ¿Qué comen los jóvenes?
12. ¿Por qué va a recordar el narrador siempre aquella experiencia?

Shirley

13. Desde niños, ¿qué hacen juntos el narrador y Shirley? ¿Cuándo descubren que están enamorados?
14. ¿Qué saca Shirley siempre que monta a caballo?
15. ¿Cómo trata la paloma al narrador? ¿Cómo explica el narrador la actitud de la paloma hacia él?
16. ¿Por qué habla Shirley el español igual que el narrador? ¿Cómo se lleva la gente de Tierra Amarilla?

El oso

17. ¿Qué coge el narrador? ¿Qué pasa entonces?
18. Describe al oso. ¿Por qué se enfurece? ¿Cómo reaccionan los demás?
19. ¿Qué hace el narrador entonces? ¿Por qué quiere el narrador morirse de felicidad?
20. ¿A quién le da el narrador la piel de oso?

Recuerdos

21. ¿Qué hace el narrador durante los años siguientes? ¿y Shirley?
22. ¿De qué se acuerda el narrador con todo cariño? ¿y ella?

🔊 Audio

Despúes de escuchar la historia, indica si la idea es verdadera (**V**) o falsa (**F**).

1. V F   2. V F   3. V F   4. V F   5. V F   6. V F

Palabras

Cognados *(-ario)*

Many Spanish words that end in **-ario** have English cognates ending in *-ary*.

    -ario   ↔   *-ary*
    secundario ↔ *secondary*

Transformaciones

Da el cognado en inglés de cada palabra.

1. sedentario
2. imaginario
3. primario
4. sumario
5. el canario
6. el seminario

Conexiones en contexto

Refiriéndote al cuento, empareja cada término de la Columna **A** con el *correspondiente* de la Columna **B**.

Los correspondientes

A	B
1. hallar	a. de inmediato
2. el cariño	b. asustar
3. ponerse bravo/a	c. la fiesta
4. recordar	d. de vez en cuando
5. parar	e. el amor
6. de pronto	f. confrontarse
7. enfrentarse	g. acordarse de
8. el festín	h. encontrar
9. espantar	i. detener
10. de vez en vez	j. enfurecerse

Refiriéndote al cuento, empareja cada término de la Columna **A** con su *opuesto* de la Columna **B**.

Los opuestos

A	B
1. bifurcar	a. eterno/a
2. fugaz	b. irse
3. la guerra	c. siempre
4. lejos	d. caliente
5. salir	e. preguntas
6. helado/a	f. ahora
7. llegar	g. entrar
8. contestaciones	h. la paz
9. nunca	i. juntar
10. más tarde	j. cerca

Resumen

Vuelve a contar la historia cambiando los verbos en itálica al tiempo condicional.

1. *Era* fines de junio.   2. El ganado *subía* la sierra.   3. *Corté* ramas para las camas.
4. *Hice* la comida.   5. Algunas ovejas *dormían*.   6. Yo *contemplaba* la belleza de la
sierra.   7. Unos buenos amigos *llegaron* a visitarme.   8. *Gozamos* del momento diciendo
bromas.   9. Entonces *comimos*.   10. Shirley *montaba* a caballo con una paloma posada
en su hombro.   11. El cucurucú de la paloma me *decía* mensajes de amor.   12. El ganado
se *asustó* y se *vino* sobre nosotros como en olas.   13. Un oso atrevido *mató* una oveja.
14. Se *puso* bravo porque le *interrumpimos* la comida.   15. Nadie *dijo* ni *hizo* nada por
ayudarme.   16. Mi novia *estaba* a mi lado y su vida *dependía* de mí.   17. Al matar al oso,
me *sentí* muy macho.   18. Shirley me *abrazó*.   19. Yo le *di* la piel del oso como recuerdo.
20. *Pasaron* los años y la universidad y la guerra nos *separaron*.

Interpretación

Análisis

1. Cuando el narrador cuenta la historia, ¿cuántos años tiene? Imagínate que él y sus
amigos tienen 18 años. ¿Cómo cambia la trama?
2. Describe al narrador y a Shirley. ¿Qué les importa?
3. ¿Qué actitud tiene el narrador hacia la naturaleza? Menciona algunos ejemplos.
4. El narrador dice que —entre él y Shirley— la paloma es «otro puente sentimental».
Describe las características de este pájaro y explica su función en el relato.
5. ¿Qué simboliza el enfrentamiento entre el narrador y el oso? ¿Es un héroe
el narrador? Explica. ¿Qué opinas sobre la matanza del oso?
6. ¿Por qué crees que no se casaron el narrador y Shirley?
7. Señala en el cuento referencias a los sentidos (visual, olfatorio, gustativo, auditivo,
táctil). ¿Qué efectos producen?
8. Ulibarrí describe pequeñas escenas fragmentadas. ¿Qué efecto tiene esta técnica
estilística en el lector?
9. ¿Qué piensas del título del cuento? Inventa otro y explica las razones de tu cambio.
10. Imagínate que este relato del narrador y sus amigos tiene lugar en un centro urbano.
Narra la nueva historia, cambiando los detalles del campo a la ciudad.

Ensayos

1. Ponte en el lugar de Shirley. Narra la historia de su vida a los 15 años y a los 30 años.
¿A qué episodios le da ella más importancia? ¿Por qué?
2. Basándote en el relato, escribe una descripción de la sierra cerca de aquel pueblo de
Nuevo México.

Dramatizaciones

1. Durante el último año universitario, el narrador y Shirley se comunican por Skype o FaceTime. ¿Qué se cuentan?
2. Una oveja, un burro, un pájaro y un oso viejo se comentan entre ellos los altibajos de sus vidas en la sierra. ¿Cómo es su conversación?

Discusiones

1. Describe un regalo que has recibido. ¿Quién te lo dio y en qué ocasión especial?
2. ¿Cómo es el oso? Compara y contrástalo con otro animal feroz que tú puedas imaginar. Si estuvieras cara a cara con un oso, ¿cómo reaccionarías?
3. En tu región, ¿qué elementos de la naturaleza están en peligro de extinción? ¿qué animales? ¿Cómo se puede protegerlos?
4. Nombra algunas manifestaciones del amor entre los miembros de una familia, y entre amigos.
5. En esta época de aparatos tecnológicos, ¿de qué diversiones gozan los adolescentes? ¿los mayores?
6. El narrador indica que la universidad y la guerra los han separado a Shirley y a él. ¿Qué otras circunstancias en la vida separan a una persona de su familia y amigos/as?
7. El narrador compara la separación permanente entre Shirley y él a «un río que se bifurca en dos». Dice que «no hay manera que esos dos ríos se vuelvan a juntar». ¿Estás tú de acuerdo con esta filosofía? ¿Por qué?
8. ¿Qué situaciones te dan paz y armonía ahora? ¿y cuando eras más joven?

Comparaciones y contrastes

Ulibarrí, en «Un oso y un amor», y Agosin, en «Emma», retratan la amistad entre narrador/a y amigos/as. Compara y contrasta las amistades y el impacto que tienen en los personajes. Interpreta cómo termina cada relato.

10
Noche de fuga

~ *María Manuela Dolón* ~
ESPAÑA

«Y Jorge, para ella, significaba toda su vida. Le amaba tanto…
Con él a su lado, no le asustaba nada.»

Noche de fuga

María Manuela Dolón (1929–) is a native of Ceuta, a Spanish city in North Africa. She began her literary career writing for magazines and newspapers. She has also published two books of short stories, Las raíces y otros relatos[1] *and* 27 historias *(1999), from which "Noche de fuga"[2] is taken. This is the story of a woman and a man who have decided to flee together by cruise ship, but unexpected events alter their escape plans.*

CONTEXTO CULTURAL La antigua ciudad cartaginense de Ceuta se localiza en la costa sur del Estrecho de Gibraltar y comparte frontera con Marruecos. Con su colorida historia de reinados romano, visigodo, berebere y portugués, Ceuta se convirtió oficialmente en ciudad española en 1668. Existe un *ferry* diario de Ceuta a Algeciras, situada en la península.

Por teléfono

—Al teléfono, señor Maurí.

Jorge Maurí se levantó, aplastó° su cigarrillo en el cenicero° y lentamente se dirigió al teléfono. crushed / ashtray

—¿Qué hay? —preguntó.

5 —Soy yo, Jorge —se oyó una voz de mujer al otro lado del hilo°—. (phone) line
Todo me ha salido perfectamente. Estoy ya fuera de casa. En una cantina° bar, tavern
que hay en la carretera.° ¿Sabes cuál es? highway

—Sí, sí, ya sé —respondió él.

—¿Te espero entonces aquí mismo, Jorge? —inquirió la mujer.

10 Jorge Maurí consultó su reloj.

—Sí, espérame ahí.° Dentro de diez minutos estaré ahí. = **allí**

La mujer también debió mirar su reloj porque le advirtió° en tono warned, informed
preocupado:

—Ya ha dado la primera pitada° del barco, Jorge. Así es que tenemos whistle, toot
15 el tiempo justo.

—Sí, ya lo sé, ya lo sé. Te digo que dentro de diez minutos estoy
ahí —volvió a repetir como empezando a impacientarse.

Colgó.° Abrió su pitillera° y sacó un nuevo cigarrillo. Al He hung up / cigarette case
encenderlo° notó que la mano le temblaba° un poco. ¡Pardiez!° —se **Al...** Upon lighting it / **le...** was trembling / Good Lord! / in a bad
20 dijo malhumorado.° No sabía él que el hecho de huir° con una mujer le mood **hecho...** act of running away / **le...** could make him so
fuera a poner tan nervioso.° Dio unas cuantas chupadas° al cigarro,° y nervous / puffs / = **cigarillo** /
despacio, tratando de disimular° el nerviosismo que experimentaba,° se to conceal / was feeling
fue acercando a la mesa de sus amigos.

---

[1] «Las raíces y otros relatos» "Roots and Other Stories."

[2] «Noche de fuga» "Night Flight."

61

Jorge en el bar

—Chicos, os voy a tener que dejar —dijo queriendo parecer natural y
25 empezando a recoger ya su gabardina.°   *raincoat*

¿Que te vas...?° —le interrogó uno de los amigos, mirándole   *You're leaving?*
sorprendido—. ¡Tú estás loco! Tú te tienes que quedar otra ronda.°   *round*

—Imposible. Tengo muchísima prisa.

—¡Ni prisa ni nada! —exclamó otro, cogiéndole° la gabardina y   *taking away from him*
30 escondiéndosela.°   *hiding it*

Otro le sentaba en la silla a la fuerza° mientras le decía: **a...** *forcibly*

—Tú te quedas a beber otra copa.° ¡Pues estaría bueno...!   *drink*

—¿Pero es que vosotros queréis que pierda la cita que tengo° ...? —se   **que...** *that I miss my date*
defendía él aunque débilmente.

35 —¿Cita con una mujer...? —le preguntó uno de ellos—. ¡Estupendo
entonces! —gritó alborozado—.° Porque eso es lo bueno, hacerlas   *with merriment*
esperar. Eso, además, hará la aventura mucho más interesante —agregó°   *he added*
riéndose estrepitosamente.°   *noisily*

Jorge Maurí volvió a mirar su reloj.

40 —No, no, no puedo de verdad quedarme —dijo apurado.°   *in a hurry*

—Tú te quedas. Al menos hasta que te tomes otra copa.

Y le obligaron a beber. Él se resistió al principio. Sabía que no debía
beber. Que tenía que conservar la cabeza lúcida y serena. Pero, por otra
parte, pensaba también que le vendría bien beber. Sentía una lasitud,°   *weariness*
45 una flojedad° que le impedía moverse y reaccionar. Era como si en el   *weakness*
fondo,° inconscientemente, tratara de demorar° lo más posible lo que iba   **en...** *in essence / to delay*
a hacer. Como un extraño y repentino temor° a llevarlo a cabo,° a llegar   **extraño...** *strange and sudden fear* / **a...** *to carry out [his plan]*
hasta el final. Y eso a lo mejor se le quitaba bebiendo.[3] Y bebió, bebió
hasta que la sirena de un barco le hizo incorporarse° sobresaltado,° como   *sit up / startled, shocked*
50 si despertara de pronto° de un sueño.   **como...** *as if he woke up suddenly / cloudy, misty / se... was*

Cuando salió de allí tenía los ojos turbios° y se tambaleaba°
ligeramente° sobre sus pies. Pero se metió precipitadamente° en su coche   *staggering / slightly / hastily*
y cogiendo el volante° con una especie de furia,° enfiló° la negra carretera   *steering wheel* / **especie...** *kind of rage / drove down*
a la máxima velocidad.

La muchacha en la cantina

55 La muchacha dejó el teléfono y pasó la vista con cierta inquietud
alrededor suyo.[4] No, no había nadie conocido. Las gentes de su mundo
no frecuentaban estos lugares. En aquel momento se hallaba° la cantina   **se...** *was*
casi vacía. Unos marineros° en una mesa y dos hombres más bebiendo   *sailors*
en el mostrador.° Iban mal trajeados° y parecían obreros. Respiró.° Y   **en...** *at the counter* / **mal...** *poorly dressed / She took a deep breath / ready*
60 mirando su reloj fue a sentarse en un rincón, dispuesta° a esperar los
diez minutos que él le había dicho. Pidió un café que bebió lentamente,
a pequeños sorbos,° como saboreándolo° aunque no estaba nada bueno.   *sips / savoring it*
Después sacó una polvera° de su bolso y se retocó la cara[5] que tenía muy   *compact*
pálida. Se pintó también los labios...

---

[3] **Y eso... bebiendo.** And this [fear] was slowly diminishing [leaving him] as he continued drinking.

[4] **pasó... suyo** looked around with some anxiety

[5] **se retocó la cara** she powdered her face. Literally, she touched up her face [with powder].

65   Hasta ahora —pensó— todo le había salido muy bien. Había logrado escaparse° de su casa sin que nadie la viera, sin que nadie la oyera.[6] Al día siguiente sería el escándalo. Al día siguiente toda la ciudad hablaría de ella. ¡Ella, una muchacha tan seria, tan formal, tan decente, fugarse con el disoluto y carente de moral y principios Jorge Maurí...![7] Pero mañana, cuando todos se enteraran,°
70   ella estaría ya lejos, en alta mar con Jorge, rumbo a° países desconocidos y hacia un mundo nuevo y maravilloso que nunca había imaginado.

Sonrió a su pesar.° ¡Menudo campanazo!° Bueno, ¿y qué? Ella quería a Jorge y Jorge no quería o no le interesaba de momento casarse con ella. Tenían, pues, que huir a otros sitios donde nadie les conociera
75   ni nadie se asustara° de aquel amor. Lo único que le dolía era dejar a sus padres. Le apenaba° enormemente el disgusto que les iba a causar. Pero era inevitable. No podía evitarlo° sin perder a Jorge. Y Jorge para ella significaba toda su vida. Le amaba tanto, de tal modo, de tal manera; estaba tan firme y resuelta° a seguirle aunque fuese al fin del mundo,[8]
80   que lo haría aunque supiera fijamente que después de ello le aguardarían las penas más terribles, la muerte más horrenda.[9] Con él a su lado, no le asustaba nada.° Nada tampoco ya podría hacerla retroceder.°

En la carretera

Le pareció de pronto° oír la segunda pitada del barco y bruscamente se puso de pie. Habían pasado ya los diez minutos que él le dijo. «¿Le°
85   habrá ocurrido algo?[10] —pensó alarmada—. ¡Es tan loco conduciendo...!° ¿O...?» —no se atrevió° a concluir su pensamiento. No, no podía ser que él se hubiera arrepentido.[11] Pagó su café y salió. El hombre que despachaba° tras el mostrador la vio salir e hizo un gesto con la cabeza en señal de admiración.

90   Afuera hacía frío y había una densa niebla.° Se abrochó° la mujer el abrigo, subiéndose el cuello hasta arriba,° mientras empezaba a andar por la solitaria carretera en la dirección por donde él tenía que venir. No se veía nada. Ni una luz siquiera° en la oscuridad total que la rodeaba.° Advirtió° de pronto que las piernas le temblaban. Pero no sabía si era
95   de frío, de temor a lo que le hubiera ocurrido algo a él o se hubiera arrepentido, o, acaso tal vez,° de miedo ante el paso que iba a dar.° No, no lo sabía, ni trataría tampoco de averiguarlo.° Sólo sabía que por primera vez en la aventura estaba nerviosa.

Había... She had succeeded in escaping

cuando... when everybody found out
rumbo... in the direction of

predicament, sadness /
¡Menudo...! What a scandal!

would be alarmed
Le... It hurt her
avoid it

= decidida

no... nothing scared her / go back

de... suddenly

when at the wheel
no... she did not dare
served

fog / buttoned
subiéndose... turning up her collar

Ni... Not even a light / **la...**
surrounded her / She noticed

acaso... perhaps / **el...** the step she
was going to take / to check it

---

[6] **sin que nadie la viera, sin que nadie la oyera**   without anyone seeing or hearing her.

[7] **fugarse... Jorge Maurí**   fleeing with the dissolute and amoral Jorge Maurí. An amoral person is lacking in morals and principles (**carente de moral y principios**).

[8] **aunque... mundo**   even if it were to the ends of the earth

[9] **aunque... horrenda**   even if she knew for certain that afterward the most terrible suffering and the most horrible death were awaiting her.

[10] **¿Le habrá ocurrido algo?**   Could something have happened to him?

[11] **No,... arrepentido.**   No, it couldn't be that he had repented (i.e., decided that it was a sin to run off with her and therefore had changed his mind).

Siguió andando un rato.° Hasta que le pareció distinguir a lo lejos,° entre la niebla, como una luz que se acercaba.° Y respiró tranquilizada. ¡Sería él sin duda! Y esperó ansiosa, con el corazón latiéndole anhelante.° Pero tan oscura la noche, tan espesa° la niebla, y cegada,° además, por los faros del coche° que raudamente° se iba acercando,° no podía precisar ella si se trataba en efecto del coche de él. No obstante,° empezó a agitar un brazo a la vez° que se 105 acercaba hacia el centro de la carretera, mientras una sonrisa de tranquilidad y felicidad flotaba en sus labios. Y fue entonces cuando lúgubre,° lejana,° como envuelta en bruma,° se oyó la tercera pitada del barco.

un... a while / *a...* in the distance
se... approached
latiéndole... eagerly beating
thick / impossible to see through / *los...* headlights / swiftly / *se...* were coming closer
No... Nevertheless / *a...* = al **mismo tiempo**
mournful / far away
como... as if enveloped in fog

El accidente

Jorge Maurí no dejaba de apretar° el acelerador. Cada momento miraba el reloj, mordiéndose los labios° nerviosamente. Era espantoso° 110 lo rápido° que corría el reloj y lo despacio° que debía ir su coche. Le parecía que no avanzaba nada o que aquella carretera era siempre igual, interminable, como si no tuviera fin.° Y con furia, frenéticamente, apretaba más y más el acelerador.

to step down on
mordiéndose... biting his lips / terrifying / how quickly / how slowly
como... as if it had no end

De repente le pareció ver como un bulto° en medio de la carretera. 115 «¡Pues solamente faltaba eso —exclamó contrariado—, que algo se interponga° en mi camino...!» Pero Jorge Maurí no aminoró la marcha.° No podía, en realidad, aminorarla aunque hubiera querido. Y siguió conduciendo sin variar la velocidad, derecho hacia aquello que parecía moverse en mitad del camino.[12]

como... some sort of shape
se... may get in the way / *no...* did not slow down

120 En aquel momento sonó la sirena de un barco, pero Jorge Maurí no la oyó. Lo que oyó fue un grito° terrible que retumbó° en la noche, a la vez° que sentía cómo las ruedas° de su coche pasaban sobre algo. Todo fue rápido y al mismo tiempo. «¡Maldita sea!»° — exclamó él entre dientes, pero sin detenerse en su loca carrera,° sin mirar siquiera hacia atrás.° Sólo se detuvo° al llegar a la 125 cantina. Allí se bajó apresuradamente y entró en el local, mirando con ansiedad a todos lados. Al no verla enseguida pensó: «¿Será posible que se haya vuelto atrás° y me dé chasco...?»[13] No obstante, aún se acercó al mostrador con alguna esperanza. —Oiga —le dijo al tabernero,° ¿no ha estado aquí una señorita que ha utilizado el teléfono hace un rato?

scream / echoed / *a...* at the same time / wheels
Maldita... Dammit
sin... without slowing his crazy pace / *sin...* without even looking back / *se...* he stopped
se... she has gone back home
bartender

130 —Sí —contestó el hombre—. Aquí ha estado una señorita, pero se ha marchado ya.° Hacia ese lado ha ido... —añadió,° señalando por donde él había venido.[14]

se... she has already left/he added

—¿Por ese lado? —murmuró Jorge Maurí pensativamente. Y luego, de golpe,° abriendo los ojos horrorizado, volvió a repetir: —

de... suddenly

135 ¡Pero... ¿Por ese lado dice usted...?!

María Manuela Dolón, «Noche de fuga». Reprinted by permission of Editorial Cuarto Propio.

---

[12] **derecho... camino**   straight ahead toward something that seemed to be moving in the middle of the highway.

[13] **me dé chasco**   is playing a nasty trick on me.

[14] **señalando... venido**   pointing in the direction from which he [Jorge] had come.

Comprensión

¿Qué pasó?

Por teléfono

1. ¿En dónde estaba el muchacho? ¿Cómo se llamaba? ¿Qué estaba haciendo cuando le llamaron al teléfono?
2. ¿Con quién hablaba él? ¿Qué le dijo la muchacha?

Jorge en el bar

3. ¿Cómo le respondían a Jorge los amigos al saber que tenía una cita con la muchacha?
4. ¿Qué emociones sentía Jorge? ¿Cuánto bebió?
5. Al salir del bar, ¿en qué condición física estaba él?
6. ¿A qué velocidad conducía Jorge el coche? ¿Por qué?

La muchacha en la cantina

7. ¿Por qué estaba inquieta la muchacha? ¿Qué sacó ella de una bolsa? ¿Qué bebía?
8. ¿Qué anticipaba la muchacha que iba a pasar al día siguiente? ¿Iban a casarse ella y Jorge? Explica.

En la carretera

9. Describe el estado del tiempo esa noche.
10. ¿Qué distinguió la muchacha a lo lejos? ¿Qué oyó?

El accidente

11. ¿Por dónde vio Jorge un bulto? ¿Cambió la velocidad de su coche?
12. ¿Qué sonó por tercera vez? ¿La oyó Jorge? ¿Por qué?
13. Cuando Jorge preguntó por la muchacha, ¿qué le informó el tabernero?
14. ¿Por qué estaba horrorizado Jorge al final?

Audio

Despúes de escuchar la historia, indica si la idea es verdadera (**V**) o falsa (**F**).

1. V   F   2. V   F   3. V   F   4. V   F   5. V   F   6. V   F

Palabras

> ## Sufijos cognados *(-mente)*
> Both English and Spanish expand word families by the use of suffixes. Note the following pattern for forming adverbs:
>
> **-mente** ↔ *ly*   **perfectamente** ↔ *perfectly*

Transformaciones
Da el significado en inglés de cada palabra.

1. lentamente
2. inconscientemente
3. ligeramente
4. precipitadamente

5. nerviosamente
6. fríamente
7. fijamente

8. brevemente
9. ansiosamente
10. literalmente

Conexiones en contexto
Refiriéndote al cuento, empareja cada término de la Columna **A** con el *correspondiente* de la Columna **B**.

Los correspondientes

A	B
1. retroceder	a. furia
2. lentamente	b. al mismo tiempo
3. de tal modo	c. despacio
4. rabia	d. fugarse
5. a la vez	e. preguntar
6. inquirir	f. volver
7. sobresaltado/a	g. temor
8. huir	h. de golpe
9. miedo	i. de tal manera
10. de repente	j. alarmado/a

Refiriéndote al cuento, empareja cada término de la Columna **A** con su *opuesto* de la Columna **B**.

Los opuestos

A	B
1. fuera de	a. loco/a
2. acercarse	b. lo rápido
3. sereno/a	c. subirse
4. oscuridad	d. luz
5. lo despacio	e. decente
6. sueño	f. dentro de
7. bajarse	g. tranquilidad
8. lúcido/a	h. marcharse
9. inquietud	i. nervioso/a
10. disoluto/a	j. realidad

Resumen

Vuelve a contar la historia, completando las frases con la forma apropiada del tiempo pasado progresivo de los verbos entre paréntesis.

1. Jorge *(celebrar)* _____ _____ con sus amigos.   2. Ellos *(beber)* _____ _____ muchas copas juntos.   3. Jorge *(hablar)* _____ _____ con una muchacha por teléfono y ella le dijo que la sirena del barco *(sonar)* _____ _____.   4. Él *(fumar)* _____ _____ un cigarrillo y *(pensar)* _____ _____ en el plan de huir con la muchacha. Él quería salir, pero sus amigos le obligaron a beber más.   5. Al ir a su coche, Jorge *(tambalearse)* _____ _____.   6. Mientras él *(conducir)* _____ _____ a mucha velocidad, la muchacha le *(esperar)* _____ _____ en la cantina.   7. Ella *(meditar)* _____ _____ sobre su gran amor por Jorge; pero se sentía muy triste por sus padres.   8. Al salir de allí la muchacha *(andar)* _____ _____ bajo una densa niebla.   9. Jorge *(morderse)* _____ _____ los labios porque el coche no *(avanzar)* _____ _____ nada.   10. Al acercarse a la cantina a Jorge le pareció que algo *(moverse)* _____ _____ en el camino.

Interpretación

Análisis

1. Categoriza este relato y señala los elementos lingüísticos que la autora Dolón emplea para desarrollar la historia. ¿Qué ambiente crea?
2. Describe a Jorge y a la muchacha. ¿Cómo influyen en él sus amigos del bar? ¿Qué significa para ella su familia? ¿Qué se observa sobre la personalidad de cada uno? En tu opinión, ¿se quieren los dos del mismo modo? Explica.
3. Con respecto al comportamiento y a la reacción emocional de Jorge y de la muchacha, Dolón construye paralelos narrativos, con detalles diferentes. Contesta estas preguntas para analizar los efectos de este recurso estilístico.

   a. ¿Con quién está la muchacha en la cantina?
   b. ¿Quién acompaña a Jorge en el bar?
   c. ¿Qué abre Jorge? ¿y la muchacha? ¿Qué hace luego cada uno de ellos??
   d. ¿Qué partes del cuerpo les tiemblan a ellos?
   e. ¿Qué bebe Jorge? ¿la muchacha? ¿Cuánto bebe cada uno?
   f. ¿Cuál es su actitud hacia la hora y el reloj?
   g. ¿Cómo reacciona cada uno a la pitada del barco?
   h. ¿Cuáles son sus sentimientos, emociones o actitudes ambivalentes?

4. Examina la actitud de cada personaje con respecto a la fuga. ¿Con quién simpatizas más? ¿Por qué?
5. En ciertos momentos la autora se refiere a la felicidad de la muchacha (líneas 65–71 y 104–106) y a la esperanza de Jorge (líneas 127–131). Relaciónalos con la historia.
6. Jorge dice que «le vendría bien beber» antes de su fuga con la muchacha. ¿Cómo interpretas esta frase? ¿Qué ironías notas?
7. Enumera los temas de esta narración corta. ¿Cuál te parece más sorprendente / triste / irónico / realista / personal / trágico / ético-moral?

8. ¿Qué simboliza el barco para la muchacha y para Jorge?
9. Comenta algunos elementos irónicos en la historia y los efectos que producen en el lector. En tu opinión, ¿cuáles son los distintos «escándalos» que aparecen en el relato?
10. ¿Qué mensajes infieres *tú* del final del relato? ¿Qué mensajes crees que nos quiere trasmitir *la autora* con el final del cuento? ¿Qué lecciones nos ofrece el cuento?

Ensayos

1. Imagínate que el cuento tiene el título «Meses de fuga». Escribe la nueva narración.
2. Imagínate que es Jorge el que espera en el bar y la muchacha la que va a reunirse con él. Cuenta la historia, modificando los detalles.

Dramatizaciones

1. Dramatiza el diálogo telefónico entre Jorge y la muchacha (líneas 5–17), pero inventando cambios para modificar el cuento.
2. Imagínate que, un año más tarde, Jorge y un amigo del bar se encuentran con los padres de la chica en un restaurante del pueblo. Dramatiza la escena.

Discusiones

1. ¿Qué medios de comunicación usas para comunicarte con tu familia y con tus amigos/as? Describe las ventajas y desventajas de dos de esos medios.
2. ¿Qué situaciones te ponen estresado/a? ¿Cuáles son algunas estrategias para calmar los nervios en épocas de mucho estrés?
3. En muchos países, la mayoría de edad legal se obtiene a los 18 o a los 21 años. En tu país, ¿cuál es la edad legal para beber, votar, casarse o servir en las fuerzas armadas? Comenta aspectos positivos y negativos de las regulaciones de tu región.
4. Define los diferentes tipos de presión de grupo. Señala algunos ejemplos.
5. ¿Cuál es tu medio de transporte preferido para llegar a la escuela o a la universidad? ¿ir al trabajo? ¿viajar largas distancias? Describe el coche más económico de conducir hoy en día.
6. Señala los peligros del alcohol y del tabaco. Comenta también lo efectivos que son los anuncios comerciales que los promocionan.
7. Imagínate que te vas a casar. Describe con quién y cómo será la boda y la fiesta.
8. Explica esta cita literaria: «Dime con quién andas; te diré quién eres». Estás de acuerdo? ¿Por qué?

Comparaciones y contrastes

Comenta los temas de clase social y familia en «Noche de fuga», de Dolón, y en «Cajas de cartón»," de Jiménez. Incluye detalles sobre las actitudes y las acciones de los personajes principales y cómo afectan el desenlace de cada cuento.

11
La camisa de Margarita

~ *Ricardo Palma* ~

PERÚ

«…fue muy merecida la fama que tuvo la camisa nupcial
de Margarita Pareja.»

La camisa de Margarita

Ricardo Palma (1833–1919), writer, linguist, national librarian, and politician, is one of Peru's best-known literary figures. He spent much of his lifetime collecting hundreds of historical anecdotes and legends, which he published in ten series of Tradiciones peruanas. In "La camisa de Margarita," [1] Palma tells how his young heroine cleverly manages to bring a dowry to her marriage, in spite of the resolute, formal objections of her fiancé's uncle.

> CONTEXTO CULTURAL El conquistador hispano Francisco Pizarro comenzó su conquista de Perú en 1532 y de la ciudad de Cuzco el año siguiente. En 1535, estableció Lima como la Ciudad de los reyes y la capital del virreinato de Perú. La ciudad portuaria de Callao, siete millas al este, fue fundada en 1537 y pronto se convirtió en una rica provincia.

Margarita y Luis

Las viejas de Lima, cuando quieren protestar el alto precio de un artículo, dicen: «¡Qué! Si esto es° más caro° que la camisa de Margarita Pareja.» Yo tenía curiosidad de saber quién fue esa Margarita cuya° camisa era tan famosa, y en un periódico de Madrid encontré un artículo
5 que cuenta la historia que van ustedes a leer.

Margarita Pareja era, en 1765, la hija favorita de don Raimundo Pareja, colector general° del Callao. La muchacha era una de esas limeñitas[2] que por su belleza cautivan al mismo diablo.°

Tenía un par de ojos negros que eran como dos torpedos cargados°
10 con dinamita y que hacían explosión en el corazón de todos los jóvenes de Lima.

Llegó por entonces de España un arrogante joven, hijo de Madrid, llamado don Luis Alcázar, que tenía en Lima un tío solterón° muy rico y todavía más orgulloso.° Por supuesto que, mientras le llegaba la ocasión
15 de heredar° al tío, vivía nuestro don Luis tan pobre como una rata.

En una procesión conoció° Alcázar a la linda Margarita. La muchacha le llenó el ojo° y le flechó° el corazón. Él le echó flores[3] y aunque ella no le contestó ni sí ni no, le dijo con sonrisas y demás armas del arsenal femenino[4] que le gustaba. Y la verdad es que se enamoraron locamente.°

This is / expensive

whose

tax collector

cautivan... captivate the devil himself / loaded

bachelor

proud

to inherit

met

le... dazzled him / pierced with an arrow

they fell madly in love

---

[1] **«La camisa de Margarita»** "Margarita's Nightgown." In the eighteenth century, a woman's **camisa** was a long cotton or linen undergarment. In the daytime it was worn under one's dress and in the evening it served as a nightgown. (Note that the expression **en camisa** is used to refer to a bride without a dowry, literally, one who brought to the marriage only the clothes she was wearing.)

[2] **las limeñitas** young women of Lima. (From **limeño, limeña** inhabitant of Lima.)

[3] **Él le echó flores.** He courted her. Literally, he strewed flowers (compliments) before her.

[4] **demás armas... femenino** other feminine wiles. Literally, other weapons of the feminine arsenal, in addition to the torpedoes, dynamite, and arrows referred to earlier.

70

La resistencia de don Raimundo

20   Como los amantes olvidan que existe la aritmética, creyó don Luis
que para casarse con Margarita su presente pobreza no sería obstáculo,
y fue al padre y sin vacilar° le pidió la mano de su hija. A don Raimundo   without hesitating
no le gustó mucho la idea y cortésmente° despidió° al joven, diciéndole   politely / dismissed
que Margarita era aún muy joven para tener marido, pues a pesar de° sus   in spite of
25   dieciocho años todavía jugaba a las muñecas.°   dolls

    Pero no era ésta la verdadera razón, sino que don Raimundo no
quería ser suegro° de un pobre, y así lo decía en confianza a sus amigos,   father-in-law
uno de los cuales fue con la historia° a don Honorato, que así se llamaba   **fue...** went to tell the gossip
el tío aragonés.[5] Éste, que era más orgulloso que el Cid,[6] se llenó de rabia°   anger
30   y dijo:

    —¡Qué! ¡Desairar° a mi sobrino!° A muchas limeñas les encantaría   Reject / nephew
casarse con el muchacho. No hay mejor que él en todo Lima. ¡Qué
insolencia! ¿Qué se cree ese maldito° colectorcillo?   damned

    Margarita, que era muy nerviosa, gritó y se arrancó° el pelo, perdía   pulled out
35   colores y carnes° y hablaba de meterse a monja.°   **perdía...** became pale and thin
                                                                               de... of becoming a nun
    —¡O de Luis o de Dios![7] —gritaba cada vez que se ponía nerviosa, lo
que ocurría cada hora. El padre se alarmó, llamó varios médicos y todos
declararon que la cosa era seria y que la única medicina salvadora° no se   that would save her
vendía en la botica.° O casarla con el hombre que quería o enterrarla.°   = **farmacia** / bury her
40   Tal° fue el ultimátum médico.   Such

El consentimiento de don Honorato

    Don Raimundo, olvidándose de capa y bastón,° corrió como loco a   **olvidándose...** forgetting to take his
casa de don Honorato y le dijo: cape and cane

    —Vengo a que consienta usted en° que mañana mismo se case su   **a...** so that you will consent
sobrino con Margarita, porque si no, la muchacha se nos va a morir.

45   —No puede ser —contestó fríamente el tío—. Mi sobrino es muy
pobre, y lo que usted debe buscar para su hija es un rico.

    El diálogo fue violento. Mientras más rogaba don Raimundo, más
orgulloso y rabioso se ponía el aragonés.[8] El padre iba a retirarse° sin   to leave
esperanzas cuando intervino° don Luis, diciendo: intervened
50   —Pero tío, no es justo que matemos a quien no tiene la culpa.°   **no...** is not to blame
    —¿Tú te das por satisfecho?°   **¿Tú...** Do you consent?
    —De todo corazón, tío.
    —Pues bien, muchacho, consiento en darte gusto;° pero con una   **en...** to please you
condición y es ésta: don Raimundo tiene que jurarme° que no regalará°   to swear to me / will give
55   un centavo a su hija ni le dejará un real[9] en la herencia.°   inheritance

---

[5] **aragonés**   from Aragón, a region in northeastern Spain.

[6] **el Cid**   Rodrigo Díaz de Vivar (1043–1099), medieval Spanish hero who fought against the Moors.
Known as El Cid (Arabic: Lord), he was subsequently immortalized in legend and literature.

[7] **¡O... Dios!** = **¡Voy a casarme o con Luis o con Dios!**

[8] **más rogaba... aragonés**   the more Don Raimundo begged, the more proud and angry the
Aragonese (Don Honorato) became.

[9] **un real**   small silver coin

Aquí empezó nueva y más agitada discusión.

—Pero hombre —arguyó don Raimundo— mi hija tiene veinte mil duros[10] de dote.°   dowry

—Renunciamos a la dote. La niña vendrá a casa de su marido nada
60 más que con la ropa que lleve puesta.°   **lleve...** she is wearing

—Concédame° usted entonces darle los muebles y el ajuar de novia.°   Allow me / **ajuar...** bridal trousseau

—Ni un alfiler.° Si no consiente, vamos a dejarlo y que se muera la   pinlet
chica.°   the girl dies

—Sea° usted razonable, don Honorato. Mi hija necesita llevar   Be
65 siquiera° una camisa para reemplazar° la otra.   to replace

—Bien; consiento en eso para que no me acuse de obstinado.°   of being stubborn
Consiento en que le regale la camisa de novia,° y nada más.   bridal nightgown

La camisa de la novia

Al día siguiente don Raimundo y don Honorato fueron muy
temprano a la iglesia de San Francisco para oír misa° y, según el pacto,°   mass / agreement
70 dijo el padre de Margarita:

—Juro no dar a mi hija más que la camisa de novia. Que Dios me
condene° si falto a mi palabra.°   condemn / **falto...** I fail to keep
                                                                                                            my word / oath

Y don Raimundo Pareja cumplió literalmente su juramento,° porque
ni en vida ni en muerte dio después a su hija un solo centavo. Pero los
75 encajes° que adornaban la camisa de la novia costaron dos mil setecientos   lace
duros. Además, el cordoncillo del cuello era una cadena de brillantes[11]
que valía treinta mil duros.

Los recién casados hicieron creer al tío aragonés que la camisa no era
cosa de gran valor;° porque don Honorato era tan testarudo° que al saber   value / stubborn
80 la verdad habría forzado al sobrino a divorciarse.

Debemos convenir° en que fue muy merecida° la fama que tuvo la   to agree / deserved
camisa nupcial° de Margarita Pareja.   bridal

«La camisa de Margarita» Ricardo Palma.

Comprensión

¿Qué pasó?

Margarita y Luis

1. ¿Quién era Margarita Pareja? ¿Por qué el narrador quiere conocer la historia de ella?
2. ¿Cuándo ocurrió lo que se cuenta sobre ella?
3. ¿En qué trabajaba el papá de Margarita? ¿Dónde tuvo lugar el relato?
4. ¿Cómo era Margarita?
5. ¿Quién llegó de España?¿A quién venía a visitar este joven?
6. ¿Dónde conoció Luis a Margarita? ¿Qué ocurrió entre ellos?

---

[10] **un duro = un peso duro**   silver coin, known in English as a "piece of eight" (1 peso duro = 8 reales). Basic currency used in Spanish colonial times.

[11] **el cordoncillo... brillantes**   the ornamental embroidery around the neck of the dress included a stitched necklace of diamonds.

La resistencia de don Raimundo

7. ¿Qué hizo entonces Luis?
8. ¿Qué le dijo don Raimundo a Luis? ¿Qué pensaba realmente don Raimundo de Luis?
9. ¿Cómo supo don Honorato lo que pensaba don Raimundo?
10. ¿Qué pasó entonces?
11. ¿Qué decidió hacer Margarita?
12. ¿A quiénes llamó don Raimundo? ¿Qué dijeron?

El consentimiento de don Honorato

13. Entonces, ¿qué hizo don Raimundo? ¿Cómo reaccionó don Honorato?
14. Luis también participó en la discusión. ¿Qué dijo? ¿Qué tenía que jurar don Raimundo?

La camisa de la novia

15. ¿A dónde fueron don Raimundo y don Honorato al día siguiente? ¿Por qué?
16. ¿Cómo era la camisa de novia de Margarita? ¿Qué le hicieron creer a don Honorato los recién casados?

Audio

Despúes de escuchar la historia, indica si la idea es verdadera (**V**) o falsa (**F**).

1. V   F   2. V   F   3. V   F   4. V   F   5. V   F   6. V   F

Palabras

Sustantivos cognados (-´culo, -´cula)

Many Spanish nouns that end in -´**culo** or -´**cula** have English cognates ending in -*cle*.

-´**culo**   ↔   -*cle*   **el artículo**   ↔   *article*

Transformaciones

Da el significado en inglés de cada palabra.

1. el obstáculo   4. el oráculo
2. el músculo   5. la clávicula
3. el espectáculo   6. la partícula

Conexiones en contexto

Refiriéndote al cuento, empareja cada término de la Columna **A** con el *correspondiente* de la Columna **B**.

Los correspondientes

A	B
1. rogar	a. juramento
2. agitado/a	b. merecido/a
3. dote	c. consentir
4. testarudo/a	d. nervioso/a
5. costar	e. de novia
6. conceder	f. orgulloso/a
7. justo/a	g. obstinado/a
8. pacto	h. pedir
9. arrogante	i. valer
10. nupcial	j. herencia

Refiriéndote al cuento, empareja cada término de la Columna **A** con su *opuesto* de la Columna **B**.

Los opuestos

A	B
1. insolencia	a. obstinado/a
2. retirarse	b. fríamente
3. razonable	c. forzar
4. divorciarse	d. joven
5. cortésmente	e. faltar a la palabra
6. viejo/a	f. cortesía
7. consentir	g. vida
8. muerte	h. casarse
9. cumplir	i. desairar
10. pedir	j. llegar

Resumen

Vuelve a contar la historia, cambiando los infinitivos al presente del indicativo o del subjuntivo de los verbos entre paréntesis. ¡Presta atención!

1. En Lima, en el siglo XIX, Margarita y Luis (*conocerse*) ____ y (*enamorarse*) ____ locamente.
2. Luis le (*pedir*) ____ a don Raimundo que le (*dar*) ____ la mano de Margarita.
3. A don Raimundo no le (*gustar*) ____ nada la idea y (*despedir*) ____ al joven.
4. Margarita (*ponerse*) ____ enferma y ella (*arrancarse*) ____ el pelo.
5. El padre de Margarita (*alarmarse*) ____ de que su hija (*estar*) ____ tan nerviosa y teme que ella (*morirse*) ____ de tristeza.

6. El padre pide que los médicos *(examinar)* ⎯⎯ a Margarita.
7. Es necesario que don Raimundo *(reunirse)* ⎯⎯ con don Honorato y que ellos *(discutir)* ⎯⎯ la boda.
8. Don Honorato *(renunciar)* ⎯⎯ a la dote.
9. Don Raimundo y don Honorato *(ir)* ⎯⎯ a la iglesia donde el padre de Margarita *(jurar)* ⎯⎯ que su hija *(ir)* ⎯⎯ a llevar solamente la camisa de novia.
10. Margarita *(llevar)* ⎯⎯ su camisa nueva de gran valor en la boda.

Interpretación

Análisis

1. Refiriéndote a los personajes y los hechos de la narración, enumera los temas que trata el relato. Da ejemplos concretos.
2. En el relato, Palma caracteriza a Don Honorato, don Raimundo y don Luis como «orgullosos» y usa el título de «don» con ellos. Pero, ¿cómo describe el autor a Margarita? ¿Qué infieres tú sobre las clases sociales de 1765 de Latinoamérica y España, y la actitud hacia los hombres y las mujeres?
3. Interpreta las acciones y las reacciones de don Raimundo y don Honorato. ¿Con quién simpatizas más y por qué?
4. El relato indica que Margarita y Luis «se enamoraron locamente». ¿Cómo se manifestaron los dos jóvenes su amor? ¿Qué revela de sus personalidades?
5. ¿Qué recurso literario usa Palma en el primer párrafo del cuento y qué efecto produce en el lector?
6. ¿Crees que una historia como ésta puede ocurrir hoy en día? Explica.
7. Imagínate el relato al revés: Luis es el hijo rico y Margarita es la sobrina pobre. Cuenta la historia.
8. ¿Qué se puede inferir sobre la sociedad peruana de aquella época, cuando el honor era uno de los valores más importantes? ¿Cómo se refleja este concepto del honor en el comportamiento de don Honorato, don Raimundo, Luis y Margarita? Explica.

Ensayos

1. El cuento se titula «La camisa de Margarita». ¿Qué papel desempeña el personaje de Margarita Pareja en el desarrollo de esta historia de amor? ¿Cómo es ella física y emocionalmente? ¿Cómo influye la camisa misma en el desenlace de la trama?
2. Don Honorato no quería que Margarita recibiera nada de su papá. Don Raimundo no quería un yerno pobre. ¿Por qué habrán tenido esa actitud? ¿Qué paralelos percibes tú en los pensamientos y sentimientos de los dos señores con respecto al honor, a la autoridad, a la jerarquía de clases sociales y al matrimonio?

Dramatizaciones

1. Ponte en el lugar de Margarita y Luis, quienes hablan sobre los hechos de su relación amorosa. Desarrolla su conversación después de que ellos saben que don Honorato desaira la dote nupcial de don Raimundo. ¿Qué piensan hacer los novios para cambiar la situación?

2. Imagínate que, veinte años más tarde, la hija mayor de don Luis y doña Margarita encuentra una carta que su mamá había escrito la noche antes de su boda. La hija lee esa carta a sus dos hermanos menores quienes le interrumpen con preguntas y reacciones.

Discusiones

1. Hay un refrán que dice: «El amor hace girar el mundo». ¿Estás de acuerdo? ¿Por qué? Da ejemplos.

2. Explica cuatro cosas importantes que los novios deben discutir antes de casarse. Describe una fiesta ideal después de la ceremonia nupcial donde haya comida, bebida, música, discursos, etcétera.

3. ¿Cuáles son algunas prácticas para evitar una barrera generacional entre hijos y padres? Da ejemplos. Si fueras padre/madre, y tu hijo/a quisiera casarse con una persona de poco dinero, ¿cómo reaccionarías y qué le dirías?

4. Interpreta este dicho hispano: «Antes que te cases, mira lo que haces». ¿Piensas casarte algún día? ¿Por qué? Si te casaras, ¿aceptarías dinero de tus padres o tus suegros? ¿Por qué?

5. Hoy en día, muchas parejas esperan para casarse o tener hijos hasta los treinta años. En tu opinión, ¿cuál es una buena edad para contraer matrimonio, tener hijos, comprar un apartamento o casa? Con respecto al matrimonio, ¿qué otros cambios ha habido desde la época de Margarita Pareja?

6. Describe alguna película que trate el tema del noviazgo o del matrimonio. ¿Cómo es la trama? Explica el contexto y caracteriza a los personajes. Luego, analiza por qué crees que termina feliz, triste, trágica, absurda o increíblemente.

Comparaciones y contrastes

Examina las angustias amorosas de Margarita, en «La camisa de Margarita», de Mariana, en «La conciencia» y de la muchacha en «Noche de fuga.» ¿Cómo impacta la clase social en el desarrollo y desenlace de las tres historias? Contrasta los resultados.

12
Apocalipsis

~ *Marco Denevi* ~
ARGENTINA

«…las máquinas habían alcanzado tal perfección
que ya los hombres no necesitaban comer ni dormir ni hablar
ni leer ni pensar ni hacer nada.»

Apocalipsis

Marco Denevi (1922–1998) was born in Buenos Aires, Argentina, and began his career as a lawyer. Gradually, however, writing became his primary occupation. In 1960, he won first prize in Spain for his novella Ceremonia secreta, *which became an international best-seller and the basis of a movie starring Elizabeth Taylor. "Apocalipsis" is taken from his* Cuentos y microcuentos *(1970). In this short science fiction story, he imagines the extinction of the human race.*

> CONTEXTO CULTURAL El Apocalipsis de San Juan, conocido también como El libro de la Revelación, es el último libro del Nuevo Testamento donde se describe el fin del mundo con vivas imágenes de destrucción. Escritores modernos y películas de ciencia ficción han creado diferentes escenarios para el fin de los tiempos.

La extinción de la raza de los hombres se sitúa aproximadamente a fines del siglo° XXXII. La cosa ocurrió así: las máquinas habían alcanzado° tal perfección que los hombres ya no necesitaban comer ni dormir ni hablar ni leer ni escribir ni pensar ni hacer nada. Les bastaba° apretar° un botón y las

5 máquinas lo hacían todo por ellos. Gradualmente fueron desapareciendo las mesas, las sillas, las rosas, los discos con las nueve sinfonías de Beethoven,[1] las tiendas de antigüedades°, los vinos de Burdeos,° las golondrinas,° los tapices flamencos,[2] todo Verdi,[3] el ajedrez,° los telescopios, las catedrales góticas, los estadios de fútbol, la *Piedad* de Miguel Ángel,[4] los mapas, las

10 ruinas del Foro Trajano,[5] los automóviles, el arroz, las sequoias gigantes, el Partenón.[6] Sólo había máquinas. Después los hombres empezaron a notar que ellos mismos iban desapareciendo paulatinamente° y que en cambio las máquinas se multiplicaban. Bastó poco tiempo para que el número de los hombres quedase reducido a la mitad y el de las máquinas se duplicase.

15 Las máquinas terminaron por ocupar todos los sitios disponibles.° No se podía dar un paso ni hacer un ademán° sin tropezarse con° una de ellas. Finalmente los hombres fueron eliminados. Como el último° se olvidó de desconectar las máquinas, desde entonces seguimos° funcionando.

century / attained

Les...It was sufficient for them / to press

antiques / Bordeaux / swallows / chess

= gradualmente

available

= **gesto / sin**... without bumping into / =**el último hombre**

= **continuamos**

«Apocalipsis» © Denevi, Marco, *Falsificaciones*, Buenos Aires, Corregidor, 2007.

[1] **«Beethoven»** "Ludwig van Beethoven (1770–1827), German composer best known for his symphonies."

[2] **los tapices flamencos** Flemish tapestries. In the fifteenth and sixteenth centuries, the most beautiful European tapestries were made in Flanders, which is now southern Belgium and the northernmost part of France.

[3] **Verdi** Giuseppe Verdi (1813–1901), Italian composer best known for his operas such as *Rigoletto* (1855), *Aída* (1871).

[4] **Miguel Ángel** Michelangelo (1475–1564), Italian artist and architect, sculpted the *Pietà* which depicts Mary holding the body of her crucified son Jesus.

[5] **el Foro Trajano** A Roman forum built by the Emperor Trajan (A.D. 53–117).

[6] **el Partenón** The Parthenon temple, built on the Acropolis in Athens, 447–432 B.C.

Comprensión

¿Qué pasó?

1. ¿En qué época se sitúa la extinción de la raza humana?
2. ¿Qué han alcanzado las máquinas? ¿Cuál es el resultado?
3. ¿Cómo funcionan las máquinas?
4. ¿Qué cosas van desapareciendo gradualmente? ¿Quiénes más comienzan a desaparecer? ¿Qué les pasa a las máquinas?
5. ¿A qué número se reducen los hombres? ¿A qué número aumentan las máquinas?
6. ¿Qué les ocurre finalmente a los hombres? ¿Por qué siguen funcionando las máquinas?

Audio

Despúes de escuchar la historia, indica si la idea es verdadera (**V**) o falsa (**F**).

1. V   F   2. V   F   3. V   F   4. V   F   5. V   F   6. V   F

Palabras

Cognados con cambio de consonante

Spanish-English cognates are often spelled somewhat differently.

f	↔	ph	**la sinfonía**	*symphony*
c	↔	ch	**rico**	*rich*
t	↔	th	**gótico**	*gothic*

Transformaciones

Completa las palabras en inglés con las letras apropiadas.

1. el zafiro   *sap_____ire*
2. la física   *_____ysics*
3. la fase   *_____ase*
4. el carácter   *_____aracter*
5. la mercancía   *mer_____andise*
6. el tema   *_____eme*
7. la anestesia   *anes_____esia*
8. el mito   *my_____*

Resumen

Vuelve a contar la historia, cambiando los verbos en itálica al futuro.

1. La extinción de los hombres *ocurre* en el siglo XXXII.   2. Las máquinas *alcanzan* tal perfección que los hombres ya no *tienen* que comer.   3. Los hombres ya no *necesitan* ni hablar, ni leer, ni escribir, ni pensar, ni hacer nada.   4. Los hombres *aprietan* un botón y las máquinas lo *hacen* todo para ellos.   5. Poco a poco *van* despareciendo muchas cosas; sólo *quedan* las máquinas.   6. Los hombres *empiezan* a notar que ellos mismos *van* desapareciendo.   7. Las máquinas se *multiplican*.   8. Finalmente, los hombres *son* eliminados.   9. El último se *olvida* de desconectar las máquinas.   10. Desde entonces *siguen* funcionando.

Interpretación

Análisis

1. La narración nos presenta varios temas. Enumera cuáles son y si los trata desde un punto de vista positivo o negativo.
2. Vuelve a leer la última oración del cuento. ¿Qué significado tiene? ¿Quién narra la historia? ¿Qué moraleja o moralejas sacas del relato?
3. Denevi utiliza un tono periodístico, casi imitando el discurso automático de una máquina. Analiza los diferentes tiempos verbales y los sujetos que usa. ¿Cuál puede ser su intención? ¿Qué efecto tiene en nosotros como lectores?
4. ¿Cómo defines «Apocalipsis»? ¿Te parece un buen título para este cuento? ¿Por qué? ¿Cuál sería otro título apropiado?
5. ¿Cómo te imaginas las máquinas del cuento? En la narración, las máquinas llegan a ser nuestros enemigos. ¿Cómo se puede unir el poder creador del ser humano con la potencia de la tecnología?
6. En el cuento, las máquinas hacen todos los trabajos. ¿Qué tipo de cosas no pueden hacer las máquinas? Inventa otra historia dando una versión con un desenlace positivo.
7. Habla sobre los temas de la perfección y del poder en el cuento.
8. Existe un refrán que dice: «La tecnología debe facilitarnos las cosas, no reemplazarlas». Basándote en el cuento, ¿cómo interpretas este refrán?

Ensayos

1. Categoriza las distintas «cosas» que desaparecen en el relato. Entonces analiza qué aspectos culturales simbolizan. ¿Cuál te parece la pérdida más triste? ¿más rara? ¿más inolvidable? ¿más chocante? ¿Por qué?
2. Describe algunos de los avances tecnológicos de los últimos años. ¿Qué impresión te da que la tecnología avance tan rápidamente? Enumera las ventajas y los inconvenientes. Señala un ejemplo donde prefieras el método tradicional antes que el contemporáneo.

Dramatizaciones

1. Tú y tu compañero/a son los últimos seres humanos que quedan en la Tierra. Conversan sobre las causas de esta situación e inventan estrategias para sobrevivir.
2. Dramatiza una escena cinematográfica de ciencia ficción en la que cuatro protagonistas se enfrentan con las consecuencias de un apagón en toda la Tierra. ¿Cuáles son las causas y los efectos?

Discusiones

1. Nombra un aparato sin el cual no podrías estar tranquilo/a. ¿Qué función sirve? ¿Serías capaz de no usarlo por 24 horas? Describe cómo sería tu rutina ese día.
2. Existen muchas películas que tratan el tema de la tecnología, el fin del mundo, la extinción de la raza humana y cómo pueden volverse las máquinas en contra de nosotros. Cita algunos ejemplos y analiza en qué se asemejan y en qué se diferencian.
3. La extinción de especies es un tema muy importante hoy día. Nombra alguna especie en peligro de extinción en tu país. ¿Cómo crees que podríamos evitar la extinción de especies?
4. ¿Cuál de estas posibilidades amenaza más la supervivencia de la raza humana?

   a. una guerra nuclear
   b. la muerte del sol
   c. una colisión con un asteroide
   d. la pérdida total de la capa de ozono

   Explica tu decisión.

5. Define *Apocalipsis*. ¿Cómo sería un Apocalipsis hoy día en tu país?
6. Dicen que el hombre es el ser vivo más inteligente que existe. ¿Estás de acuerdo? ¿Crees que la tecnología nos hace más listos/as que los otros seres o que por el contrario, nos ha convertido en seres dependientes? En tu opinión, ¿es la tecnología la que nos permite controlar el planeta? Explica.

Comparaciones y contrastes

Con respecto al tiempo y al espacio, examina el ambiente en «Apocalipsis», «Leyenda» y «El tiempo borra». ¿Qué sensaciones evoca en cada narración?

13
El décimo

~ Emilia Pardo Bazán ~

ESPAÑA

«—¡Señorito, señorito! ¿Ve usted como yo no me engañaba?
Hemos sacado el gordo.»

El décimo

Emilia Pardo Bazán *(1852–1921), born in La Coruna, in northwest Galicia, is one of Spain's most prolific and polished short-story writers, as well as a novelist and journalist. She was influenced by the theories of French naturalism and created a faithful, compelling portrayal of reality. In "El décimo,"[1] which first appeared in 1885, in her naturalistic tale* En tranvia, *Pardo Bazán recounts the story of a bachelor in Madrid who buys a winning lottery ticket but then misplaces it. What happens next changes his life forever.*

CONTEXTO CULTURAL En 1763 el rey Carlos III decidió vender boletos de lotería para poder financiar su guerra contra Napoleón. Niños que vivían en orfanatos eran los encargados de introducir su mano en el bombo y extraer los números ganadores. En 1812 fue establecida la lotería nacional, conocida como «el gordo». Como el billete del gordo es caro, se divide su valor entre 10 y se emiten otros billetes con ese valor. A estos billetes se les llama «décimos». Es muy común que varias personas compren juntas un billete y lo compartan. Hoy día el sorteo del gordo se lleva a cabo el 22 de diciembre y este día se considera fiesta nacional.

La compra del billete

¿La historia de mi boda? Óiganla ustedes; es bastante original. Una chica del pueblo, muy mal vestida,° y en cuyo rostro° se veía pintada el hambre,° fue quien° me vendió el décimo de billete de lotería, a la puerta de un café, a las altas horas° de la noche. Le di por él° la enorme
5 cantidad de un duro.[2] ¡Con qué humilde° y graciosa sonrisa respondió a mi generosidad!

—Se lleva usted la suerte,° señorito° —dijo ella con la exacta y clara pronunciación de las muchachas del pueblo de Madrid.

—¿Estás segura? —le pregunté en broma,° mientras yo metía° el
10 décimo en el bolsillo del sobretodo° y me subía° el cuello° a fin de° protegerme del frío de diciembre.

—¡Claro que estoy segura! ¡Ya lo verá usted,° señorito! Si yo tuviera dinero no lo compraría usted[3] ... El número es el 1.620; lo sé de memoria, los años que tengo,° diez y seis, y los días del mes que tengo
15 sobre los años, veinte justos.° ¡Ya ve si lo compraría yo!

—Pues, hija —respondí queriendo ser generoso—, no te apures:° si el billete saca premio°... la mitad° será para ti.

dressed / face
hunger / the one who
= muy tarde / = el billete
humble

Se... you are lucky / young man

jest / put
overcoat / raised / collar / in order to

Ya... You'll see

los... my age
exactly
no... don't worry
saca... wins the prize / half

---

[1] **«El decimo»** "The Tenth." One-tenth share of a lottery ticket (**billete de lotería**).

[2] **un duro** Spanish coin worth five pesetas.

[3] **Si... usted** If I had the money, it would not be you who would buy it. (If the girl had the money, she would have bought it herself.)

Una alegría loca se pintó en los negros ojos de la chica, y con la fe más absoluta, cogiéndome° por un brazo, exclamó: seremos° ricos.   *holding / we will be*

20   Sin dar importancia a lo que la chica decía le di mi nombre y mis señas; y diez minutos después ni recordaba el incidente.

La pérdida del billete

     Pasados cuatro días, estando en la cama, oí gritar° la lista de la lotería. Mandé que mi criado° la comprara, y cuando me la trajo, mis ojos tropezaron° inmediatamente con el número del premio gordo.[4] Creí que

25 estaba soñando,° pero no, era la realidad. Allí, en la lista, decía realmente 1.620... ¡Era mi décimo, la edad° de la muchacha, la suerte para ella y para mí! Eran muchos miles de duros lo que representaban aquellos cuatro números. Me sentía tan dominado por la emoción que me era imposible decir palabra y hasta° mover las piernas.° Aquella humilde y extraña

30 criatura, a quien nunca había visto antes, me había traído la suerte, había sido mi *mascota*[5]... Nada más justo que dividir la suerte con ella; además, así se lo había prometido.

     Al punto deseé sentir en los dedos el contacto del mágico papelito. Me acordaba bien: lo había guardado en el bolsillo exterior del sobretodo.

35 ¿Dónde estaba el sobretodo? Colgado° allí en el armario[6] ... A ver... toco[7] aquí, busco allá... pero nada, el décimo no aparece.

     Llamo al criado con furia, y le pregunto si había sacudido° el sobretodo por la ventana... ¡Ya lo creo que lo había sacudido! Pero no había visto caer nada de los bolsillos; nada absolutamente... En cinco

40 años que hace que está a mi servicio no le he cogido nunca mintiendo.° Le miro a la cara; le he creído siempre, pero ahora, no sé qué pensar. Me desespero,° grito, insulto, pero todo es inútil.

     Me asusta° lo que me ocurre. Enciendo° una vela,° busco en los rincones,° rompo armarios,[8] examino el cesto° de los papeles viejos...

45 Nada, nada.

oi... I heard (them) call out
servant
came upon
dreaming
age

even / legs

Hung up

shaken

no... I have never caught him lying

I become desperate

frightens / I light / candle
corners / basket

La visita de la chica

     A la tarde, cuando ya me había tendido° sobre la cama para ver si el sueño° me ayudaba a olvidarlo todo, suena° el timbre.° Oigo al mismo tiempo en la puerta ruido de discusión, voces de protesta de alguien que se empeña° en entrar, y al punto veo ante° mí a la chica, que se arroja° en

50 mis brazos gritando y con las lágrimas en los ojos.

stretched out
sleep / rings / bell

persists / before / throws herself

---

[4] **el premio gordo**   first prize. Literally, the fat prize. It is also called simply **el gordo**.

[5] **mascota**   good-luck charm. **Una mascota** can be a person, an animal, or an object that is thought to bring good luck.

[6] **el armario**   free-standing wardrobe or "armoire" in which clothing is kept.

[7] The narrator suddenly switches to the present tense to indicate how anxious he was to find the winning lottery ticket, and how frantically he began looking for it.

[8] **rompo armarios**   I throw the contents of the wardrobes all over the floor. Literally, I smash the wardrobes.

—¡Señorito, señorito! ¿Ve usted cómo yo no me engañaba?° Hemos sacado el gordo.

was not deceiving

¡Infeliz de mí!° Creía haber pasado lo peor del disgusto,° y ahora
55   tenía que hacer esta cruel confesión; tenía que decir, sin saber cómo, que había perdido el billete, que no lo encontraba en ninguna parte, y que por consiguiente° nada tenía que esperar de mí la pobre muchacha, en cuyos ojos negros y vivos temía ver brillar la duda y la desconfianza.[9]

= **Pobre de mi!** / misfortune

consequently

Pero me equivocaba,° pues cuando la chica oyó la triste noticia, alzó°
60   los ojos, me miró con la honda° ternura° de quien siente la pena ajena° y encogiéndose de hombros° dijo:

I was mistaken / she raised
deep / tenderness / someone else's sorrow / **encogiéndose...** shrugging her shoulders

—¡Vaya por la Virgen![10] Señorito... no nacimos ni usted ni yo para ser ricos.

Es verdad que nunca pude hallar° el décimo que me habría dado
65   la riqueza, pero en cambio la hallé a ella, a la muchacha del pueblo a quien, después de proteger y educar,[11] di la mano de esposo° y en quien he hallado más felicidad que la que hubiera podido comprar° con los millones del décimo.

find

di... I married
I would have been able to buy

«El décimo», Emilia Pardo Bazán.

Comprensión

¿Qué pasó?

La compra del billete

1. ¿Cuál es el tema del relato? ¿Dónde tuvo lugar? ¿Cuándo?
2. ¿Quién le vendió el billete de lotería al joven señorito? ¿Cuántos años tiene ella?
3. ¿Qué es un décimo?
4. ¿Cuánto le dio el joven a la chica? ¿Cómo reaccionó ella?
5. ¿Dónde puso el joven el décimo? ¿Qué mes era?
6. ¿Qué número tenía el billete de lotería? ¿Qué significado especial tenía?
7. ¿Qué le prometió él a la chica si ganaba? ¿Cómo respondió ella?
8. ¿Qué le preguntó la chica al joven?

La pérdida del billete

9. ¿Cuándo salió la lista de números premiados? ¿Cuánto había ganado el joven?
10. ¿Qué le había traído la chica?
11. ¿Qué creía el joven que había hecho el criado con el sobretodo?
12. ¿Cómo reaccionó emocionalmente el joven cuando se enteró que definitivamente había perdido el billete? ¿Qué hizo para encontrarlo?

[9] **temía... desconfianza**   I was afraid I would see signs of doubt and distrust. Literally, I was afraid to see doubt and distrust glint (in her eyes).

[10] **¡Vaya... Virgen!**   If that's what the Virgin Mary wants! This expression indicates an unquestioning acceptance of one's fate.

[11] **después... educar**   after becoming her guardian and looking after her education.

La visita de la chica

13. ¿Quién llegó a la casa por la tarde? ¿Qué le dijo al joven?

14. Cuando el joven le explicó a la chica que había perdido el décimo, ¿cómo le respondió ella?

14. Después de proteger y educar a la chica, ¿qué más hizo el joven? ¿Por qué?

Audio

Despúes de escuchar la historia, indica si la idea es verdadera (**V**) o falsa (**F**).

1. V F   2. V F   3. V F   4. V F   5. V F   6. V F

Palabras

Prefijos negativos

Spanish, like English, often uses prefixes to change the meaning of a word. The prefixes **in-** and **im-** carry a negative meaning.

in-	**feliz**	*(fortunate)*	**infeliz**	*(unfortunate)*
im-	**probable**	*(probable)*	**improbable**	*(improbable)*

Transformaciones

Da el significado en inglés de cada palabra. Luego, en español, da el sustantivo para cada adjetivo.

1. útil / inútil
2. justo / injusto
3. esperado / inesperado
4. conformidad / inconformidad
5. paciente / impaciente
6. perdonable / imperdonable

Conexiones en contexto

Refiriéndote al cuento, empareja cada término de la Columna **A** con el *correspondiente* de la Columna **B**.

Los correspondientes

A	B
1. acordarse	a. triste
2. al mismo tiempo	b. gritar
3. hallar	c. engañar
4. infeliz	d. encontrar
5. rostro	e. recordar
6. exclamar	f. cara
7. el gordo	g. disgusto
8. chica	h. muchacha
9. mentir	i. al punto
10. incidente	j. el premio

Refiriéndote al cuento, empareja cada término de la Columna **A** con su *opuesto* de la Columna **B**.

Los opuestos

A	B
1. meter	a. recordar
2. responder	b. perder
3. alegre	c. cruel
4. olvidar	d. encontrar
5. lágrimas	e. sacar
6. tierno/a	f. equivocarse
7. creer en	g. infeliz
8. estar seguro/a	h. desconfiar de
9. perder	i. preguntar
10. guardar	j. sonrisa

Resumen

Vuelve a contar la historia, cambiando los verbos en itálica al pretérito, al imperfecto o al pluscuamperfecto.

1. El narrador, el joven señorito, *cuenta* la historia de su boda.
2. Una pobre chica del pueblo de Madrid le *vende* un décimo de billete de la lotería.
3. El joven señorito le *da* un duro a la chica, quien *responde* con una graciosa sonrisa.
4. La vendedora de billetes le *dice* al joven que se *lleva* la suerte.
5. El joven *mete* el billete en el bolsillo del sobretodo.
6. El joven le *asegura* que si el billete *saca* premio, *va* a darle la mitad.
7. La chica le *pide* su nombre y señas.
8. Cuatro días más tarde, *sale* la lista de números premiados.
9. El número del billete que *ha sacado* el premio gordo *es* el de su décimo.
10. Después de buscar el billete en todas partes, el joven no *puede* encontrarlo.
11. Cuando la chica *viene* a la casa, el joven *tiene* que confesarle que se le *ha perdido* el billete.
12. La chica le *contesta* con ternura que ni ella ni él *han nacido* para ser ricos.
13. El joven, aunque nunca *halla* el décimo, *ha conocido* a la chica.
14. Después de proteger y educar a la chica, el joven se *casa* con ella y *viven* felices.

Interpretación

Análisis

1. Describe al narrador. ¿Cómo es su vida? ¿Cuántos años tendrá: ¿20? ¿25? ¿30?
2. La vendedora declara al joven: «No nacimos ni usted ni yo para ser ricos». Interpreta esta oración teniendo en cuenta los hechos de la narración.

3. Después de proteger y educar a la chica, el joven se casa con ella. ¿Qué se puede inferir de este hecho con respecto a la personalidad del narrador?

4. Según el joven, la vendedora de billetes es «una chica del pueblo». En tu opinión, ¿cómo influye esta realidad en el desarrollo de la historia? ¿Qué impresión te llevas de la sociedad madrileña de 1900?

5. Imagínate que el joven encuentra el décimo. ¿Cambia la historia? Explica.

6. Desde tu punto de vista, aunque el joven pierde el billete premiado, ¿se le puede considerar afortunado? ¿Qué moraleja sacas del final del relato?

7. Describe un momento de agitación y uno de compasión en el cuento. ¿Cómo manifiestan los dos personajes principales estas actitudes? ¿Qué revela de su carácter?

8. Comenta el estilo que emplea la autora, Pardo Bazán, en el primer párrafo. ¿En qué persona está escrito el cuento? ¿Qué efecto inmediato produce en los lectores empezar con una pregunta dirigida a ellos?

Ensayos

1. Compara y contrasta la reacción del joven y la vendedora cuando se enteran que el décimo está perdido definitivamente. ¿Por qué le fue más fácil aceptar la pérdida a ella que a él?

2. En tu opinión, ¿Por qué está segura la vendedora de que ella y el joven van a ser ricos? ¿Es sincero el joven cuando le asegura a la chica que va a repartir el premio con ella? ¿Es realista la narración? ¿Por qué?

Dramatizaciones

1. Imagínate que el criado y su esposa hablan sobre los hechos que han pasado entre el joven y la vendedora de billetes de lotería. Los dos debaten sobre si el episodio es trágico o cómico. Desarrolla su debate, con dos puntos de vista.

2. Al enterarse de la boda del joven y la vendedora del billete de lotería, los padres del joven y los padres y la hermana de la muchacha se reúnen por primera vez. ¿Qué se preguntan entre ellos y qué responden?

Discusiones

1. ¿Estás de acuerdo o estás en desacuerdo con el refrán: «El dinero no da la felicidad»? Explica lo que piensas. ¿Qué hecho ha sido el más feliz de tu vida hasta ahora?

2. Da algunos ejemplos de buena y mala suerte con respecto a los jóvenes, la familia, los equipos deportivos, la naturaleza. ¿Crees tú en la suerte? ¿Has tenido buena y mala suerte? Explica.

3. Menciona algunos hábitos de la gente supersticiosa. ¿Por qué piensas que ellos creen en esas supersticiones? ¿Eres supersticioso/a? ¿Por qué?

4. Discute los aspectos buenos y malos de jugar a la lotería. ¿Jugarías tú a la lotería? ¿Por qué? ¿Qué número crees que te traería suerte? ¿Qué harías si hubieras comprado un billete de lotería premiado y lo hubieras perdido antes de cobrarlo?

5. Imagínate que tu amigo(a) y tú compran un billete de lotería y sacan el gordo. Si tu amigo(a) no te pagara tu parte del premio, ¿qué harías?

6. El profesor Higgins de la comedia musical *My Fair Lady* trata de educar a una chica del pueblo. Compara esta historia con la de *El décimo*.

7. ¿Cómo es la mascota de tu escuela? Describe unas mascotas de otras escuelas o de equipos de deportes o grupos musicales. ¿Qué simbolizan?

8. ¿Qué importancia tiene el dinero en la vida contemporánea? Haz una lista de las cosas que más te importan en tu vida.

Comparaciones y contrastes

En «La mala racha» y en «El décimo», el tema de la pérdida tiene como resultado acciones y reacciones distintas por parte de los personajes principales. Explica estas diferencias en el desarrollo de la trama de los dos relatos. ¿Cómo terminan los dos cuentos?

14
Preguntas

~ Esmeralda Santiago ~

USA: PUERTO RICO

«Yo no iba a dejar
que Ignacio Sepúlveda me llamara una llorona.»

Preguntas

Esmeralda Santiago *(1948–) was born in Puerto Rico, where she spent her childhood before moving to New York. A graduate of Harvard University, she is one of a growing number of U.S. Hispanic writers who publish their works in both Spanish and English. She wrote her first book,* When I Was Puerto Rican *(1993), in English and then translated it the following year into Spanish as* Cuando era puertorriqueña. *In "Preguntas," one of the short narratives from this autobiographical volume, a young girl asks her father a series of questions about the history of Puerto Rico and is mesmerized by his responses.*

CONTEXTO CULTURAL Los Estados Unidos conquistó Puerto Rico en 1898, como resultado de la guerra con España. En 1952, se proclaman el Estado Libre Asociado de Puerto Rico y una nueva constitución aprobada por referéndum. Aunque los puertorriqueños son considerados ciudadanos estadounidenses, no participan en las votaciones presidenciales y su representante no puede votar en el Congreso.

La polio

—Esta semana —dijo Miss Jiménez—, recibirán sus vacunas° de la enfermera de la escuela. | vaccinations

Nunca antes habíamos tenido una enfermera en la escuelita de Macún,[1] pero últimamente una mujer vestida de blanco, con un gorro° | cap
5 alto y tieso° en la cabeza, había puesto una enfermería en una esquina | stiff
del comedor. Habían enviado formularios° a la casa, y Mami nos dijo a | forms
mí y a Delsa[2] que nos vacunarían contra el polio.[3]

—¿Qué es polio? —le pregunté, imaginándome un parásito que
parecía una gallina° en mi barriga.° | hen / belly
10 —Es una enfermedad que hace que los niños se queden inválidos° | handicapped
—me contestó.

—¿Como la meningitis? —preguntó Delsa. El hermano de una de
sus amiguitas sufría de esa enfermedad; sus brazos y manos estaban
torcidos° hacia su cuerpo, sus piernas desplegadas° contra sus rodillas, | turned in / turned out
15 cosa que andaba como si estuviera a punto de arrodillarse° para rezar.° | to kneel down / to pray

—No —Mami dijo—, es peor. Si te da polio, te mueres, o si no,
tienes que pasar el resto de tu vida en una silla de ruedas° o dentro de | **silla**…wheelchair
un pulmón de hierro.° | **pulmón…** iron lung machine (in Puerto Rico)

---

[1] **Macún**   rural Puerto Rican town, southwest of San Juan.

[2] **Delsa**   sister of Esmeralda, the narrator.

[3] Polio, meningitis, tuberculosis, and tapeworm presented serious health hazards in Puerto Rico in the 1950s. In this story, the school nurse is administering polio shots to all the children. Note: in Puerto Rico, **la polio(mielitis)** is sometimes referred to as **el polio.**

—¿Pulmón de hierro? —era imposible. No podía existir tal cosa.

20   —¡No es un pulmón de hierro por dentro! No seas tan boba.° —   silly
Mami se echó a reír° —. Es una máquina que respira por la persona.   **se**... began to laugh

—¡Ay, Dios mío! —polio era peor que la solitaria.°   tapeworm

—Pero, ¿cómo puede ser eso? —los ojos de Delsa se abrieron y
cerraron como si estuviera comprobando° si estaba despierta o dormida.   checking

25   —Yo no sé cómo es la cosa —Mami dijo—. Pregúntale a tu papá.

Delsa y yo nos rompimos la cabeza° tratando de imaginar un   **nos**... (we) racked our brains
pulmón de hierro, y, esa noche, cuando Papi llegó del trabajo, le hicimos
dibujarnos uno° y enseñarnos cómo era posible que una máquina   **le**... we made him draw one
respirara por una persona. Él dibujó un tubo largo y en una extremidad   for us
30   puso una carita sonriendo.

—Parece un pote° —dijo Delsa, y Papi tiró una carcajada.°   can, jar / **tiró**...burst into laughter

—Sí —dijo—, exacto. Parece un pote.

El día de las vacunas

Miss Jiménez nos mandó donde la enfermera de dos en dos, por orden
alfabético. Cuando llegó a la S yo estaba temblando,° porque cada uno   **yo**...I was trembling
35   de los niños que fueron antes que yo volvían lloriqueando,° aguantando°   **volvían**...came back crying /
una bolita de algodón contra sus brazos. A Ignacio Sepúlveda le tocó ir   holding
conmigo, y, aunque estaba tan amedrentado° como yo, pretendía que era   frightened
muy macho° para preocuparse.   = **fuerte**

—¡Llorones!° —les decía—. Yo he cogido inyecciones, y no duelen   Cry babies!
40   tanto.

—¿Cuándo?

—El año pasado. Nos dieron vacunas contra la tuberculosis.

Nos acercábamos al comedor, e Ignacio aflojó el paso,° me jaló del   **aflojó**... slowed down
brazo° y murmuró: **me**...pulled me by the arm
45   —Tiene que ver con la política.

—¿Qué tiene eso que ver? La política no es una enfermedad como
el polio. Es lo que los hombres discuten en la parada de guaguas[4] —
Papi le había dicho muchas veces a Mami que había llegado tarde a casa
porque la guagua lo dejó porque se enmarañó° en una discusión sobre la   **se**... got involved
50   política.

Ignacio bajó su voz, como si estuviera compartiendo un secreto.

—Mi papá dice que el gobierno está haciendo to' esto[5] porque vienen
las elecciones.

—¿Qué tiene eso que ver?

---

[4] **la parada de guaguas**   bus stop. In Puerto Rico, **un autobús = una guagua.**

[5] **to' esto = todo esto.**   In rapid conversational speech, some common two-syllable words are reduced
to one syllable by dropping the middle consonant. The author indicates this pronunciation as follows:
to' = to[d]o, to's = to[d]os, pa' = pa[r]a, ná = na[d]a.

—Nos vacunan y nos dan desayuno gratis,° cosas así, pa' que°   free / so that
cuando vengan las elecciones, nuestros padres voten por ellos.

—¿Y?

—Tú no sabes ná de ná.

60 —Yo sé más que tú.

—No entiendes ná de la política.

—O sí...

—O no...

—O sí...

65 —¿Sí? Pues ¿quién es el gobernador de Puerto Rico?

—¡Ay, por favor, no me rompas la cabeza con una pregunta tan
difícil! —me burlé—. To' el mundo sabe que es don Luis Muñoz Marín.[6]

—Sí, pero te apuesto que no sabes quién es el presidente de los
Yunaited Estéits.[7]

70 —Ei-sen-ou-er.[8]

—A que no sabes su nombre cristiano.

Ignacio Sepúlveda era un zángano,° y yo sabía más que él. Todos los   lazy kid
días yo miraba el periódico de Papi, y había visto retratos del presidente
jugando al golf, y de su esposa con el peinado° que parecía que le habían   hair style
75 invertido una palangana° sobre la cabeza.   washbasin

—Su nombre cristiano es Ique —dije, hinchada de sabiduría° —, y su   **hinchada**...puffed up with knowledge
esposa se llama Mami.

—Pues los dos son unos imperialistas, igual que todos los gringos[9] —
me pasmé,° porque Mami y Papi nunca nos dejaban decir tal cosa acerca   **me**...I was astonished
80 de los adultos, aunque fuera verdad.°   **aunque**...even though it were true

Cuando entramos al comedor, Ignacio presentó su brazo como si
fuera a recibir una medalla en vez de una inyección. Le salieron lágrimas
cuando la enfermera lo puyó,° pero no lloró. Yo tampoco, aunque por   **lo**...jabbed him with the needle
poco se me escapa un chillo.° Yo no iba a dejar que Ignacio Sepúlveda me   **por poco**... I almost let out a scream
85 llamara una llorona.

Preguntas

—Papi, ¿qué es un imperialista?

Paró el martillo en medio martillazo[10] y se me quedó mirando.

—¿Dónde oíste esa palabra?

---

[6] **Luis Muñoz Marín**   Luis Muñoz Marín (1898–1980) spent his childhood in the United States and
attended Georgetown University. In 1920, he returned to Puerto Rico and entered politics to fight
for the interests of the disadvantaged. He became the first elected governor (**gobernador**) of Puerto
Rico, serving four terms from 1949 to 1964.

[7] **Yunaited Estéits**   = United States. The narrator used phonetic spelling to indicate how her characters pronounce English words.

[8] **Ei-sen-ou-er**   = Eisenhower. At the time of this story, General Dwight D. Eisenhower was president of the United States (1953–1961). Note that they pronounce "Eisenhower" as **Ei-sen-ou-er**
rather than "Ay-zen-au-er." "Ike" becomes **Ique** rather than "Ayk." Eisenhower's wife "Mamie" is
called **Mami** rather than "Meimi.

[9] **gringos**   reference to foreigners, especially English speakers from the U.S.A.

[10] **Paró... martillazo**   He stopped the hammer mid-swing.

—Ignacio Sepúlveda dijo que Ique Eisenouer es un imperialista
90   como to's los gringos.

Papi miró a su alrededor° como si alguien estuviera escondido detrás   **a su...** all around
de un palo° escuchándonos hablar.   post

—No te quiero oír repitiendo eso a nadie, ¿entiendes?

—Sí, Papi, yo sé. Sólo quiero saber si los gringos y los americanos son
95   la misma cosa.

—Nunca debes llamar a un americano «gringo». Es un insulto.

—Pero, ¿Por qué?

—Porque sí. Y el nombre del presidente se pronuncia Ayk, no Ique
—volvió a martillar° contra la pared. Me pareció raro° que Papi no me   to hammer / strange
100   contestara una de mis preguntas.

Le di un clavo° del pote a sus pies.   nail

—¿Por qué es un insulto?

Dejó de martillar la pared y me miró. Yo no le quité los ojos de
encima,[11] y él dejó su martillo, se quitó el sombrero, pasó su mano por su
105   frente,[12] se la secó en los pantalones, se sentó en el escalón° y se recostó,°   step / **se**...he leaned back
estirando sus piernas.° Esto era lo que yo esperaba. Ahora sí que me diría   **estirando**...stretching his legs
lo que yo quisiera saber de los gringos y los imperialistas.

—Puerto Rico fue una colonia española después que Colón[13] pisó
tierra° en Mayagüez —empezó como si fuera un maestro.°   **pisó**...landed / teacher
110   —Eso me lo enseñaron en la escuela.

—No interrumpas.

—Disculpa.°   Sorry

—En el 1898, la marina° de los Estados Unidos invadió a Puerto Rico,   Navy
y nos hicieron una colonia americana. Muchos puertorriqueños quieren
115   cambiar eso. Llaman a los americanos imperialistas, que quiere decir que
los americanos quieren convertir a nuestro país y nuestra cultura igual a
la de ellos.

—¿Es por eso que nos enseñan inglés en la escuela, pa' que° hablemos   so that
como ellos?
120   —Así mismo.°   **Así**...Exactly.

—Pues yo no voy a aprender inglés pa' no volverme americana.
Se rió.

—Ser americana no es sólo un idioma, negrita,[14] son muchas otras
cosas.
125   —¿Como qué?
Se rascó° la cabeza.   **Se**...He scratched

—Como las comidas que comes... la música que escuchas... las
creencias...°   beliefs

---

[11] **Yo... encima**   I didn't take my eyes off of him.

[12] **pasó... frente**   he wiped his forehead with his hand.

[13] **Colón**   Columbus. Cristóbal Colón (1451–1506) arrived in Puerto Rico on November 19, 1493, on
his second voyage. He came ashore on the west coast at what is now **Mayagüez** and named the island
"San Juan Bautista."

[14] **negrita**   A parental term of endearment.

—¿Creen los americanos en Papá Dios?

130 —Sí, algunos.

—¿Creen en fantasmas° y brujas°?   ghosts / witches

—Sí, algunos americanos creen en esas cosas.

—Mami dice que ella no cree na' d'eso.

—Sí, lo sé. Yo tampoco.

135 —¿Por qué no?

—Porque... yo creo en lo que puedo ver con mis propios ojos.

—¿Por qué a los americanos le dicen gringos?

—Nosotros los llamamos gringos, ellos nos llaman «spiks».

—¿Qué quiere decir eso?

140 —Bueno —se sentó, puso sus codos° sobre sus rodillas y miró el   elbows
suelo como si estuviera abochornado° —, hay muchos puertorriqueños   **como**...as is he were embarrassed
en Nueva York, y cuando un americano les habla, dicen: «Ay no spik
inglis» en vez de «Ay dont spik inglish». Se burlan° de nuestro acento.   **se**... They make fun...

—Pero los americanos tienen acento cuando hablan español.

145 —Sí, es verdad. Los que no se preocupan de aprender el idioma
bien —empujó su sombrero hasta la parte de atrás de su cabeza,° y el sol   **la parte**...the back of his head
quemó su cara tostada, haciéndole cerrar los ojos—. Eso es parte de ser
un imperialista. Ellos quieren que se hagan las cosas a su manera, aún en
nuestro propio país.

150 —Pero eso no es justo.°   fair

—No, no es justo —agarró° su martillo—. Bueno, nena,° tengo que   he grasped / niña
terminar esto. ¿Me quieres ayudar?

—Sí —le seguí con el pote lleno de clavos para que él no se tuviera
que agachar° cada vez que necesitaba uno—. ¿Papi?   to bend down

155 —Sí.

—Si nos comemos toda esa comida americana que nos dieron en el
Centro Comunal,[15] ¿nos volvemos americanos?

Dio un martillazo contra la pared, me miró con una amplia° sonrisa   broad
y dijo: —Sólo si te gusta más que nuestro arroz con habichuelas.[16]

[15] **el Centro Comunal**   an American-style shopping market that had just opened in Macún at the
time of the story.

[16] **arroz con habichuelas**   rice and kidney beans. A traditional Puerto Rican dish.

Comprensión

¿Qué pasó?

La polio

1. ¿Cómo se llama la profesora? ¿Qué anuncia a los estudiantes?
2. ¿En qué parte de la escuela había una enfermería? ¿Por qué?
3. Según la narración, ¿cuál es la diferencia entre la polio y la meningitis?

El día de las vacunas

4. ¿Con quién va la narradora para recibir la vacuna? ¿Cómo se sienten los chicos?
5. Según el papá de Ignacio, ¿qué tiene que ver la política con las enfermedades y la vacuna?
6. ¿Qué pregunta le hace Ignacio a la narradora? ¿Sabe ella la respuesta?
7. ¿Qué piensa la joven de Ignacio? ¿Por qué no llora ella cuando la enfermera le pone la inyección?

Preguntas

8. ¿Qué está haciendo el padre cuando la narradora le interrumpe con preguntas? ¿Qué es la primera cosa que hace?
9. ¿A qué presidente o presidentes se refieren? ¿Qué más quiere saber la hija? ¿Cómo responde el padre?
10. ¿Qué cuenta el padre sobre la historia de la colonización de Puerto Rico?
11. Según el padre, ¿qué significa ser americano/a?
12. ¿Qué términos usan los puertorriqueños para referirse a los estadounidenses y viceversa? Explica.
13. ¿Qué dice la hija sobre la comida americana? ¿Qué le contesta su papá?

Audio

Despúes de escuchar la historia, indica si la idea es verdadera (**V**) o falsa (**F**).

1. V   F   2. V   F   3. V   F   4. V   F   5. V   F   6. V   F

Palabras

Familias de palabras

Some Spanish nouns and **-ar** verbs are closely related to one another.

trabajar	*(to work)*	**el trabajo**	*(work)*
viajar	*(to travel)*	**el viaje**	*(trip)*

Transformaciones

Da el sustantivo relacionado con el verbo y también da su significado en inglés.

1. abrigar   *(to shelter)*   el _____o   (____)
2. sobresaltar   *(to stand out)*   el _____o   (____)
3. impulsar   *(to urge)*   el _____o   (____)
4. olvidar   *(to forget)*   el _____o   (____)
5. odiar   *(to hate)*   el _____o   (____)
6. bailar   *(to dance)*   el _____e   (____)
7. caminar   *(to walk)*   el _____o   (____)
8. luchar   *(to struggle)*   la _____a   (____)

Conexiones en contexto

Refiriéndote al cuento, empareja cada término de la Columna **A** con el *correspondiente* de la Columna **B**.

Los correspondientes

A	B
1. mandar	a. niña
2. vida	b. decir
3. murmurar	c. tiró una carcajada
4. llorar	d. así mismo
5. se echó a reír	e. americano/a
6. nena	f. existencia
7. exacto	g. el resto de la vida
8. gringo/a	h. coger
9. todos los días	i. enviar
10. agarrar	j. lloriquear

Refiriéndote al cuento, empareja cada término de la Columna **A** con su *opuesto* de la Columna **B**.

Los opuestos

A	B
1. carcajadas	a. imposible
2. mandar	b. acercarse
3. posible	c. recibir
4. antes	d. delante de
5. chillar	e. bajar la voz
6. reír	f. lágrimas
7. detrás de	g. aprender
8. enseñar	h. últimamente
9. irse	i. dormido/a
10. despierto/a	j. llorar

Resumen

Vuelve a contar la historia, cambiando los verbos en itálica al tiempo presente.

1. En la escuela, la maestra *anunció* que todos los estudiantes *iban* a ponerse vacunas.
2. *Hicieron* la enfermería en una esquina del comedor donde la enfermera *puso* inyecciones a los chicos.   3. *Había* tres enfermedades serias que prevenir.
4. La narradora y su hermana Delsa *trataron* de imaginar lo que *era* un pulmón de hierro.   5. Ignacio *dijo* que las vacunas *tenían* que ver con la política, según su padre.
6. El chico también le *preguntó* a ella sobre el gobierno de Puerto Rico y la nación.
7. Juntos, Ignacio y la narradora se *presentaron* en la enfermería. 8. Al recibir las vacunas, muchos otros chicos *lloraron*, pero Ignacio y ella no.   9. El padre de la narradora *estaba* trabajando cuando la joven le *cuestionó* sobre el imperialismo y la política.   10. El papá le *contó* algo de la historia de la colonización de la isla por los Estados Unidos.

Interpretación

Análisis

1. Comenta la cuestión política que nos plantea Santiago con referencia al colonialismo y al imperialismo en Puerto Rico. ¿Cómo los define la autora?
2. Analiza la personalidad y las acciones de la narradora. ¿Cuántos años tendrá? Cuando ella nos indica que su papá le habla «como si fuera un maestro», ¿qué más aprendemos de ella?
3. Describe algunos momentos de humor y sátira y de celos y orgullo revelados en el relato. Señala unos términos de cariño y de desprecio. ¿En qué contextos surgen y con qué intención autorial?
4. La autora utiliza recursos lingüísticos y vocabulario regional en el relato. ¿Qué tono crean en la narración? Cita ejemplos del relato y señala referencias narrativas al bilingüismo.
5. ¿Qué impresión te llevas de las enfermedades serias de la década de los cincuenta en la isla? Interpreta las reacciones de la narradora, Ignacio y Delsa.
6. ¿Cuál es el oficio del papá de la narradora? ¿De qué clase social será la familia de ella? ¿Cómo lo sabemos? Resume su discurso sobre la invasión de Puerto Rico en 1898. ¿Qué revela sobre sus perspectivas sociopolíticas?
7. ¿Qué tiempos verbales usa la autora para describir las acciones del padre? ¿Con qué efecto? Indica el tiempo verbal en que le responde la hija. ¿Por qué usa ese tiempo verbal?
8. Relaciona la siguiente cita del gran escritor español Francisco de Quevedo, al cuento: «Yo no hago chistes. Simplemente observo al gobierno y cuento los hechos».

Ensayos

1. Narra el relato desde la perspectiva de Ignacio Sepúlveda.
2. Examina las comunicaciones entre la narradora, sus padres e Ignacio. La mamá le habla a ella de las enfermedades; el papá e Ignacio le platican sobre la política y la sociedad. ¿Qué imagen y carácter evocan los intercambios con respecto a los cuatro personajes? ¿Qué infieres sobre los papeles femeninos y masculinos de los años cincuenta en la isla?

Dramatizaciones

1. Dramatiza el diálogo entre la narradora y su papá (líneas 86–100). Luego, sugiéreles a los miembros de la clase que te formulen preguntas y hagan comentarios.
2. Imagínate que 20 años más tarde, la narradora es gobernadora de Puerto Rico. Su hermana Delsa e Ignacio Sepúlveda están casados y la visitan en su residencia oficial. Al reflexionar sobre su juventud, la escuela, las enfermedades y la política, relatan sus memorias del pasado y sus asuntos del presente. ¿Qué se preguntan y se comentan?

Discusiones

1. Cuando eras niño/a, ¿asististe a una escuela elemental pública o privada? ¿grande o pequeña? ¿mixta o para chicos/as? ¿en la ciudad o en el campo? Describe el ambiente en la escuela y tu rutina diaria.
2. ¿Qué enfermedades son las más devastadoras hoy en día? ¿Qué avances hemos logrado para combatir las enfermedades de niños, jóvenes y adultos? ¿Cómo podemos prevenirlas o eliminarlas?
3. El arroz y los fideos acompañan a muchos platos en distintas regiones internacionales. Identifica unas comidas típicas que se sirven con arroz o con fideos. ¿De qué culturas son? ¿Cuál es tu plato favorito?
4. Describe un famoso acontecimiento histórico o político de tu país. ¿Qué sucedió?
5. Define el colonialismo y el imperialismo. ¿Existen hoy en día? Explica. ¿Qué opinas tú sobre el tema de la independencia de Puerto Rico en el futuro?
6. ¿Cuáles son los oficios y las profesiones más populares entre los jóvenes de entre 20 y 30 años? ¿Para cuál piensas entrenarte tú? ¿Por qué?
7. ¿Cuáles son las características intelectuales, sociales y personales de un/a buen/a gobernante?
8. Si fueras presidente/a de tu país, ¿qué programas desarrollarías con respecto a la economía, el medio ambiente, las guerras globales y la política extranjera, el costo de una educación universitaria y la salud?

Comparaciones y contrastes

Compara y contrasta la personalidad de los dos padres en «Preguntas» y en «Una carta a Dios». Examina sus actividades laborales y sus actitudes hacia la familia y otros personajes locales e internacionales.

15
Una sortija para mi novia

~ Humberto Padró ~

Puerto Rico

«—¿En qué puedo servirle, caballero? —le preguntó una joven (…)
—Deseo una sortija para mi novia —replicó José Miguel...»

Una sortija para mi novia

Humberto Padró *(1906-1958) was born in Puerto Rico and taught school several years before turning to journalism and creative writing. His short stories are known for their comic elements and wordplays with double meanings. In "Una sortija para mi novia,"*[1] *which appeared in* Diez cuentos *in 1929, José Miguel, a wealthy playboy, decides it is time to settle down and get married. But who is to be his fiancée?*

CONTEXTO CULTURAL El adjetivo 'donjuanesco' hace referencia a Don Juan, el mujeriego héroe español de *El Burlador de Sevilla,* escrito por Tirso de Molina. Una tarde, Don Juan estaba en un cementerio y se encontró con la estatua del padre de la chica a la que había seducido. Esta estatua le arrastraría al infierno para conocer al demonio.

José Miguel

Aquella mañana (¡ya eran las once!), José Miguel se levantó decidido a comprar una sortija para su novia. Esto, para José Miguel Arzeno, rico, joven, desocupado,° debía ser la cosa más sencilla° del mundo. Bastaría con° tomar su «roadster»[2] del garage, y de un salto° ir a
5 la joyería° más acreditada° de la ciudad. Pero he aquí° que la cosa no era tan fácil como aparentaba,° puesto que antes de procurarse° la sortija, José Miguel debía buscar a quién regalársela.° Para decirlo mejor, José Miguel no tenía novia.

Ni nunca la había tenido. Pero, eso sí,° no vaya a dársele a esta
10 actitud suya una interpretación beatífica...[3] Ahí está,° si no,° para desmentirla,° su «amigo de correrías°» como le llamaba a su automóvil, cómplice° suyo en más de una aventurilla galante y escabrosa.°

Sin embargo,° razón había para creer que aquella decisión suya de comprar una sortija para su novia, le iba haciendo,° sin duda, desistir°
15 de su inquietante° vida donjuanesca,[4] para darse° finalmente a una última aventura definitiva. Pero... y ¿dónde estaba la novia?

En la joyería

Ya en la ciudad, José Miguel penetró° en «La Esmeralda°», tenida por° la más aristocrática joyería de la urbe.° Era la primera vez que

unemployed / = **fácil**
It would be enough
jewelry store / distinguished / note that
it seemed / to obtain
a... someone to give it to

surely
There you have / otherwise
to contradict it (= your erroneous interpretation) / **amigo...** cohort in escapades / partner / risqué, daring / Nevertheless / **le...** was making him / give up
restless / to devote himself

= **entró** / Emerald
considered to be / = **ciudad**

---

[1] «**Una sortija para mi novia**» "An Engagement Ring for My Fiancée."

[2] **su «roadster** an elegant American automobile of the 1920s with an open body, a single front seat, and a large trunk that converts into a rumble seat.

[3] **no vaya... beatífica**... Don't think he was a saint. Literally, don't give this disposition of his a beatific interpretation. (In Catholic theology, when souls arrive in heaven, they enjoy God's presence in a "Beatific Vision.")

[4] **donjuanesca** fond of women, like Don Juan, the hero of Tirso de Molina's *El Burlador de Sevilla* (1630), who was known for his amorous conquests.

visitaba un establecimiento de aquella índole,° pues muy a pesar de   *type*
20 su posición envidiable,° las joyas nunca le habían llamado mucho la   *enviable*
atención.

Mientras venían a atenderle,° José Miguel se complacía° en mirar,   *to wait on him / was content*
sin admiración, la profusión de prendas° de diversas formas y matices°   *jewels / hues*
que resaltaban° desde el fondo° de terciopelo° negro de los escaparates,°   *stood out / background / velvet / glass cases / stars*
25 igual que una constelación de astros° en el fondo de terciopelo negro
de la noche. En su curiosear° inconsciente y desinteresado, José Miguel   *browsing*
llegó hasta hojear° un libro de ventas° que estaba sobre el cristal del   **llegó...** *went so far as to leaf through / sales / counter / cover*
mostrador.° Sobre la cubierta° estaba escrito un nombre de mujer.

—¿En qué puedo servirle, caballero?° —le preguntó de pronto   *sir*
30 una joven que, para decirlo de una vez, era la dependienta. Pero, ¡qué
dependienta!°   *what a clerk!*

—Deseo una sortija para mi novia —replicó° José Miguel, al mismo   **= respondió**
tiempo que se apresuraba° a dejar sobre la mesa el libro de ventas que   *he hurried*
distraídamente° había tomado del mostrador. Y luego, alargándolo° a la   *absentmindedly / handing it*
35 joven, medio turbado,° preguntó: *embarrassed*

—¿Éste es su libro de ventas, verdad?

—Sí, y suyo, si le parece... °   *if that seems (to be what you want)*

—No, gracias, no lo necesito —dijo José Miguel sonriendo.

—¡Ah!, pues yo sí, —agregó° la joven con gracejo.° —En este libro de   *added / (bantering) wit*
40 ventas está mi felicidad.

—¿Y cómo?

—Pues... cuanto más crecidas sean mis ventas,° mayores serán mis   **cuanto...** *the greater my sales*
beneficios° —repuso° ella, no encontrando otra cosa que contestar.   *commissions / = respondió*

Ambos se buscaron con los ojos° y rieron.   **se buscaron... = se miraron**

Escogiendo una sortija

45 —Y bien, volvamos a la sortija —dijo entonces la dependienta, que,   **= necesario se... / he was already impressed by her beauty / si... = por favor**
¿será preciso° decirlo?, ya a José Miguel se le había antojado bonita.°

—Sí, muéstreme usted algunas, si tiene la bondad.°

—¿Qué número° la busca usted?   *(ring) size*

—¡Ah, qué torpe° soy! No lo recuerdo —trató de disculparse° José   *= tonto / to excuse himself*
50 Miguel.

—¿Tendrá su novia los dedos poco más o menos igual a los míos? —
consultó la joven, mientras le mostraba su mano con ingenuidad.°   *innocently*

—Deje° ver —dijo entonces José Miguel, atreviéndose a acariciar°   *= Déjeme / daring / to caress*
levemente° aquellos dedos finos y largos, rematados en uñas punzantes   *lightly*
55 y pulidas,° hechas sin duda (como lo estaban) para palpar° zafiros° y   **rematados...** *crowned with long, polished nails / to touch / sapphires*
diamantes.

—¡Ah! Tiene usted unas manos peligrosísimas —dijo al cabo de un
rato° José Miguel, mientras dejaba escapar suavemente los dedos de la   **al...** *after a while*
joven.

60 —¿Sí? Y ¿Por qué? —inquirió ella con interés.

—¡Ah! Porque serían capaces° de hacer enloquecer° a cualquiera   *capable / to drive to distraction*
acariciándolas.

—¿No me diga?

Y volvieron a sonreír.

65   —Bueno, ¿y cree usted que de venirme bien° la sortija ha de quedarle ajustada° a su novia?

    —Sí, es muy probable.

    Y la linda dependienta fue por el muestrario.° En tanto,° José Miguel estudiaba devotamente su figura maravillosamente modelada.

70   —Aquí tiene usted a escoger... ¿No le parece que ésta es muy bonita? —dijo la joven, mostrándole una hermosa sortija de brillantes.°

    —Tiene que serlo, ya que a usted así le parece... Pruébesela° a ver...

    —Me viene como anillo al dedo[5] —agregó ella con picardía.[6]

    —¿Y vale?° —consultó José Miguel.

75   —Mil doscientos dólares.

    —Muy bien. Déjemela usted.°

    —Y ¿no desea grabarla?°

    —¡Ah!, sí... se me olvidaba...

    —¿Cuáles son las iniciales de su novia?

80   José Miguel volvió a mirar el libro de ventas que estaba sobre el mostrador. Luego dijo:

    —R.M.E.

    —Perfectamente —dijo la joven dependienta, mientras escribía aquellas tres iniciales en una tarjetita amarilla que luego ató° a la sortija.

85   —¿Cuándo puedo venir a buscarla?[7] —inquirió José Miguel.

    —La sortija... querrá usted decir°... —comentó ella intencionadamente.

    —Pues, ¡claro! Es decir... si usted no decide otra cosa...

    Rieron de nuevo.

    —Puede usted venir esta tarde a las cinco.

90   —Muy bien. Entonces, hasta las cinco.

    —Adiós y gracias.

* * *

A las seis

    No había motivo para extrañarse° de que a las seis menos cuarto José Miguel aún no se hubiera presentado° en la joyería a reclamar° su sortija. El reloj y la hora eran cosas que nunca le habían preocupado. Suerte a que° su «amigo de correrías» volaba° como un endemoniado.°

95   Ya estaban a punto de° cerrar el establecimiento cuando José Miguel penetró jadeante° en la joyería.

    —Si se tarda usted un momento más no nos encuentra aquí —le dijo al verle llegar la bella dependienta que aquella mañana le había vendido 100 el anillo. Y entregándole° el estuche° con la sortija, agregó:

---

[5] **Me viene... dedo**.   It fits me like a glove. Literally, like a ring on the finger.

[6] **con picardía**   mischievously. **La picardía** describes the playful craftiness of the **pícaro** or rogue. The first picaresque hero in Spanish literature was Lazarillo de Tormes in the anonymous *La vida de Lazarillo de Tormes* (1554).

[7] **¿Cuándo puedo venir a buscarla?**   This question can mean "When may I come pick up the ring?" (**la** = **sortija**) or "When can I come pick you up?" (**la** = **usted**).

Marginal glosses:

de... since it fits me well

ha... it will fit

fue... went to get the case of sample rings / Meanwhile

= diamantes

Try it on

How much?

I'll take it.

to engrave it

she tied

you mean to say

to be surprised

no... had not appeared / to claim

It was lucky that / was flying *(speeding)* / like one possessed by the devil / about to breathless

handing him / case

—Tenga usted.° Estoy segura de que a «ella» le ha de agradar° mucho.

—Gracias —respondió José Miguel, mientras guardaba° el estuche en el bolsillo del chaleco.°

Y viendo que la joven dependienta se disponía° también a abandonar°
105 el establecimiento, José Miguel le preguntó:

—¿Me permite que la lleve en mi carro hasta su casa? Después de todo, será en recompensa° por haberme prestado° sus dedos para el número de la sortija...

—Si usted no tiene inconveniente°...

110 Y partieron.

Una novia incrédula

—Señorita, perdóneme que le diga a usted una cosa —le había dicho José Miguel a la linda dependienta, mientras el automóvil se deslizaba° muellemente° a lo largo° de la avenida.

—Con tal de que° su novia no vaya a oírlo... —repuso ella con
115 graciosa° ironía.

—Rosa María, usted es una criatura sencillamente° adorable...

—Pero... ¿Cómo sabe usted mi nombre? —inquirió ella con extrañeza.°

—Rosa María Estades... ¿No se llama usted así?

120 —Justamente.° Pero, ¿cómo lo ha llegado a saber?°

—Lo leí esta mañana sobre la cubierta de su libro de ventas.

—¡Vaya que° es usted listo!° Pero tenga cuidado con sus piropos,° pues la sortija para su novia que le está oyendo, bien podría revelárselos a ella,[8] y... ¡entonces sí que es verdad!...

125 —Rosa María, ¡por Dios! no se burle usted de mí.° A usted es a quien únicamente quiero. No tengo ninguna otra novia.

—¡Ja! ¡Ja! ¡Ja! ¡Qué tonto! Y entonces, si no tiene usted ninguna otra novia, ¿cómo se explica lo de las iniciales en la sortija?

—Muy fácilmente. Verá usted.

130 Y esto diciendo, José Miguel buscó la sortija en el bolsillo del chaleco, y mostrándosela a la joven, añadió°:

—Esta sortija es para ti, Rosa María, R. M. E. Rosa María Estades... ¿Comprendes ahora lo de las iniciales?

Y Rosa María, haciendo todo lo posible por poder comprender,
135 inquirió, todavía medio incrédula°

—Pero... ¿será posible?

—Sí —respondió entonces José Miguel que sonreía de triunfo° —tan posible como la posibilidad de que se cumplan° los deseos que tengo de darte un beso.

140 Doy fe de° que se cumplieron, repetidas veces,° sus deseos...

Lo demás°... queda° a la imaginación casi siempre razonable del lector.

Humberto Padró, «Una sortija para mi novia»

---

[8] **pues... a ella**   since your fiancée's ring, which is hearing you, could easily reveal them (**los piropos**) to her.

Here it is / **le...** it will please her

he put

vest

was getting ready / **= salir de**

in return / for having lent me

Si... If it's not inconvenient for you

was gliding

smoothly / along

Con... Provided that

witty

simply

= sorpresa

Exactly / **¿como...** how did you find that out?

Well! / clever / compliments

no... don't make fun of me

he added

not believing

triumph

may be fulfilled

I bear witness / over and over again / the rest / is left

Comprensión

¿Qué pasó?

José Miguel

1. ¿Cómo era José Miguel? ¿Qué había decidido el joven puertorriqueño?
2. ¿Con qué motivo iba a ir el joven a la joyería?
3. ¿Para quién iba a ser la sortija? ¿Por qué no era una tarea fácil?
4. ¿En qué medio de transporte especial iba a llegar José Miguel a la joyería?
5. José Miguel se refería a su automóvil como su «amigo de correrías». ¿Por qué?
6. ¿Qué tipo de vida llevaba José Miguel?

En la joyería

7. ¿A qué establecimiento fue el joven? ¿Dónde estaba? Al principio, ¿qué hizo él allí?
8. ¿Quién se acercó a atender al joven? ¿Cuál fue la primera impresión que tuvo de ella?
9. ¿Qué le devolvió José Miguel a la dependienta?
10. ¿Por qué contenía el libro de ventas "la felicidad" de la dependienta?

Escogiendo una sortija

11. ¿Cómo eran los dedos de la dependienta? ¿Qué pensaba José Miguel de ellos?
12. ¿Qué sortija compró finalmente José Miguel? ¿Por qué? ¿Cuánto valía?
13. ¿Con qué letras se grabó la sortija?
14. ¿A qué hora estaría lista la sortija?

A las seis

15. ¿Cuándo llegó José Miguel a buscar la sortija? ¿Por qué no llegó más temprano?
16. ¿Qué le preguntó José Miguel a la dependienta?

Una novia incrédula

17. En el carro, ¿qué le confesó José Miguel a la dependienta? ¿Cómo se llamaba ella?
18. ¿Cómo había llegado a saber el nombre de ella?
19. ¿Qué hizo José Miguel con la sortija?
20. ¿Cuál era el deseo del joven? ¿Tenía ella el mismo deseo?

Audio

Despúes de escuchar la historia, indica si la idea es verdadera (**V**) o falsa (**F**).

1. V   F   2. V   F   3. V   F   4. V   F   5. V   F   6. V   F

Palabras

Familias de palabras

Many Spanish names of stores ending in **-ería** are derived from the name of the items sold in that store. These nouns are feminine.

joya → la joyería

Transformaciones

Da en español el artículo que se vende en cada tienda. Luego, da el significado en inglés de cada palabra.

1. la pescadería
2. la lechería
3. la heladería
4. la perfumería
5. la librería
6. la zapatería

Conexiones en contexto

Refiriéndote al cuento, empareja cada término de la Columna **A** con el *correspondiente* de la Columna **B**.

Los correspondientes

A	B
1. agregar	a. suavemente
2. sortija	b. mientras
3. penetrar	c. ciudad
4. urbe	d. lindo/a
5. en tanto	e. mostrador
6. levemente	f. entrar
7. olvidar	g. añadir
8. escaparate	h. joyas
9. hermoso/a	i. anillo
10. prendas	j. no recordar

Refiriéndote al cuento, empareja cada término de la Columna **A** con su *opuesto* de la Columna **B**.

Los opuestos

A	B
1. torpe	a. inquirir
2. diverso/a	b. partir
3. inconscientemente	c. tonto/a
4. picardía	d. mañana
5. vender	e. listo/a
6. replicar	f. contestar
7. preguntar	g. ingenuidad
8. gracioso/a	h. igual
9. llegar	i. comprar
10. tarde	j. intencionadamente

Resumen

Vuelve a contar la historia, cambiando los infinitivos entre paréntesis al mandato o al tiempo presente del subjuntivo.

1. ROSA MARÍA: ¿Quiere usted que yo le (mostrar) _____ alguna sortija?
2. JOSÉ MIGUEL: Por favor, (probarse) _____ usted esa sortija de brillantes. También (decirme) _____ usted cuánto vale.
3. ROSA MARÍA: Mil doscientos dólares. Me alegro que a usted le (gustar) _____ la sortija. ¿Desea usted que nosotros la (grabar) _____ con las iniciales de su novia?
4. JOSÉ MIGUEL: Sí, gracias. ¿A qué hora es preferible que yo (regresar) _____ para buscar la sortija?
5. ROSA MARÍA: (Volver) _____ usted a reclamarla a las cinco.

(En la tarde...)

6. ROSA MARÍA: Aquí tiene usted la sortija. Espero que a su novia le (agradar) _____ mucho.
7. JOSÉ MIGUEL: ¿Me permite usted que yo la (llevar) _____ a su casa? Usted es adorable.
8. ROSA MARÍA: (Tener) _____ usted cuidado. No quiero que su novia (oír) _____ sus piropos.
9. JOSÉ MIGUEL: Rosa María, no (burlarse) _____ usted de mí. Yo le ruego que _____ (besarme) usted, aquí y ahora.
10. ROSA MARÍA: No puedo creer que usted me _____ (hablar) en serio.

Interpretación

Análisis

1. Este cuento se escribió en 1929. ¿Crees que la historia es realista? ¿Podría pasar hoy en día? Explica. ¿Por qué quería comprar José Miguel una sortija para una novia que no tenía?
2. Don Juan es un personaje literario muy usado por los autores, con unas características conocidas. Enumera algunas. ¿Qué infieres del estilo de vida del joven José Miguel al leer la descripción de su «inquietante vida donjuanesca»?
3. ¿Es coqueta la dependienta? ¿Por qué piensas así? Menciona ejemplos, y describe cómo imaginas que acabó el cuento.
4. En la relación entre los dos jóvenes, ¿quién toma la iniciativa? ¿Es así en la actualidad? Explica.
5. En el relato, Rosa dice que su "felicidad" está en el libro de ventas. ¿Cómo interpretas este comentario de ella?
6. ¿En qué persona están escritas las diferentes partes de la narración? ¿Qué infieres de la intención estilística del autor, Humberto Padró?
7. Señala en el relato algunos momentos cómicos y unos juegos de palabra con doble sentido. Explícalos. ¿Qué revelan de las técnicas usadas por el autor?
8. ¿Con qué podría sustituirse hoy en día el «roadster» de José Miguel?

Ensayos
1. Narra tu propia interpretación de esta historia de amor, analizando qué aspectos amorosos enfatiza el autor.
2. Describe la vida de José Miguel y Rosa María quince años más tarde. ¿Se casaron? Explica.

Dramatizaciones
1. Imagínate que Rita, hermana gemela de Rosa, llega a la joyería antes que José. Rosa le confiesa sus impresiones del joven y sus sentimientos románticos. ¿Qué le aconseja Rita a Rosa sobre el amor, la clase social del joven y el futuro de su hermana? ¿Qué estrategia inventan las gemelas para cuando José vuelva a la joyería?
2. La dueña de la «Joyería Esmeralda», la mamá de Rosa María, y el hermano de José Miguel se encuentran en la calle. ¿Qué se comentan sobre lo que sucedió ese día?

Discusiones
1. ¿Cómo actúas si te gusta una persona como amigo/a o como novio/a? ¿Qué se les regala a diferentes personas como expresión de amor o de amistad? Da ejemplos.
2. En nuestra época, ¿cuál es la mejor manera de conocer a posibles futuros/as novios/as: por la red social, en las clases universitarias, a través de amigos/as, en las fiestas? ¿Por qué?
3. En cuanto al noviazgo o al matrimonio, comenta semejanzas y diferencias entre tu generación y la de tus padres y tus abuelos. Da ejemplos.
4. ¿Qué significaba tener un coche en 1929 cuando se escribió el cuento? Explica las ventajas y desventajas de tener un carro hoy en día. ¿Cuál es el auto de tus sueños?
5. ¿Cuáles son algunas joyas populares? ¿Qué simbolizan? ¿Qué crees de las joyas sintéticas? ¿Por qué?
6. Enumera las cosas más importantes de la vida. ¿Cómo figuran en tu lista la felicidad y el dinero?

Comparaciones y contrastes
Analiza lo que representa la camisa en «La camisa de Margarita», la paloma en «Un oso y un amor» y la sortija en «Una sortija para mi novia». ¿Cómo influyen en el desarrollo del amor en cada historia? ¿Qué diferencias notas entre los tres relatos?

16
El general Rueda

~ *Nellie Campobello* ~

<small>MÉXICO</small>

«Era un hombre alto, …hablaba muy fuerte…
insultaba a mamá…»

El general Rueda

Nellie Campobello (1909–1986) spent her early years in northern Mexico and after her mother's death moved to Mexico City, where she combined dance and literature in a double career. In Cartucho *(1931), from which the story "El general Rueda" is drawn, she gives literary expression to her childhood memories of the Mexican Revolution. In this episode she focuses on three incidents: the day General Rueda ransacked her home in Durango, the day two years later when she saw him in Chihuahua, and finally the day in Mexico City when she learned of his execution.*

CONTEXTO CULTURAL Durante la Revolución Mexicana de 1910, el general Alfredo Rueda Quijano (1890–1927) luchó en el bando de Pancho Villa (1878–1923) en defensa de los campesinos y su lucha por una reforma de los derechos a las tierras. En 1927, después del asesinato del candidato a presidente Francisco Serrano, el general Rueda, quien luchó a su favor en su bando, fue arrestado y condenado a muerte por un pelotón de fusilamiento.

Durango

Era un hombre alto, tenía bigotes° güeros,° hablaba muy fuerte.° Había entrado con diez hombres en la casa, insultaba a mamá y le decía:

«¿Diga° que no es de la confianza° de Villa?[1] Aquí hay armas. Si no
5 nos las da junto con el dinero y el parque,° le quemo la casa°», —hablaba paseándose° enfrente de ella— Lauro Ruiz es el nombre de otro que lo acompañaba (este hombre era del pueblo de Balleza[2] y como no se murió en la bola,° seguramente todavía está allí). Todos nos daban empujones,° nos pisaban,° el hombre de los bigotes güeros quería pegarla a mamá,°
10 entonces dijo:

«Destripen° todo, busquen donde sea°» —picaban° todo con las bayonetas, echaron° a mis hermanitos hasta donde estaba mamá, pero él no nos dejó acercarnos,° yo me rebelé y me puse junto a° ella, pero él me dió un empellón° y me caí. Mamá no lloraba, dijo que no le tocaran a
15 sus hijos, que hicieran lo que quisieran.° Ella ni con una ametralladora° hubiera podido° pelear° contra ellos, Mamá sabía disparar° todas las armas, muchas veces hizo huir hombres,° hoy no podía hacer nada. Los soldados pisaban a mis hermanitos, nos quebraron° todo. Como no encontraron armas, se llevaron° lo que quisieron, el hombre güero dijo:

moustache / blond
loud

(You) say / **no...** you are not on the side / ammunition / **le...** I will burn your home / pacing

battlefield / **daban...** were shoving / were stepping on / **pegarla...** to hit Mother

Rip apart / **donde...** everywhere / they were poking / they threw
to go near / rebelled / next to
hard push
hicieran... they could do whatever they wanted / machine gun / would have been able / = **luchar** / to fire / **hizo...** forced men to flee / they broke
se... took with them

---

[1] **Villa**   Pancho Villa (1878–1923) was a popular hero of the Mexican Revolution of 1910.

[2] **Balleza**   town in Mexico.

20 «Si se queja,° vengo y le quemo la casa.» Los ojos de mamá, hechos grandes de revolución, no lloraban, se habían endurecido° recargados° en el cañón° de un rifle.

Nunca se me ha borrado° mi madre, pegada° en la pared hecha° un cuadro,° con los ojos puestos° en la mesa negra, oyendo los insultos. El 25 hombre aquel güero, se me quedó grabado° para toda la vida.

Chihuahua

Dos años más tarde nos fuimos a vivir a Chihuahua,[3] lo° vi subiendo los escalones° del Palacio Federal. Ya tenía el bigote más chico.° Ese día todo me salió mal, no pude estudiar, me pasé pensando en ser hombre, tener mi pistola y pegarle cien tiros.°

30 Otra vez estaba con otros en una de las ventanas del Palacio, se reía abriendo la boca y le temblaban° los bigotes. No quiero decir lo que le vi hacer° ni lo que decía, porque parecería exagerado, —volví a soñar con° una pistola.

Ciudad de México

Un día aquí, en México,° vi una fotografía en un periódico que tenía 35 este pie:°

«El general Alfredo Rueda Quijano, en consejo de guerra sumarísimo°» (tenía el bigote más chiquito y venía a ser el mismo hombre güero de los bigotes). Mamá ya no estaba con nosotros, sin estar enferma cerró los ojos y se quedó dormida° allá en Chihuahua, —yo sé que mamá 40 estaba cansada de oír los 30-30[4]— Hoy lo fusilaban° aquí, la gente le compadecía,° lo admiraba, le habían hecho un gran escenario,° para que muriera,° para que gritara° alto,° así como le gritó a mamá la noche del asalto.°

Los soldados que dispararon° sobre él aprisionaban mi pistola[5] de 45 cien tiros.

Toda la noche me estuve diciendo:

«Lo mataron porque ultrajó° a mamá, porque fue malo con ella.» Los ojos endurecidos de mamá, los tenía yo y le repetía a la noche:

«Él fue malo con mamá. Él fue malo con mamá. Por eso° lo fusilaron.» 50 Yo les mandé una sonrisa° de niña a los soldados que tuvieron en sus manos mi pistola de cien tiros, hecha carabinas° en la primera plana° de los periódicos capitalinos.°

Nellie Campobello, «El general Rueda»

Glosses (right margin):

- you complain
- **se…** had become hardened / resting
- barrel
- **Nunca…** I've never forgotten / glued / transformed into / portrait / focused
- **se…** remained engraved *(in my mind)*
- = al general
- stairs / **más…** smaller
- shots
- twitching
- **le…** I saw him do / **soñar…** to dream of
- = Ciudad de México
- caption
- **en…** in court martial
- **se quedó… = se murió**
- were shooting
- were pitying / scene
- would die / would scream / loud
- assault
- fired
- he abused
- For that reason
- smile
- rifles / front page
- **= de la capital**

---

[3] **Chihuahua**   state in northern Mexico.
[4] **los 30-30**   30 caliber rifles, which are fired with 30 grains of black powder.
[5] **aprisionaban mi pistola**   were holding my pistol. Literally, **aprisionar** = to imprison.

Comprensión

¿Qué pasó?

Durango

1. ¿Quiénes entraron en la casa? ¿Qué les hicieron a los niños? ¿Cómo reaccionó la mamá?
2. ¿Encontraron los hombres lo que buscaban? ¿Qué hicieron al final?
3. ¿Qué le dijo el hombre güero a la mamá? ¿Por qué no lloraba la mamá?
4. ¿Qué impresiones se le quedaron grabadas a la narradora para toda la vida?

Chihuahua

5. ¿Cuándo vio la narradora al general otra vez? ¿dónde? ¿Cómo había cambiado? ¿Qué deseó ser y hacer entonces la narradora?
6. ¿Dónde lo volvió a ver la narradora? ¿Qué estaba haciendo el hombre?

Ciudad de México

7. ¿Por qué salió el general en el periódico? ¿Qué pensaba la gente de él?
8. ¿Qué le había pasado a la mamá?
9. ¿Por qué creía la hija que habían fusilado al general? ¿Cómo estaban los ojos de ella?
10. ¿Qué hizo la narradora después de haber visto las fotos del fusilamiento?

🔊 Audio

Despúes de escuchar la historia, indica si la idea es verdadera (**V**) o falsa (**F**).

1. V   F   2. V   F   3. V   F   4. V   F   5. V   F   6. V   F

Palabras

Familias de palabras

Longer Spanish words, which at first appear totally unfamiliar, are often built around a basic word or root that you may already know.

   endurecido   (**duro** *hard*)   *hardened*

Transformaciones

Da la palabra básica que corresponde a la palabra en inglés entre paréntesis. Luego, da el significado de la primera palabra.

1. la sonrisa _____ *(laughter)*
2. aprisionar_____ *(prison)*
3. enamorado _____ *(love)*
4. malicioso_____ *(bad)*
5. la lejanía_____ *(far)*

6. anochecer _____ *(night)*
7. el aguacero _____ *(water)*
8. acercarse _____ *(near)*
9. adelgazar _____ *(thin)*
10. atardecer _____ *(afternoon)*

Conexiones en contexto

Refiriéndote al cuento, empareja cada término de la Columna **A** con el *correspondiente* de la Columna **B**.

Los correspondientes

A	B
1. fusilar	a. insultar
2. gritar	b. parque
3. capitalino/a	c. hablar
4. armas	d. luchar
5. empujón	e. disparar
6. ultrajar	f. ir
7. quebrar	g. de la Ciudad México
8. pelear	h. hablar muy fuerte
9. decir	i. empellón
10. salir	j. romper

Refiriéndote al cuento, empareja cada término de la Columna **A** con su *opuesto* de la Columna **B**.

Los opuestos

A	B
1. borrar	a. venir
2. cerrar	b. nunca
3. güero/a	c. grabar
4. ir	d. dejar
5. allá	e. encontrar
6. buscar	f. abrir
7. muchas veces	g. grande
8. reír	h. llorar
9. chico/a	i. acá
10. llevar	j. negro/a

Resumen

Vuelve a contar la historia, completando cada oración con el imperfecto del subjuntivo de los verbos entre paréntesis.

1. Los hombres habían entrado en la casa y el hombre de los bigotes le dijo a la mamá que ella les *(dar)* _____ el dinero y las armas.   2. El hombre les ordenó a los soldados que ellos *(quebrar)* _____ todo y que ellos *(buscar)* _____ donde *(ser)* _____.   3. Le dolía a la mamá que los hombres *(empujar)* _____ a sus hijos.   4. Los soldados no dejaron que los niños *(acercarse)* _____ a su mamá.   5. Ella no lloraba, pero les dijo a los soldados que no *(tocar)* _____ a sus hijos.   6. También ella les dijo que ellos *(hacer)* _____ lo que ellos *(querer)* _____.   7. El hombre güero amenazó a la mamá que no *(quejarse)* _____ o ellos le quemarían la casa.   8. La narradora estaba contenta de que los soldados *(fusilar)* _____ al general Rueda.

Interpretación

Análisis

1. Basándote en la narración, describe a la narradora y a su madre. La hija nos declara que ella «se rebeló» y que «mamá no lloraba». ¿Qué valores expresaba cada una con sus acciones? ¿Cuántos años crees que tenía la hija cuando entraron esos hombres en su casa?
2. ¿Cómo era el general? Comenta lo que le pasa a su bigote. Antes de abandonar la casa, el general le dice a la madre: 'Si se queja, vengo y le quemo la casa'. ¿A qué y a quién se refiere cuando dice 'se queja'? ¿Crees que la madre conseguiría algo quejándose?
3. ¿Qué simboliza la imagen de la pistola que aparece repetidas veces en la mente de la narradora? Ella confiesa que cuando fusilaron al general, los soldados tuvieron en sus manos la pistola de ella. ¿Qué emociones experimentaba ella?
4. Nombra y categoriza los tipos de violencia que vemos en el relato y la manera en que se relacionan con el tema de la venganza.
5. Traza el tema del poder en el cuento. ¿Quién lo tiene? ¿Cuándo? ¿Cuál, crees tú, es el sentido de justicia de Campobello? Explica.
6. La narradora nos informa: «Los ojos endurecidos de mamá, los tenía yo». Interpreta esta frase con respecto a los hechos del cuento.
7. ¿En qué persona y tiempo verbal ha escrito Campobello el cuento? Comenta también el lenguaje y el uso de las repeticiones. ¿Qué efectos producen estos recursos estilísticos en el lector?
8. ¿Por qué quiere convertirse en hombre la hija? Si hubiera hijo/narrador en vez de hija/narradora, ¿cómo cambiaría la narración? Cuenta la nueva historia.

Ensayos

1. Imagínate que eres la madre. Cuenta los altibajos de tu vida. Incluye información sobre tus hijos, tu marido, el general Rueda y la Revolución Mexicana. Narra tu historia en el pasado, en primera persona.
2. Examina el desarrollo sicológico de la narradora a través de la narración. ¿Cómo le ha afectado el trauma de su niñez y su deseo de venganza con respecto al general Rueda? De adulta, ¿es capaz de superarlo? Refiérete a citas del relato para sustentar tus análisis.

Dramatizaciones

1. Ponte en el lugar del general. Tu esposa te hace preguntas sobre el encuentro con la madre y su hija. ¿Cómo es su conversación sobre la actitud y las acciones de la señora, su familia, los soldados y las armas?

2. Imagínate que trabajas en el periódico que publicó la foto del general. Necesitas entrevistar a la narradora y dos de sus hermanos para escribir un artículo biográfico sobre el general Rueda. Esta entrevista va a revelar "toda la verdad" acerca del general y su comportamiento durante la Revolución Mexicana. Dramatiza la entrevista.

Discusiones

1. ¿Qué es la justicia? En tu opinión, por qué existe tanta injusticia en el planeta? ¿Cómo podríamos hacer del mundo un lugar más justo?

2. Hay un refrán que dice: «La violencia solo engendra violencia». ¿Estás de acuerdo? Explica.

3. Si algunos hombres entraran en tu casa y amenazaran a tu madre o a otro miembro de tu familia, ¿qué harías?

4. Narra un incidente del pasado que te haya quedado grabado en la memoria. ¿Fue triste, feliz, absurdo, increíble, maravilloso? Explica.

5. Describe los atributos de un héroe y una heroína de tu país. ¿Qué características suyas quisieras tener tú? Explica por qué. ¿Qué trabajos hacen los hombres y las mujeres en tiempos de guerra?

6. Antes todos los hombres debían alistarse en el ejército obligatoriamente. Hoy día, no. Con respecto a la vida militar, ¿qué ventajas y desventajas hay para los hombres y las mujeres en tiempos de guerra y de paz? ¿Lucharías en una guerra por tu país? ¿Por qué?

Comparaciones y contrastes

Comenta los desafíos de las familias en «El general Rueda», «Cajas de cartón» y «El tiempo borra». Intercala los temas del amor, de la añoranza y de la ansiedad. ¿Qué semejanzas y diferencias infieres?

17
El nieto

~ *Antonio Benítez Rojo* ~

Cuba/USA

«—¿Esa persona del retrato… es algo suyo? —preguntó el hombre (…)
—Mi nieto —respondió la mujer— (…) Ahora se casó y vive en la Habana.»

El nieto

Antonio Benítez Rojo (1931–2005) was born in Havana, Cuba, and in 1980, came to the United States, where he taught as a Visiting Professor at several universities, including Pittsburgh, Yale, Harvard and Brown. In 1983, he was named professor of Latin American Literature at Amherst College, a post he held until his death. His short stories and novels earned him several literary prizes, including the prestigious Premio Casa de las Américas (1967). In "El nieto,"[1] which was published in Fruta verde *(1979), a young architect is surprised that an elderly woman in a Cuban village has his framed photograph in her living room. Why?*

CONTEXTO CULTURAL Bajo la presidencia de Fulgencio Batista en los años 50, la economía cubana prosperó pero los campesinos seguían sufriendo. La 'revolución cubana' (1953–1959) comenzó en la ciudad sureste de Santiago de Cuba. Durante la lucha, Fidel Castro y los rebeldes se refugiaban en las montañas apoyados y mantenidos por la población local.

El arquitecto

El hombre debía ser° uno de los arquitectos encargados° de las obras de restauración° del pueblo, pues se movía de aquí para allá con los bolsillos° prendidos° de lapiceros° y bolígrafos° de colores. Podía tener unos treinta años, tal vez algo más, pero no mucho más, pues su barba°
5 era apretada° y de un castaño parejo,° y, en general, hacía buena figura con sus ajustados° pantalones de trabajo y camisa a cuadros,° con sus botas españolas y el rollo de planos° en la mano y su gorra° verde olivo, verdaderamente maltrecha° y desteñida.°

Quizá por ser mediodía no había obreros° en los andamios,° ni junto
10 a las pilas° de arena° y escombros,° ni sobre la armazón° de tablas° que apenas dejaba ver la fachada° de la gran casa, alzada° mucho tiempo atrás° en el costado° más alto de la plaza de hermoso empedrado.° El sol recortaba° las cornisas° de tejas° rojas, sin duda ya restauradas,° de las casas vecinas,° y caía a plomo° sobre la pequeña casa, de azotea° achatada°
15 y muros° roídos,° que se embutía° en la hilera° de construcciones remozadas° como un diente sin remedio.

La pequeña casa

El hombre caminó calle abajo,° hasta llegar frente a la pequeña casa, y allí se volvió° y miró hacia la plaza del pueblo, tal vez para juzgar° cómo marchaban° las obras° de la gran casa. Al poco rato desplegó° el plano,
20 volvió a mirar calle arriba° e hizo un gesto° de inconformidad mientras

must have been / in charge
renovation work
pockets / = llenos / mechanical pencils / ballpoint pens / beard
thick / **castaño...** even chestnut color
tight-fitting / plaid
plans / cap
worn / faded
workers / scaffolding
heaps / sand / debris / framework / planks / facade / constructed / **mucho...** a long time ago / side / cobblestones
was outlining / cornices / roof tiles / repaired / neighboring / directly / roof / flattened / walls / damaged / was crammed / row
rejuvenated

down the street
turned around / to judge
were progressing / construction work / unfolded / **volvió...** looked up the street again / gesture

---

[1] **«El nieto»** "The Grandson."

dejaba que el plano se enrollara° por sí solo.° Fue entonces que pareció
reparar en° el sol, pues salió de la calle y se arrimó° a la ventana cerrada
de la pequeña casa; se secó° el sudor° con un pañuelo y miró de nuevo
hacia las obras.

25   —¿Quiere un vaso de limonada? —dijo la anciana° de cara redonda
que se había asomado° al postigo.°

    El hombre se volvió con un gesto de sorpresa, sonrió agradecido° y
dijo que sí. Enseguida la puerta se abrió, y la figura amable y rechoncha°
de la anciana apareció en el vano° y lo invitó a entrar.

30   De momento el hombre no parecía distinguir bien el interior de la
casa, pues tropezó con° un sillón° de rejillas° hundidas° y saltadas° a
trechos,° que empezó a balancearse° con chirridos° a un lado de la sala.

    Siéntese —sonrió la anciana—. Ahora le traigo la limonada. Primero
voy a picar hielo[2]—agregó° como si° se excusara por anticipado° de
35 cualquier posible demora.°

La foto

    El hombre detuvo° el balanceo° del sillón y, después de observarlo,
se sentó cuidadosamente. Entonces, ya habituado° a la penumbra° de la
sala, miró a su alrededor:° la consola° de espejo manchado,[3] el otro sillón,
el sofá con respaldo° en forma de medallones, los apagados° paisajes°
35 que colgaban° de las paredes. Su mirada resbaló° indiferente por el resto
de los objetos de la habitación, pero, de repente, se clavó° en la foto de
carnet° que, en un reducido marco° de plata, se hallaba° sobre la baja
mesa del centro.

    El hombre, precipitadamente,° se levantó del sillón y tomó el
40 retrato,° acercándoselo a los ojos. Así permaneció, dándole vueltas°
en las manos, hasta que sintió° los pasos° de la anciana aproximarse°
por el corredor. Entonces lo puso en su lugar y se sentó con movimientos
vacilantes.

    La anciana le alargó° el plato con el vaso.

45   —¿Quiere más? —dijo con su voz clara y cordial, mientras el
hombre bebía sin despegar° los labios del vaso.

    —No, gracias —replicó éste poniéndose de pie° y dejando el vaso
junto al retrato—. Es fresca su casa —añadió° sin mucha convicción en
la voz.

50   —Bueno, si no se deja entrar el sol por el frente, se está bien. Atrás,
en el patio, no hay problemas con el sol; tampoco en la cocina.

    —¿Vive sola?

    —No, con mi esposo —dijo la anciana—. Él se alegra mucho de
que estén arreglando° las casas de por aquí.° Fue a la bodega° a traer los
55 mandados°... ¿Usted sabe si piensan arreglar esta casa?

    —Pues... bueno, habría que ver°...

Marginal glosses:

roll up / by itself

= **mirar con atención** / he leaned against / he dried / sweat

= (señora) vieja

appeared / shutter

appreciatively

chubby

opening

he bumped into / armchair / cane work / sagging / cracked / cracked / in places / to rock / creakings

she added / as if / as if / in advance / delay

stopped / rocking

accustomed / darkness

around / wall table

back / faded / landscapes

were hanging / glided

was riveted

identification card / frame / = **estaba**

hastily

= **la foto** / bringing it close / shifting it back and forth / he heard / footsteps / to approach

handed

without removing

standing up

he added

fixing / in this area / grocery store / groceries

we would just have to see

---

[2] **picar hielo**   to chip pieces of ice (off the block of ice in the icebox) for the lemonade.

[3] **espejo manchado**   mirror with black spots caused by corroding of the backing.

—Es lo que yo le digo a mi esposo —interrumpió la anciana con energía—. Esta casa no es museable.° ¿No es así como se dice? Lo leí en una revista.

60 El hombre sonrió con embarazo° e hizo ademán° de despedirse. Caminó hacia la puerta seguido de° la mujer.

—Le agradezco mucho —dijo—. La limonada estaba muy buena.

—Eso no es nada° —aseguró la mujer al tiempo que abría la puerta
65 al resplandor° de la calle—. Si mañana está todavía por aquí y tiene sed, toque sin pena.°

—¿Esa persona del retrato... es algo suyo°? —preguntó el hombre como si le costara° encontrar las palabras.

—Mi nieto —respondió la mujer—. Esa foto es de cuando peleaba
70 contra la dictadura⁴ en las lomas° de por aquí. Ahora se casó y vive en La Habana.⁵

En la calle

El hombre sólo atinó° a mover la cabeza y salió con prisa° de la casa. Una vez en la calle, se detuvo,° pestañeó° bajo el intenso sol y miró hacia la puerta, ya cerrada.

75 —¿Van a reparar nuestra casa? —le preguntó un anciano que llevaba dos grandes cartuchos° acomodados° en el brazo; de uno de ellos salía una barra° de pan.

—Trataremos de hacerlo —dijo el hombre—. Pero usted sabe como son estas cosas... Aunque creo que sí. En realidad vale la pena.

80 —Desentonaría° mucho en la cuadra.° —dijo el anciano—. Le quitaría presencia° a las demás —añadió con un dejo° de astucia.°

—Sí, tiene razón —respondió el hombre mirando hacia la casa—. La estuve viendo por dentro. Por dentro está bastante bien.

—Ah, menos mal. El problema es el techo, ¿no? Pero eso no sería un
85 problema grande, ¿no? La° de al lado° tampoco tenía techo de tejas, y mírela ahora lo bien que luce.°

De improviso° el anciano dio unos pasos hacia el hombre y, abriendo la boca, le observó detenidamente° el rostro.°

—Usted es... —empezó a decir con voz débil.

90 —Sí.

—¿Ella lo reconoció? —preguntó el hombre después de pasarse la lengua por los labios.

—Creo que no. Adentro estaba un poco oscuro. Además han pasado años y ahora llevo barba.°

---

⁴ **cuando peleaba contra la dictadura**   when he was fighting against the dictatorship (of Batista in 1958).

⁵ **La Habana**   capital of Cuba.

Glosses (right margin)

a museum piece

embarrassment / gesture
followed by

You're welcome
brightness
toque... don't hesitate to knock
algo... someone related to you
como... as if it was hard for him

hills

managed / hurriedly
he stopped / blinked

supermarket bags / placed
loaf

It would be out of place / block
Le... It would take away from the effect / trace, touch / shrewdness

= **La casa** / to the side
it looks
Unexpectedly
attentively / face

llevo... I have a beard

El nieto

100   El anciano caminó cabizbajo° hacia el poyo° de la puerta y, colocando° los cartuchos en la piedra, se sentó trabajosamente° junto a ellos.

    —Vivíamos en La Habana, pero los dos somos de aquí. Este es un pueblo viejo. Quisimos regresar y pasar estos años aquí. No tenemos
105 familia. Es natural, ¿no? —dijo el anciano, ahora mirándose los zapatos, gastados° y torcidos° en las puntas°—. El mismo día en que llegamos... Ahí mismo° —dijo señalando° un punto en la acera°—, ahí mismo estaba el retrato. ¿Usted vivía cerca?

    —No, andaba por las lomas. Pero a veces bajaba al pueblo. Tenía una
110 novia que vivía... Me gustaba caminar por esta plaza —dijo el hombre señalando vagamente calle arriba—. Me parece que comprendo la situación —añadió dejando caer el brazo.

    —No, no puede comprender. No tiene la edad para comprender... La gente de enfrente, los de al lado, todos creen que usted es su° nieto. Tal
115 vez ella misma.

    —¿Por qué sólo *su* nieto?

    —La idea fue de ella —respondió el anciano—. Siempre fue muy dispuesta,° dispuesta y un poco novelera.[6] Es una pena° que no hayamos podido° tener familia. Ella, ¿comprende?

120   —Lo siento.

    —¿Qué va a hacer? —preguntó el anciano, mirando al hombre con ojos vacíos. —Pues, dígale a la gente de enfrente y de al lado que el nieto de La Habana vino a trabajar un tiempo aquí.

    El anciano sonrió y sus ojos cobraron brillo.°
125   —¿Le sería mucha molestia° venir esta noche por acá? El hombre fue junto a él y lo ayudó a levantarse.

    —Sería lo natural, ¿no le parece? —dijo mientras le alcanzaba° los cartuchos.

Antonio Benítez Rojo. «El nieto». © Herederos de Antonio Benítez Rojo, 2012

Glosses (right margin):
head down / stone bench
placing / with difficulty

worn out / bent / toes of the shoes / Right there / pointing to / sidewalk

her

clever / pity
we have not been able

cobraron... shone
bother

handed

Comprensión

¿Qué pasó?

El arquitecto

1. ¿Cuál era la profesión del protagonista? ¿Cuántos años tenía?
2. ¿Qué hacía en el pueblo? ¿A qué hora del día estaba allí?
3. ¿Cómo iba vestido el arquitecto?
4. ¿Qué estaba reparando el arquitecto?

[6] **un poco novelera** a bit prone to inventing stories (attracted by fiction).

La pequeña casa

5. ¿Qué hacía él enfrente de la pequeña casa? ¿Por qué se acercó a la ventana?
6. ¿Quién le habló al arquitecto? ¿Qué le ofreció?
7. ¿Con qué chocó el arquitecto al entrar a la casa?
8. ¿Cómo era la casa por dentro?

La foto

9. ¿Qué había en la mesa del centro? ¿Qué hizo el arquitecto con el retrato?
10. ¿Qué le preguntó la señora? ¿De quién era el retrato?

En la calle

11. ¿Con quién se encontró el arquitecto en la calle? ¿Qué le preguntó el anciano?
12. ¿Qué le contestó el arquitecto?

El nieto

13. ¿En qué ciudad habían vivido los ancianos en el pasado? ¿Cuándo y dónde encontraron ellos el retrato?
14. ¿Cuándo y en qué circunstancias había estado el arquitecto antes en el pueblo?
15. ¿Por qué decía la señora que el de la foto era su nieto?
16. ¿Qué le pidió el anciano al arquitecto? ¿Qué le respondió el arquitecto?

Audio

Despúes de escuchar la historia, indica si la idea es verdadera (**V**) o falsa (**F**).

1. V   F   2. V   F   3. V   F   4. V   F   5. V   F   6. V   F

Palabras

Sufijos cognados *(-dad)*

Both English and Spanish expand word families by the use of suffixes. Note the following common pattern:

-dad   ↔   *-ty*   **la realidad**   *reality*

Transformaciones

Da el significado en inglés de cada palabra.

1. la tranquilidad
2. la originalidad
3. la intensidad
4. la inconformidad
5. la eternidad
6. la continuidad

Conexiones en contexto

Refiriéndote al cuento, empareja cada término de la Columna **A** con el *correspondiente* de la Columna **B**.

Los correspondientes

A	B
1. ademán	a. cara
2. tal vez	b. quizás
3. aproximarse	c. de pronto
4. cuidadosamente	d. apagado/a
5. enseguida	e. encontrarse
6. rostro	f. detenidamente
7. replicar	g. responder
8. hallarse	h. añadir
9. agregar	i. acercarse
10. desteñido/a	j. gesto

Refiriéndote al cuento, empareja cada término de la Columna **A** con su *opuesto* de la Columna **B**.

Los opuestos

A	B
1. de enfrente	a. antipático/a
2. intenso/a	b. calle arriba
3. vacío/a	c. abrir
4. cerrar	d. quitar
5. amable	e. lleno/a
6. calle abajo	f. levantarse
7. sentarse	g. mover
8. añadir	h. de al lado
9. detener	i. preguntar
10. responder	j. débil

Resumen

Vuelve a contar la historia, completando las frases con el tiempo pretérito o imperfecto de los verbos entre paréntesis.

1. El arquitecto *(estar)* _____ restaurando una casa del pueblo. 2. El joven *(trabajar)* _____ mucho. 3. El arquitecto *(observar)* _____ la obra desde lejos. 4. El sol *(brillar)* _____ sobre las tejas de las casas del pueblo. 5. Al sentir calor, él *(acercarse)* _____ a la pared de una casa. 6. La casa *(necesitar)* _____ una renovación. 7. La anciana le *(ofrecer)* _____ un vaso de limonada. 8. La casa *(ser)* _____ oscura por dentro. 9. *(Haber)* _____ una foto en la mesa del centro. 10. El arquitecto *(tomar)* _____ el retrato y lo *(estudiar)* _____ con mucho

interés.   11. La mujer le *(decir)* _____ que la foto *(ser)* _____ de su nieto.   12. El arquitecto *(encontrarse)* _____ con el marido de la señora en la calle.   13. El anciano *(venir)* _____ de la bodega.   14. Él *(querer)* _____ saber si su esposa había reconocido al arquitecto. 15. Después de hablar un rato, los dos hombres *(acordarse)* _____ de aceptar la fantasía de la señora.   16. El arquitecto *(aceptar)* _____ una invitación para regresar a la casa esa noche.

Interpretación

Análisis

1. ¿Qué imagen te llevas tú de ese pueblo cubano? ¿Qué lenguaje usa Benítez Rojo para describirlo y qué ambiente muestra con esa descripción? ¿Qué más infieres sobre la clase socioeconómica del pueblo y las familias de allí?

2. En tu opinión, ¿Por qué dice el autor que la pequeña casa de los ancianos es «como un diente sin remedio»? Explica esta metáfora, con detalles sobre la condición de la casita por fuera.

3. Describe la casa por dentro. ¿Cómo sabemos que la señora vive en el pasado?

4. Compara la vida de la pareja cuando eran jóvenes y ahora. ¿A qué problemas personales y políticos se refiere cada uno?

5. ¿Cómo se asemejan el arquitecto y el anciano? ¿y el joven y la anciana? ¿Qué valores tienen en común y cómo se diferencian?

6. Analiza el carácter del arquitecto. Si fueras él, ¿aceptarías ir esa noche a la casa? ¿Por qué? ¿Cómo interpretas lo que se dicen al final de la conversación él y el anciano?

7. Examina los temas de la desilusión y la depresión en el relato.

8. Interpreta los contextos narrativos en que el autor intercale luz y sol, y sombra y oscuridad en el relato. ¿Qué significan? ¿Qué tono y ambiente producen?

9. ¿Piensas que el esposo hizo bien al dejar que su esposa inventara su fantasía? Si fuera el esposo quien inventara al nieto, ¿cómo cambiaría la narración?

10. Señala momentos de comprensión, compasión y consuelo narrativos y cómo se relacionan con la foto. Analiza su papel y su función en el cuento.

Ensayos

1. Explora el tema de la añoranza y la recuperación del pasado en este cuento.

2. Cuenta la narración desde el punto de vista del vecino metiche que «ha visto todo». Escribe en primera persona e inventa la narración en el pasado.

Dramatizaciones

1. Imagínate que el título del cuento es «La fotografía». Ponte en su lugar. Dramatiza un diálogo entre la foto y la casa en el cual hablen sobre su existencia, su función, la pareja y la llegada del arquitecto. ¿Qué se cuentan?

2. Imagínate que eres el arquitecto. Vuelves a la Habana a tu casa y a tu esposa embarazada que va a dar a luz en cualquier momento. Sus suegros están allí también. Dramatiza una conversación entre ellos sobre los episodios en el pueblo con la pareja de ancianos.

Discusiones

1. Detalla las responsabilidades de tres profesiones u oficios que te interesen. ¿Cuál tiene el entrenamiento más difícil? ¿Cuál seguirás en cinco años? ¿Por qué?

2. ¿Cuáles son algunas alegrías y algunos desafíos que tienen los ancianos, los mayores, los adolescentes y los niños?

3. ¿Qué máquina usas para sacar fotos o videos? ¿Qué te gusta fotografiar o filmar? ¿Qué fotos tienes en tu casa o en tu cuarto de la universidad? Describe la que más te guste. ¿Crees que las fotografías son un buen antídoto para el olvido?

4. En tu opinión, ¿cómo cambia la vida de los padres al tener hijos? Explica lo que piensas y da ejemplos. Si una pareja quiere tener hijos y no puede, ¿qué opciones le quedan?

5. Existe un refrán que dice: «Los hijos son la riqueza del pobre». Basándote en el cuento que acabas de leer, ¿cómo interpretas el refrán? ¿Quieres tener hijos algún día? Explica.

6. En el relato, la anciana dice que su nieto peleaba contra la dictadura. Define, en tus propias palabras, qué entiendes por dictadura. Enumera las posibles causas que contribuyen a que exista una dictadura y las posibles soluciones para evitarla.

7. Describe la casa en que piensas vivir dentro de 15 años. ¿Cómo será? ¿Vivirás en el campo o en la ciudad? ¿Solo/a o con una pareja?

8. ¿Inventa un poema cortito o un refrán sobre uno de los siguientes temas: familia, hijos, padres, casas, pueblo, ciudad. Luego, explica el mensaje o filosofía que quieras transmitir.

Comparaciones y contrastes

Los autores de «El nieto», «Apocalipsis» y «El tiempo borra» incorporan el tema de la soledad en sus relatos. ¿Qué recursos lingüísticos y técnicas literarias emplean los autores y con qué efectos en los lectores? Compara y contrasta los resultados.

18
El Beso de la Patria

~ Sonia Rivera-Valdés ~

Cuba/USA

«Pasaba largas horas en la playa con Rita, la hija de Goyo el
pescador… y nos hicimos grandes amigas.»

El Beso de la Patria

Sonia Rivera-Valdés *(1942–) was born in Güines, Cuba. A professor and scholar of Latin American literature, she now lives and teaches in New York City. In 1997, she received the Premio de la Casa de las Américas for her book* Las historias prohibidas de Marta Veneranda. *"El Beso de la Patria"[1] (1986) is the poignant tale of a prize-winning fourth grader whose moment of glory is suddenly shattered.*

CONTEXTO CULTURAL En 1920, el gobierno de Cuba fundó el premio Beso de la Patria con el fin de animar el patriotismo de los estudiantes de las escuelas públicas y reconocer el éxito y logro académicos. Durante la ceremonia, los estudiantes frotan su mejilla en la esquina de la bandera cubana, lo que se conoce como 'El Beso de la Patria', y se les entrega un pin con la fotografía del héroe y escritor cubano José Martí.

Santa Fe

Nos mudamos° para Santa Fe[2] cuando yo tenía ocho años. Aunque estábamos muy cerca de La Habana, era otro mundo. El cambio representó un poco de calma porque mi papá y mi mamá no peleaban° tanto allí. Era un pueblecito de fuertes contrastes, verde y arenoso,° con el
5 mar de la costa norte de La Habana de un lado y las montañas de Tahoro del otro. De los manantiales° que hay en esas montañas venía el agua que tomábamos, a tres centavos la lata:° después subió a cinco. La lata de agua era inmensa; no sé cuántos litros tenía, pero llenaba una tinaja° grande.

Como playa, Santa Fe no valía mucho, demasiadas rocas y poca arena,
10 pero el agua era tan cristalina que yo nadaba despacito por la superficie y veía los peces° negros, amarillos, plateados,° de todos los colores, paseando por debajo de mí. Uno de mis entretenimientos° favoritos era sacar erizos° de las rocas del fondo° del mar con un palo° largo, que generalmente venía de una escoba° vieja, al que le ponía un clavo° grande
15 en la punta para enganchar° los erizos. Me metía en el agua y con la mano derecha sujetaba° el palo mientras con la izquierda me apoyaba° en un cubilete° de madera° que tenía el fondo de cristal, para ver adentro del mar, y servía de flotador. Pasaba largas horas en la playa con Rita, la hija de Goyo el pescador,° a quien conocí recién mudada° al pueblo y
20 nos hicimos grandes amigas. Cuando no estábamos jugando o hablando, me sentaba sobre las rocas a la orilla° de la playa, sola, a soñar con el día en que se me rizara° el pelo, o en cuando me sacara la lotería para pagar las deudas° que mi papá había contraído° jugando al póker. El sueño del

Nos... We moved	
no... didn't fight	
sandy	
springs	
can	
large earthen jar	
fish / silver	
pastimes	
sea urchins / bottom / stick	
broom / nail	
hook	
I would hold / I would lean	
box / wood	
fisherman / **recién...** when I had just moved	
shore	
curl	
debts / contracted	

---

[1] **«El Beso de la Patria»**   "Kiss of the Homeland": the name given to annual prizes awarded in every school in Cuba to the best student in each grade.

[2] **Santa Fe**   small Cuban town near Havana located on the coast.

126

pelo era el mejor; un día iba a aparecer un hada° que me daría una loción   fairy

25 mágica, un champú milagroso° que me rizaría el pelo para siempre. No   miraculous

me gustaba mi pelo, lacio° y fino; quería uno de aquellos con muchos   straight

bucles° que veía en el cine de Hollywood; mi preferido era el de Viveca   curls

Lindfors en una película en que hacía de gitana.°   gypsy

     En invierno el mar rompía con tanta fuerza contra las rocas que

30 una señora que estaba de visita un fin de semana preguntó si había

alguna fábrica° cerca, cuyas maquinarias producía la gente que venía   factory

de vacaciones, como una gran bandada° de pájaros que se iba al llegar   flock

septiembre. Para julio o agosto armaban° el parque de diversiones,°   they would set up / amusements

venían unos hombres, desyerbaban° un terreno° grande en alguno   they weeded / plot of land

35 de los lugares más céntricos, generalmente un solar° vacío° de los que   plot / empty

bordeaban la carretera° de Santa Fe a Punta Brava,[3] e instalaban los   highway

caballitos,° la estrella,° las sillas voladoras,° el kiosco del algodón de   carousel / ferris wheel / **sillas...** flying chairs / **el...** the cotton-candy stand /

azúcar,° los puestos° de frituras y refrescos,° los de vender cerveza° y   stands / fritters / nonalcoholic drinks / beer / chance / **muñeco...**

los de juegos de azar,° en los que se podía ganar un muñeco de peluche,°   stuffed animal / powder box / cover

40 una taza con su plato, o una polvera° de cristal que tenía en la tapa° una

gallina echada°... ésas eran lindas. Instalaban centenares de bombillos;°   **gallina...** sitting hen / light bulbs

el día de la inauguración, para los que vivíamos permanentemente en

la playa, acostumbrados a largos meses de calles silenciosas y semi-

apagadas,° era el deslumbramiento;° el movimiento y la iluminación nos   extinguished / dazzle

45 maravillaban; recibíamos el parque con tanto entusiasmo que se llenaba

todas las noches durante el tiempo que permanecía. Después, cuando

comenzaba a oscurecer° más temprano y a amanecer° más tarde, y el   to grow dark / to dawn

mar empezaba a oírse desde la casa por las noches, un día veíamos con

melancolía cómo los hombres que desyerbaron el terreno desarmaban°   took apart

50 los aparatos y desmontaban° el parque. Al poco tiempo sobre la tierra   dismantled

apisonada° por los pies de la gente volvía a crecer° la yerba.°   trampled / to grow / grass

El Beso de la Patria

     Rita y yo íbamos juntas a la escuela pública.[4] Su mamá, Julia, era

la conserje° y como ella era quien preparaba y repartía la merienda,°   caretaker / snack

siempre me daba mucha. Daban leche condensada con gofio° en la sesión   cornmeal

55 de la tarde a la que asistíamos porque los varones° iban por la mañana.   males

Aunque se suponía que la merienda fuera sólo para las niñas más

necesitadas° y yo no lo era, porque las había que° no comían en su casa,   needy / **las...** there were those who

mi amistad con Rita garantizaba mi parte, lo que me ponía muy contenta.

     Yo estaba en cuarto grado. Fue el primero que hice completo en una

60 misma escuela, ya que anteriormente debido a las mudadas° constantes   moves

y a que a mi mamá no le gustaba levantarse temprano para mandarme

a las clases, cambiaba tres o cuatro veces de escuela durante un curso

escolar,° y a veces faltaba meses completos. Esa fue, también, la primera   **un...** a school year

---

[3] **Punta Brava**   Cuban town near Havana.

[4] **la escuela pública**   Poorer families send their children to public school. Those whose families can afford a modest tuition are enrolled in private schools.

vez que tomé exámenes para pasar de grado. Por las mañanas, sentada
65 en el piso de mosaicos rojos y blancos del portal de la casita de madera
en que vivíamos, que se mantenían fríos aunque hubiera un sol que
rajaba° las piedras, memorizaba cuanto había escrito en los cuadernos el   would crack
día anterior. Era la experiencia más grata° que había tenido en mi vida.   pleasant
Leyendo sobre las guerras de independencia de Cuba en el siglo XIX,[5]
70 o aprendiendo cuáles eran los ríos más caudalosos° de Europa, o qué   large
animales tenían sangre° caliente y cuáles la tenían fría, o cuántos huesos° blood / bones
tenía el cuerpo humano, olvidaba un rato los llantos° de mi mamá   crying spells
encerrada° en el baño, por razones que yo sólo medio entendía, y la   locked up
falta° de dinero de la que mi papá hablaba constantemente. Mientras leía, lack
75 sentía el fresco del piso° en mis muslos° y piernas,° oía cantar los pájaros floor / thighs / legs
y miraba, cada vez que interrumpía la lectura,° las vicarias[6] blancas y   reading
rojas y las madamas[7] sembradas° en el jardincito frente al portal, del cual planted
mi papá y todos nosotros habíamos sacado las piedras y latas vacías que
tenía cuando nos mudamos allí y habíamos sembrado flores. Pensaba en
80 lo maravillosas que eran las flores de la vicaria blanca, capaces de curar
enfermedades de los ojos, y en lo curiosas que eran las vainitas° en que se   little pods
formaban las semillas° de la madama.   seeds

　　　Nunca tuve espíritu de competencia porque no tenía por qué
desarrollarlo.° Mi mamá no me exigía° nada en ese sentido, y con tantos   to develop it / demand
85 cambios ni siquiera sabía que existían premios si se tenían buenas notas.
Aquel año gané el Beso de la Patria, premio que daban al mejor alumno
de cada grado. Me sorprendí muchísimo cuando lo recibí porque no lo
esperaba, pero me dio una gran alegría. Debido a este premio fui elegida° elected
para llevar° el estandarte° de la escuela en el natalicio de Martí[8] del   carry / banner
90 próximo año. Era un reconocimiento a mi excelente trabajo académico.

La parada°   = **el desfile**

　　　Para conmemorar el veintiocho de enero se organizaban enormes
paradas. Los colegios privados hacían un despliegue° de lujo° con   display / luxury
uniformes de gala y bandas de música en que los niños iban vestidos
de satín rojo, azul pavo,° azul prusia,° verde brillante, amarillo canario, peacock / Prussian
95 y los trajes estaban adornados con galones° de colores contrastantes; en   braids
la cabeza llevaban sombreros altos con penachos de plumas;° competían   **penachos...** feather plumes
a ver cuál colegio iba más elegante. Las escuelas públicas, iban aparte;
trataban de que los niños se vistieran lo mejor posible y ponían algunas
restricciones para poder asistir; había que usar cierta ropa que muchos

---

[5] **las guerras... XIX**　the Cuban wars of independence in the nineteenth century. Cuba won its independence from Spain in 1898.

[6] **las vicarias**　flowering plant of the periwinkle family.

[7] **las madamas**　tropical flowers.

[8] **el natalicio de Martí = el 28 de enero**　the birthday of José Martí (1853–1895), Cuban poet, essayist, and liberator who died fighting for his country's independence from Spain. The date is a national holiday in Cuba.

100 no tenían: ésos no podían participar en el acto patriótico; un requisito°   requirement
era tener el uniforme de la escuela: la mayoría de los alumnos iba a las
clases sin uniforme; los maestros, generalmente, no lo exigían porque
sabían que si los niños no lo compraban era porque no tenían dinero
para hacerlo. Cuando me nombraron para llevar el estandarte, lo que era
105 un gran honor, me advirtieron° que era necesario ir uniformada° y llevar   they warned / wearing a uniform
zapatos de piel° o charol° negro. Yo tenía un uniforme que alguien me   leather / patent leather
había regalado usado; mi mamá lo había teñido° para que recuperara°   dyed / regained
el color original y lucía° muy bien, pero mis únicos zapatos eran unos   looked
tenis. Cuando me dijeron lo de los zapatos no me atreví° a decir que   **no**... I didn't dare
110 no los tendría porque me daba mucha pena y dije que sí, que iba a
tenerlos. No pensé en otra cosa por un mes y pico,° hasta que llegó el día: a little
no se me olvidaba ni cuando estudiaba por la mañana en el portal; no
conseguía alegrarme° ni escuchando el canto° de los pájaros, ni aunque   **no**... I was unable to feel happy / singing
los mosaicos estuvieran fríos como siempre, ni aunque las semillas de
115 las madamas hubieran hecho su trabajo de fecundidad con tal constancia
que había muchas maticas° nuevas: lloraba todos los días donde no me   little plants
vieran° y no dije nada en mi casa porque sabía que no iba a haber zapatos   **no**... they couldn't see me
negros. Finalmente llegó el día, y después de pensarlo mucho decidí
ir; me arreglé lo mejor que pude, muy bañadita° y peinada, con lazos°   well bathed / bows
120 grandes en las trenzas,° medias blancas, y lavé los tenis. Al presentarme,   braids
en medio de la confusión de la organización de la parada, no notaron
nada, pero al prepararnos para empezar la marcha yo iba sola delante de
los otros estudiantes. Al ver mis pies, una de las maestras,° una señora   = **profesoras**
vieja que decían que era poeta, me llamó aparte y me dijo: «Tú sabes que
125 sin zapatos negros no puedes llevar el estandarte. Nosotros entendemos
que no los tienes y por eso no los has traído, pero la parada tiene que
quedar bonita. Mira, lo que vamos a hacer es que entre todos los maestros
vamos a reunir° dinero para comprarte unos zapatos para la próxima   = **juntar**
vez. Ahora, Noemí llevará el estandarte.» Noemí que era brutísima°   = **muy tonta**
130 y sacaba malísimas notas, tenía zapatos de charol con unos lacitos de
faya.° Lloré disimuladamente° toda la parada. Lo que más me dolía era   **lacitos**... silk laces / secretly
lo que dijo la maestra de que iban a regalarme unos zapatos. Me pareció
todo terriblemente injusto, que yo estaba pagando culpas° que no había   sins
cometido. Sufría calladamente° cada vez que entraba a la escuela en los   silently
135 días posteriores a la parada, pensando en el momento en que me fueran
a dar los benditos° zapatos. Pero mis angustias° estaban de más,° porque   darned / anguish / for nothing
jamás reunieron ningún dinero ni me compraron ningunos zapatos.

Sonia Rivera-Valdés, «El Beso de la Patria» from *Nosotros: Latina literature today*, edited by María del Carmen Boza, Beverly Silva, and Carmen Valle, published by Bilingual Press/Editorial Bilingüe, Arizona State University, Tempe, AZ.

Comprensión

¿Qué pasó?

Santa Fe

1. ¿Cuántos años tenía la narradora cuando su familia se mudó a Santa Fe?
2. ¿Cómo era el pueblecito? ¿Qué representó el cambio para la protagonista?
3. ¿Cuál era uno de sus entretenimientos favoritos? ¿Quién era su mejor amiga?
4. ¿Con qué soñaba la protagonista del cuento?

El Beso de la Patria

5. ¿Quién era la madre de Rita y qué le daba a la narradora?
6. ¿Por qué anteriormente la niña cambiaba de escuela tres o cuatro veces al año?
7. ¿Qué materias estudiaba en el cuarto grado? ¿Por qué era feliz cuando estaba estudiando, aunque no tenía espíritu de competencia?
8. ¿Qué premio ganó y por qué? ¿Cuál fue su reacción al recibirlo?

La parada

9. ¿Cómo conmemoraban los cubanos el nacimiento de Martí? ¿Quiénes participaban? ¿Tenían uniformes los alumnos de las escuelas públicas? Explica.
10. ¿Qué le exigieron a la niña para participar en la parada? A partir de ese momento, ¿estudiaba con la misma alegría que antes?
11. ¿Cómo se presentó ella para la parada? Cuando se dio cuenta de que no llevaba zapatos negros, ¿qué le dijo la maestra?
12. ¿Quién llevó el estandarte? ¿Cómo era ella? ¿Qué le dolió más a la narradora?

◁)) Audio

Despúes de escuchar la historia, indica si la idea es verdadera (**V**) o falsa (**F**).

1. V   F   2. V   F   3. V   F   4. V   F   5. V   F   6. V   F

Palabras

Adjetivos que terminan en –ísimo

The suffix -**ísimo** is added to adjectives to form the absolute superlative. It is used to describe exceptional qualities or to denote a high degree of the quality described.

bruto *(stupid)* → **brutísimo** *(very stupid)*   **grande** *(large)* → **grandísimo** *(very large)*

Note the following spelling changes:

-co	→ -**quísimo**	rico	→ **riquísimo**
-go	→ -**guísimo**	largo	→ **larguísimo**
-z	→ -**císimo**	feliz	→ **felicísimo**

Transformaciones

Cambia cada adjetivo al superlativo absoluto.

1. malo
2. mucho
3. bueno
4. difícil
5. caro
6. lento
7. inteligente
8. importante

Conexiones en contexto

Refiriéndote al cuento, empareja cada término de la Columna **A** con el *correspondiente* de la Columna **B**.

Los correspondientes

A	B
1. inmenso/a	a. de la patria
2. regalar	b. comenzar
3. trenzas	c. darle pena
4. patriótico/a	d. enorme
5. empezar	e. llevar uniforme
6. roca	f. académico/a
7. uniformado/a	g. dar
8. escolar	h. piedra
9. doler	i. bonito/a
10. lindo/a	j. galones

Refiriéndote al cuento, empareja cada término de la Columna **A** con su *opuesto* de la Columna **B**.

Los opuestos

A	B
1. derecho/a	a. oscurecer
2. instalar	b. niñas
3. amanecer	c. recién
4. varones	d. izquierdo/a
5. melancolía	e. alegría
6. anteriormente	f. nuevo/a
7. frío/a	g. desmontar
8. usado/a	h. posterior
9. anterior	i. siempre
10. jamás	j. caliente

Resumen

Vuelve a contar la historia, cambiando los infinitivos al tiempo imperfecto.

1. Nos mudamos a Santa Fe cuando yo *(tener)* _____ ocho años.   2. El pueblo *(estar)* _____ cerca de La Habana y allí mis padres no *(pelearse)* _____ tanto.   3. Mi mejor amiga Rita y yo *(pasar)* _____ mucho tiempo en la playa.   4. Rita *(ser)* _____ la hija de Goyo el pescador y de Julia la conserje de la escuela.   5. Nosotras *(jugar)* _____ y *(hablar)* _____ largas horas.   6. Generalmente yo *(soñar)* _____ con rizarme el pelo y sacar la lotería.   7. Durante los veranos unos hombres *(instalar)* _____ un parque de diversiones.   8. Frecuentemente, nosotras *(divertirse)* _____ mucho.   9. Rita y yo siempre *(ir)* _____ juntas a la escuela.   10. Antes, como nos habíamos mudado tanto, yo no *(tener)* _____ interés en la competencia, pero, al completar el cuarto grado, me *(gustar)* _____ mis estudios.   11. Mientras yo *(leer)* _____ y *(estudiar)* _____, yo *(estar)* _____ muy contenta.   12. Recibí el Beso de la Patria, un premio que los profesores *(dar)* _____ al mejor alumno de cada grado.   13. También me nombraron para llevar el estandarte en la parada. Esto significaba que yo *(tener)* _____ que llevar uniforme y zapatos negros.   14. Pero mis únicos zapatos *(ser)* _____ unos tenis que llevé el día de la parada.   15. Una maestra no me dejó llevar el estandarte, prometiéndome que los maestros *(ir)* _____ a reunir dinero para comprarme los zapatos apropiados para la próxima vez.   16. Yo *(estar)* _____ triste y *(sufrir)* _____ aún más porque Noemí, una estudiante mala, *(llevar)* _____ el estandarte.

Interpretación

Análisis

1. ¿Con qué presiones académicas, sociales y personales se enfrenta la narradora? Señala y analiza los distintos estados emocionales que ella experimenta a lo largo del relato.
2. ¿De que clase social son las familias retratadas en la narración? ¿Cómo describe la narradora a su mamá y a su papá? ¿Qué infieres sobre la jerarquía de clases durante aquella época en Cuba? Cita ejemplos del relato.
3. Examina la relación entre la narradora y Rita. ¿Qué actividades hacen juntas y en dónde? ¿Qué significan la naturaleza y el parque de diversiones para ellas?
4. Comenta los temas de poder y pena y de tristeza y tragedia en el relato. Cita ejemplos del cuento.
5. Relaciona el siguiente refrán con el desenlace del cuento: «La justicia cojea, pero llega». ¿Es verdad? Explica.
6. ¿En qué voz y tiempo ha escrito Rivera-Valdés el relato? Lee en voz alta las descripciones líricas en que la narradora nos declara su apreciación por el mar y la tierra, y su pasión por aprender. ¿Qué efectos evocan en nosotros?
7. Identifica algunos momentos de ira e ironía en la narración. ¿En qué contextos narrativos suceden y cómo le afectan a la narradora?
8. La narradora dice: «Me pareció todo terriblemente injusto, que yo estaba pagando las culpas que no había cometido». Interpreta el sentido de la justicia en el cuento.
9. ¿Con qué soñaba la narradora? Comenta el tema del engaño frente al de la esperanza.
10. Comenta el doble significado del título. ¿Qué contradicciones notas?

Ensayos

1. Ponte en el lugar de Noemí. ¿Qué pensará y sentirá ella sobre lo que ha pasado con respecto al premio y la narradora? Escribe la historia en primera persona.
2. ¿Qué nos enseña la historia sobre la dureza de la vida para las familias de la clase trabajadora en Cuba en aquella época? Analiza los diferentes aspectos de la pobreza como protagonista en el relato.

Dramatizaciones

1. Ponte en el lugar de la maestra. Desarrolla una conversación entre ella y otro maestro sobre el episodio del premio y la parada. Incluye sus reflexiones sobre la narradora, Noemí, el premio y los zapatos de charol. ¿Qué pensamientos y sentimientos se expresan?
2. Imagínate que la protagonista habla con sus padres, informándoles que ha ganado el premio del cuarto grado, pero que necesita zapatos de charol. ¿Cómo reaccionan los padres? ¿Qué más les dice y qué les pide la narradora? Dramatiza la escena.

Discusiones

1. Inventa un nuevo premio, especificando los requisitos para ganarlo. ¿Cómo se llamará? ¿Quiénes competirán? ¿En qué grado o año? ¿Qué atributos reconocerá y qué valores representará?
2. La narradora se divierte cazando erizos en la playa. ¿Dónde estás tú más a gusto, en la playa, en las montañas o en el campo? ¿En qué pasatiempos participas en la naturaleza con la familia y con amigos/as?
3. Indica cómo tu escuela o universidad celebra un día nacional especial. Explica el motivo de la celebración. ¿Cuándo ocurre y en qué actividades participas?
4. Relata algún episodio agradable de tu experiencia en el cuarto grado.
5. ¿Cuáles son los atributos de un/a buen/a maestro/a? ¿y de un/a buen/a estudiante? ¿y de una buena escuela o universidad?
6. Cuenta un episodio desilusionante que le sucedió a un/a amigo/a. Explica las circunstancias, las reacciones y los resultados.

Comparaciones y contrastes

Las narradoras en «El Beso de la Patria» y en «El general Rueda» confrontan la injusticia. Según tu análisis, ¿qué percibe, piensa y siente cada una a través del cuento? Interpreta cómo termina cada narración.

19
Mi caballo mago

~ *Sabine Ulibarrí* ~

USA: CHICANO

«Sólo sé que un caballo blanco pobló mis sueños
y los llenó de resonancia y de luz...»

Mi caballo mago

Sabine Ulibarrí (1919–2003) grew up in the rural New Mexican town of Tierra Amarilla where Spanish was widely spoken. During World War II, he joined the US Air Force and was awarded the Distinguished Flying Cross for completing 35 combat missions. After earning his Ph.D. at the University of California Los Angeles, he returned to teach at the University of New Mexico in Albuquerque. "Mi caballo mago," which appeared in his bilingual book Tierra amarilla (1971), tells the story of a young boy's dream of capturing an elusive, wild wonder horse.

CONTEXTO CULTURAL Los caballos llegaron al sureste llevados por los rancheros españoles establecidos a lo largo del Río Grande en 1620. Como resultado de la rebelión de Pueblo en 1680, los supervivientes españoles emigraron a El Paso, dejando atrás millones de caballos. En 1700, prácticamente todas las tribus indias habían adquirido caballos. Incluso existen manadas de caballos silvestres recorriendo la región.

El caballo mago

Era blanco. Blanco como el olvido.° Era libre. Libre como la alegría.° Era la ilusión, la libertad y la emoción. Poblaba° y dominaba las serranías° y las llanuras° de las cercanías.° Era un caballo blanco que llenó mi juventud de fantasía y poesía.

5   Alrededor de las fogatas° del campo y en las resolanas° del pueblo los vaqueros° de esas tierras hablaban de él con entusiasmo y admiración. Y la mirada se volvía turbia° y borrosa° de ensueño.° La animada charla se apagaba.° Todos atentos a la visión evocada. Mito del reino° animal. Poema del mundo viril.

10   Blanco y arcano.° Paseaba su harén° por el bosque de verano en regocijo° imperial. El invierno decretaba° el llano° y la ladera° para sus hembras.° Veraneaba° como rey de oriente° en su jardín silvestre.° Invernaba° como guerrero° ilustre que celebra la victoria ganada.

    Era leyenda.° Eran sin fin las historias que se contaban del caballo 15 brujo.° Unas verdad, otras invención. Tantas trampas,° tantas redes,° tantas expediciones. Todas venidas a menos.° El caballo siempre se escapaba, siempre se burlaba,° siempre se alzaba° por encima del dominio° de los hombres. ¡Cuánto valedor° no juró ponerle su jáquima° y su marca° para confesar después que el brujo había sido más hombre 20 que él!

oblivion / joy	
populated / mountain valleys	
plains / surrounding area	
campfires / patios	
ranchhands, cowboys	
misty / blurry / dream state	
se... was silenced / kingdom	
mysterious / harem (of mares)	
delight, rejoicing / decreed / plain(s) / hillside(s) / mares (female horses) / he spent the summer / **rey**... king of the East / natural gardens / he spent the winter / warrior / legend / sorcerer / traps / snares, nets	
Todas... All becoming useless	
se... made fun (of them) / **se**... rose	
por... above the control / valiant one (cowboy) / halter / brand	

---

[1] «Mi caballo mago» "My Wonder Horse." (Lit., **un mago** is a magician, a wizard.)

135

La primera vista

Yo tenía quince años. Y sin haberlo visto nunca el brujo me llenaba ya la imaginación y la esperanza. Escuchaba embobado° a mi padre y a sus vaqueros hablar del caballo fantasma° que al atraparlo° se volvía espuma° y aire y nada. Participaba de la obsesión de todos, ambición de
25 lotería, de algún día ponerle yo mi lazo,° de hacerlo mío, y lucirlo° los domingos por la tarde cuando las muchachas salen a paseo° por la calle.

Pleno el verano.° Los bosques verdes, frescos y alegres. Las reses° lentas, gordas y luminosas en la sombra° y en el sol de agosto. Dormitaba° yo en un caballo brioso,° lánguido y sutil° en el sopor del
30 atardecer.° Era hora ya de acercarse a la majada,° al buen pan y al rancho del rodeo.[2] Ya los compañeros estarían alrededor de la hoguera° agitando° la guitarra, contando cuentos del pasado o de hoy o entregándose al cansancio° de la tarde. El sol se ponía ya, detrás de mí, en escándalos de rayo° y color. Silencio orgánico y denso.

35 Sigo insensible° a las reses al abra.° De pronto el bosque se calla. El silencio enmudece.° La tarde se detiene.° La brisa deja de respirar, pero tiembla.° El sol se excita. El planeta, la vida y el tiempo se han detenido de una manera inexplicable. Por un instante no sé lo que pasa.

Luego mis ojos aciertan.° ¡Allí está! ¡El caballo mago! Al extremo
40 del abra, en un promontorio,° rodeado° de verde. Hecho estatua, hecho estampa.° Línea y forma y mancha° blanca en fondo° verde. Orgullo, fama y arte en carne animal. Cuadro° de belleza encendida° y libertad varonil.° Ideal invicto° y limpio de la eterna ilusión humana. Hoy palpito todo aún al recordarlo.°

45 Silbido.° Reto° trascendental que sube y rompe la tela° virginal de las nubes rojas. Orejas lanzas.[3] Ojos rayos. Cola° viva y ondulante, desafío movedizo.° Pezuña° tersa° y destructiva. Arrogante majestad de los campos.

El momento es eterno. La eternidad momentánea. Ya no está, pero
50 siempre estará. Debió de haber yeguas.° Yo no las vi. Las reses siguen indiferentes. Mi caballo las sigue y yo vuelvo lentamente del mundo del sueño a la tierra del sudor.° Pero ya la vida no volverá a ser lo que antes fue.

Aquella noche bajo las estrellas no dormí. Soñé. Cuánto soñé
55 despierto y cuánto soñé dormido yo no sé. Sólo sé que un caballo blanco pobló mis sueños y los llenó de resonancia y de luz y de violencia.

La segunda vista

Pasó el verano y entró el invierno. El verde pasto° dió lugar a la blanca nieve. Las manadas° bajaron de las sierras a los valles y cañadas.° Y en el pueblo se comentaba que el brujo andaba por este o aquel rincón.
60 Yo indagaba° por todas partes su paradero.° Cada día se me hacía más ideal, más imagen, más misterio.

---

[2] **al rancho del rodeo**   the ranch where the cattle are rounded up for the night.

[3] **Orejas lanzas**   Ears pricked up [in the form of spears, **lanzas**].

Marginal glosses:

fascinated

ghost / **al...** as soon as he was trapped / **se...** he turned into foam

lasso / to show him off

salen... are out walking

Pleno... Hot summer / cattle

shade

was dozing / spirited / light

sopor... lethargy of late afternoon / herd / bonfire / playing, strumming

entregándose... giving in to the tiredness / **escándalos...** bursts of light

insensitive / valley

deafens (lit., to silence, hush / **se...** stops / vibrates

focus, get it right

high ground / surrounded

engraving / stain / background

Picture / **belleza...** fiery beauty

manly / unconquered

aún... even thinking about it

a neigh (lit. whistle) / Challenge / web / Tail

desafío... moving defiance / Hoof / smooth

mares

sweat

pasture

herds / gullies

I inquired / whereabouts

Domingo. Apenas rayaba el sol de la sierra nevada.° Aliento vaporoso.° Caballo tembloroso de frío y de ansias. Como yo. Salí sin ir a misa.° Sin desayunarme siquiera. Sin pan y sardinas en las alforjas.° Había
65 dormido mal y velado° bien. Iba en busca de la blanca luz que galopaba en mis sueños.

Al salir del pueblo al campo libre desaparecen los caminos. No hay rastro° humano o animal. Silencio blanco, hondo y rutilante.° Mi caballo corta el camino con el pecho y deja estela eterna, grieta abierta, en la mar
70 cana.[4] La mirada diestra° y atenta puebla° el paisaje° hasta cada horizonte buscando el noble perfil° del caballo místico.

Sería medio día. No sé. El tiempo había perdido su rigor.° Di con él.° En una ladera contaminada de sol.[5] Nos vimos al mismo tiempo. Juntos nos hicimos° piedra. Inmóvil, absorto y jadeante° contemplé su belleza,
75 su arrogancia, su nobleza. Esculpido en mármol,° se dejó admirar.

Silbido violento que rompe el silencio. Guante arrojado a la cara.[6] Desafío° y decreto° a la vez. Asombro° nuevo. El caballo que en verano se coloca° entre la amenaza° y la manada,° oscilando a distancia de diestra a siniestra,° ahora se lanza° a la nieve. Más fuerte que ellas, abre la vereda° a
80 las yeguas. Y ellas lo siguen. Su fuga° es lenta para conservar sus fuerzas.

La captura

Sigo. Despacio. Palpitante. Pensando en su inteligencia. Admirando su valentía.° Apreciando su cortesía. La tarde se alarga.° Mi caballo cebado a sus anchas.[7]

Una a una las yeguas se van cansando. Una a una se van quedando
85 a un lado. ¡Solos! Él y yo. La agitación interna reboza° a los labios. Le hablo. Me escucha y calla.

Él abre el camino y yo sigo por la vereda que me deja. Detrás de nosotros una larga y honda zanja° blanca que cruza la llanura. El caballo[8] que ha comido grano° y buen pasto° sigue fuerte. A él,° mal
90 nutrido,° se le han agotado las fuerzas.° Pero sigue porque es él y porque no sabe ceder.°

Encuentro negro y manchas negras por el cuerpo. La nieve y el sudor han revelado la piel° negra bajo el pelo.° Mecheros violentos de vapor rompen el aire.[9] Espumarajos° blancos sobre la blanca nieve. Sudor,
95 espuma° y vapor. Ansia.°

---

sierra... snow-covered mountains

Aliento... Cloudy breath

Catholic Mass / saddlebags

kept watch

trace / shining

skilled / populates / landscape
profile

harshness / **Di...** I found him

nos... we became, turned into / panting / **Esculpido...** Sculpted in marble

defiance / command / Astonishment

se... places himself / threat / herd

de... right to left / **se...** plunges / path, trail / flight

courage / **se...** gets longer

overflows

ditch, trench

grain / hay / = **el caballo mago**

mal... malnourished / **se...** his strength has diminished / to give up

skin / hair

Froth

foam / Longing

---

[4] **Mi caballo... cana.**   My horse cuts his own trail [through deep snow] with his chest, leaves [behind us] an endless path, an open rift, in the white (lit., **cana** = white-haired) sea [of snow]

[5] **En... sol.**   On a slope where patches of earth were showing through the snow (fig. contaminated with soil = **contaminada de sol**)

[6] **Guante arrojado a la cara.**   Glove thrown in my face. In medieval times, throwing a glove down in front of an adversary was a challenge to a duel.

[7] **Mi... anchas.**   My well-fed (**cebado** = fattened) horse [is] at ease.

[8] **el caballo** = el caballo del narrador

[9] **Mecheros... aire.**   Violent jets of steam break the air. The sweat of the overheated horse turns into rising columns of steam visible in the cold winter air.

Me sentí verdugo.° Pero ya no había retorno.[10] La distancia entre nosotros se acortaba implacablemente. Dios y la naturaleza indiferentes.

100 Me siento seguro. Desato° el cabestro.° Abro el lazo. Las riendas° tirantes.° Cada nervio, cada músculo alerta y el alma en la boca.[11] Espuelas° tensas en ijares° temblorosos. Arranca° el caballo. Remolineo° el cabestro y lanzo° el lazo obediente.

Vértigo de furia y rabia.° Remolinos° de luz y abanicos° de transparente nieve. Cabestro que silba y quema en la teja de la silla.° Guantes violentos 105 que humean.° Ojos ardientes en sus pozos.° Boca seca. Frente caliente. Y el mundo se sacude y se estremece.° Y se acaba la larga zanja blanca en un ancho charco blanco.[12]

Sosiego° jadeante° y denso. El caballo mago es mío. Temblorosos ambos, nos miramos de hito en hito[13] por un largo rato. Inteligente 110 y realista, deja de forcejar° y hasta toma un paso hacia mí. Yo le hablo. Hablándole me acerco.° Primero recula.° Luego me espera. Hasta que los dos caballos se saludan a la manera suya. Y por fin llego a alisarle la crin.° Le digo muchas cosas, y parece que me entiende.

El regreso a casa

Por delante y por las huellas de antes[14] lo dirigí hacia el pueblo. 115 Triunfante. Exaltado. Una risa infantil me brotaba.° Yo, varonil, la dominaba. Quería cantar y pronto me olvidaba. Quería gritar pero callaba. Era un manojo de alegría.° Era el orgullo del hombre adolescente. Me sentí conquistador.

El Mago ensayaba° la libertad una y otra vez,° arrancándome° de mis 120 meditaciones abruptamente. Por unos instantes se armaba la lucha otra vez. Luego seguíamos.

Fue necesario pasar por el pueblo. No había remedio. Sol poniente.° Calles de hielo° y gente en los portales. El Mago lleno de terror y pánico por la primera vez. Huía° y mi caballo herrado° lo detenía. Se resbalaba° 125 y caía de costalazo.° Yo lloré por él. La indignidad. La humillación. La alteza venida a menos. Le rogaba que no forcejara,° que se dejara llevar. ¡Cómo me dolió que lo vieran así° los otros!

Por fin llegamos a la casa. «¿Qué hacer contigo, Mago? Si te meto en el establo o en el corral, de seguro te haces daño.° Además sería un 130 insulto. No eres esclavo. No eres criado.° Ni siquiera eres animal.» Decidí soltarlo en el potrero.° Allí podría el Mago irse acostumbrando poco a poco a mi amistad y compañía. De ese potrero no se había escapado nunca un animal.

Glosses: executioner — I unfasten / rope / reins — tightened — Spurs / flanks / Leaps / I whirl — I throw — **Vértigo...** Frenzy of fury and rage / Swirls, eddies / **en...** around the horn of the saddle — steaming / sockets — **se...** shakes and shudders — Silence, calmness / panting — to struggle — **me...** I approach / he moves back — **alisarle...** to stroke his mane — gushed forth — **manojo...** pure happiness — tried for / **una...** time and time again / rousing me — **Sol...** Setting sun — ice — He was trying to flee / well-shod / **Se...** He slipped / **caía...** fell on his side — **que...** that he not struggle — **lo...** should see him like this — **te...** you will harm yourself — servant — fenced pasture

[10] **Pero ya no había retorno.** But there was no turning back.

[11] **el alma en la boca** I feel like I am dying. (Lit., My soul is in my mouth.) In medieval paintings, the moment of death is depicted with a small human-like "soul" escaping from the open mouth of the corpse.

[12] **Y se acaba... blanco.** And the long white trail ends in a broad white puddle.

[13] **de hito en hito** squarely, directly. (Lit., **un hito** is a stone marking the boundary of a property.)

[14] **las huellas de antes** the path by which we had come. (Lit., the footprints (huellas) of earlier.)

Mi padre me vio llegar y me esperó sin hablar. En la cara le jugaba una
135 sonrisa y en los ojos le bailaba una chispa.° Me vio quitarle el cabestro° al
Mago y los dos lo vimos alejarse,° pensativos. Me estrechó la mano° un
poco más fuerte que de ordinario y me dijo: «Esos son hombres.» Nada
más. Ni hacía falta. Nos entendíamos mi padre y yo muy bien. Yo hacía
el papel de *muy hombre*° pero aquella risa infantil y aquel grito que me
140 andaban por dentro por poco estropean° la impresión que yo quería dar.

Fuga y libertad

Aquella noche casi no dormí y cuando dormí no supe que dormía.
Pues el soñar° es igual, cuando se sueña de veras, dormido o despierto.
Al amanecer° yo ya estaba de pie. Tenía que ir a ver al Mago. En cuanto
aclaró° salí al frío a buscarlo.

145 El potrero era grande. Tenía un bosque y una cañada.° No se veía el
Mago en ninguna parte pero yo me sentía seguro. Caminaba despacio, la
cabeza toda llena de los acontecimientos° de ayer y de los proyectos de
mañana. De pronto me di cuenta que había andado mucho. Aprieto el
paso.° Miro aprensivo a todos lados. Empieza a entrarme el miedo. Sin
150 saber voy corriendo. Cada vez más rápido.

No está. El Mago se ha escapado. Recorro° cada rincón donde
pudiera haberse agazapado.° Sigo la huella.° Veo que durante toda la
noche el Mago anduvo sin cesar buscando, olfateando,° una salida.° No
la encontró. La inventó.

155 Seguí la huella que se dirigía directamente a la cerca.° Y vi como
el rastro no se detenía sino continuaba del otro lado. El alambre era de
púa.[15] Y había pelos blancos en el alambre. Había sangre en las púas.
Había manchas° rojas en la nieve y gotitas° rojas en las huellas del otro
lado de la cerca.

160 Allí me detuve.° No fui más allá. Sol rayante° en la cara. Ojos
nublados° y llenos de luz. Lágrimas infantiles en mejillas varoniles.°
Grito hecho nudo° en la garganta.° Sollozos° despaciosos y silenciosos.

Allí me quedé y me olvidé de mí y del mundo y del tiempo. No sé
cómo estuvo, pero mi tristeza era gusto.° Lloraba de alegría. Estaba
165 celebrando, por mucho que me dolía, la fuga° y la libertad del Mago,
la trascendencia de ese espíritu indomable.° Ahora seguiría siendo el
ideal, la ilusión y la emoción. El Mago era un absoluto. A mí me había
enriquecido° la vida para siempre.

Allí me halló° mi padre. Se acercó sin decir nada y me puso el brazo
170 sobre el hombro.° Nos quedamos mirando la zanja blanca con flecos° de
rojo que se dirigía al sol rayante.

«Mi caballo mago» by Sabine Ulibarrí. Reprinted by permission of New Mexico Press.

---

[15] **El alambre era de púa.**   The fence was of barbed wire. Literally, the wire fence (**alambre**) had
barbs (**púas**).

Glosses (right margin):
spark / **quitarle...** take off the rope
to move away / **Me...** He squeezed my hand
muy... "real man"
spoil
dream
Al... At dawn
as soon as it was light
gully
events
Aprieto... I quicken my steps
I search
hidden / track
sniffing / exit
fence
stains / little drops
me... I stopped / **Sol...** Sunrays
clouded / **mejillas...** cheeks of a man
Grito... Scream became a knot / throat / Sobs
pleasure
escape, flight
unbreakable, indomitable
enriched
me... found me
shoulder / specks

Comprensión

¿Qué pasó?

El caballo mago

1. ¿De qué llenó el caballo la juventud del joven narrador? ¿Quiénes hablaban del caballo con entusiasmo?
2. ¿Cómo veraneaba el caballo? ¿Cómo invernaba el caballo?

La primera vista

3. ¿Cuántos años tenía el joven? ¿Quiénes le hablaban al joven sobre el caballo fantasma?
4. ¿Cómo reaccionó él al ver al caballo en el abra? ¿Qué partes del caballo menciona el joven?

La segunda vista

5. En el invierno, ¿de dónde bajaron las manadas?
6. ¿Por qué no desayunó, ni fue a misa el joven?
7. ¿Dónde se encontró el joven con el caballo?
8. ¿En qué pensaba el joven al seguir al caballo?

La captura

9. ¿Qué tenía por el cuerpo el caballo? ¿Cómo se sintió el joven?
10. ¿En qué se acaba la larga zanja blanca? Cuando el joven le habla al caballo, ¿cómo reacciona el Mago?

El regreso a casa

11. ¿Qué le pasó al caballo en el pueblo? ¿Dónde decidió el joven poner al Mago?
12. Al ver al joven y al caballo, ¿qué hizo el padre? ¿Qué le dijo el padre al hijo?

Fuga y libertad

13. ¿Cómo pasó el joven la noche? ¿Qué hizo el caballo durante la noche?
14. ¿Qué celebraba el joven al final del cuento? ¿cómo? ¿con quién?

◁)) Audio

Despúes de escuchar la historia, indica si la idea es verdadera (**V**) o falsa (**F**).

1. V   F   2. V   F   3. V   F   4. V   F   5. V   F   6. V   F

Palabras

Cognados con cambios ortográficos *(i -> y)*

Occasionally the vowel **i** in a Spanish word corresponds to a *y* in the English cognate, and not *i*.

místico	*mystic*	(not *misty*)
un mito	*myth*	(not *mite* or *might*)

Transformaciones

Da el cognado en inglés de cada palabra.

1. el ciclón
2. la dinastía
3. psíquico
5. cristal
7. cínico
4. la tiranía
6. la espía
8. el tipo

Conexiones en contexto

Refiriéndote al cuento, empareja cada término de la Columna **A** con el *correspondiente* de la Columna **B.**

Los correspondientes

A	**B**
1. vivo/a	a. escaparse
2. huella	b. turbio/a
3. lentamente	c. animado/a
4. huir	d. callarse
5. nevado/a	e. estela
6. vereda	f. control
7. dominio	g. poco a poco
8. vaporoso/a	h. calma
9. silencio	i. de nieve
10. sosiego	j. rastro

Refiriéndote al cuento, empareja cada término de la Columna **A** con su *opuesto* de la Columna **B**.

Los opuestos

A	B
1. verdad	a. momentáneo/a
2. sombra	b. callar
3. eterno/a	c. claro/a
4. acortarse	d. movedizo/a
5. transparente	e. ilusión
6. inmóvil	f. por unos instantes
7. diestro/a	g. borroso/a
8. gritar	h. siniestro/a
9. por largo rato	i. alargarse
10. turbio/a	j. sol

Resumen

Vuelve a contar la historia, cambiando los verbos en itálica al futuro.

1. El caballo *fue* blanco, libre y místico.   2. *Pobló* las llanuras y *llenó* la juventud del joven de fantasía y poesía.   3. Los vaqueros *contaron* historias de él y lo *admiraron*.   4. El caballo *pasó* el verano por el bosque y en invierno *tomó* el llano para las hembras.   5. Los hombres no lo *pudieron* dominar.   6. Un día, el joven lo *vio* en el abra y *palpitó*.   7. La vida, de repente, *cambió* y el joven *soñó* mucho.   8. *Pasó* el verano y *entró* el invierno.   9. El caballo *desapareció* por un tiempo hasta que el joven y él se *vieron* simultáneamente.   10. Las yeguas se *cansaron*, pero el joven lo *siguió* y le *habló*.   11. El joven *inspeccionó* el cuerpo del caballo.   12. El joven *abrió* el lazo y *capturó* al caballo.   13. Él *dominó* al caballo y se *alegró* mucho.   14. Los dos *llegaron* a la casa donde su padre y el joven se *entendieron* sin tener que hablar.   15. El joven *encerró* al caballo en el potrero.   16. Al día siguiente, el caballo se *escapó*.   17. El joven *celebró* el espíritu indomable del caballo.   18. Después de todo, *fue* el caballo mago de sus sueños.

Interpretación

Análisis

1. Categoriza los elementos más notables de la naturaleza que Ulibarrí presenta en el relato. ¿Qué ambiente y tono crean?
2. Analiza el encuentro entre el joven narrador y el caballo mago. ¿Qué adjetivos usarías para describirlo? ¿Por qué?
3. El joven declara: «El caballo mago es mío». ¿Por qué se siente así? ¿Por qué tiene el cuento el título «*Mi* caballo mago» en vez de «*El* caballo mago»? ¿Cómo reconcilia el joven esta actitud con el desenlace del cuento?

4. ¿Qué diferentes recursos estilísticos aplica Ulibarrí para crear una imagen idealizada del caballo? ¿Cómo es el Mago?

5. Identifica las distintas comparaciones literarias con que el autor describe al caballo mago. ¿Qué tono le da a la narración? ¿Qué conexiones observas en la historia entre la literatura y el caballo mago? ¿Qué significan?

6. ¿Qué detalles nos revela la manera en que se llevan padre e hijo?

7. Caracteriza las referencias a la religión y a Dios. ¿Qué importancia tienen?

8. El joven nos dice: «El momento es eterno. La eternidad es momentánea». Relaciona su declaración con la temática del relato. ¿Estás de acuerdo?

9. Distingue entre los movimientos físicos del caballo y las descripciones estáticas con que el autor se refiere al caballo. Haz lo mismo para el joven. ¿Qué sensaciones evocan en nosotros, los lectores?

10. Este relato presenta el tema del dominio y el de la libertad. Desarróllalos con citas del cuento.

11. Analiza los papeles de los hombres y de las mujeres observados en el cuento. También interpreta la conexión entre las chicas y las yeguas y los chicos y los caballos. ¿Hay paralelos? ¿Como interpretas los papeles?

12. Hay muchos personajes en esta narración: además del caballo mago y el joven narrador de 15 años, están el papá y los vaqueros. ¿Qué papel tiene cada uno?

13. ¿Qué lenguaje emplea Ulibarrí para personificar el silencio? Nombra tres componentes del silencio integrados en la narrativa. ¿En qué situaciones ocurren y qué tonos narrativos tienen como resultado?

14. Señala ejemplos o episodios de realismo y magia, y de realidad y fantasía.

15. Interpreta esta comparación del joven: «Caballo tembloroso de frío y de ansias. Como yo». Relaciónala con el cuento en términos físicos y emocionales.

16. ¿Es este cuento alegre o triste? Explica lo que piensas, con detalles y citas.

17. Con un/a compañero/a, dibuja al caballo mago, nombrando las partes de su cuerpo, sus colores y el equipo necesario para montarlo.

18. Analiza las repeticiones estructurales que emplea el autor. ¿Qué impresión narrativa y estilística te comunican?

Ensayos

1. Cuenta la historia desde la perspectiva del caballo mago. Usa la primera persona.

2. ¿Cómo te imaginas al narrador de 15 años? Haz un retrato de él: sus sueños y aspiraciones, sus acciones y actitud hacia el caballo mago y la vida.

Dramatizaciones

1. Inventa una conversación entre el caballo mago y una yegua. ¿Qué se dicen sobre sus fantasías y sus realidades?

2. Imagínate que los padres del joven y un vaquero hablan de cosas que sucedieron cuando *ellos* tenían quince años y las comparan y contrastan con las experiencias narradas del joven.

Discusiones

1. ¿Cuáles son los distintos aspectos de la libertad? ¿Te sientes libre? Explica.
2. ¿Cómo se deben tratar a los/las amigos/as? Un dicho popular dice: «En el peligro se conoce al amigo». ¿Estás de acuerdo? Cita ejemplos.
3. Relata algún incidente de tu pasado que te diera mucho miedo. Describe los detalles. ¿Cómo se resolvió?
4. ¿Cómo te imaginas que es la rutina diaria en un rancho, con vaqueros, manadas, hogueras y caballos? ¿Te gustaría vivir allí un verano? ¿Por qué?
5. Nombra dos de tus animales favoritos. ¿Qué rasgos físicos y características sociales y personales expresan? ¿Con qué animal te identificas o te comparas? ¿Cómo es?
6. ¿Cuáles son las responsabilidades y los privilegios de un/a buen/a hijo/a? Define lo que es ser «hombre» o ser «mujer» en el mundo contemporáneo.
7. El cuento habla de la ilusión y la admiración. ¿A quién admiras mucho por haber enriquecido tu vida para siempre? ¿Cómo lo hizo? ¿Cuáles de sus pasos piensas seguir en el futuro?
8. Basándote en la narración, ¿cómo describirías a un «espíritu indomable»? Qué actitudes y acciones exhibe alguna persona o animal con esta característica personal?
9. Inventa una leyenda muy breve sobre un animal. ¿Cómo es: misterioso, mago, magnífico, majestuoso? ¿Por qué se distingue?

Comparaciones y contrastes

El narrador en «Mi caballo mago», y las narradoras en «El Beso de la Patria» y «El general Rueda» tienen sueños importantes. Después de describirlos, explica su función narrativa en los tres cuentos. Analiza el lenguaje que los autores usan para crear los sueños. ¿Qué impacto emocional tiene el sueño en cada narrador/a?

20
Un día de estos

~ *Gabriel García Márquez* ~

COLOMBIA

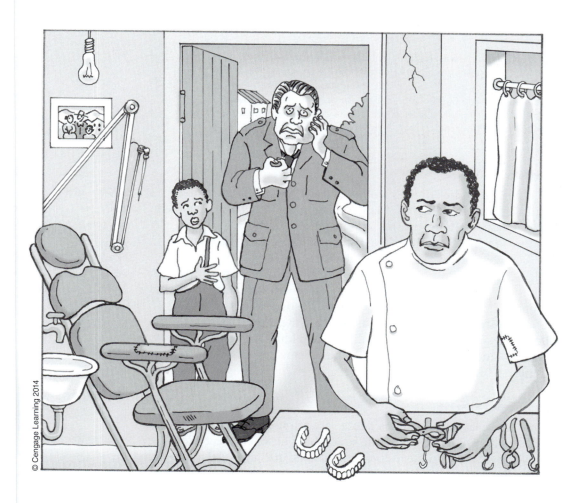

«—Papá… Dice el alcalde que si le sacas una muela.
—Dile que no estoy aquí …
—Dice que sí estás porque te está oyendo.»

Un día de estos

Gabriel García Márquez (1928–), a Colombian writer who resided in Mexico, saw his literary works honored in 1982 with the Nobel Prize. His best-known and widely translated novel Cien años de soledad *(1967) traces the history of the Buendía family in the mythical Latin American setting of Macondo. In "Un día de estos," published in 1962, García Márquez alludes to one of his recurrent themes: the effects of civil strife on a country's inhabitants. On this particular day, painful necessity forces the mayor of a small Colombian town to request the services of the village dentist, who also happens to be his political opponent.*

CONTEXTO CULTURAL La turbulenta década entre 1948 y 1958, conocida como 'La violencia', fue el período de un brutal conflicto civil en Colombia. Se estima que entre 200.000 y 300.000 personas sufrieron muertes violentas y más de 600.000 fueron gravemente heridas. El miedo se extendió a lo largo del país obligando a más de un millón de personas a abandonar sus hogares.

El dentista

El lunes amaneció° tibio° y sin lluvia. Don Aurelio Escovar, dentista sin título,° y buen madrugador,° abrió su gabinete° a las seis. Sacó de la vidriera° una dentadura° postiza° montada° aún en el molde de yeso° y puso sobre la mesa un puñado° de instrumentos que ordenó de mayor a
5 menor, como en una exposición. Llevaba una camisa a rayas,° sin cuello,° cerrada arriba con un botón dorado, y los pantalones sostenidos° con cargadores° elásticos. Era rígido, enjuto,° con una mirada que raras veces correspondía a la situación, como la mirada de los sordos.°
Cuando tuvo las cosas dispuestas° sobre la mesa rodó° la fresa° hacia
10 el sillón de resortes° y se sentó a pulir° la dentadura postiza. Parecía no pensar en lo que hacía, pero trabajaba con obstinación, pedaleando en la fresa[1] incluso° cuando no se servía de ella.°

- dawned / warmish
- diploma / very early riser / office
- glass case / set of teeth / false / mounted / plaster / handful
- striped / collar
- held up
- suspenders / = **delgado**
- deaf people
- arranged / he rolled / drill
- **sillón...** dentist's chair / to polish
- even / **no...** he wasn't using it

La llegada del alcalde

Después de las ocho hizo una pausa para mirar el cielo por la ventana y vio dos gallinazos° pensativos que se secaban° al sol en el caballete° de
15 la casa vecina. Siguió trabajando con la idea de que antes del almuerzo volvería a llover. La voz destemplada° de su hijo de once años lo sacó de su abstracción.°
—Papá.
—Qué.

- buzzards / were drying themselves / ridge of the roof
- shrill
- concentration

---

[1] **pedaleando en la fresa** pedaling the drill. Since there is no electricity, the dentist uses a set of foot pedals to mechanically power the drill with which he polishes the false teeth.

20 —Dice el alcalde° que si le sacas° una muela.°   mayor / pull / tooth
    —Dile que no estoy aquí.

    Estaba puliendo un diente de oro. Lo retiró° a la distancia del brazo   he held
y lo examinó con los ojos a medio cerrar.° En la salita de espera volvió a   **a...** half-closed
gritar su hijo.

25 —Dice que sí estás porque te está oyendo.

    El dentista siguió examinando el diente. Sólo cuando lo puso en la
mesa con los trabajos terminados, dijo:

    —Mejor.°   All the better.

    Volvió a operar la fresa. De una cajita de cartón° donde guardaba las   **cajita...** small cardboard box
30 cosas por hacer, sacó un puente° de varias piezas° y empezó a pulir el oro.   (dental) bridge / pieces

    —Papá.

    —Qué.

    Aún no había cambiado de expresión.

    —Dice que si no le sacas la muela te pega un tiro.°   **te...** he will shoot you

35 Sin apresurarse,° con un movimiento extremadamente° tranquilo,   hurrying / extremely
dejó de pedalear en la fresa, la retiró del sillón y abrió por completo la
gaveta° inferior° de la mesa. Allí estaba el revólver.   drawer / bottom

    —Bueno —dijo—. Dile que venga a pegármelo.°   to shoot me

    Hizo girar° el sillón hasta quedar de frente a° la puerta, la mano   He rolled / **hasta...** until it was opposite
40 apoyada° en el borde° de la gaveta. El alcalde apareció en el umbral.° Se   leaning on / edge / doorway
había afeitado la mejilla° izquierda, pero en la otra, hinchada° y dolorida,°   cheek / swollen / in pain
tenía una barba de cinco días. El dentista vio en sus ojos marchitos°   tired
muchas noches de desesperación. Cerró la gaveta con la punta de los
dedos° y dijo suavemente:°   **punta...** fingertips / softly

45 —Siéntese.

    —Buenos días —dijo el alcalde.

    —Buenos —dijo el dentista.

    Mientras hervían° los instrumentos, el alcalde apoyó el cráneo° en el   were boiling / head
cabezal° de la silla y se sintió° mejor. Respiraba un olor glacial.[2] Era un   headrest / he felt
50 gabinete pobre: una vieja silla de madera, la fresa de pedal, y una vidriera
con pomos de loza.° Frente a la silla, una ventana con un cancel de tela°   **pomos...** porcelain flasks / **cancel...**
hasta la altura de un hombre. Cuando sintió que el dentista se acercaba,°   cloth curtain / was approaching
el alcalde afirmó los talones° y abrió la boca.   **afirmó...** braced his heels

La extracción de la muela

    Don Aurelio Escovar le movió la cara hacia la luz. Después de
55 observar la muela dañada,° ajustó° la mandíbula° con una cautelosa°   infected / he adjusted / jaw / careful
presión° de los dedos.   pressure

    —Tiene que ser sin anestesia —dijo.

    —¿Por qué?

    —Porque tiene un absceso.[3]

60 El alcalde lo miró en los ojos.

[2] **Respiraba un olor glacial.**   His breath was cold (*with fright*). Literally, he was breathing out icy air.

[3] **un absceso**   an abscess. Because of the pus and inflammation, the dentist says he is afraid to give
an injection of Novocain.

—Está bien —dijo, y trató de sonreír. El dentista no le correspondió.° Llevó a la mesa de trabajo la cacerola° con los instrumentos hervidos° y los sacó del agua con unas pinzas° frías, todavía sin apresurarse. Después rodó la escupidera° con la punta del zapato y fue a lavarse las manos en
65 el aguamanil.° Hizo todo sin mirar al alcalde. Pero el alcalde no le perdió de vista.°

Era una cordal inferior.° El dentista abrió las piernas y apretó° la muela con el gatillo° caliente. El alcalde se aferró° a las barras° de la silla, descargó toda su fuerza en los pies° y sintió un vacío helado en los
70 riñones,[4] pero no soltó un suspiro. El dentista sólo movió la muñeca.° Sin rencor,° más bien con una amarga° ternura,° dijo:

—Aquí nos paga veinte muertos,° teniente.[5]

El alcalde sintió un crujido° de huesos° en la mandíbula y sus ojos se llenaron de lágrimas.° Pero no suspiró hasta que no sintió salir la muela.
75 Entonces la vio a través de las lágrimas. Le pareció° tan extraña° a su dolor, que no pudo entender la tortura de sus cinco noches anteriores. Inclinado° sobre la escupidera, sudoroso, jadeante,° se desabotonó° la guerrera° y buscó a tientas° el pañuelo en el bolsillo del pantalón. El dentista le dio un trapo° limpio.

80 —Séquese° las lágrimas —dijo.

El alcalde lo hizo. Estaba temblando. Mientras el dentista se lavaba las manos, vio el cielorraso° desfondado° y una telaraña° polvorienta° con huevos de araña° e insectos muertos. El dentista regresó secándose las manos. «Acuéstese —dijo— y haga buches° de agua de sal.» El alcalde se
85 puso de pie,° se despidió con un displicente° saludo° militar, y se dirigió a la puerta estirando° las piernas, sin abotonarse la guerrera.

—Me pasa° la cuenta —dijo.

—¿A usted o al municipio?°

El alcalde no lo miró. Cerró la puerta, y dijo, a través de la red°
90 metálica.

—Es la misma vaina.[6]

	didn't return the smile
	pot / sterilized
	tongs
	spittoon
	washbasin
	no... didn't take his eyes off him
	lower wisdom tooth / grasped
	dental forceps / seized / arms
	descargó... braced his feet with all his strength / wrist
	rancor / bitter / tenderness
	Aquí... Now you are paying for 20 of our men who died / crunch / bones
	tears
	it (the tooth) seemed / unrelated
	Leaning / panting / unbuttoned
	tunic / **buscó...** groped for
	rag
	Dry
	= **cielo raso** flat ceiling / crumbling / spider web / dusty / spider
	haga... gargle
	stood up / indifferent / salute
	stretching
	send
	city hall
	screen

Gabriel García Márquez. «Un día de estos», LOS FUNERALES DE LA MAMA GRANDE © Gabriel García Márquez, 1962

Comprensión

¿Qué pasó?

El dentista

1. ¿Cuál es la profesión de don Aurelio Escovar? ¿A qué hora abrió el dentista el gabinete? ¿Cómo estaba vestido esa mañana?
2. ¿Qué estaba haciendo don Aurelio esa madrugada? ¿Qué estaba puliendo?

---

[4] **sintió... riñones** He had a sinking feeling in the pit of his stomach. Literally, he felt an icy emptiness in his kidneys. For Spanish speakers, the kidneys, rather than the stomach or the heart, symbolize the center of the body.

[5] **teniente** lieutenant. The mayor is part of the military junta, which the dentist opposes.

[6] **Es la misma vaina.** It's one and the same thing. That is, whether the bill goes directly to the mayor or to city hall, it is the municipality that will pay. Literally, **la vaina** is a pod.

La llegada del alcalde

3. ¿Qué lo distrajo? ¿Qué vino a decirle su hijo? ¿Cómo reaccionó el dentista?
4. ¿Cómo amenazó el alcalde al dentista?
5. ¿Qué tenía don Aurelio en la gaveta inferior de la mesa?
6. ¿Parecía tener miedo el dentista? ¿Qué observó él en los ojos del alcalde?

La extracción de la muela

7. ¿Qué diente tenía que sacar el dentista? ¿Por qué no usó anestesia el dentista? ¿Cómo se preparó el dentista para la extracción?
8. ¿Cómo trató el dentista al alcalde? ¿Cuánto tiempo había sufrido el alcalde con ese diente?
9. ¿Cómo salió él de la operación? ¿Qué le recomendó el dentista al alcalde?
10. Cuando el alcalde le pidió a don Aurelio que le pasara la cuenta, ¿qué le preguntó el dentista? ¿Cómo respondió el alcalde?

Audio

Despúes de escuchar la historia, indica si la idea es verdadera (**V**) o falsa (**F**).

1. V   F   2. V   F   3. V   F   4. V   F   5. V   F   6. V   F

Palabras

Familias de palabras

In nouns derived from stem-changing verbs, the same vowel shift occurs when the syllable containing the vowel is accented.

contar   *(to count)*   →   **la cuenta**   *(bill, account)*

BUT:

la contabilidad   *(accounting)*   →   **el contador**   *(accountant)*

Transformaciones

Da los verbos que corresponden a cada sustantivo.

1. el almuerzo   _____ar *(to have lunch)*
2. la prueba   _____ar *(to prove)*
3. el comienzo   _____ar *(to begin)*
4. el recuerdo   _____ar *(to remember)*
5. el sueño   _____ar *(to dream)*
6. la fuerza   _____ar *(to force)*
7. el encuentro   _____ar *(to meet)*
8. el pueblo   _____ar *(to populate)*

Conexiones en contexto

Refiriéndote al cuento, empareja cada término de la Columna **A** con el *correspondiente* de la Columna **B**.

Los correspondientes

A	B
1. seguir	a. helado/a
2. muela	b. sillón
3. rodar	c. ir
4. mirar	d. observar
5. marchito/a	e. continuar
6. regresar	f. falso/a
7. silla	g. diente
8. glacial	h. volver
9. dirigirse	i. cansado/a
10. postizo/a	j. girar

Refiriéndote al cuento, empareja cada término de la Columna **A** con su *opuesto* de la Columna **B**.

Los opuestos

A	B
1. mayor	a. elástico/a
2. rígido/a	b. rencor
3. poner	c. abierto/a
4. sentarse	d. secarse
5. acercarse	e. irse
6. cerrado/a	f. jadeante
7. ternura	g. frío/a
8. lavarse	h. ponerse de pie
9. caliente	i. menor
10. tranquilo/a	j. sacar

Resumen

Vuelve a contar la historia, cambiando los verbos en itálica al tiempo presente.

1. El dentista *abrió* su gabinete a las seis. *Llevaba* una camisa a rayas. 2. *Era* un hombre rígido y enjuto. 3. El dentista *estaba* ordenando los instrumentos de mayor a menor sobre la mesa. 4. Se *sentó* y *empezó* a trabajar. 5. *Siguió* puliendo una dentadura postiza. 6. Después de las ocho, *hizo* una pausa. *Estaba* mirando al cielo por la ventana. 7. Su hijo *llamó* para informarle de la llegada del alcalde. 8. El alcalde *amenazó* al dentista porque este no *quería* atenderlo. 9. El dentista *estaba* abriendo la gaveta inferior de la mesa donde *tenía* el revólver. 10. El dentista *decidió* no sacar el revólver de la gaveta y *dejó* entrar al alcalde. 11. El alcalde, que *estaba* sufriendo de un absceso en una muela, *sintió* un crujido de huesos en la mandíbula porque el dentista le *sacó* la muela sin anestesia. 12. El alcalde se *secó* las lágrimas, se *puso* de pie y se *despidió* sin pagar.

Interpretación

Análisis

1. Se puede inferir que este cuento se trata de dos hombres profesionales: el dentista y el alcalde, con sus distintos dolores y decisiones. Considera que también se trate de dos ideologías opuestas en el país, con sus creencias y sus combates en conflicto. Interpreta los paralelos que notes tú en las actitudes y acciones a nivel personal y de la sociedad, con referencias narrativas.

2. Interpreta el título del cuento: «Un día de estos». Basándote en el relato, ¿qué te imaginas va a pasar *ese* día de cambio? ¿Qué otro título le darías y por qué?

3. ¿Por qué amenazó el alcalde al dentista? ¿Por qué estaba el dentista preparado para responder de la misma manera? Con uno o dos adjetivos, describe la relación entre los dos «enemigos». Explica.

4. ¿Cuál es la función de la pistola en el cuento? ¿Qué simboliza? ¿Qué crees tú ha aprendido el hijo del dentista de sus observaciones en el gabinete ese día?

5. Describe el ritmo narrativo de García Márquez en los *diálogos* contrastado con el de las *descripciones*. ¿Qué sensaciones provocan los dos en nosotros, los lectores?

6. Comenta los temas de la lucha y la libertad en la narración. ¿Qué papel tiene la justicia en el cuento?

7. La periodista española, Maruja Torres, nos plantea esta idea: «Una dictadura es un estado en el que todos temen a uno y uno a todos». Relaciónala al cuento.

8. Habla de los temas de la anticipación, la ambivalencia y la ansiedad en el relato. Si fueras el dentista y te encontraras con el alcalde en el municipio, ¿qué pasaría entre ustedes dos?

9. El dentista le declara al alcalde: «Aquí nos paga veinte muertos, teniente». En tu opinión, cómo conecta García Márquez el absceso y el dolor de dientes con la violencia y la venganza? ¿Cómo interpretas la actitud del autor hacia la tensión política en Colombia?

10. ¿Qué elementos usa el autor para desarrollar un ambiente de miedo y de misterio en el cuento? Señala los momentos literarios.

11. ¿Qué se puede inferir del relato sobre la jerarquía de clases y el poder? Cita algunos ejemplos en el texto.

12. ¿Crees tú que el dentista realmente no podía usar anestesia? ¿Qué sensaciones evoca en ti la escena cuando el dentista le saca la muela al alcalde? Al fin y al cabo, ¿cómo caracterizarías el comportamiento del dentista: valiente, vengativo, victorioso?

Ensayos

1. Cuenta la historia desde la perspectiva del hijo del dentista, que tiene 11 años. ¿Cómo describe el niño las personalidades de su papá —el *dentista*—y del alcalde —el *teniente*? ¿Qué percibe él con respecto a la relación entre los dos hombres? ¿Qué concluye el chico sobre el incidente? Escribe en primera persona, en el pasado. Usa tu imaginación.

2. Imagínate que el título del cuento es «Pelea de poder». ¿Cambian los papeles de los dos hombres? Vuelve a contar la narración, añadiendo otro personaje y cambiando detalles y el final.

Dramatizaciones

1. Imagínate que el alcalde regresa al ayuntamiento y habla con otro teniente sobre su día de dolor. ¿Qué le cuenta el alcalde sobre lo que pensaba antes y después de ir al dentista? ¿Estará en peligro ahora el dentista? Dramatiza la escena.

2. Imagínate que la esposa también oyó todo el episodio. Inventa una escena dramática en que el dentista, el hijo y la esposa cenan en casa de los abuelos. ¿Qué relatan los tres a sus familiares y qué preguntan los abuelos sobre el incidente con el alcalde?

Discusiones

1. Explica una situación de miedo y misterio que hayas visto en una película. ¿Qué técnicas o elementos empleó el director para trasmitirlos?

2. Describe una injusticia de escala inter/nacional cometida en la última década. ¿Qué pasó? ¿En dónde? ¿Con qué consecuencias? ¿Cómo se solucionó?

3. ¿Cuáles son los privilegios y los desafíos de ser militar o dentista hoy en día? ¿A qué carrera piensas dedicarte en el futuro? Describe sus ventajas y desventajas.

4. ¿Crees tú que tener armas en casa es una buena idea? ¿Por qué? Sugiere algunas ideas para proteger a los chicos contra la violencia armada en las escuelas.

5. ¿Cómo defines el poder? ¿Quién(es) lo tiene(n) en tu escuela/universidad? ¿Lo manejan de una manera justa? Da ejemplos.

6. Detalla las características de un buen líder. En tu opinión, ¿cuál líder (mujer u hombre) internacional personifica estas cualidades hoy día?

7. Si fueras presidente/a de tu país, ¿qué es lo primero que harías con respecto a mejorar las condiciones socioeconómicas para la gente de la clase trabajadora?

8. Termina esta declaración: «Un día de estos,...»

Comparaciones y contrastes

Discute el tema de la política y los niños y niñas en «Un día de estos», en «Emma» y en «Preguntas». Examina cómo informa cada narración.

21
Continuidad de los parques

~ Julio Cortázar ~

Argentina

«Ella debía ir por la senda que iba al norte.
Desde la senda opuesta, él se volvió un instante
para verla correr con el pelo suelto.»

Continuidad de los parques

Julio Cortázar *(1914–1984) often mixed fantasy and realism in his works. In "Continuidad de los parques," which first appeared in* Final del juego *(1964), a rancher, returning home after a business trip, settles into his green velvet armchair to finish a novel . . . and finds that he has unexpectedly become part of the plot.*

> CONTEXTO CULTURAL Tradicionalmente, los ricos terratenientes rurales de Argentina alquilaban sus tierras a granjeros. El propietario, o su administrador, vendía la cosecha y pagaba a estos granjeros un porcentaje del beneficio, una vez descontado el alquiler. En los últimos años más y más granjeros han emigrado a grandes ciudades, principalmente Buenos Aires.

Había empezado a leer la novela unos días antes. La abandonó por negocios urgentes, volvió a abrirla cuando regresaba en tren a la finca;° se dejaba interesar° lentamente por la trama,° por el dibujo° de los personajes. Esa tarde, después de escribir una carta a su apoderado° y

5 discutir con el mayordomo° una cuestión° de aparcerías,° volvió al libro en la tranquilidad del estudio que miraba° hacia el parque de los robles.° Arrellanado° en su sillón° favorito, de espaldas a la puerta que lo hubiera molestado° como una irritante posibilidad de intrusiones, dejó que su mano izquierda acariciara° una y otra vez el terciopelo° verde y se puso a

10 leer los últimos capítulos. Su memoria retenía sin esfuerzo los nombres y las imágenes° de los protagonistas; la ilusión novelesca° lo ganó° casi en seguida. Gozaba° del placer casi perverso de irse desgajando° línea a línea de lo que lo rodeaba,° y sentir a la vez° que su cabeza descansaba cómodamente° en el terciopelo del alto respaldo,° que los cigarrillos

15 seguían° al alcance° de la mano, que más allá de los ventanales° danzaba el aire del atardecer° bajo los robles. Palabra a palabra, absorbido por la sórdida disyuntiva° de los héroes, dejándose ir hacia las imágenes que se concertaban° y adquirían° color y movimiento, fue testigo° del último encuentro en la cabaña° del monte. Primero entraba la mujer,

20 recelosa;° ahora llegaba el amante, lastimada la cara por el chicotazo de una rama.[1] Admirablemente restañaba ella la sangre° con sus besos, pero él rechazaba° las caricias,° no había venido para repetir las ceremonias de una pasión secreta, protegida° por un mundo de hojas° secas y senderos° furtivos. El puñal se entibiaba contra su pecho,[2] y debajo latía°

25 la libertad agazapada.° Un diálogo anhelante° corría por las páginas

farm
se... he let himself get interested /
plot / description / attorney
estate manager / an issue /
share-cropping / faced / oaks
Comfortable / armchair
bothered
caress / velvet

images / novelistic / won him over
He was enjoying / **irse**...
separating himself / **de**... from
what surrounded him / **a**... at
the same time / comfortably /
back (of the chair)
= **estaban** / within the reach /
large windows / early evening

dilemma

were coming together / were
acquiring / **fue**... he witnessed
cabin

fearful

restañaba... she stopped the
bleeding / rejected / caresses

protected / leaves

paths / was beating

crouching, ready to spring /
anxious

---

[1] **lastimada... rama**   his face was bleeding where it had been scratched by a branch. Literally, his face injured by the whipping of a branch.

[2] **El puñal... pecho**   The dagger was getting warm against his chest.

154

como un arroyo de serpientes,° y se sentía que todo estaba decidido desde siempre. Hasta esas caricias que enredaban° el cuerpo del amante como queriendo retenerlo y disuadirlo, dibujaban abominablemente la figura de otro cuerpo que era necesario destruir. Nada había sido

30 olvidado: coartadas,° azares,° posibles errores. A partir de° esa hora cada instante tenía su empleo minuciosamente° atribuido.° El doble repaso despiadado[3] se interrumpía apenas para que una mano acariciara una mejilla.° Empezaba a anochecer.°

Sin mirarse ya, atados° rígidamente a la tarea que los esperaba,° se

35 separaron en la puerta de la cabaña. Ella debía seguir por la senda° que iba al norte. Desde la senda opuesta él se volvió un instante para verla correr con el pelo suelto.° Corrió a su vez, parapetándose en° los árboles y los setos,° hasta distinguir° en la bruma° malva° del crepúsculo° la alameda°que llevaba a la casa. Los perros no debían ladrar, y no ladraron.

40 El mayordomo no estaría° a esa hora, y no estaba. Subió° los tres peldaños° del porche y entró. Desde la sangre galopando° en sus oídos° le llegaban las palabras de la mujer: primero una sala azul, después una galería,° una escalera alfombrada.° En lo alto,° dos puertas. Nadie en la primera habitación, nadie en la segunda. La puerta del salón,° y entonces

45 el puñal en la mano, la luz de los ventanales, el alto respaldo de un sillón de terciopelo verde, la cabeza del hombre en el sillón leyendo una novela.

Julio Cortázar. «Continuidad de los parques», FINAL DEL JUEGO © Heirs of Julio Cortázar, 2012

arroyo... dry river bed inhabited by snakes / entangled

alibis / chance occurrences / **A partir de...** Starting from / meticulously / assigned

cheek / to get dark

bound / **los...** awaited them

path

loose / sheltering himself behind hedges / **hasta...** until he could make out / mist / mauve, purple / dusk poplar-lined path

was not supposed to be around / He (the lover) went up / steps / rushing / = **orejas**

corridor / carpeted / At the top

drawing room

Comprensión

¿Qué pasó?

1. ¿Dónde vivía el hombre? ¿Qué leía él?
2. ¿Por qué había abandonado la novela? ¿Cuándo volvió a leerla?
3. ¿Qué tareas hizo antes de sentarse a leer?
4. ¿Cómo era su sillón favorito? ¿Que actitud tenía hacia el sillón?
5. ¿De qué gozaba el hombre?
6. ¿En dónde entraron la mujer y el amante?
7. ¿Qué le había pasado al amante? ¿Qué tenía contra el pecho?
8. ¿Qué habían decidido hacer? ¿Por qué?
9. ¿Cuándo ocurrió la historia del amante y la mujer? ¿Qué hizo el amante al salir de la cabaña?
10. ¿En qué cuarto de la casa entró el amante? ¿Dónde estaba sentada la víctima? ¿Qué hacía?

[3] **El doble repaso despiadado**   The reviewing of the plans (**el repaso**) twice (**doble**) by the lovers, who showed no signs of remorse for what they were about to do (**despiadado**).

Audio

Despúes de escuchar la historia, indica si la idea es verdadera (**V**) o falsa (**F**).

1. V F   2. V F   3. V F   4. V F   5. V F   6. V F

Palabras

Sufijos aumentativos

Augmentative suffixes are less frequent than diminutives. They are used to indicate an increase in size. Sometimes they have a negative connotation.

| -ón | **la silla** *(chair)* | **el sillón** *(armchair)* |
| -ona | **la casa** *(house)* | **la casona** *(large rambling house)* |

Sometimes, however, the suffix indicates a decrease in size.

el montón *(pile)*   **el monte** *(mountain)*

Transformaciones

Da la palabra que corresponde a la expresión entre paréntesis en la segunda columna.

1. una pared   *(wall)*   un _____ *(large, high wall)*
2. un caldero   *(kettle)*   un _____ *(large kettle)*
3. una camisa   *(shirt)*   un _____ *(nightgown)*
4. una caja   *(box)*   un _____ *(chest)*

Excepción:

5. la rata   *(rat)*   el _____ *(mouse)*

Conexiones en contexto

Refiriéndote al cuento, empareja cada término de la Columna **A** con el *correspondiente* de la Columna **B**.

Los correspondientes

A	B
1. destruir	a. al mismo tiempo
2. furtivo/a	b. escalera
3. sendero	c. aniquilar
4. empezar	d. cómodo/a
5. regresar	e. perverso/a
6. a la vez	f. volver
7. tarea	g. comenzar
8. sórdido/a	h. secreto/a
9. arrellanado/a	i. empleo
10. peldaño	j. senda

Refiriéndote al cuento, empareja cada término de la Columna **A** con su opuesto de la Columna **B**.

Los opuestos

A	B
1. último/a	a. realidad
2. abominablemente	b. debajo
3. anochecer	c. palabra
4. ir	d. admirablemente
5. ahora	e. suelto/a
6. ilusión	f. después
7. rechazar	g. primero/a
8. atado/a	h. amanecer
9. en lo alto	i. venir
10. imagen	j. aceptar

Resumen

Vuelve a contar la historia, cambiando los verbos entre paréntesis al participio presente.

1. El hombre no pudo seguir *(leer)* _____ la novela porque tenía negocios urgentes. 2. Sin embargo, *(regresar)* _____ a la finca en tren, logró volver a leerla. 3. Fue a su estudio y, *(sentarse)* _____ en su sillón de terciopelo verde, gozaba del libro. 4. *(Saber)* _____ que los cigarrillos estaban al alcance de la mano, el hombre se puso a leer los últimos capítulos. La novela trataba de una mujer y su amante que planeaban un homicidio. 5. Leía que se separaban en la puerta de la cabaña, la mujer *(seguir)* _____ la senda que iba al norte y el amante *(esconderse)* _____ entre los árboles. 6. Entonces el amante, *(subir)* _____ los tres peldaños del porche y *(llevar)* _____ consigo un puñal, entró en la casa rápidamente, donde el hombre — la víctima — estaba sentado en el sillón verde de terciopelo *(disfrutar)* _____ de una novela.

Interpretación

Análisis

1. ¿Quién es el hombre leyendo la novela? ¿De qué clase social es? ¿Cuántos años tendrá? ¿Qué le fascina? Señala los datos en el relato.
2. ¿Cómo te imaginas a la mujer del relato? ¿rubia? ¿morena? ¿alta? ¿baja? ¿y al amante de la mujer? ¿Cuántos años tendrán ellos? ¿Cuál será su profesión?
3. ¿Qué significa el título? ¿Qué clase de parque se implica en el cuento? ¿Te parece que el título de este cuento es apropiado? ¿Por qué?
4. Cortázar crea un tono tranquilo y lento al principio del cuento y un desenlace rápido y violento. Explica la relación entre ellos. ¿Qué imágenes evocan?
5. ¿Por qué no ladraron los perros esa noche? ¿Por qué no estaba el mayordomo en la finca? ¿Es lógico conectar estos datos? ¿cómo? Explica.

6. Refiriéndote al cuento, analiza el lenguaje y el significado de esta metáfora de Cortázar: «Un diálogo anhelante corría por las páginas como un arroyo de serpientes.»
7. Crees que la novela dentro del cuento podría ser verdad y que el hombre leyéndola podría haber sido asesinado? ¿Cuál es la importancia de ese lector leyendo la novela?
8. ¿Qué piensas del relato? ¿Qué adjetivos usarías para describir y categorizarlo?

Ensayos

1. Basándote en la narración, interpreta el siguiente dicho: «El amor hace girar el mundo». ¿Es verdad? Explica.
2. Explica cómo termina el relato. Entonces, escoge uno de los siguientes títulos e inventa un final alternativo para el cuento: «Amor prohibido», «El poder de las palabras», «No te quiero más», «Engaño eterno».

Dramatizaciones

1. Dramatiza un diálogo inventado entre el roble y el seto del relato. ¿De qué se quejan? ¿Qué comentan sobre lo que habrá pasado esa noche *dentro y fuera* de aquella casa grande?
2. La mujer y dos hermanas conversan una semana antes del asesinato. ¿Qué planes les cuenta la mujer y qué consejos le dan sus hermanas?

Discusiones

1. ¿Cuáles son las características de una serpiente? Si te encontraras con una, cerca de un río en la región donde vives, ¿qué harías?
2. ¿Qué elementos de la naturaleza te dan miedo? ¿De noche, caminas por senderos en el bosque? Explica.
3. Inventa un cuentito de suspenso con 5 animales como protagonistas. Describe la acción.
4. Da ejemplos de supersticiones comunes. ¿Crees en el azar? ¿Por qué?
5. Resume la trama de tu película favorita sobre el amor. Categorízala: ¿será de amor apasionado, amor de familia, amor no correspondido, amor entre jóvenes o entre viejos? Explica el final.
6. ¿Por qué hay tanta violencia en el mundo actual? ¿Podemos eliminarla? ¿Cómo?

Comparaciones y contrastes

Discute el papel de la naturaleza como cómplice narrativo en «Continuidad de los parques» y en «Noche de fuga». ¿Qué elementos específicos de la naturaleza contribuyen al desarrollo y desenlace trágico en los cuentos? Cita ejemplos de cada cuento. ¿Qué sucede al final?

22
La conciencia

~ Ana María Matute ~

ESPAÑA

«Antonio preguntó: —¿Y ése, qué pinta ahí?
—Me dio lástima— dijo ella.— ...Es tan viejo...»

La conciencia

Ana María Matute (1926–) was born in Barcelona, Spain, and educated in Madrid. Her first novel, Los Abel, written when she was twenty-two, was translated into Italian and French. Today she is probably best known for her short stories. In "La conciencia," which was published in Historias de la Artámila (1961), she shows how we can become victims of our own feelings of guilt. For Mariana, the innkeeper, the arrival of an old vagabond on Ash Wednesday sets into motion a host of conflicting sentiments.

> CONTEXTO CULTURAL España es, predominantemente, un país católico. Aunque hoy día mucha gente no va regularmente a misa, muestran gran respeto por las celebraciones cristianas. El Miércoles de ceniza[1] es el primer día de Cuaresma, un período de cuarenta días de arrepentimiento antes de Pascua. Esta penitencia culmina el Viernes Santo, el día en que Jesús fue crucificado.

La llegada del vagabundo

Ya no podía más.° Estaba convencida de que no podría resistir más tiempo la presencia de aquel odioso° vagabundo. Estaba decidida a terminar. Acabar° de una vez,° por malo que fuera,° antes que soportar° su tiranía.

Llevaba cerca de quince días en aquella lucha.[2] Lo que no comprendía
5 era la tolerancia de Antonio para con° aquel hombre. No: verdaderamente, era extraño.

El vagabundo pidió hospitalidad por una noche: la noche del Miércoles de ceniza, exactamente, cuando se batía° el viento arrastrando° un polvo negruzco,° arremolinado,° que azotaba° los vidrios° de las
10 ventanas con un crujido° reseco.° Luego, el viento cesó.° Llegó una calma extraña a la tierra, y ella pensó, mientras cerraba y ajustaba los postigos.°

—No me gusta esta calma.

Efectivamente, no había echado° aún el pasador° de la puerta cuando llegó aquel hombre. Oyó su llamada sonando atrás,° en la puertecilla de
15 la cocina:

—Posadera[3]...

Mariana tuvo un sobresalto.° El hombre, viejo y andrajoso,° estaba allí, con el sombrero en la mano, en actitud de mendigar.°

Ya... She couldn't take it any longer / hateful

To end it / *de...* once and for all / *por...* no matter how bad it might be / *antes...* rather than put up with / *para...* toward

was blowing violently / dragging along / blackish / whirling / whipped / panes creaking / dry / stopped

shutters

thrown / bolt

in the back

tuvo... was startled / ragged

en... in a begging posture

---

[1] **Miércoles de ceniza**   Ash Wednesday, the first day of Lent, a period of forty days of penance before Easter.

[2] **Llevaba... lucha**   She had been struggling [with the situation] for about two weeks.

[3] **Posadera**   (Madam) Innkeeper. The vagabond uses this title as a polite form of address.

—Dios le ampare°... —empezó a decir. Pero los ojillos del vagabundo
20 le miraban de un modo extraño. De un modo° que le cortó las palabras.

Muchos hombres como él pedían la gracia del techo,° en las noches de
invierno. Pero algo había en aquel hombre que la atemorizó° sin motivo.

El vagabundo empezó a recitar su cantinela⁴ «Por una noche, que le
dejaran° dormir en la cuadra; un pedazo de pan y la cuadra: no pedía
25 más. Se anunciaba la tormenta...»

En efecto, allá afuera, Mariana oyó el redoble° de la lluvia contra los
maderos° de la puerta. Una lluvia sorda, gruesa,° anuncio de la tormenta
próxima.

—Estoy sola —dijo Mariana secamente°—. Quiero decir... cuando
30 mi marido está por los caminos° no quiero gente desconocida° en casa.
Vete,° y que Dios te ampare.

Pero el vagabundo se estaba quieto, mirándola. Lentamente, se puso
su sombrero, y dijo:

—Soy un pobre viejo, posadera. Nunca hice mal a nadie. Pido bien
35 poco: un pedazo de pan...

En aquel momento las dos criadas, Marcelina y Salomé, entraron
corriendo. Venían de la huerta,⁵ con los delantales° sobre la cabeza,
gritando y riendo. Mariana sintió un raro alivio° al verlas.

—Bueno —dijo—. Está bien... Pero sólo por esta noche. Que mañana
40 cuando me levante no te encuentre aquí...

El viejo se inclinó,° sonriendo, y dijo un extraño romance° de gracias.

Mariana subió la escalera y fue a acostarse. Durante la noche la
tormenta azotó° las ventanas de la alcoba y tuvo un mal dormir.°

En la cocina

A la mañana siguiente, al bajar a la cocina, daban° las ocho en el
45 reloj de sobre° la cómoda.° Sólo entrar se quedó sorprendida e irritada.
Sentado a la mesa, tranquilo y reposado,° el vagabundo desayunaba
opíparamente:° huevos fritos, un gran trozo° de pan tierno,° vino...
Mariana sintió un coletazo de ira,° tal vez entremezclado° de temor,° y se
encaró con° Salomé, que, tranquilamente se afanaba° en el hogar:°

50 —¡Salomé! —dijo, y su voz le sonó áspera,° dura—. ¿Quién te ordenó
dar a este hombre... y cómo no se ha marchado° al alba?°

Sus palabras se cortaban, se enredaban,° por la rabia° que la iba°
dominando. Salomé se quedó boquiabierta,° con la espumadera° en alto,°
que goteaba° contra el suelo.

55 —Pero yo... —dijo—. Él me dijo...

El vagabundo se había levantado y con lentitud se limpiaba los labios
contra la manga.°

le... protect you	
In such a way	
gracia... shelter	
frightened	
you might allow him	
beating	
boards / heavy	
dryly	
on the road / unknown	
Go away	
aprons	
relief	
bowed / ballad	
lashed at / **tuvo...** she didn't sleep well	
it was striking	
on top of / bureau	
rested	
splendidly / piece / soft, fresh	
coletazo... flash of anger / mixed / fear	
se... confronted / was working / hearth	
rough	
left / dawn	
got mixed up / rage / = estaba	
open-mouthed / skimmer / in the air	
was dripping	
sleeve	

---

⁴ **cantinela**   story. Una **cantinela** (or **cantilena**) is a ballad with a repeated refrain. Here, the vagabond always repeats the same phrases as he asks for a place to sleep (**la cuadra** *the stable*) and food
(**un pedazo de pan** *a piece of bread*).

⁵ **la huerta**   large kitchen garden, primarily for vegetables. **El huerto** usually contains fruit trees.
Here, **la huerta** refers to the vegetable garden, while **el huerto** refers to the orchard that surrounds
the inn.

—Señora —dijo—, señora, usted no recuerda... usted dijo anoche: «Que le den al pobre viejo una cama en el altillo,° y que le den de comer 60 cuanto pida.°» ¿No lo dijo anoche la señora posadera? Yo lo oía bien claro... ¿O está arrepentida° ahora?

    Mariana quiso decir algo, pero de pronto se le había helado la voz. El viejo la miraba intensamente, con sus ojillos negros y penetrantes. Dio media vuelta,° y desasosegada° salió por la puerta de la cocina, hacia el huerto.

En el huerto

65   El día amaneció gris, pero la lluvia había cesado.° Mariana se estremeció° de frío. La hierba estaba empapada,° y allá lejos la carretera° se borraba° en una neblina° sutil. Oyó detrás de ella la voz del viejo, y sin querer, apretó° las manos una contra otra.

    —Quisiera° hablarle algo, señora posadera... Algo sin importancia.

70   Mariana siguió inmóvil, mirando hacia la carretera.

    —Yo soy un viejo vagabundo... pero a veces, los viejos vagabundos se enteran° de las cosas. Sí: yo estaba *allí. Yo lo vi*, señora posadera. *Lo vi con estos ojos...*

    Mariana abrió la boca. Pero no pudo decir nada.

75   —¿Qué estás hablando ahí, perro? —dijo—. ¡Te advierto° que mi marido llegará con el carro a las diez, y no aguanta° bromas° de nadie!

    —¡Ya lo sé°, ya lo sé que no aguanta bromas de nadie! —dijo el vagabundo—. Por eso, no querrá que sepa nada°... nada de lo que *yo vi* aquel día. ¿No es verdad?

80   Mariana se volvió° rápidamente. La ira había desparecido. Su corazón latía,° confuso. «¿Qué dice? ¿Qué es lo que sabe...? ¿Qué es lo que vio?» Pero ató su lengua.[6] Se limitó a mirarle, llena de odio y de miedo. El viejo sonreía con sus encías° sucias y peladas.°

    —Me quedaré aquí un tiempo, buena posadera: sí, un tiempo, para 85 reponer° fuerzas,° hasta que vuelva el sol. Porque ya soy viejo y tengo las piernas muy cansadas. Muy cansadas...

    Mariana echó a° correr. El viento, fino, le daba° en la cara. Cuando llegó al borde del pozo° se paró. El corazón parecía salírsele del pecho.°

El regreso de Antonio

    Aquél fue el primer dia. Luego, llegó Antonio con el carro.° Antonio 90 subía° mercancias° de Palomar,[7] cada semana. Además de posaderos,° tenían el único comercio de la aldea.° Su casa, ancha y grande, rodeada por el huerto, estaba a la entrada del pueblo. Vivían con desahogo,° y en el pueblo Antonio tenía fama de rico.° «Fama de rico», pensaba Mariana, desazonada.° Desde la llegada del odioso vagabundo, estaba pálida, 95 desganada.° «Y si no lo fuera,° ¿me habría casado con él, acaso?°» No. No era difícil comprender por qué se había casado con aquel hombre

Glosses (right margin):
attic
cuanto... as much as he wants
sorry
Dio... She turned around / disturbed
stopped
shivered / wet / highway
disappeared / fog
she pressed
I would like
find out
I warn
no... he doesn't tolerate / jokes
Ya... I already know it
no... you don't want him to know anything
turned around
was beating
gums / bald (i.e., toothless)
to regain / strength
echó... began / **le...** hit, slapped her / well / **salírsele...** to leap out of her chest
(mule) wagon
would bring / merchandise / **Además...** In addition to being innkeepers / village
con... comfortably
fama... reputation of being rich
upset
listless / **si...** if he weren't (rich) / by any chance

[6] **Pero ató su lengua.** But she said nothing. Literally, she tied her tongue.
[7] **Palomar** small town in Spain.

brutal, que tenía catorce años más que ella. Un hombre hosco° y temido,°   sullen / feared
solitario. Ella era guapa. Sí: todo el pueblo lo sabía y decía que era guapa.
También Constantino, que estaba enamorado de ella. Pero Constantino
100   era un simple aparcero,° como ella. Y ella estaba harta de pasar hambre,°   sharecropper / **harta...** fed up with
y trabajos, y tristezas. Sí: estaba harta. Por eso se casó con Antonio.   being hungry

     Mariana sentía un temblor° extraño. Hacía cerca de quince días   trembling
que el viejo entró en la posada.° Dormía, comía y se despiojaba°   inn / cleaned himself of lice
descaradamente° al sol, en los ratos en que éste lucía,° junto a la puerta   impudently / was to be seen
105   del huerto. El primer día Antonio preguntó:

     —¿Y ése, qué pinta ahí?[8]

     —Me dio lástima —dijo ella, apretando° entre los dedos los flecos°   squeezing / fringe
de su chal°—. Es tan viejo... y hace tan mal tiempo...   shawl

La inquietud de Mariana

     Antonio no dijo nada. Le pareció que se iba hacia el viejo como para
110   echarle° de allí. Y ella corrió escaleras arriba.° Tenía miedo. Sí: tenía   to throw him out / **escaleras...**
mucho miedo... «Si el viejo vio a Constantino subir al castaño,° bajo la   upstairs / chestnut tree
ventana. Si le vio saltar a° la habitación,° las noches que iba Antonio con   jump into / bedroom
el carro, de camino°... ¿Qué podía querer decir, si no, con aquello de *lo vi*   on the road
todo, sí, lo vi con estos ojos?»

115   Ya no podía más. No: ya no podía más. El viejo no se limitaba a vivir
en la casa. Pedía dinero, ya. Había empezado a pedir dinero, también. Y
lo extraño es que Antonio no volvió a hablar de él. Se limitaba a ignorarle.
Sólo que, de cuando en cuando,° la miraba a ella. Mariana sentía la fijeza°   **de...** from time to time / steady gaze
de sus ojos grandes, negros y lucientes,° y temblaba.°   bright / trembled
120   Aquella tarde Antonio se marchaba a Palomar. Estaba terminando
de uncir° los mulos al carro, y oía las voces del mozo mezcladas° a las°   to harness / mixed / **= las voces**
de Salomé, que le ayudaba. Mariana sentía frío. «No puedo más. Ya no
puedo más. Vivir así es imposible. Le° diré que se marche, que se vaya.°   **= al vagabundo** / go away
La vida no es vida con esta amenaza.°» Se sentía enferma. Enferma de   threat
125   miedo. Lo de Constantino, por su miedo, había cesado. Ya no podía
verlo. La sola idea le hacía castañetear[9] los dientes. Sabía que Antonio la
mataría. Estaba segura de que la mataría. Le conocía bien.
     Cuando vio el carro perdiéndose por la carretera, Mariana bajó a la
cocina. El viejo dormitaba° junto al fuego.° Le contempló, y se dijo: «Si   was dozing / fire
130   tuviera valor° le mataría.» Allí estaban las tenazas° de hierro,° a su alcance.°   courage / tongs / iron / **a...** within
Pero no lo haría. Sabía que no podía hacerlo. «Soy cobarde. Soy una gran   her reach
cobarde y tengo amor a la vida.» Esto la perdía: «Este amor a la vida...»

La decisión

     —Viejo —exclamó. Aunque habló en voz queda,° el vagabundo abrió   quiet
uno de sus ojillos maliciosos. «No dormía», se dijo Mariana. «No dormía.
135   Es un viejo zorro.°»   fox

---

[8] **¿Y ése, qué pinta ahí?**   What is *he* doing around here? Literally, what is he painting?
[9] **castañetear**   to chatter or clack (*like* castanets: **las castañuelas**).

—Ven conmigo —le dijo—. Te he de hablar.° El viejo la siguió hasta el pozo. Allí Mariana se volvió a mirarle.

—Puedes hacer lo que quieras, perro. Puedes decirlo todo a mi marido, si quieres. Pero tú te marchas. Te vas de esta casa, en seguida...

140 El viejo calló° unos segundos. Luego, sonrió.

—¿Cuándo vuelve el señor posadero?

Mariana estaba blanca. El viejo observó su rostro° hermoso, sus ojeras.° Había adelgazado.°

—Vete —dijo Mariana—. Vete en seguida.

145 Estaba decidida. Sí: en sus ojos lo leía° el vagabundo. Estaba decidida y desesperada.° Él tenía experiencia y conocía esos ojos. «Ya no hay nada que hacer», se dijo, con filosofía. «Ha terminado el buen tiempo. Acabaron las comidas sustanciosas,° el colchón,° el abrigo.° Adelante, viejo perro, adelante. Hay que seguir.° »

150 —Está bien —dijo—. Me iré. Pero él° lo sabrá todo...

Mariana seguía en silencio. Quizás estaba aún más pálida. De pronto, el viejo tuvo un ligero temor: «Ésta es capaz de hacer algo gordo.° Sí: es de esa clase de gente que se cuelga° de un árbol o cosa así». Sintió piedad.° Era° joven, aún, y hermosa.

155 —Bueno —dijo—. Ha ganado la señora posadera.[10] Me voy... ¿qué le vamos a hacer? La verdad, nunca me hice demasiadas ilusiones... Claro que pasé muy buen tiempo aquí. No olvidaré los guisos° de Salomé ni el vinito° del señor posadero... No lo olvidaré. Me voy.

—Ahora mismo° —dijo ella, de prisa—. Ahora mismo, vete°... ¡Y

160 ya puedes correr, si quieres alcanzarle a él!° Ya puedes correr, con tus cuentos sucios, viejo perro...

El consejo

El vagabundo sonrió con dulzura.° Recogió° su cayado° y su zurrón.° Iba a salir, pero, ya en la empalizada,° se volvió:

—Naturalmente, señora posadera, *yo no vi nada*. Vamos: ni siquiera

165 sé° si había algo que ver. Pero llevo muchos años de camino, ¡tantos años de camino! Nadie hay en el mundo con la conciencia pura, ni siquiera° los niños. No: ni los niños siquiera, hermosa posadera. Mira a un niño a los ojos, y dile:° «¡Lo sé todo! Anda con cuidado...» Y el niño temblará. Temblará como tú, hermosa posadera.

170 Mariana sintió algo extraño, como un crujido,° en el corazón. No sabía si era amargo,° o lleno de una violenta alegría. No lo sabía. Movió los labios y fue a decir algo. Pero el viejo vagabundo cerró la puerta de la empalizada tras° él, y se volvió a mirarla. Su risa° era maligna,° al decir:

—Un consejo,° posadera: vigila° a tu Antonio. Sí: el señor posadero

175 también tiene motivos para permitir la holganza° en su casa a los viejos pordioseros.[11] ¡Motivos muy buenos, juraría° yo, por el modo° como me miró!

La niebla,° por el camino, se espesaba,° se hacía baja.° Mariana le vio partir, hasta perderse en la lejanía.°

Ana María Matute. «La conciencia», from the work HISTORIAS DE LA ARTAMILA © Ana María Matute, 1961.

---

[10] **Ha ganado la señora posadera. = La señora posadera ha ganado.**   Señora Innkeeper has won out.

[11] **pordioseros**   beggars (who request alms for the love of God: **por Dios**).

Glosses (right margin):

Te... I must talk to you

was silent

face

rings under her eyes / **Había...** She had lost weight.

read

desperate

substantial / mattress / shelter

Hay... You have to move on.

= Antonio

rash

hang themselves / He felt pity.

She was

stews

nice wine

Ahora... Right now / get out

alcanzarle... to reach him (Antonio)

gentleness / He picked up / walking stick / bag / at the fence

ni... I do not even know

not even

tell him

cracking

bitter

behind / laugh / malicious

advice / watch over

freeloading

would swear / **por...** judging from the way / fog / became thicker / **se...** was closing in distance

Comprensión

¿Qué pasó?

La llegada del vagabundo

1. ¿Cómo se llamaba la protagonista? Al comienzo del cuento, ¿qué era lo que ya no soportaba más?
2. ¿Cuánto tiempo hacía desde que el vagabundo había entrado en la casa?
3. ¿Qué pidió el vagabundo? ¿Qué tiempo hacía cuando llegó el vagabundo?
4. ¿Cómo era el hombre? ¿Qué sintió Mariana al verlo? ¿Qué cantinela empezó a recitar el vagabundo?
5. ¿Qué le dijo Mariana al vagabundo para que no se quedara en la casa? ¿Cómo le contestó al vagabundo?
6. ¿Quiénes entraron en la casa corriendo? ¿Qué le dijo entonces Mariana al vagabundo?

En la cocina

7. ¿A quién encontró Mariana al bajar a la cocina a la mañana siguiente?
8. ¿Cómo reaccionó Mariana? ¿Cómo le explicó él su presencia a Mariana?

En el huerto

9. ¿Qué más le dijo el vagabundo a Mariana? ¿Quién llegaría a las diez?
10. ¿Cómo le afectaron a Mariana las amenazas del vagabundo? ¿Qué declaró el vagabundo que haría? ¿Qué hizo Mariana?

El regreso de Antonio

11. ¿De dónde vino Antonio? ¿De qué tenía fama él? ¿Cómo era su personalidad?
12. ¿Por qué se casó Mariana con Antonio? ¿Quién era Constantino? ¿Qué pensaba él de Mariana?

La inquietud de Mariana

13. ¿Qué creía Mariana que había visto el viejo?
14. Cuando Antonio se marchó a Palomar, ¿qué pensamientos y sentimientos tenía Mariana?

La decisión

15. ¿Qué le ordenó Mariana al viejo?
16. ¿Cómo sabía el vagabundo que la señora estaba decidida?

El consejo

17. ¿Qué le confesó el viejo a Mariana antes de irse? ¿Cómo reaccionó ella?
18. ¿Qué consejos le dio el vagabundo a Mariana con respecto a su marido?

Audio

Despúes de escuchar la historia, indica si la idea es verdadera (**V**) o falsa (**F**).

1. V   F   2. V   F   3. V   F   4. V   F   5. V   F   6. V   F

Palabras

Familias de palabras

Spanish nouns derived from the feminine form of the past participle describe the result of the action of the verb.

entrar	*(to enter)*	→	**la entrada**	*(entrance)*
salir	*(to leave)*	→	**la salida**	*(exit)*

Transformaciones

Completa el sustantivo en español y da el significado en inglés.

1. llegar   *(to arrive)*   la ll_____   (a_____)
2. sacudir   *(to shake)*   la s_____   (s_____)
3. herir   *(to wound, injure)*   la h_____   (w_____)
4. mirar   *(to look at)*   la m_____   (g_____)
5. ir   *(to go)*   la i_____   (g_____)
6. volver   *(to return)*   la v_____   (r_____)
7. venir   *(to come)*   la v_____   (c_____)

Conexiones en contexto

Refiriéndote al cuento, empareja cada término de la Columna **A** con el *correspondiente* de la Columna **B**.

Los correspondientes

A	B
1. calma	a. miedo
2. extraño/a	b. rabia
3. gritar	c. exclamar
4. lentamente	d. desosegado/a
5. quieto/a	e. tranquilidad
6. amparar	f. raro/a
7. efectivamente	g. proteger
8. temor	h. quedo/a
9. desazonado/a	i. con lentitud
10. ira	j. en efecto

Refiriéndote al cuento, empareja cada término de la Columna **A** con su opuesto de la Columna **B**.

Los opuestos

A	**B**
1. inclinarse	a. fino/a
2. descaradamente	b. ahora mismo
3. tierno/a	c. áspero/a
4. confuso/a	d. hablar
5. odio	e. tranquilamente
6. luego	f. empezar
7. partir	g. volver
8. callar	h. amor
9. brutal	i. decidido/a
10. cesar	j. levantarse

Resumen

Vuelve a contar la historia, cambiando los infinitivos entre paréntesis al tiempo pretérito o imperfecto.

1. El vagabundo *(llevar)* _____ quince días en la casa.   2. La señora *(creer)* _____ que el vagabundo *(ser)* _____ odioso.   3. Cuando *(llegar)* _____ el vagabundo, una tormenta *(acercarse)* _____ a la casa.   4. Los ojos del vagabundo le *(dar)* _____ un aspecto extraño.   5. El hombre *(pedir)* _____ pan y techo, y Mariana le dijo que él *(poder)* _____ quedarse una noche.   6. A la mañana siguiente Mariana *(encontrar)* _____ al hombre en la cocina donde él *(acabar)* _____ de desayunar bien.   7. El hombre le *(decir)* _____ a Mariana que había visto algo aquel día.   8. Mariana *(limitarse)* _____ a mirarlo llena de odio y miedo.   9. El viejo *(sonreír)* _____ con sus encías sucias y peladas.   10. Cuando el vagabundo dijo que él *(quedarse)* _____ Mariana *(correr)* _____ hasta el borde del pozo.   11. El corazón de Mariana *(parecer)* _____ salírsele del pecho.   12. Todas las semanas su marido *(ir)* _____ a Palomar para conseguir mercancías.   13. Antonio *(ser)* _____ un hombre temido en el pueblo y él *(tener)* _____ fama de rico. 14. Mariana no *(llevar)* _____ una vida feliz con él porque realmente ella *(querer)* _____ a Constantino.   15. Mariana *(creer)* _____ que su esposo *(saber)* _____ la verdad, pero *(parecer)* _____ que estaba equivocada.   16. Antonio *(ignorar)* _____ al vagabundo quien *(comer)* _____ y *(dormir)* _____ mucho.   17. También el vagabundo le *(demandar)* _____ dinero a Mariana, que *(ponerse)* _____ enferma de tanto miedo.   18. Un día Mariana le dijo al vagabundo que *(tener)* _____ que irse.   19. El viejo *(ver)* _____ en los ojos de la mujer que ella *(estar)* _____ decidida.   20. Antes de salir el viejo afirmó que no *(haber)* _____ visto a nadie en el mundo con la conciencia pura.

Interpretación

Análisis

1. Describe al vagabundo: ¿cómo es su aspecto físico, su perfil social y su comportamiento personal? Analiza las descripciones que Matute desarrolla a lo largo del cuento. ¿Crees que él es malo? ¿Por qué?

2. ¿Qué atributos físicos y emocionales manifiestan Mariana y Antonio? Compara y contrasta las actitudes de nuestra posadera y su esposo hacia el vagabundo. ¿Qué pensamientos y sentimientos revelan los dos?

3. ¿Qué imagen de Constantino emana del relato? ¿y de Salomé y Marcelina? ¿Qué infieres sobre las condiciones socioeconómicas de España del siglo XX? Cita del relato.

4. Interpreta este refrán: «Antes que te cases, mira lo que haces». Relaciónalo con el comportamiento de Mariana y Antonio. ¿Cómo categorizas su matrimonio? Indica algunos detalles.

5. Explica el doble significado del árbol en la narración. Señala las circunstancias y los personajes involucrados. ¿Qué simboliza el árbol en cada instante?

6. Analiza los recursos lingüísticos y literarios que la autora Matute usa para retratar a los personajes. ¿Qué efecto producen en el lector? Cita ejemplos del cuento para formar tus caracterizaciones.

7. Describe la relación entre el clima inclemente y la acción del cuento.

8. Refiriéndote al vagabundo, ¿qué emociones temáticas nos revelan las siguientes declaraciones de Mariana: «Estoy sola», «Yo no puedo más», «Si tuviera valor le mataría», «Soy una gran cobarde y tengo amor a la vida»? Ponte en el lugar de ella. ¿Qué harías tú?

9. Refiriéndote a Mariana, muestra en el relato tres declaraciones del vagabundo que indiquen unas emociones temáticas. Analiza sus intenciones y signifcados.

10. ¿Con quién simpatizas tú más: Mariana, el vagabundo, Antonio o Constantino? ¿Por qué? ¿Con quién crees tú que simpatiza la autora? Explica.

11. ¿Qué pasaría en una escena con el vagabundo, Mariana, Antonio y Constantino?

12. Elabora los temas narrativos del amor y del desamor, y de la fidelidad y la infidelidad.

13. Nombra algunos términos lingüísticos y algunas referencias implícitas que integra Matute en el relato para indicar sentimientos de aislamiento y de odio.

14. Señala momentos narrativos en los cuales se describen situaciones o sentimientos de aprensión y de amenaza; y de cobardía y confianaza en la historia. ¿A qúe protagonistas afectan y cómo?

Ensayos

1. ¿Qué nos enseña este relato sobre la naturaleza de los seres humanos? Basándote en la narración, ¿qué te sugiere el título en cuanto a una moraleja? Si el título fuera «El vagabundo» o «Árbol de amor», ¿cómo cambiaría el desenlace?

2. Imagínate cuál puede ser el secreto de Antonio. Inventa y desarrolla la historia del secreto que él le oculta a Mariana. ¿Por qué se casó con ella? ¿Qué sabrá sobre Constantino? ¿Por qué no echó al vagabundo de la casa? Imitando el estilo de Matute, narra su historia en primera persona, inventando las ideas de Antonio.

Dramatizaciones

1. Dos semanas más tarde, Mariana y Constantino se encuentran a la entrada del pueblo. ¿Qué se dicen sobre el pasado, el presente y el futuro?
2. Dramatiza una escena en que Antonio interroga a las dos criadas, Salomé y Marcelina, sobre los eventos de las últimas dos semanas. ¿Qué les pregunta a ellas sobre el vagabundo, Mariana y Constantino? ¿Qué le responden ellas?

Discusiones

1. ¿Cuáles son las características del castaño, el árbol mencionado en el cuento? ¿y del roble? Haz una descripción de un árbol típico de tu región.
2. El cuento nos enseña que a veces la imaginación es peor que la propia realidad. ¿Te ha ocurrido alguna vez que lo que pensaste era mucho peor que lo que en realdiad era? ¿Por qué crees que ocurre esto?
3. Hay muchos/as desamparados/as en el mundo. ¿Qué obstáculos tendrá una persona sin vivienda? ¿Qué soluciones podría haber para resolver los problemas económicos de esas personas?
4. Define qué es para ti la conciencia. El vagabundo dice: «Nadie hay en el mundo con la conciencia pura, ni siquiera los niños». ¿Es verdad? ¿Por qué? ¡Sé valiente y cuenta un secreto tuyo!
5. ¿Cómo te afecta el clima en distintas estaciones del año? Describe una reciente tormenta terrible en tu región. ¿Qué consecuencias tuvo?
6. ¿Qué es más importante, el amor o el dinero? ¿Te casarías con una persona con dinero que tuviera 14 años más o menos que tú? Explica.

Comparaciones y contrastes

Matute, en «La conciencia» y Pardo Barzán, en «El décimo» combinan el diálogo y la descripción en sus narraciones. Nombra y analiza los distintos enfoques que estas autoras españolas quieren trasmitir. ¿Qué tono, voz y tensión narrativa resultan y qué desenlace producen en cada relato?

23
No oyes ladrar los perros

~ Juan Rulfo ~

México

«Tu madre, que descanse en paz, quería que te criaras fuerte…
No te tuvo más que a ti.»

No oyes ladrar los perros

Juan Rulfo (1918–1986), born in a small village in the state of Jalisco, Mexico, was orphaned as a young boy and educated first in Guadalajara and then in Mexico City. Both a photographer and a writer, he gained recognition as an accomplished stylist with the publication of El llano en llamas *(1953), a collection of fifteen stories describing the difficult life of campesinos. In "No oyes ladrar los perros,"[1] Rulfo explores the theme of* mala sangre—*the child who has gone astray—and the complexity of family relationships. As the story opens, the elderly father is carrying his injured son to the nearest village for medical attention.*

CONTEXTO CULTURAL La pequeña ciudad de Tonaya, en el estado de Jalisco, se sitúa a lo largo del río Tonaya, rodeada por colinas y montañas. Su iglesia de color blanco con su campanario y torre domina las pequeñas casas con techos de teja roja. A principios del siglo XIX, cuando la electricidad aún no había alcanzado el México rural, la oscuridad de la noche envolvía la ciudad. Los vecinos sabían de la llegada de un forastero por los ladridos de los perros.

En el camino

—Tú que vas allá arriba, Ignacio, dime si no oyes alguna señal de algo o si ves alguna luz en alguna parte.[2]

—No se ve nada.

—Ya debemos estar cerca.

5 —Sí, pero no se oye nada.

—Mira bien.

—No se ve nada.

—Pobre de ti,° Ignacio.

La sombra° larga y negra de los hombres siguió° moviéndose de
10 arriba abajo,° trepándose° a las piedras, disminuyendo y creciendo según° avanzaba por la orilla° del arroyo.° Era una sola sombra, tambaleante.°

La luna venía saliendo° de la tierra, como una llamarada° redonda.

—Ya debemos estar llegando a ese pueblo, Ignacio. Tú que llevas las orejas de fuera,[3] fíjate° a ver si no oyes ladrar° los perros. Acuérdate° que
15 nos dijeron que Tonaya estaba destrasito° del monte. Y desde qué horas que hemos dejado el monte. Acuérdate, Ignacio.

Pobre... You poor thing
shadow / continued
up and down / climbing / as
bank / stream / wavering
venía... was rising / flare

notice / to bark / Remember
right behind

---

[1] **«No oyes ladrar los perros»**   "You Can't Hear the Dogs Barking."

[2] As the story opens, the father asks his son whether he sees any lights or hears any sign (**señal**), such as the barking of dogs, which would indicate that they are finally approaching the village of Tonaya.

[3] **Tú... fuera**   You, who can hear well. Literally, you who have your ears in the open. The son is being carried on the father's shoulders, making it hard for the father to hear.

—Sí, pero no veo rastro° de nada.   *trace*

—Me estoy cansando.

—Bájame.

20   El viejo se fue reculando° hasta encontrarse con el paredón° y se   *se... backed up / thick wall*
recargó° allí, sin soltar° la carga° de sus hombros. Aunque se le doblaban°   *leaned / setting down / load*
las piernas, no quería sentarse, porque después no hubiera podido   *(= Ignacio) / were buckling*
levantar el cuerpo de su hijo, al que allá atrás, horas antes, le habían
ayudado a echárselo° a la espalda. Y así lo había traído desde entonces.   *load him on*

25   —¿Cómo te sientes?

—Mal.

Hablaba poco. Cada vez menos. En ratos° parecía dormir. En ratos   *At times*
parecía tener frío. Temblaba. Sabía cuándo le agarraba a su hijo el
temblor[4] por las sacudidas° que le daba, y porque los pies se le encajaban   *shakes*
30   en° los ijares° como espuelas.° Luego las manos del hijo, que traía trabadas   *se... would stick into / sides / spurs*
en° su pescuezo,° le zarandeaban° la cabeza como si fuera° una sonaja.°   *traía... were grabbing / neck / would shake / como... as if it were / rattle / would clench / to bite his tongue*

Él apretaba° los dientes para no morderse la lengua° y cuando
acababa aquello le preguntaba:

—¿Te duele mucho?

35   —Algo —contestaba él.

Primero le había dicho: «Apéame° aquí... Déjame aquí... Vete tú°   *Let me down / Vete... You go*
solo. Yo te alcanzaré° mañana o en cuanto me reponga° un poco». Se lo   *will catch up / en... once I get my strength back / ni... not even*
había dicho como cincuenta veces. Ahora ni siquiera° eso decía.

Allí estaba la luna. Enfrente de ellos. Una luna grande y colorada°   *reddish*
40   que les llenaba de luz los ojos y que estiraba° y oscurecía° más su sombra   *was stretching / was darkening*
sobre la tierra.

—No veo ya por dónde voy —decía él.

Pero nadie le contestaba.

El otro iba allá arriba, todo iluminado por la luna, con su cara
45   descolorida,° sin sangre,° reflejando una luz opaca. Y él acá abajo.   *pale / blood*

—¿Me oíste, Ignacio? Te digo que no veo bien.

Y el otro se quedaba callado.°   *silent*

Siguió caminando, a tropezones.° Encogía el cuerpo° y luego se   *a... stumbling / He would hunch over / se... he would straighten himself up / to stumble*
enderezaba° para volver a tropezar° de nuevo.

50   —Este no es ningún camino. Nos dijeron que detrás del cerro° estaba   *hill*
Tonaya. Ya hemos pasado el cerro. Y Tonaya no se ve, ni se oye ningún
ruido que nos diga que está cerca. ¿Por qué no quieres decirme qué ves,
tú que vas allá arriba, Ignacio?

—Bájame, padre.

55   —¿Te sientes mal?

—Sí.

—Te llevaré a Tonaya a como dé lugar.° Allí encontraré quien te   *a como... somehow*
cuide.° Dicen que allí hay un doctor. Yo te llevaré con él. Te he traído   *quien... someone who can take care of you / abandoned*
cargando desde hace horas y no te dejaré tirado° aquí para que acaben   *acaben... whoever comes by can finish you off*
60   contigo quienes sean.°

---

[4] **cuándo... temblor**   when his son would start to have a seizure. Literally, when a seizure would come
upon (overpower) his son.

Se tambaleó° un poco. Dio dos o tres pasos de lado y volvió a enderezarse.°

—Te llevaré a Tonaya.

—Bájame.

65 Su voz se hizo quedita,° apenas° murmurada:°

—Quiero acostarme un rato.

—Duérmete allí arriba.° Al cabo° te llevo bien agarrado.°

La luna iba subiendo, casi azul, sobre un cielo claro. La cara del viejo, mojada° en sudor,° se llenó de luz. Escondió los ojos para no mirar de frente, 70 ya que no podía agachar° la cabeza agarrotada° entre las manos de su hijo.

Los pecados del hijo

—Todo esto que hago, no lo hago por usted.[5] Lo hago por su difunta° madre. Porque usted fue su hijo. Por eso lo hago. Ella me reconvendría° si yo lo hubiera dejado tirado allí, donde lo encontré, y no lo hubiera recogido° para llevarlo a que lo curen,° como estoy haciéndolo. Es ella 75 la que me da ánimos,° no usted. Comenzando porque a usted no le debo más que puras dificultades, puras mortificaciones, puras vergüenzas.°

Sudaba al hablar. Pero el viento de la noche le secaba° el sudor. Y sobre el sudor seco, volvía a sudar.°

—Me derrengaré,° pero llegaré con usted a Tonaya, para que 80 le alivien° esas heridas° que le han hecho. Y estoy seguro de que, en cuanto° se sienta usted bien, volverá a sus malos pasos.° Eso ya no me importa. Con tal que° se vaya lejos, donde yo no vuelva a saber de usted.° Con tal de eso... Porque para mí usted ya no es mi hijo. He maldecido° la sangre que usted tiene de mí. La parte que a mí me toca° 85 la he maldecido. He dicho: «¡Que se le pudra° en los riñones la sangre que yo le di!»[6] Lo dije desde que supe que usted andaba trajinando° por los caminos, viviendo del robo y matando gente... Y gente buena. Y si no,° allí está mi compadre° Tranquilino. El que lo bautizó° a usted. El que le dio su nombre. A él también le tocó la mala suerte de encontrarse 90 con usted.[7] Desde entonces dije: «Ése no puede ser mi hijo».

—Mira a ver si ya ves algo. O si oyes algo. Tú que puedes hacerlo desde allá arriba, porque yo me siento sordo.

—No veo nada.

—Peor para ti, Ignacio.

95 —Tengo sed.

—¡Aguántate!° Ya debemos estar cerca. Lo que pasa es que ya es muy noche° y han de haber apagado° la luz en el pueblo. Pero al menos° debías de oír si ladran los perros. Haz por oír.°

---

[5] Here the father is reprimanding his son and he switches from **tú** to **usted**. This shift in form of address is common when a parent scolds a child or other loved one.

[6] **¡Que... di!** May the blood I gave you rot in your heart! Literally, in your kidneys, that is, in the center of the body.

[7] **A él... usted.** He, too, had the bad luck of meeting you. Literally, the bad luck befell him of meeting you. (The father implies that the son attacked his own godfather on the highway.)

He swayed

volvió... straightened up again

se... became muffled / barely / whispering

allí... up there [on my shoulders] / **Al...** At least / **te...** I am holding you very tightly
wet / with sweat

lower / caught

= muerta

would reprimand

picked up / **a...** to people who can make you well / courage

shame

was drying

volvía... he started sweating again / **Me...** I will break my back

they cure / wounds
en... as soon as / **malos...** bad ways
Provided that

yo... I won't hear about you again / cursed / **que...** that is my share
rot

going here and there

si... if you don't believe me / friend (Ignacio's godfather) / baptized

Bear it!

muy... very dark / **han...** they must have turned off / **al menos...** at least / **Haz...** Try to hear.

—Dame agua.

100   —Aquí no hay agua. No hay más que piedras. Aguántate. Y aunque la hubiera,° no te bajaría a tomar agua. Nadie me ayudaría a subirte° otra vez y yo solo no puedo.

    —Tengo mucha sed y mucho sueño.

    —Me acuerdo cuando naciste. Así eras entonces. Despertabas con
105 hambre y comías para volver a dormirte. Y tu madre te daba agua, porque ya te habías acabado° la leche de ella. No tenías llenadero.° Y eras muy rabioso.° Nunca pensé que con el tiempo se te fuera a subir aquella rabia a la cabeza...[8] Pero así fue. Tu madre, que descanse° en paz, quería que te criaras° fuerte. Creía que cuando tú crecieras° irías a ser su sostén.° No te
110 tuvo más que a ti.° El otro hijo que iba a tener la mató.[9] Y tú la hubieras° matado otra vez si ella estuviera viva° a estas alturas.°

    Sintió que el hombre aquel que llevaba sobre sus hombros dejó de apretar las rodillas° y comenzó a soltar° los pies, balanceándolos° de un lado para otro.° Y le pareció que la cabeza, allá arriba, se sacudía° como
115 si sollozara.°

    Sobre su cabello° sintió que caían gruesas° gotas, como de lágrimas.

    —¿Lloras, Ignacio? Lo hace llorar a usted el recuerdo de su madre, ¿verdad? Pero nunca hizo usted nada por ella. Nos pagó siempre mal. Parece que, en lugar de cariño, le hubiéramos retacado el cuerpo° de
120 maldad.° ¿Y ya ve? Ahora lo han herido.° ¿Qué pasó con sus amigos? Los mataron a todos. Pero ellos no tenían a nadie. Ellos bien hubieran podido decir:° «No tenemos a quien darle nuestra lástima°». ¿Pero usted, Ignacio?

La llegada al pueblo

    Allí estaba ya el pueblo. Vio brillar los tejados° bajo la luz de la luna.
125 Tuvo la impresión de que lo aplastaba° el peso° de su hijo al sentir que las corvas° se le doblaban° en el último esfuerzo.° Al llegar al primer tejabán° se recostó° sobre el pretil de la acera[10] y soltó el cuerpo, flojo,° como si lo hubieran descoyuntado.°

    Destrabó° difícilmente los dedos con que su hijo había venido
130 sosteniéndose° de su cuello y, al quedar libre, oyó cómo por todas partes ladraban perros.

    —¿Y tú no los oías, Ignacio? —dijo. No me ayudaste ni siquiera con esta esperanza.

Juan Rulfo. «No oyes ladrar los perros». *El llano en llamas* © Juan Rulfo, herederos de Juan Rulfo, 1953.

---

[8] **Nunca... cabeza...**   I never thought that, as you grew older, such a crazy rage would take hold of your mind . . . Literally, I never thought that with [the passage of] time such a rage would go to your head. (The father is referring to the fact that his son has become a highway robber and murderer.)

[9] **El otro... mató.**   The other son she was going to have killed her. (The mother died in childbirth, as did the second son.)

[10] **el pretil de la acera**   the stone wall along the walk. In Mexican villages, especially those built against a hillside, there are often retaining walls at the edge of the footpaths.

Glossary (margin):

aunque... even if there were some / to lift you up

finished / **No...** You couldn't be filled.
bad-tempered
que... may she rest
you grow / grew up / support
No... She had nobody but you. / would have / **hubieras...** were alive / **a...** now

dejó... stopped holding on with his knees / to relax / swinging them / **de...** from side to side / was shaking / he were sobbing

hair / big

le... we filled your body
wickedness / wounded

hubieran... could have said / sorrow

roofs

was crushing / weight
backs of his knees / were buckling under / effort / roofed house / he leaned/ limp / disjointed
He unfastened
holding himself

Comprensión

¿Qué pasó?

En el camino

1. ¿Quiénes son los dos personajes principales? ¿Qué se oye? ¿Qué se ve?
2. ¿Por qué hay una sola sombra larga y negra de los dos hombres? ¿Dónde están?
   ¿Cómo es el camino? ¿Adónde van los dos hombres?
3. ¿Qué hora es? ¿Qué esperan oír ellos? ¿Por qué?
4. ¿Dónde está Tonaya?
5. ¿Quién carga a quién? ¿Cómo está el padre? ¿Qué le dice Ignacio?
6. ¿Qué le pregunta el padre a Ignacio? ¿Por qué lleva a su hijo a Tonaya?

Los pecados del hijo

7. ¿Cuál es la razón por la cual el padre hace todo esto? ¿Por qué ha maldecido el padre
   al hijo?
8. ¿Qué le pasó al compadre Tranquilino?
9. ¿Cómo era Ignacio de niño? ¿Qué creía su madre que Ignacio sería cuando creciera?
   ¿De qué murió la madre? ¿Cómo reacciona el hijo a lo que le dice el padre?
10. ¿Qué les ocurrió a los amigos de Ignacio? ¿y a Ignacio?

La llegada al pueblo

11. ¿Qué oye el padre al llegar al pueblo?
12. ¿Qué le dice entonces al hijo?

Audio

Despúes de escuchar la historia, indica si la idea es verdadera (**V**) o falsa (**F**).

1. V   F   2. V   F   3. V   F   4. V   F   5. V   F   6. V   F

Palabras

Palabras con cambio de vocal
Spanish words with **ie** or **ue** in the stressed syllable are often related to English words with **e** or **o**.

ie ↔ e	la t**ie**rra	[t**e**rrain]	*earth, ground*
ue ↔ o	el c**ue**rpo	[c**o**rpse]	*body*

Transformaciones
Completa cada palabra de la columna **B** con la vocal correcta. Luego, para cada palabra de la columna **A**, da el significado en inglés en la columna **C**.

A	B	C
1. el diente	d____ntist	t____
2. el viento	v____ntilator	w____
3. ciento	c____nt	h____
4. la serpiente	serp____nt	s____
5. la puerta	p____rtal	d____
6. la muerte	m____rtuary	d____
7. fuerte	f____rceful	s____
8. la muela	m____lar	t____
9. el cuello	c____llar	n____

Conexiones en contexto
Refiriéndote al cuento, empareja cada término de la Columna **A** con el *correspondiente* de la Columna **B**.

Los correspondientes

A	B
1. apearse	a. pálido/a
2. paredón	b. médico
3. cerro	c. sin hablar
4. mojado/a	d. colorado/a
5. descolorido/a	e. pared
6. la maldad	f. colina
7. callado/a	g. furioso/a
8. rojo/a	h. lleno/a de sudor
9. doctor	i. bajarse
10. rabioso/a	j. mal

Refiriéndote al cuento, empareja cada término de la Columna **A** con su *opuesto* de la Columna **B**.

Los opuestos

A	B
1. disminuir	a. sentarse
2. soltar	b. enfrente
3. subir	c. claro/a
4. sombra	d. arriba
5. abajo	e. bajar
6. seco/a	f. crecer
7. opaco/a	g. llegar
8. detrás	h. apretar
9. salir	i. luz
10. enderezarse	j. mojado/a

Resumen

Vuelve a contar la historia, cambiando los verbos entre paréntesis al tiempo pretérito o imperfecto.

1. El padre (*cargar*) _____ a su hijo Ignacio hacia el pueblo detrás del cerro.   2. El camino (*ser*) _____ difícil y (*cansarse*) _____ mucho el pobre viejo por la carga.   3. Sin embargo, el padre (*seguir*) _____ cargando al hijo.   4. El viejo no (*poder*) _____ ver nada.   5. Ignacio, que (*ir*) _____ allá arriba, no (*ver*) _____ nada tampoco.   6. De vez en cuando el padre le (*preguntar*) _____ a Ignacio cómo (*sentirse*) _____ .   7. Tonaya (*estar*) _____ lejos y el viejo (*impacientarse*) _____ .   8. Ignacio (*tener*) _____ ganas de acostarse.   9. El hijo no (*querer*) _____ seguir el viaje, pero al padre la memoria de la madre le (*dar*) _____ ánimos de continuar.   10. El padre (*acordarse*) _____ de cuando (*nacer*) _____ Ignacio. También el viejo (*regañar*) _____ al hijo y (*maldecir*) _____ la sangre que (*llevar*) _____ .   11. Ignacio (*quedarse*) _____ callado.   12. Al llegar al pueblo el viejo (*oír*) _____ que por todas partes (*ladrar*) _____ los perros.

Interpretación

Análisis

1. Describe brevemente la personalidad de Ignacio y de su padre. Nombra dos adjetivos que pueden describir a cada uno. Caracteriza la comunicación entre ellos. ¿Qué temática emana de ella?
2. ¿Cómo les habrá impactado a Ignacio y a su padre la muerte de la mamá? ¿y la memoria de lo que pensaba y sentía ella? Imagínate que la madre viviera. ¿Cómo cambiaría el cuento?
3. Compara y contrasta el dolor físico del hijo con el sufrimiento psíquico del padre, y vice versa.
4. Ignacio le pide a su padre *repetidamente* que lo baje. El padre le dice a Ignacio que no le debe «más que *puras* dificultades, *puras* mortificaciones, *puras* vergüenzas». El narrador añade sobre el padre: «*Sudaba* al hablar...Y sobre el *sudor* seco, volvía a *sudar*». Analiza el efecto que te produce esta técnica estilística y narrativa de Rulfo.

5. ¿Qué papel vital desempeña el segundo hijo en la historia? Cita alguna parte del cuento.
6. Define los motivos para *estar cansado* que tiene el padre durante el trascurso de la narración. ¿y el hijo? Explica las semejanzas y las diferencias. ¿Qué conflictos paralelos tienen?
7. Interpreta esta cita del cuento: «La luna venía saliendo de la tierra, como una llamarada redonda». Elabora el impacto de la naturaleza en la narración. ¿Qué influencia tienen la luz y la sombra en el cuento? ¿En qué instantes?
8. ¿Qué actitudes y acciones revelan la manifestación del rencor y del resentimiento en el relato? ¿De parte de quién? ¿En qué momentos?
9. Explica el desenlace del cuento. ¿Qué crees que les pasa a Ignacio y a su padre? ¿Qué lenguaje utiliza Rulfo para crear el ambiente en el relato? ¿Qué visión de la vida presenta?
10. Descifra los temas de crítica y cariño a lo largo del relato. ¿Qué personajes encarnan estas características y en qué circunstancias?
11. Cargando a Ignacio sobre la espalda, el padre tiene que ir lejos, al pueblo de Tonaya, para buscar médico. Describe cómo les afecta el viaje a los dos. ¿Qué nos manifiesta sobre su clase social y sobre los pueblos mexicanos del relato?
12. Describe el significado que tiene el ladrar de los perros para el padre y el hijo.

Ensayos
1. Hay un refrán popular que dice: «Cuando la vida te presente razones para llorar, demuéstrale que tienes mil y una razones para reír». Teniendo en cuenta esta filosofía, vuelve a contar la historia con un final positivo.
2. ¿Cómo defines el amor incondicional? Se puede aplicar a este cuento? Explica lo que piensas, con referencias a la narración. Si fueras el padre, ¿qué harías tú?

Dramatizaciones
1. Imagínate que Tranquilino se le aparece a Ignacio en un sueño. ¿Qué le confiesa el ahijado sobre el pasado y qué le aconseja el padrino sobre el futuro?
2. Dramatiza una escena inventada en que el padre de Ignacio les cuenta a los abuelos su desilusión y desesperanza con respecto a las pérdidas y problemas de su vida. ¿Cómo es su conversación?

Discusiones
1. ¿Qué significa para ti ser fuerte? Define los componentes de la fortaleza. Da ejemplos.
2. ¿Cuáles son las responsabilidades de un padrino o una madrina hacia los/las ahijados/as? ¿Qué tradiciones se establecen con ellos/ellas? ¿Quieres tener un/a ahijado/a un día? ¿Por qué?
3. En tu opinión, ¿cuáles son las responsabilidades de los hijos con respecto a sus padres? ¿Qué esperas tú de los otros miembros de tu familia?
4. ¿Piensas tener hijos algún día? ¿Cuáles son los valores más importantes que quieres enseñarles a tus hijos?
5. Cita algún ejemplo de la *amistad* incondicional.
6. Relata una noticia del periódico o Internet sobre un crimen que describa actos de maldad de una persona o un grupo. Incluye detalles sobre quiénes, dónde, cuándo, qué y cuál fue el resultado. ¿Crees que es posible reformar el mal comportamiento de una persona? Explica.

Comparaciones y contrastes
¿Qué señala literal y figurativamente el aullar de los perros en «No oyes ladrar los perros» y en «Bernardino»? ¿Qué simbolizan? Analiza algunas ironías notadas en los dos cuentos.

24
Al correr los años

~ Miguel de Unamuno ~

ESPAÑA

«Y había entre Juan y Juana un secreto...
y cuando... su Juan menos lo sospechaba,
lo sorprendió, besando un retrato.»

Al correr los años

Miguel de Unamuno (1864–1936), born in Bilbao, was one of the writers of his generation who most strongly influenced Spanish politics. His works include poetry, essays, novels, and short stories. In "Al correr los años,"[1] which appeared in El espejo de la muerte, Unamuno describes the events marking the long married life of Juan and Juana. In what should be a peaceful retirement, Juana now is beginning to suspect her husband of infidelity. Who is the young woman whose portrait he hides in his wallet?

CONTEXTO CULTURAL Las fotografías para la tarjeta de visita son pequeñas copias de albúminas montadas en tarjetas de 2,5 x 4 pulgadas (6 x 9 centímetros). Fueron inventadas en Francia en 1858 y pronto fueron muy famosas tanto en España como en muchos otros países de todo el mundo. Debido a su bajo coste, todo el mundo pudo permitirse tener sus propias fotografías de albúminas.

Juan y Juana

Juan y Juana se casaron después de largo noviazgo,° que les permitió conocerse, y más bien que conocerse, hacerse el uno al otro. Conocerse no, porque dos novios, lo que no se conocen en ocho días no se conocen tampoco en ocho años, y el tiempo no hace sino echarles sobre los
5 ojos un velo° —el denso velo del cariño— para que no se descubran mutuamente los defectos, o, más bien, se los conviertan a los encantados° ojos en virtudes.°

Juan y Juana se casaron después de un largo noviazgo, y fue como continuación de éste su matrimonio.

10 La pasión se les quemó° como mirra° en los transportes de la luna de miel,° y les quedó lo que entre las cenizas° de la pasión queda, y vale mucho más que ella: la ternura.° Y la ternura en forma de sentimiento de la convivencia.°

Llegaron pronto Juan y Juana a la ternura de convivencia, para la que
15 su largo noviciado al matrimonio les preparara. Y a las veces, por entre la tibieza de la ternura asomaban llamaradas del calor de la pasión.

Y así corrían los días.°

Por fin, un día Juana le dijo algo al oído° a Juan —aunque estaban solos y muy lejos de toda otra persona; pero es que en casos tales se juega
20 al secreto— y el abrazo° de Juan a Juana fue el más apretado° y el más caluroso° de cuantos abrazos hasta entonces le había dado. Por fin, la convivencia triunfaba hasta en la carne,° trayendo a ella una nueva vida.

	engagement
	veil
	charmed
	virtues
	burned / myrrh
	luna... honeymoon / ashes
	tenderness
	living together in harmony
	Y... And that's how the days went by
	ear
	embrace / tight
	warm
	flesh

---

[1] **«Al correr los años»**   "As the Years Go By."

180

Y vino el primer hijo, la novedad,° el milagro.° A Juan le parecía casi imposible que aquello, salido de su mujer, viviese,° y más de una noche, al
25 volver a casa, inclinó su oído sobre la cabecita° del niño, que en su cama dormía, para oír si respiraba.° Y se pasaba largos ratos con el libro abierto delante, mirando a Juana cómo daba la leche de su pecho° a Juanito.

    Y corrieron dos años, y vino otro hijo, que fue hija —pero, señor, cuando se habla de masculinos y femeninos, ¿Por qué se ha de aplicar a
30 ambos aquel género° y no éste?—, y se llamó Juanita, y ya no le pareció a Juan, su padre, tan milagroso, aunque tan doloroso° le tembló al darlo a luz a Juana,° su madre.

    Y corrieron años, y vino otro, y luego otro, y más después otro, y Juan y Juana se fueron cargando° de hijos. Y Juan sólo sabía el día del natalicio°
35 del primero, y en cuanto a los demás,° ni siquiera hacia qué mes habían nacido. Pero Juana, su madre, como los contaba por dolores, podía situarlos en el tiempo. Porque siempre guardamos en la memoria° mucho mejor las fechas de los dolores° y desgracias° que no las de los placeres° y venturas.° Los hitos° de la vida son dolorosos más que placenteros.°

40   Y en este correr de años y venir de hijos, Juana se había convertido, de una doncella fresca y esbelta,[2] en una matrona otoñal° cargada de carnes,° acaso en exceso. Sus líneas se habían deformado en grande; la flor de la juventud se le había ajado.° Era todavía hermosa,° pero no era bonita° ya. Y su hermosura° era ya más para el corazón que para los ojos.
45 Era una hermosura de recuerdos,° no ya de esperanzas.°

    Y Juana fue notando que a su hombre Juan se le iba modificando el carácter según los años sobre él pasaban, y hasta la ternura de la convivencia se le iba entibiando.° Cada vez eran más raras aquellas llamaradas de pasión que en los primeros años de hogar[3] estallaban° de
50 cuando en cuando de entre los rescoldos° de la ternura. Ya no quedaba sino ternura.[4]

    Y la ternura pura se confunde a las veces casi con el agradecimiento° y hasta confina con la piedad.° Ya a Juana los besos de Juan, su hombre, le parecían más que besos a su mujer, besos a la madre de sus hijos, besos
55 empapados° de gratitud por habérselos dado tan hermosos y buenos; besos empapados acaso de piedad por sentirla declinar° en la vida. Y no hay amor verdadero y hondo,° como era el amor de Juana a Juan, que se satisfaga con agradecimiento ni con piedad. El amor no quiere ser agradecido° ni quiere ser comprendido. El amor quiere ser amado
60 porque sí, y no por razón alguna, por noble que ésta sea.[5]

    Pero Juana tenía ojos y tenía espejo, por una parte, y tenía, por otra, a sus hijos. Y tenía, además, fe° en su marido y respeto a él. Y tenía, sobre todo, la ternura, que todo lo allana.°

---

[2] **una doncella fresca y esbelta**   a young and slender maiden. Literally, **fresca** means fresh.

[3] **en los primeros años de hogar**   in the first years of marriage. (**hogar** = hearth)

[4] **Ya... ternura.**   There was nothing remaining but tenderness.

[5] **El amor... sea.**   Love wants to be loved for itself, and not for any other reason, however noble that reason might be.

Glossary (margin):

novelty / miracle
could live
little head
was breathing
daba... was nursing

sex, gender
painful
le... Juana trembled giving birth

loaded / = **cumpleaños**
en... as for the others

guardamos... we remember
pains / misfortunes / pleasures
fortunes / milestones / pleasureable

= **del otoño**
cargada... carrying weight
se... had faded / beautiful
pretty / beauty
memories / hopes

cooling off
were bursting out
embers

gratefulness
confina... bordering on pity

soaked
to grow old
= **profundo**

thanked

faith
overcomes

El secreto de Juan

Mas creyó notar preocupado y mustio° a su Juan, y a la vez que   = triste
65 mustio y preocupado, excitado. Parecía como si una nueva juventud
le agitara la sangre° en las venas. Era como si al empezar su otoño, un   blood
veranillo de San Martín[6] hiciera brotar° en él flores tardías que habría de   blossom
helar° el invierno.   **habría**... would freeze

Juan estaba, sí, mustio; Juan buscaba la soledad;° Juan parecía pensar   solitude
70 en cosas lejanas cuando su Juana le hablaba de cerca; Juan andaba
distraído.° Juana dio en observarle y en meditar, más con el corazón   distracted
que con la cabeza, y acabó por descubrir° lo que toda mujer acaba por   **acabó**... ended up by
descubrir siempre que fía° la inquisición al corazón y no a la cabeza: discovering / **fía**... trusts
descubrió que Juan andaba enamorado. No cabía duda alguna de ello.[7]

75 Y redobló Juana de cariño° y de ternura y abrazaba° a su Juan como   **redobló**... Juana was burning
para defenderlo de una enemiga invisible, como para protegerlo de una   with love / hugged
mala tentación,° de un pensamiento malo. Y Juan, medio adivinando°   temptation / guessing
el sentido de aquellos abrazos de renovada pasión, se dejaba querer y
redoblaba ternura, agradecimiento y piedad. Y había entre Juan y Juana
80 un secreto patente a ambos,° un secreto en secreto confesado.   **patente**... obvious to both

Y Juana empezó a acechar° discretamente a su Juan buscando el   to watch
objeto de la nueva pasión. Y no lo hallaba.° ¿A quién, que no fuese ella,°   **no**... didn't find it / **que**... other
amaría Juan?   than her

Hasta que un día, y cuando él y donde él, su Juan, menos lo
85 sospechaba,° lo sorprendió, sin que él se percatara de ello, besando un   **menos**... not in the least
retrato.° Y se retiró angustiada, pero resuelta° a saber de quién era el   suspecting / portrait, photo /
retrato. Y fue desde aquel día una labor astuta, callada y paciente, siempre   resolved
tras el misterioso retrato, guardándose la angustia, redoblando su pasión,
de abrazos protectores.

90   ¡Por fin! Por fin un día aquel hombre prevenido° y cauto,° aquel hombre   alert/ cautious
tan astuto y tan sobre sí siempre dejó —¿sería adrede?°—, dejó al descuido°   **sería**... would it be knowingly / **al**...
la cartera en que guardaba el retrato. Y Juana temblorosa,° oyendo las   carelessly / trembling, shaking
llamadas° de su propio corazón que le advertía,° llena de curiosidad, de   calls / was warning
celos,° de compasión, de miedo y de vergüenza,° echó mano a° la cartera.   jealousy / shame / **echó**... got
95 Allí, allí estaba el retrato; sí, era aquél, aquél, el mismo; lo recordaba bien.   hold of
Ella no lo vio sino por el revés° cuando su Juan lo besaba apasionado, pero   back
aquel mismo revés, aquel mismo que estaba entonces viendo.

Se detuvo° un momento, dejó la cartera, fue a la puerta, escuchó un   **Se**... She stopped
rato y luego la cerró. Y agarró° el retrato, le dio la vuelta y clavó en él los   she grabbed
100 ojos.°   **clavó**... riveted her eyes on it

El retrato

Juana quedó atónita,° pálida primero y encendida de rubor° después;   astonished / **encendida**... flushed
dos gruesas° lágrimas rodaron° de sus ojos al retrato, y luego las enjugó°   big / rolled / wiped

---

[6] **un veranillo de San Martín**   a warm fall 'Indian summer' day. The feast of Saint Martin is celebrated
on November 11.

[7] **No cabía... ello.**   There was no doubt about it.

besándolo... Aquel retrato era un retrato de ella, de ella misma, sólo que..., ¡ay!, póstumo; cuán fugaces° corren los años! Era un retrato de ella 105 cuando tenía veintitrés años, meses antes de casarse; era un retrato que Juana dio a su Juan cuando eran novios.

    Y ante el retrato resurgió a sus ojos todo aquel pasado de pasión, cuando Juan no tenía una sola cana° y era ella esbelta y fresca como un pimpollo.°

110   ¿Sintió Juana celos de sí misma? O mejor, ¿sintió la Juana de los cuarenta y cinco años celos de la Juana de los veintitrés, de su otra Juana? No, sino que sintió compasión de sí misma, y con ella, ternura, y con la ternura, cariño.

    Y tomó el retrato y se lo guardó en el seno.°

115   Cuando Juan se encontró sin el retrato en la cartera receló° algo y se mostró inquieto.

    Era una noche de invierno, y Juan y Juana, acostados° ya los hijos, se encontraban solos junto al fuego del hogar,° Juan leía un libro; Juana hacía labor. De pronto, Juana dijo a Juan:

120   —Oye, Juan, tengo algo que decirte.

    —Di, Juana, lo que quieras.

    Como los enamorados, gustaban de repetirse uno a otro el nombre.

    —Tú, Juan, guardas un secreto.

    —¿Yo? ¡No!

125   —Te digo que sí, Juan.

    —Te digo que no, Juana.

    —Te lo he sorprendido; así es que no me lo niegues,° Juan.

    —Pues si es así, descúbremelo.[8]

    Entonces Juana sacó el retrato, y alargándoselo° a Juan, le dijo con 130 lágrimas en la voz:

    —Anda, toma y bésalo cuanto quieras,° pero no a escondidas.°

    Juan se puso encarnado, y apenas repuesto de la emoción de sorpresa tomó el retrato, le echó al fuego y acercándose a Juana y tomándola en sus brazos y sentándola sobre sus rodillas,° que le temblaban, le dio un 135 largo y apretado beso en la boca, un beso en que de la plenitud de la ternura refloreció la pasión primera. Y sintiendo sobre sí el dulce peso de aquella fuente de vida, de donde habían para él brotado, con nueve hijos, más de veinte años de dicha reposada, le dijo:

    —A él no, que es cosa muerta, y lo muerto, al fuego; a él no, sino a ti, 140 a ti, mi Juana, mi vida; a ti, que estás viva y me has dado vida, a ti.

    Y Juana, temblando de amor sobre las rodillas de su Juan, se sintió volver a los veintitrés años, a los años del retrato que ardía,° calentándolos° con su fuego.

    Y la paz de la ternura sosegada° volvió a reinar° en el hogar de Juan 145 y Juana.

Miguel de Unamuno, «Al correr los años»

---

[8] **Pues... descúbremelo.**   If that's the way it is, tell me.

Glosses (right margin)

fast

gray hair
sapling

se... she hid it in her bosom
he suspected

in bed
al... by the fireplace

así... so don't deny it

handing it to him

cuanto... as much as you wish / **a**... in secret

knees, lap

was burning
warming them
calm / **volvío**... reigned again

Comprensión

¿Qué pasó?

Juan y Juana

1. Describe el noviazgo de Juan y Juana.
2. ¿Qué sentimiento reemplaza a la pasión?
3. ¿Por qué se impacienta Juan? ¿Qué le parece su primer hijo?
4. ¿Cómo llaman al primer hijo? ¿y a la primera hija?
5. ¿Por qué la madre es capaz de situar el nacimiento de sus hijos en el tiempo? ¿Qué le ocurre a ella al pasar muchos años?
6. ¿Qué le ocurre a Juan?

El secreto de Juan

7. ¿Qué advierte Juana en el comportamiento de su marido?
8. ¿Hay un secreto entre ellos dos? ¿Qué secreto es?

El retrato

11. ¿De quién es el retrato? ¿Siente Juana orgullo o celos de sí misma?
12. ¿Qué hace Juan y qué hace Juana la noche en que descubren su secreto?
13. ¿Qué le dice Juana a su esposo? ¿Qué le responde Juan cuando Juana le dice que bese su retrato abiertamente, sin esconderlo?
14. ¿Cómo termina la narración?

 Audio

Despúes de escuchar la historia, indica si la idea es verdadera (**V**) o falsa (**F**).

1. V   F   2. V   F   3. V   F   4. V   F   5. V   F   6. V   F

Palabras

Palabras derivadas de adverbios

Sometimes one may encounter an unfamiliar word in Spanish only to discover that it is related to a familiar adverb.

lejano (*distant*)	↔	**lejos** (*far*)
acercarse (*to come near, to approach*)	↔	**cerca** (*near*)

Transformaciones

Da el significado de cada palabra en inglés e identifica el adverbio al que corresponde.

1. cercano
2. alejarse
3. la cercanía
4. la lejanía
5. abajar
6. la proximidad

Conexiones en contexto

Refiriéndote al cuento, empareja cada término de la Columna **A** con el *correspondiente* de la Columna **B**.

Los correspondientes

A	B
1. cariño	a. preocupado/a
2. hondo/a	b. en secreto
3. los demás	c. pararse
4. retrato	d. mirar intensamente
5. angustiado/a	e. rojo/a
6. astuto/a	f. profundo/a
7. detenerse	g. inteligente
8. clavar los ojos	h. ternura
9. a escondidas	i. foto
10. encarnado/a	j. los otros

Refiriéndote al cuento, empareja cada término de la Columna **A** con su *opuesto* de la Columna **B**.

Los opuestos

A	B
1. desgracia	a. vejez
2. entibiar	b. indiferente
3. juventud	c. placentero/a
4. doloroso/a	d. virtud
5. agradecimiento	e. odiado/a
6. defecto	f. calentar
7. amado/a	g. ventura
8. apasionado/a	h. ingratitud
9. celos	i. dolor
10. placer	j. compasión

Resumen

Vuelve a contar la historia, cambiando los verbos en itálica al tiempo presente.

1. Juan y Juana *eran* novios, que se *casaron* después de un largo noviazgo.   2. Su matrimonio largo se *caracterizaba* por la pasión y la ternura.   3. *Corrieron* los años y *tuvieron* muchos hijos. 4. Juana *tenía* una hermosura más para el corazón que para los ojos.   5. Juan *andaba* distraído y preocupado.   6. Juana *creía* que Juan *estaba* enamorado de otra mujer.   7. Un día Juana *sorprendió* a su esposo besando un retrato que *guardaba* en su cartera.   8. Llena de curiosidad y celos, Juana *quitó* el retrato de la cartera y lo *inspeccionó*.   9. Juana *descubrió* que es un retrato de ella misma a los veintitrés años. ¡Qué secreto!   10. La feliz esposa *tomó* el retrato. 11. Se lo *dio* a Juan para que lo bese abiertamente.   12. Pero Juan *echó* el retrato al fuego. 13. Entonces el esposo *besó* a Juana con mucha pasión.   14. Los esposos *volvieron* a vivir con la paz sosegada de la ternura.

Interpretación

Análisis

1. Describe el tipo de cariño que sienten Juan y Juana en el cuento en distintas épocas de su matrimonio.
2. Basándote en la narración, ¿cómo son ambos protagonistas? Descríbelos e ilustra con ejemplos. ¿Hacen buena pareja los dos? ¿Por qué crees que Juan besaba el retrato a escondidas?
3. ¿Qué te sugieren los nombres de Juan y Juana? ¿Por qué crees que eligió Unamuno esos nombres? ¿Qué efecto tienen en nosotros como lectores y en la propia historia?
4. El autor escribe que dos novios «lo que no se conocen en ocho días no se conocen tampoco en ocho años». ¿Qué infieres de esta afirmación? ¿Estás de acuerdo? Razona y da ejemplos.
5. La relación de Juan y Juana cambia con la llegada de sus hijos. En tu opinión, ¿ser padres explica su falta de pasión o infieres otros factores que influyeron?
6. En tu opinión, ¿extrañaba Juan la belleza de la Juana de 23 años o los recuerdos que tenía de ellos cuando eran más jóvenes? Explica.
7. ¿Qué le hizo pensar a Juana que su Juan estaba enamorado? Ponte en su lugar y cuenta la historia desde su perspectiva.
8. ¿Qué piensas del título «Al correr los años»? Cámbialo según tu interpretación de la narración y explica las razones que tienes para ponerle ese título.
9. Señala las diferentes referencias lingüísticas y narrativas al fuego que emplea Unamuno. ¿Qué temas manifiestan?
10. Discute los temas de la soledad y la melancolía a lo largo del relato. ¿Quién sufre más de esos sentimientos? Explica.

Ensayos

1. Imagínate que pueden coincidir en el tiempo las dos Juanas, la de 23 y la de 45 años. ¿Qué consejos le daría la segunda a la Juana más joven?
2. Ponte en el lugar de Juana. Imagínate que encuentras otro retrato más. Vuelve a narrar el cuento, cambiando el final.

Dramatizaciones

1. Dramatiza un posible diálogo entre Juana y su madre cuando Juana la llama preocupada por Juan. ¿Qué consejos le daría su madre sobre el amor, la belleza, la felicidad y los niños? ¿Cómo responde ella?
2. Inventa y dramatiza una escena en que una sobrina de Juan y Juana y dos de los hijos de la pareja hablan del episodio del retrato. ¿Qué comentan sobre el matrimonio y la foto misteriosa?

Discusiones

1. Señala los cambios que se notan en una persona cuando está enamorada.
2. Enumera los cambios que experimenta una pareja una vez que se convierten en padres.
3. Relata un recuerdo del pasado alegre y uno triste. ¿Cuál recuerdas mejor? ¿Cuál fue más importante en tu vida? Describe algunos altibajos de tu vida actual.
4. Según el relato, guardamos mucho mejor los dolores y las desgracias que los placeres y las venturas. ¿Estás de acuerdo? Explica lo que piensas.
5. ¿Qué simbolizan las fotos? ¿Guardas retratos de las personas queridas en redes sociales? ¿Por qué?
6. Describe alguna locura de amor que hayas observado en una obra literaria o en una película. Compárala con una historia del amor correspondido. Narra algunos detalles y el desenlace de cada una.
7. Interpreta el siguiente dicho: «En el amor, como en los sueños, no hay nada imposible». Da ejemplos.
8. Termina este pensamiento: «Al correr los años...»

Comparaciones y contrastes

En «Al correr los años» y «El tiempo borra», el paso del tiempo cambia dramáticamente la relación entre los personajes. Analiza su impacto en el comportamiento de las esposas y los maridos y en el desenlace de cada narración. ¿Qué similitudes y diferencias notas en los mensajes que infieres de los dos cuentos?

25
La abuelita y el Puente de Oro

~ *Claribel Alegría* ~

EL SALVADOR/NICARAGUA

«…me encontraba en un campamento a la orilla del río Lempa
cuando veo venir a mi abuelita pelirroja
remando en una lanchita llena de canastas»

La abuelita y el Puente de Oro

Claribel Alegría (1924–) was born in Nicaragua but also considers herself Salvadoran since she grew up in El Salvador. A poet, novelist, and short story writer, she received her doctorate from George Washington University. Central to her literary creations have been the sociopolitical problems that have plagued Central America. "La abuelita y el Puente de Oro"[1] is taken from her volume entitled Luisa en el país de la realidad (1987). In this story, a clever grandmother has mastered the art of disguise in war-torn Central America. She is paddling down the river with her wares in her little boat. However, what is she really selling and to whom?

CONTEXTO CULTURAL En 1838, El Salvador se convirtió en una república independiente. El gobierno era dirigido por grupos de terratenientes ricos conocidos como las Catorce Familias. En 1932, los campesinos se sublevaron pero pronto fueron controlados. En los años 70, el presidente José Duarte intentó establecer numerosas e importantes reformas, sin éxito. Desde 1981 hasta 1993, el país sufrió una cruel guerra civil.

La cocinera

Manuel tenía una cantidad infinita de anécdotas acerca de su abuela loca que tenía una choza° y un terrenito° a medio kilómetro del Puente de Oro. °hut / small plot of land

—Era loca, pero muy emprendedora° —sonrió—, estaba orgullosa °enterprising
5 de su gran puente colgado° sobre el Lempa.[2] "Mi puentecito", le decía. °suspended

Manuel era dirigente° de una organización de campesinos° salvadoreños °director / peasants que había venido a Europa a dar una serie de charlas.

—¿Qué tenía de loca?[3] —preguntó Luisa.

—Bueno, desde que prendió° la guerra, el ejército° puso retenes° a °= empezó / army / reinforcements
10 cada extremo del puente para protegerlo. A mi abuela se le ocurrió[4] que iba a hacer fortuna sirviéndole de cocinera a la tropa. Cada mañana se

---

[1] «La abuelita y el Puente de Oro»   "Grandmother and the Golden Bridge."

[2] **el Lempa**   The Lempa is the longest and only navigable river of El Salvador. It originates in Guatemala, cuts across a corner of Honduras, and then runs west to east across much of El Salvador, irrigating a broad fertile plain before flowing south to the ocean.

[3] **¿Qué... loca?**   How was she mad?

[4] **A mi abuela se le ocurrió**   [The idea] occurred to my grandmother.

levantaba a las cuatro, para cocinar frijoles, echar tortillas y hacer una
olla° de arroz. Ponía todo en su carretilla° y se iba a servirles el desayuno
a los soldados del lado más cercano.° Después cruzaba el puente, casi

15 dos kilómetros, ¿se imagina?, para darles el desayuno a los del otro lado.
De allí se iba a su casa a prepararles el almuerzo y otra vez a empujar° la
carretilla.

pot / small push cart
más... closer
to push

—Muy enérgica, pero de loca nada —observó Luisa.

La destrucción del puente

—La locura° era que les cobraba° tan barato por una comida tan

20 rica y tan abundante, que no ganaba nada. Por si eso fuera poco, después
de que los compas° volaron° «su puente» se le ocurrió teñirse el pelo de
colorado.°

madness / was charging

= **compañeros** / blew up
teñirse... to dye her hair red

—¿Cómo? —lo miró Luisa incrédula.

—Hubo un enfrentamiento° bien tremendo antes de que los compas

25 lo volaran. Tuvieron que aniquilar° a los retenes de los dos lados para que
el equipo de zapadores° pudiera colocar° los explosivos. En la refriega°
cayó un compa y le encontraron el plano° de las trincheras° defensivas,
los nidos de ametralladoras° y el número exacto de efectivos° instalados
a cada lado. Días después una señora del mercado le advirtió° a mi

30 abuela que la guardia buscaba a la cocinera de tropa. Lo único que se le
ocurrió a la bendita señora[5] fue conseguir achiote° y un lápiz de labios° y
regresar a su finquita.° Una pareja de guardias se apareció al día siguiente
preguntando por ella. Mi abuela sin inmutarse° les dijo:

encounter
destroy
sappers / to place, plant /
skirmish / plan, map / trenches
nidos... machine gun nests /
troops / warned

annatto dye / **lápiz**... lipstick
little ranch
sin... unperturbed

—Debe ser la vieja a la que le alquilé° la finca hace una semana. La

35 voladura° del puente le destrozó° los nervios y me dijo que se iba a San
Vicente,[6] donde estaba su hija.

I rented
explosion / wrecked

—¿Y usted quién es? —le preguntaron los guardias.

—Soy la respetable dueña° de una casa de placer[7] en Suchitoto[8]
—les respondió—, pero con los subversivos hostigando el cuartel°

40 constantemente, se me acabó la clientela° y tuve que jubilarme.° Así es la
guerra —suspiró.

respetable... the respectable
owner / **hostigando**...
harassing the barracks /
hostigando... harassing the
barracks / retired

Mamá Tancho

Luisa y Manuel se echaron a reír y Manuel prosiguió°; —La historia no
termina allí. Unas semanas después me encontraba en un campamento, a
la orilla° del río Lempa, cuando veo venir a mi abuela pelirroja remando°

45 fuerte contra la corriente en una lanchita° llena de canastas.°

= **continuó**

a... on the banks / rowing
small boat / **llena**... full of
baskets

[5] **la bendita señora**   the simple-minded lady. Literally, **bendito** means "blessed" but in Spanish it may
also have the meaning of simple or poor in spirit. This second meaning is probably derived from the
beatitude, which states: "Blessed are the poor in spirit for theirs is the kingdom of Heaven" (Mark 5:3).

[6] **San Vicente**   a town about 45 miles east of the capital, San Salvador.

[7] **casa de placer**   brothel. Literally, a house of pleasure.

[8] **Suchitoto**   a former colonial town on the Lempa about 25 miles northeast of San Salvador.

—Vendo jocotes,° papaya, limones, naranja dulce, ¿quién me compra? —pregonaba.°

—Hola, Mamá Tancho —la saludó el primer responsable. Como no sabía que era mi abuela, me dijo:

50 —Esa es la vieja que nos facilitó° los planos para el ataque al Puente de Oro.

Le ayudamos a amarrar° la lanchita debajo de un árbol y me abrazó quejándose.°

—Ay, Memito[9] —me dijo—, cada día esos babosos° me hacen la vida
55 más difícil. Desde que volaron el puente todos los días tengo que venir remando hasta aquí.

El jefe guerrillero le preguntó riéndose:

—¿Y qué más nos traes, Mamá Tancho?

Ella quitó una capa° de mangos de una de las canastas y siguió
60 cantando° con su voz de pregonera.° —Granadas de fragmentación, cartuchos para G-3, obuses de mortero 81.[10] ¿Quién me compra?

plums

she cried out

nos... *helped us*

to moor
me... *she hugged me, complaining*
foolish people

layer
siguió... *kept singing out / town crier*

La abuelita y el Puente de Oro, Luisa en el País de la Realidad by Claribel Alegría. Reprinted by permission.

Comprensión

¿Qué pasó?

La cocinera

1. ¿Quién es Manuel y qué hace? ¿De dónde es? ¿y su abuela?
2. ¿Estaban en una época de paz? ¿Cómo lo sabes?
3. ¿Dónde tenía su choza la abuelita? ¿Cómo iba a hacer una fortuna?
4. ¿Cuál era la rutina de la abuelita cada mañana?

La destrucción del puente

5. ¿Qué hizo la abuelita después de que las tropas volaron el puente?
6. Después de un enfrentamiento tremendo, ¿qué encontraron los guardias?
7. ¿Qué hizo la abuelita para cambiar su apariencia?
8. En su finquita, ¿qué les dijo a los dos guardias que estaban preguntando por ella?

Mamá Tancho

9. Cuando Manuel vio a su abuela la próxima vez, ¿dónde estaba? ¿Cómo estaba remando la lanchita?
10. ¿Qué tenía en las canastas y qué pregonaba ella? ¿Qué había facilitado la abuelita durante los ataques de guerra?

[9] **Memito**   Silly boy. An affectionate nickname with which Mamá Tancho (**la abuelita**) addresses her grandson.

[10] **Granadas... mortero 81.**   Fragmentation grenades, cartridges for German-made H+K G3 assault rifles, and shells for 81mm mortars: all modern lethal ammunition.

11. ¿Cómo llamaba la abuelita a su nieto Manuel? ¿De qué se quejaba? ¿Cómo llamaba el jefe guerrillero a la abuelita?
12. Después de quitar la capa de mangos de una de las canastas, ¿qué pregonaba la abuelita? ¿Qué otras «frutas» vendía ella?

Audio
Despúes de escuchar la historia, indica si la idea es verdadera (**V**) o falsa (**F**).

1. V   F   2. V   F   3. V   F   4. V   F   5. V   F   6. V   F

Palabras

Sufijos diminutivos (-ito, -cito)
Diminutives in Spanish are very common. They not only show smallness in size but are also used to indicate endearment and affection. Note the following suffixes:

-ito, -ita   **la abuela → la abuelita** (*dear grandmother*)

-cito, -cita   **el puente → el puentecito** (*little bridge*)

NOTE: There may be a spelling change in the stem to maintain the sound of the final consonant.

g → gu   **un amigo → un amiguito** (*good friend*)

c → qu   **chico → chiquito** (*very small*)

z → c   **una choza → una chocita** (*little shack*)

Transformaciones
Da la palabra básica que corresponde a la expresión entre paréntesis.

1. Panchito _____ (*nickname for Francisco*)
2. el hombrecito _____ (*man*)
3. la finquita _____ (*ranch*)
4. la salita _____ (*room, living room*)
5. la tarjetita _____ (*card*)
6. el terrenito _____ (*land, terrain*)
7. el animalito _____ (*animal*)
8. la cajita _____ (*box*)
9. limpiecito _____ (*clean*)
10. el mocito _____ (*boy*)
11. el palito _____ (*stick*)
12. tempranito _____ (*early*)
13. el golpecito _____ (*blow, knock*)
14. detrasito _____ (*behind*)
15. la lanchita _____ (*launch, boat*)
16. adiosito _____ (*good bye*)

Conexiones en contexto

Refiriéndote al cuento, empareja cada término de la Columna **A** con el *correspondiente* de la Columna **B**.

Los correspondientes

A	B
1. choza	a. destruir
2. lanchita	b. poner
3. proseguir	c. explosión
4. anécdota	d. compañero
5. refriega	e. cuento
6 compa	f. barquito
7. colocar	g. tonto/a
8. baboso/a	h. casita
9. aniquilar	i. batalla
10. voladora	j. continuar

Refiriéndote al cuento, empareja cada término de la Columna **A** con su *opuesto* de la Columna **B**.

Los opuestos

A	B
1. venir	a. humilde
2. destrucción	b. limitado/a
3. barato/a	c. acostarse
4. infinito/a	d. ofensivo/a
5. levantarse	e. cuerdo/a
6. guerra	f. ayer
7. loco/a	g. paz
8. orgulloso/a	h. irse
9. día siguiente	i. creación
10. defensivo/a	j. caro/a

Resumen

Vuelve a contar la historia, completando las oraciones con el tiempo presente perfecto del verbo entre paréntesis.

1. Manuel *(tener)* _____ muchas anécdotas que contar de su abuela.   2. Ella *(vivir)* _____ muy cerca de un puente colgante cuando la guerra *(comenzar)* _____.   3. La abuela de Manuel *(pensar)* _____ hacer negocio, sirviendo la comida a los guardias que *(permanecer)* _____ a cada lado del «Puente de Oro».   4. Cada día *(preparar)* _____ el desayuno y el almuerzo. Pero ella les *(cobrar)* _____ muy poco a los soldados y no *(ganar)*

_____ dinero.   5. Un día, después de una dura lucha, los guerrilleros *(matar)* _____ a los vigilantes del puente y lo *(volar)* _____. 6. Después de la batalla los guardias *(encontrar)* _____ a un compa que *(guardar)* _____ un plano de las posiciones a cada lado del puente, los efectivos, las armas que *(poseer)* _____.

7. Los guardias *(sospechar)* _____ de la abuelita.   8. Ella *(ir)* _____ al mercado y *(comprar)* _____ achiote y lápiz de labios para cambiar su apariencia y *(volver)* _____ a su choza.

9. Cuando los guardias le *(preguntar)* _____ por la abuelita, ella misma *(pretender)* _____ ser otra persona, la dueña de la finca que alquiló su propiedad a la sospechosa.   10. De esta forma, ella *(conseguir)* _____ engañar a los guardias y los *(convencer)* _____ de que acababa de volver de Suchitoto donde *(regentar)* _____ un negocio que tuvo que cerrar a causa de la guerra.

11. Tiempo después la abuelita pelirroja *(aparecer)* _____ en el campamento guerrillero para vender frutas.   12. El jefe de la guerrilla *(contar)* _____ a Manuel que aquella vieja les dio los planos para atacar el puente.   13. La abuelita *(quejarse)* _____ de que, desde que destruyeron el puente, *(tener)* _____ que remar todos los días para llegar al campamento.   14. La abuelita *(cantar)* _____, vendiendo sus «productos».   15. El jefe guerrillero le *(preguntar)* _____ «¿y qué más nos traes, Mamá Tancho?».   16. Y ella, cantando le *(contestar)* _____ «granadas, cartuchos, obuses, ¿quién me compra?».

Interpretación

Análisis

1. El título dice *abuelita* en vez de *abuela*. ¿Qué impresión te da el uso del diminutivo **–ita**? ¿Cuál crees que es la intención de Alegría y qué efecto tiene en el lector este diminutivo?

2. Describe a la abuela del cuento. ¿Qué adjetivos utiliza Alegría para indicar la astucia y el carácter de la abuela de Manuel? Comenta el plan y la rutina que ella sigue durante la guerra.

3. El narrador describe a su abuela como loca y emprendedora. Para ti, ¿la abuelita era más emprendedora que loca o viceversa? Explica.

4. Ponte en la situación de la abuelita. ¿Harías lo mismo? ¿Si fueras "el abuelito" en vez de "la abuelita", ¿qué actitudes tendrías y qué harías? Explica.

5. ¿Cómo categorizarías el cuento? Enumera todos los elementos irónicos y cómicos que aparecen a lo largo de la narración. Cita ejemplos del cuento.

6. ¿Qué papel desempeña el río Lempa en la narración?

7. Nombra las comidas y las armas mencionadas en el relato. ¿Qué impresión causan? Examina el doble significado de la comida en el relato.

8. ¿Qué hace Manuel en El Salvador? ¿Por qué está ahora en Europa? Explica su doble papel en el cuento. ¿Cómo funciona y qué le importará?

9. Describe el ambiente natural y sicológico del relato.

10. La narración trata el tema de la guerra. ¿Qué consecuencias de esta se ve en el cuento? ¿A qué se refiere la abuela protagonista al decir «así es la guerra»? ¿Qué pensamientos y sentimientos provoca la guerra en ti?

11. Comenta el efecto del humorismo evidente en el relato jovial de Manuel frente a la situación violenta que enfrentan los protagonistas. ¿Qué tono surge como resultado?

12. ¿Qué recurso narrativo de Alegría representa el personaje de Luisa?
13. Relaciona este dicho al relato: «No es oro todo lo que reluce». ¿Estás de acuerdo?
14. Comenta el significado del título. ¿Qué te parece si se titulara «Frutos agridulces»? ¿Qué otro título podría funcionar para el cuento? Explica.

Ensayos

1. Compara el tema de la locura con otra figura literaria de las letras hispánicas: Don Quijote. ¿Son más libres de persecución y sospecha la abuelita y Don Quijote por su condición de "locos"? ¿Por qué? Incluye una definición de la locura.
2. Interpreta las distintas identidades que asume la abuelita y sus respectivas personalidades y atributos físicos encarnados:

   - la abuelita cocinera
   - la ex-dueña de una casa de placer
   - Mamá Tancho

Dramatizaciones

1. Imagínate que una nieta de 15 años le pregunta a la Mamá Tancho sobre sus actividades durante la guerra, y cómo y por qué facilitó la destrucción del Puente de Oro. A la nieta le cuesta creer lo que la abuela le cuenta y entonces le hace más preguntas sobre sus aventuras de aquel tiempo. Inventa su animada conversación.
2. ¿Crea una conversación sobre los episodios narrados. Intervienen la lanchita de remar, el Puente de Oro, una piedra y un árbol. ¿Qué comentan sobre sus papeles en la guerra, la abuelita, su nieto y el futuro?

Discusiones

1. ¿Qué comida casera te gusta más? ¿Qué plato prefieres comer fuera de casa? ¿Cuáles son tus frutas favoritas? ¿Has comprado comida de un/a vendedor/a ambulante alguna vez? ¿Dónde estabas? ¿Qué compraste?
2. Menciona un libro o una película en que la comida tiene un papel significativo. Resume brevemente la trama. ¿Cómo figura la comida? ¿De qué cultura es?
3. Imagínate que decides abrir un negocio. ¿En qué especialidad te gustaría trabajar? ¿Qué atributos manifestarías en tu trabajo y en tu vida personal?
4. Nombra a otras personas mayores tan emprendedoras como la abuelita. ¿Cómo crees que llegan a esa edad y mantienen esa fuerza y ese espíritu?
5. Cuenta una anécdota sobre un personaje literario o cinematográfico. Describe su carácter, sus actitudes y sus acciones emprendedoras. ¿Cómo impacta él o ella el desenlace del libro o de la película?
6. ¿Qué ventajas y desventajas pueden ofrecer los elementos de la naturaleza durante una guerra: las montañas, los ríos, los árboles, el sol, la luna?
7. Si tuvieras que escapar de una situación peligrosa cambiando tu identidad, ¿cómo te disfrazarías?
8. ¿Es difícil para ti guardar secretos? ¿Es fácil leer en tu cara lo que piensas y sientes? Explica.
9. Enumera varias consecuencias que trae una guerra a un pueblo. En tu opinión, ¿cuáles son algunas causas de conflictos nacionales o globales? ¿Cómo podríamos prevenirlas?
10. ¿Qué harías si supieras que un/ amigo/a o un/a familiar es un agente secreto? Da ejemplos.

Comparaciones y contrastes

Compara el uso secreto de las frutas en «La abuelita y el Puente de Oro» con la utilización de la engañadora fresa del dentista en «Un día de estos». ¿Qué «secretos» guardaban la abuelita y el dentista y cómo se relacionaban con temas nacionales de la guerra, el papel de la mujer y la clase trabajadora? Explica las semejanzas y las diferencias en la presentación de estos elementos en los dos cuentos.

26
Bernardino

~ Ana María Matute ~

España

«Bernardino seguía quieto. Mariano le tiró la medalla a la cara.»

Bernardino

Ana María Matute (1926–) is well known for her novels and short stories. Like the narrator of this story, she was often sent to spend summers in the Catalan hills with her grandparents. In "Bernardino," which was published in Historias de la Artámila *(1961), the narrator, who is a boy Bernardino's age, discovers how easy it is to fall prey to peer pressure and to prejudge others by outward appearances.*

CONTEXTO CULTURAL Mansilla de la Sierra es una de las 'Siete Villas' situadas a lo largo del río Najerilla, en la provincia de La Rioja. La actividad minera en el área data de tiempos romanos. Como Matute sabe, hoy día Mansilla ha sido inundada por un lago creado cuando se construyó un dique en la parte baja del río. Sin embargo, cuando baja el caudal del río aún se pueden ver las ruinas romanas.

Un niño mimado

Siempre oímos decir en casa, al abuelo y a todas las personas mayores, que Bernardino era un niño mimado.° — pampered

Bernardino vivía con sus hermanas mayores, Engracia, Felicidad y Herminia, en «Los Lúpulos»,[1] una casa grande, rodeada de tierras

5 de labranza° y de un hermoso jardín, con árboles viejos agrupados formando un diminuto bosque, en la parte lindante° con el río. La finca° se hallaba° en las afueras° del pueblo y, como nuestra casa, cerca de los grandes bosques comunales. — tierras... farmlands / bordering / farm / was located / outskirts

Alguna vez, el abuelo nos llevaba a «Los Lúpulos», en la pequeña

10 tartana,° y, aunque el camino era bonito por la carretera antigua, entre castaños° y álamos,° bordeando el río, las tardes en aquella casa no nos atraían. Las hermanas de Bernardino eran unas mujeres altas, fuertes y muy morenas. Vestían a la moda antigua —habíamos visto mujeres vestidas como ellas en el álbum de fotografías del abuelo— y se peinaban — two-wheeled carriage / chestnuts / poplars

15 con moños° levantados, como roscas de azúcar,° en lo alto de la cabeza. Nos parecía extraño que un niño de nuestra edad tuviera hermanas que parecían tías, por lo menos. El abuelo nos dijo: — buns / roscas... sugar donuts

—Es que la madre de Bernardino no es la misma madre de sus hermanas. Él nació del segundo matrimonio de su padre, muchos años después.

20 Esto nos armó° aún más confusión. Bernardino, para nosotros, seguía siendo° un ser extraño,° distinto. Las tardes que nos llevaban a «Los Lúpulos» nos vestían incómodamente, casi como en la ciudad, y debíamos jugar a juegos necios° y pesados,° que no nos divertían en absoluto. Se nos prohibía° bajar al río, descalzarnos° y subir a los árboles. — nos... created for us / seguía... continued to be / un... a strange being / foolish / tiresome / Se... It was prohibited for us / to take off our shoes

[1] «Los Lúpulos»   the name of the estate where Bernardino lives. "Los lúpulos" are hops, which are used in medicines and in the brewing of beer and malt liquors.

25 Todo esto parecía tener una sola explicación para nosotros:

—Bernardino es un niño mimado —nos decíamos. Y no comentábamos nada más.

Bernardino era muy delgado, con la cabeza redonda y rubia. Iba peinado con un flequillo ralo,° sobre sus ojos de color pardo,° fijos y
30 huecos,° como si fueran° de cristal. A pesar de vivir en el campo, estaba pálido, y también vestía de un modo un tanto insólito.° Era muy callado,° y casi siempre tenía un aire entre asombrado° y receloso,° que resultaba molesto.° Acabábamos jugando por nuestra cuenta° y prescindiendo de él,° a pesar de comprender que eso era bastante incorrecto. Si alguna vez
35 nos lo reprochó el abuelo, mi hermano mayor decía:

—Ese chico mimado... No se puede contar con él.

Verdaderamente no creo que entonces supiéramos bien lo que quería decir estar mimado. En todo caso, no nos atraía, pensando en la vida que llevaba Bernardino. Jamás salía de «Los Lúpulos» como no fuera
40 acompañado° por sus hermanas. Acudía° a la misa o paseaba° con ellas por el campo, siempre muy seriecito° y apacible.°

Margin glossary (lines 28–41):
un... thin bangs / brown
empty / as if they were
unusual / = **silencioso**
astonished / suspicious
annoying / **por**... on our own
y... and leaving him out

como... unless accompanied /
He attended / he strolled / quite
serious / peaceful

Los chicos del pueblo

Los chicos del pueblo y los de las minas lo tenían atravesado.[2] Un día, Mariano Alborada, el hijo de un capataz,° que pescaba° con nosotros en el río a las horas de la siesta, nos dijo:
45 —A ese Bernardino le vamos a armar una.[3]

—¿Qué cosa? —dijo mi hermano, que era el que mejor entendía el lenguaje de los chicos del pueblo.

—Ya veremos —dijo Mariano, sonriendo despacito—. Algo bueno se nos presentará[4] un día, digo yo. Se la vamos a armar. Están ya en eso
50 Lucas Amador, Gracianín y el Buque[5] ... ¿Queréis vosotros?°

Mi hermano se puso colorado hasta las orejas:°

—No sé —dijo—. ¿Qué va a ser?

—Lo que se presente° —contestó Mariano, mientras sacudía° el agua de sus alpargatas,° golpeándolas contra la roca—. Se presentará, ya
55 veréis.°

Sí: se presentó. Claro que a nosotros nos cogió desprevenidos,° y la verdad es que fuimos bastante cobardes cuando llegó la ocasión. Nosotros no odiamos a Bernardino, pero no queríamos perder la amistad° con los de la aldea, entre otras cosas porque hubieran hecho llegar a oídos del
60 abuelo andanzas que no deseábamos que conociera.[6] Por otra parte, las escapadas con los de la aldea eran una de las cosas más atractivas de la vida en las montañas.

Margin glossary (lines 42–59):
foreman / was fishing

Queréis... Do you want to join us?
se... turned completely red

Whatever comes up / he was shaking
rope-soled canvas shoes
ya... you'll see
a... it caught us off-guard

friendship

---

[2] **lo...**   could not stand him. Literally, looked at him cross-eyed.

[3] **A... una**   We are going to make trouble for that Bernardino kid.

[4] **Algo... presentará**   We'll find a good opportunity. Literally, something good will present itself to us.

[5] **Están... Buque.**   Lucas Amador, Gracianín, and el Buque (the Boat) are already in on the plan.

[6] **porque... conociera**   because the village boys would have let our grandfather hear about some escapades that we did not want him to know about.

Un perro querido

Bernardino tenía un perro que se llamaba «Chu». El perro debía de querer mucho a Bernardino, porque siempre le seguía saltando° y
65 moviendo° su rabito° blanco. El nombre de «Chu» venía probablemente de Chucho,° pues el abuelo decía que era un perro sin raza[7] y que maldita la gracia que tenía.° Sin embargo, nosotros le encontrábamos mil, por lo inteligente y simpático que era. Seguía nuestros juegos con mucho tacto° y se hacía querer° en seguida.

70 —Ese Bernardino es un pez° —decía mi hermano—. No le da a «Chu» ni una palmada° en la cabeza. ¡No sé cómo «Chu» le quiere tanto! Ojalá que «Chu» fuera mío...[8]

A «Chu» le adorábamos todos, y confieso que alguna vez, con muy mala intención, al salir de «Los Lúpulos» intentamos atraerlo
75 con pedazos° de pastel° o terrones° de azúcar, para ver si se venía con nosotros. Pero no: en el último momento «Chu» nos dejaba con un palmo de narices,° y se volvía saltando hacia su inexpresivo amito,° que le esperaba quieto, mirándonos con sus redondos ojos de vidrio amarillo.

—Ese pavo...° —decía mi hermano pequeño—. Vaya un pavo ése...[9]
80 Y, la verdad, a qué negarlo,° nos roía° la envidia.°

Una tarde en que mi abuelo nos llevó a «Los Lúpulos» encontramos a Bernardino raramente inquieto.

—No encuentro a «Chu» —nos dijo—. Se ha perdido, o alguien me lo ha quitado. En toda la mañana y en toda la tarde que no lo encuentro...
85 —¿Lo saben tus hermanas? —le preguntamos.

—No —dijo Bernardino—. No quiero que se enteren...°

Al decir esto último se puso algo colorado.° Mi hermano pareció sentirlo mucho más que él.

—Vamos a buscarlo —le dijo—. Vente° con nosotros, y ya verás
90 cómo lo encontraremos.

—¿A dónde? —dijo Bernardino—. Ya he recorrido° toda la finca...

—Pues afuera —contestó mi hermano—. Vente por el otro lado del muro° y bajaremos al río... Luego, podemos ir hacia el bosque°... en fin, buscarlo. ¡En alguna parte estará!

95 Bernardino dudó un momento. Le estaba terminantemente° prohibido atravesar° el muro que cercaba° «Los Lúpulos», y nunca lo hacía. Sin embargo, movió afirmativamente la cabeza.

Nos escapamos por el lado de la chopera,° donde el muro era más bajo. A Bernardino le costó saltarlo, y tuvimos que ayudarle, lo que me
100 pareció que le humillaba un poco, porque era muy orgulloso.°

Recorrimos el borde del terraplén° y luego bajamos al río. Todo el rato íbamos llamando a «Chu», y Bernardino nos seguía, silbando° de cuando en cuando.° Pero no lo encontramos.

---

[7] **un perro sin raza** a mongrel. Literally, a dog without a pedigree.

[8] **Ojalá... mío...** I wish Chu were my dog . . .

[9] **Vaya... ése** He's a weirdo, that turkey is.

Glosses (right margin):

- jumping
- wagging / little tail
- Hound
- **maldita...** [the dog] had no charm
- skill
- **se...** made himself loved
- fish
- pat
- pieces / cakes / lumps
- **nos...** he left us disappointed / beloved master
- turkey
- **a...** no use denying it / **nos...** was gnawing at us / envy
- **No...** I don't want them to find out . . . / = **rojo**
- Come
- **Ya...** I have already gone over
- wall / forest
- strictly
- to cross / surrounded
- grove of poplar trees
- proud
- embankment
- whistling
- **de...** from time to time

El encuentro en el bosque

Ibamos ya a regresar, desolados y silenciosos, cuando nos llamó una
105 voz, desde el caminillo° del bosque: little path

—¡Eh, tropa!...

Levantamos la cabeza y vimos a Mariano Alborada. Detrás de él
estaban Buque y Gracianín. Todos llevaban juncos° en la mano y sonreían   reeds
de aquel modo suyo, tan especial. Ellos sólo sonreían cuando pensaban
110 algo malo.

Mi hermano dijo:

—¿Habéis visto° a «Chu»?   **Habéis...** Have you seen

Mariano asintió con la cabeza:°   **asintió...** nodded yes

—Sí, lo hemos visto. ¿Queréis venir?

115 Bernardino avanzó, esta vez delante de nosotros. Era extraño: de
pronto parecía haber perdido su timidez.°   shyness

—¿Dónde está «Chu»? —dijo. Su voz sonó clara y firme.

Mariano y los otros echaron a° correr, con un trotecillo menudo,   **echaron...** began
por el camino. Nosotros les seguimos, también corriendo. Primero que
120 ninguno° iba Bernardino.   **Primero...** Ahead of everyone

Efectivamente: ellos tenían a «Chu». Ya a la entrada del bosque vimos
el humo° de una fogata,° y el corazón nos empezó a latir° muy fuerte.   smoke / bonfire / to beat

Habían atado° a «Chu» por las patas° traseras° y le habían arrollado   **Habían...** They had tied / paws / back
una cuerda al cuello,° con un nudo corredizo.° Un escalofrío° nos   **habían...** they had wound a rope
125 recorrió: ya sabíamos lo que hacían los de la aldea con los perros   around his neck / slipknot / chill
sarnosos° y vagabundos. Bernardino se paró en seco,° y «Chu» empezó   mangy / **se...** stopped dead
a aullar° tristemente. Pero sus aullidos° no llegaban a «Los Lúpulos».   to howl / cries
Habían elegido un buen lugar.

—Ahí tienes a «Chu», Bernardino —dijo Mariano—. Le vamos a dar
130 de veras.°   **dar...** to whip him

Bernardino seguía quieto, como de piedra. Mi hermano, entonces,
avanzó hacía Mariano.

—¡Suelta al perro!° —le dijo—. ¡Lo sueltas o...!   **¡Suelta...!** Let the dog go!

—Tú, quieto —dijo Mariano, con el junco levantado como un
135 látigo°—. A vosotros no os da vela nadie en esto...° ¡Como digáis una   whip / **A...** You have no part in this . . .
palabra voy a contarle a vuestro abuelo lo del huerto° de Manuel el Negro! orchard

Mi hermano retrocedió,° encarnado.° También yo noté un gran   moved back / red-faced
sofoco, pero me mordí° los labios. Mi hermano pequeño empezó a   **me...** I bit
roerse° las uñas.°   to gnaw / fingernails

La tortura

140 —Si nos das algo que nos guste —dijo Mariano— te devolvemos a
«Chu».

—¿Qué queréis? —dijo Bernardino. Estaba plantado delante, con la

cabeza levantada, como sin miedo. Le miramos extrañados.° No había   surprised
temor° en su voz.   = miedo

145   Mariano y Buque se miraron con malicia.
        —Dineros —dijo Buque.
        Bernardino contestó:
        —No tengo dinero.
        Mariano cuchicheó° con sus amigos, y se volvió a él: whispered
150   —Bueno, por cosa que lo valga...°   **por...** something valuable
        Bernardino estuvo un momento pensativo. Luego se desabrochó° la   **undid**
blusa y se desprendió° la medalla de oro. Se la dio.   took off
        De momento, Mariano y los otros se quedaron como sorprendidos.
Le quitaron la medalla y la examinaron.
155   —¡Esto no! —dijo Mariano—. Luego nos la encuentran y... ¡Eres tú
un mal bicho!¹⁰ ¿Sabes? ¡Un mal bicho!
        De pronto, les vimos furiosos. Sí; se pusieron furiosos y seguían   **seguían...** kept whispering / was
cuchicheando.° Yo veía la vena que se le hinchaba° en la frente° a Mariano   swelling / forehead / was beating
Alborada, como cuando su padre le apaleaba° por algo.
160   —No queremos tus dineros —dijo Mariano—. ¡Guárdate tu dinero y   = nada
todo lo tuyo... ¡Ni eres hombre ni ná!°
        Bernardino seguía quieto. Mariano le tiró° la medalla a la cara. Le   threw
miraba con ojos fijos y brillantes, llenos de cólera.° Al fin, dijo: = furia
        —Si te dejas dar *de veras* tú, en vez del Chucho...¹¹ Todos miramos a
165 Bernardino, asustados.
        —No... —dijo mi hermano.
        Pero Mariano nos gritó:
        —¡Vosotros a callar, o lo vais a sentir...! ¿Qué os va en esto? ¿Qué os
va...?¹²
170   Fuimos cobardes y nos apiñamos° los tres juntos a un roble.° Sentí   we crowded / oak tree
un sudor° frío en las palmas de las manos. Pero Bernardino no cambió de   sweat
cara. («Ese pez...», que decía mi hermano.) Contestó:
        —Está bien. Dadme *de veras*.°   **Está...** Ok. Hit me *hard.*
        Mariano le miró de reojo,° y por un momento nos pareció asustado.   **de...** out of the corner of his eye
175 Pero en seguida dijo:
        —¡Hala,° Buque...!   Hey
        Se le tiraron encima y le quitaron la blusa. La carne de Bernardino
era pálida, amarillenta,° y se le marcaban mucho las costillas.° Se dejó   yellowish / ribs
hacer, quieto y flemático.° Buque le sujetó las manos a la espalda, y   unemotional
180 Mariano dijo:
        —Empieza tú, Gracianín...
        Gracianín tiró el junco al suelo y echó a correr, lo que enfureció más
a Mariano. Rabioso,° levantó el junco y dio *de veras* a Bernardino; hasta   = Furioso
que se cansó.

---

¹⁰ **¡Eres... bicho!**   You are a bugger! Literally, **un bicho** = a tiny beast or bug.

¹¹ **Si... Chucho...**   If you let us whip you hard instead of Chucho . . .

¹² **¿Vosotros... va?**   You be quiet or you'll get it too! How does this concern you?

185   A cada golpe° mis hermanos y yo sentimos una vergüenza° mayor.   stroke / shame
Oíamos los aullidos de «Chu» y veíamos sus ojos, redondos como
ciruelas,° llenos de un fuego dulce y dolorido que nos hacía mucho   plums
daño. Bernardino, en cambio, cosa extraña, parecía no sentir el menor
dolor. Seguía quieto, zarandeado° solamente por los golpes, con su   shaken
190   media sonrisa fija y bien educada en la cara. También sus ojos seguían
impávidos,° indiferentes. («Ese pez», «Ese pavo», sonaba en mis oídos.°)   undaunted / ears

        Cuando brotó° la primera gota° de sangre,° Mariano se quedó con el   gushed / drop / blood
mimbre° levantado. Luego vimos que se ponía muy pálido. Buque soltó°   reed / untied
las manos de Bernardino, que no le ofrecía ninguna resistencia, y se lanzó
195   cuesta abajo, como un rayo.°   thunderbolt

        Mariano miró de frente a Bernardino.

        —Puerco° —le dijo—. Puerco.   Pig

        Tiró el junco con rabia y se alejó,° más aprisa° de lo que hubiera   = **se fue** / quickly
deseado.

La reunión

200   Bernardino se acercó a «Chu». A pesar de las marcas del junco, que
se inflamaban en su espalda, sus brazos y su pecho,° parecía inmune,   chest
tranquilo y altivo, como siempre. Lentamente desató° a «Chu», que   he untied
se lanzó a lamerle la cara,° con aullidos que partían el alma.[13] Luego,   **que**... who hurled himself to lick his
Bernardino nos miró. No olvidaré nunca la transparencia hueca° fija en   face / hollow
205   sus ojos de color de miel.° Se alejó despacio por el caminillo, seguido   honey
de los saltos y los aullidos entusiastas de «Chu». Ni siquiera recogió° su   **Ni**... He didn't even pick up
medalla. Se iba sosegado° y tranquilo, como siempre.   calm

        Sólo cuando desapareció nos atrevimos° a decir algo. Mi hermano   **nos**... we dared
recogió la medalla del suelo, que brillaba° contra la tierra.   was shining
210   —Vamos a devolvérsela° —dijo.   to return it to him

        Y aunque deseábamos retardar° el momento de verle de nuevo°   to delay / **de**... again
volvimos a «Los Lúpulos».

        Estábamos ya llegando al muro cuando un ruido° nos paró en   noise
seco.° Mi hermano mayor avanzó hacia los mimbres verdes del río. Le   **nos**... stopped us abruptly
215   seguimos, procurando° no hacer ruido.   trying

        Echado boca abajo,° medio oculto° entre los mimbres, Bernardino   **Echado**... Lying face down / hidden
lloraba desesperadamente, abrazado° a su perro.   hugging

[13] **que... alma**   heartbreaking. Literally, which split the soul.

Comprensión

¿Qué pasó?

Un niño mimado

1. ¿Con quiénes vivía Bernardino? ¿Cómo eran ellas?
2. ¿Cómo era físicamente Bernardino? ¿Cómo lo trataban los otros niños? ¿Por qué?

Los chicos del pueblo

3. ¿Quiénes planeaban algo contra Bernardino?
4. ¿Por qué el niño que narra el cuento planeaba colaborar con los chicos del pueblo?

Un perro querido

5. ¿Cómo se llamaba el perro de Bernardino? ¿Cómo era?
6. ¿Por qué le llamaban «pez» o «pavo» a Bernardino?
7. ¿Qué hacían los niños para atraer al perro?
8. ¿Qué le propusieron los niños a Bernardino cuando este les contó que su perro se había perdido?

El encuentro en el bosque

9. ¿Con quiénes se encontraron los niños en el camino? ¿Qué habían hecho los chicos del pueblo con «Chu»?
10. ¿Qué actitud adoptó Bernardino frente a los chicos? ¿Quién intentó oponerse a los chicos del pueblo? ¿Por qué no tuvo éxito?

La tortura

11. ¿Qué le pidió Mariano a Bernardino? ¿Qué hizo Bernardino al oír la proposición de Mariano?
12. ¿Por qué se enojó Mariano? ¿Qué nueva proposición le hizo a Bernardino?
13. ¿Quién golpeó a Bernardino? ¿Cómo se comportó Bernardino durante su tortura?
14. ¿Cuándo dejó de pegarle?

La reunión

15. ¿Qué hizo «Chu» cuando su amo lo desató? ¿Por qué iban a volver los niños a «Los Lúpulos»?
16. ¿Dónde encontraron a Bernardino? ¿Qué estaba haciendo el chico?

🔊 Audio

Despúes de escuchar la historia, indica si la idea es verdadera (**V**) o falsa (**F**).

1. V F   2. V F   3. V F   4. V F   5. V F   6. V F

Palabras

Cognados parciales y lejanos

Some Spanish words look like English words but have a somewhat different meaning. Usually you can figure out the meaning of these partial cognates from the context.

el matrimonio	*(matrimony)*	*wedding, marriage*
el cristal	*(crystal)*	*glass*

Distant cognates are words in two languages that are related and yet have distinct spelling differences:

cobarde	*coward*
enfurecer	*to infuriate*

Transformaciones

Da el significado en inglés de cada palabra.

1. comprender
2. quieto
3. antiguo
4. redondo
5. sin raza
6. la gracia
7. agrupado
8. el lenguaje
9. el azúcar
10. avanzar
11. desaparecer
12. extraño

Conexiones en contexto

Refiriéndote al cuento, empareja cada término de la Columna **A** con el *correspondiente* de la Columna **B**.

Los correspondientes

A	B
1. lindante	a. raro/a
2. pedazo	b. verdaderamente
3. enterarse	c. quitarse
4. desprenderse	d. junco
5. rabioso/a	e. rabia
6. extraño/a	f. bordeado/a
7. mimbre	g. estar de acuerdo
8. cólera	h. terrón
9. asentir	i. saber
10. de veras	j. furioso/a

Refiriéndote al cuento, empareja cada término de la Columna **A** con su opuesto de la Columna **B.**

Los opuestos

A	**B**
1. mimado/a	a. apacible
2. molesto/a	b. alabar
3. reprochar	c. bajar
4. confusión	d. claridad
5. distinto/a	e. aburrir
6. incorrecto/a	f. abusado/a
7. divertir	g. repelar
8. serio/a	h. igual
9. subir	i. alegre
10. atraer	j. apropiado/a

Resumen

Vuelve a contar la historia, desde el punto de vista de Bernardino, cambiando los infinitivos al tiempo presente.

1. Yo *(llamarse)* _____ Bernardino y yo *(querer)* _____ contarles algunos hechos de mi vida.   2. Yo *(vivir)* _____ en «Los Lúpulos», una casa grande que *(estar)* _____ rodeada de un jardín.   3. Yo *(tener)* _____ tres hermanas mucho mayores que yo.   4. Ellas nacieron del primer matrimonio de mi papá, y *(parecer)* _____ ser mis tías. 5. Ellas *(vestirse)* _____ a la moda antigua.   6. Yo *(ir)* _____ con ellas a misa y yo *(pasear)* _____ con ellas por el campo.   7. Mi mejor amigo *(ser)* _____ mi perro, «Chu», y todos lo *(adorar)* _____.   8. Algunos chicos del pueblo *(decir)* _____ que yo *(ser)* _____ un chico extraño y mimado.   9. Un día ellos *(decidir)* _____ engañarme.   10. Yo no *(poder)* _____ encontrar a «Chu» y ellos *(ofrecerse)* _____ a ayudarme a buscarlo.   11. Los niños me *(llevar)* _____ muy lejos de la casa, al otro lado del muro, y dentro del bosque que *(ir)* _____ al río.   12. Al llegar yo *(ver)* _____ a «Chu» atado por las patas traseras por los chicos.   13. Al verme «Chu» *(empezar)* _____ a aullar.   14. *(Haber)* _____ muchos chicos pero yo no *(tener)* _____ miedo.   15. Yo les *(preguntar)* _____ qué *(querer)* _____ y ellos me *(pedir)* _____ dinero.   16. Como no *(tener)* _____ dinero yo les *(dar)* _____ mi medalla de oro.   17. Ellos *(quedarse)* _____ sorprendidos y furiosos.   18. Ciertos chicos me *(golpear)* _____ y me llaman «pez» y «pavo».   19. Yo no les *(mostrar)* _____ el menor dolor.   20. Sin recoger mi medalla, yo *(desatar)* _____ a «Chu» y nosotros *(salir)* _____ hacia el muro donde yo *(abrazar)* _____ a mi querido perro.

Interpretación

Análisis

1. El cuento profundiza en importantes temas sociales y personales. Cítalos y reflexiona sobre ellos. ¿Cómo categorizarías el cuento? Señala los elementos emotivos y dramáticos que más te hayan impactado.

2. ¿En qué voz está escrita esta narración? ¿Por qué te parece que la autora, Ana M. Matute, eligió a ese personaje como narrador? ¿Quién es él? ¿Cuál es su actitud hacia Bernardino y los otros chicos del pueblo?

3. Describe la relación de «Chu» con Bernardino. Analizando sus placeres y penas, narra la historia desde el punto de vista del perro «sin raza». ¿Qué has aprendido de la conexión entre amito y mascota a lo largo del relato?

4. Comenta los diferentes estados de ánimo que experimenta Bernardino. Indica con qué términos insultantes lo definen los otros chicos. Después de leer el cuento, ¿qué opinas de Bernardino? ¿Cómo describirías al niño y a su familia?

5. Un conocido refrán dice: «No juzgues al libro por su tapa». Explica el significado de este dicho usando como ejemplo el personaje de Bernardino.

6. Examina la manifestación de la valentía y la cobardía en el relato. ¿Quién es valiente y quién cobarde según sus actitudes y acciones? Cita ejemplos específicos en la narración.

7. Señala algunos sentimientos que los otros jóvenes experimentan hacia Bernardino y ordénalos por orden cronológico, según vayan manifestándose en el relato. ¿Qué valores exhiben esos chicos? ¿Son malos? Explica.

8. ¿Por qué crees que los chicos del pueblo lo tienen «atravesado» a Bernardino? En tu opinión, ¿es el personaje de Bernardino *raro* o simplemente incomprendido por sus compañeros? ¿Merece ser abusado? Explica.

9. ¿Crees que Bernardino es feliz? Comenta qué es lo que más te ha llamado la atención de él. Luego, reflexiona sobre qué te inspira el personaje de Bernardino. ¿Es más fácil para ti identificarte con él, con los otros chicos del cuento o con ninguno? ¿Por qué?

10. La furia y la violencia son temas destacados en el relato. ¿Crees que la furia y la violencia que sienten los chicos del pueblo hacia Bernardino es propia de su edad? En tu opinión, ¿por qué odian tanto a Bernardino?

11. Busca algunos ejemplos de sentimientos de culpabilidad y arrepentimiento en el relato. ¿Cómo se relacionan con el odio y el amor ya observados? Da ejemplos concretos de cómo se manifiestan estas emociones en el cuento.

12. Bernardino consiguió aguantar el llanto hasta que estuvo solo con su perro. ¿Por qué crees que no lloró delante de sus agresores? ¿Crees que el hecho de que no llorara los enfureció más? ¿Qué representa este comportamiento de Bernardino?

13. ¿Qué elementos de la naturaleza de esa región minera en España intercala la autora para crear el ambiente narrativo? ¿Qué efectos, buenos y malos, influyen en el desarrollo y desenlace de la acción?

14. Según el cuento, «Gracianín tiró el junco y echó a correr». ¿Cuándo lo hizo? ¿Por qué? ¿Qué harías tú en la misma situación?

Ensayos

1. Imagínate que esta historia pasara hoy día. Relata la relación entre Bernardino y los otros chicos después del ataque en el bosque. Vuelve a contar la narración, con algunos cambios relevantes sobre las actitudes y los comportamientos.

2. ¿Qué lenguaje utiliza Matute para desarrollar el carácter de Bernardino y de Mariano? ¿Qué reacción te produce ese lenguaje? ¿Quién es cobarde?

Dramatizaciones

1. Imagínate que eres una tía de Bernardino y él te relata lo ocurrido ese día. ¿Qué le dirías para calmar su dolor? ¿Cómo te respondería él?

2. Dramatiza la conversación entre cuatro chicos del pueblo que están planeando su ataque a Bernardino. ¿Qué pensamientos y sentimientos se expresan en la conversación?

Discusiones

1. Basándote en el cuento, ¿crees que podrías ser amigo de un chico *distinto* como Bernardino? Explica.

2. Señala qué significa *ser mimado* para ti. ¿Te consideras mimado/a por tu familia o amigos/as? En tu opinión, ¿qué conducta muestra alguien mimado/a? Da ejemplos.

3. ¿Cuáles son algunas expresiones que utilizas tú y que tus padres o abuelos no entienden? ¿Y viceversa?

4. En el relato se menciona que la madre de Bernardino es madrastra de las hermanas del chico. Compara y contrasta cómo suelen ser retratadas las madrastras, en el cine, por ejemplo. ¿Por qué crees que se retratan así?

5. Comenta la influencia social de la presión de grupo entre los jóvenes de tu escuela o universidad. ¿Cómo afecta tus costumbres y tus acciones?

6. La narración nos enseña una relación muy especial entre Bernardino y «Chu». ¿Has tenido mascota alguna vez? ¿Te consideras persona de perros o de gatos? ¿o tal vez de otro animal? Coméntalo y da ejemplos.

7. Piensa en algún momento cuando te dominó la cólera. ¿En qué situación fue? ¿Cómo actuaste después? Si te arrepentiste, ¿pediste perdón? Explica.

8. Narra un episodio de cobardía y otro de valentía que tú has observado. ¿Qué emociones provocaron en ti?

9. Describe alguna vez que te escapaste de chico con unos amigos/as o hermanos/as. ¿Qué hicieron y qué pasó como consecuencia??

10. Cuenta la trama de un libro o una película que tenga como tema central los celos o la envidia. ¿Qué sucede? ¿Cómo se resuelve el conflicto?

Comparaciones y contrastes

En «Bernardino», «Mi caballo mago» y «Continuidad de los parques», la naturaleza es una fuerza transformadora. ¿Qué papel, positivo y/o negativo, juega en cada cuento? ¿Qué oportunidades y desafíos presenta en cada narración?

27
Casa tomada

~ Julio Cortázar ~

ARGENTINA

«Apreté el brazo de Irene, y la hice correr conmigo hasta la puerta cancel…
Los ruidos se oían más fuerte…, a espaldas nuestras.»

Casa tomada

Julio Cortázar (1914–1984), who was born in Belgium and educated in Argentina, settled in Paris in the 1950s and acquired French citizenship shortly before his death. One of Latin America's finest writers, he used the novel and the short story to explore the thin boundary between reality and fantasy. "Casa tomada,"[1] which was published in his 1951 short story collection Bestiario, *is the story of a brother and sister who have lived alone together in the family home for decades. Suddenly, they discover that the house is mysteriously being taken over—but by whom, or what, and how should they react?*

CONTEXTO CULTURAL Probablemente Cortázar pensaba en su añorada Francia mientras escribía esta historia en 1944. En mayo de 1940, las fuerzas nazis invadían Bélgica, ocupando París y el norte del país. Muchos escaparon al sur a la llamada 'zona libre'. Más tarde, en noviembre de 1942, los alemanes ocupaban el resto del país. En ambas ocasiones no encontraron gran resistencia y Francia se convirtió en 'un país tomado'.

Los dos hermanos

Nos gustaba la casa porque aparte de espaciosa y antigua (hoy que las casas antiguas sucumben a la más ventajosa liquidación de sus materiales)[2] guardaba los recuerdos de nuestros bisabuelos,° el abuelo paterno, nuestros padres y toda la infancia. [great-grandparents]

5   Nos habituamos Irene y yo a persistir solos en ella, lo que era una locura° pues en esa casa podían vivir ocho personas sin estorbarse.° [crazy idea / **sin**... without getting in each other's way] Hacíamos la limpieza por la mañana, levantándonos a las siete, y a eso de las once yo le dejaba a Irene las últimas habitaciones por repasar° [**por**... to go over with a cloth] y me iba a la cocina. Almorzábamos a mediodía, siempre puntuales; ya no 10 quedaba nada por hacer fuera de unos pocos platos sucios. Nos resultaba grato° almorzar pensando en la casa profunda° y silenciosa y cómo nos [pleasant / deep] bastábamos para mantenerla limpia.° A veces llegamos a creer que era [**cómo**... how it was enough for us just to keep it clean / = **la casa**] ella° la que no nos dejó casarnos. Irene rechazó° dos pretendientes° sin [/ turned down / suitors] mayor motivo, a mí se me murió María Esther antes que llegáramos a 15 comprometernos.° Entramos en los cuarenta años con la inexpresada [**antes**... before we were able to get engaged] idea de que el nuestro, simple y silencioso matrimonio de hermanos, era necesaria clausura° de la genealogía asentada° por los bisabuelos en [closure / established] nuestra casa. Nos moriríamos allí algún día, vagos y esquivos° primos [who had been avoiding us] se quedarían con la casa y la echarían al suelo° para enriquecerse con [**la**... would tear it down]

---

[1] **«Casa tomada»** "The House That Was Taken Over."

[2] **hoy... materiales** nowadays, when it is more profitable to sell the building materials of old houses. Literally: nowadays, when old houses fall victim to the more profitable practice of selling their building materials.

20 el terreno y los ladrillos;° o mejor, nosotros mismos la voltearíamos
justicieramente° antes de que fuese demasiado tarde.°

     Irene era una chica nacida para no molestar a nadie. Aparte de su
actividad matinal se pasaba el resto del día tejiendo° en el sofá de su
dormitorio. No sé por qué tejía tanto, yo creo que las mujeres tejen
25 cuando han encontrado en esa labor el gran pretexto para no hacer nada.
Irene no era así, tejía cosas siempre necesarias, tricotas° para el invierno,
medias para mí, mañanitas° y chalecos° para ella. A veces tejía un chaleco
y después lo destejía° en un momento porque algo no le agradaba;° era
gracioso ver en la canastilla° el montón de lana encrespada° resistiéndose
30 a perder su forma de algunas horas. Los sábados iba yo al centro a
comprarle lana; Irene tenía fe° en mi gusto,° se complacía con° los colores
y nunca tuve que devolver madejas.° Yo aprovechaba° esas salidas°
para dar una vuelta por las librerías° y preguntar vanamente° si había
novedades en literatura francesa. Desde 1939 no llegaba nada valioso a la
35 Argentina.[3]

     Pero es de la casa que me interesa hablar, de la casa y de Irene,
porque yo no tengo importancia. Me pregunto qué hubiera hecho
Irene° sin el tejido. Uno puede releer un libro, pero cuando un pullover
está terminado no se puede repetirlo sin escándalo. Un día encontré el
40 cajón de abajo de la cómoda de alcanfor° lleno de pañoletas° blancas,
verdes, lila. Estaban con naftalina,° apiladas° como en una mercería;°
no tuve valor de preguntarle a Irene qué pensaba hacer con ellas. No
necesitábamos ganarnos la vida, todos los meses llegaba la plata° de los
campos y el dinero aumentaba. Pero a Irene solamente la entretenía el
45 tejido, mostraba una destreza° maravillosa y a mí se me iban las horas
viéndole las manos como erizos° plateados,° agujas° yendo y viniendo y
una o dos canastillas en el suelo donde se agitaban constantemente los
ovillos.° Era hermoso.

La casa

     Cómo no acordarme de la distribución° de la casa. El comedor, una
50 sala con gobelinos,[4] la biblioteca y tres dormitorios grandes quedaban
en la parte más retirada,° la que mira hacia Rodríguez Peña.[5] Solamente
un pasillo° con su maciza° puerta de roble° aislaba esa parte del ala°

bricks
la... we would knock it down fairly /
antes... before it was too late

knitting

sweaters
bedjackets / vests
unraveled / = **gustaba**
little basket / curled

faith / taste / **se...** she liked
skeins / took advantage of / outings
para... to wander through the
bookstores / in vain

qué... what would Irene have done

camphor / shawls
naphthalene (moth balls) / piled up /
notions store

= **dinero**

skill
hedgehogs / = **de plata** / knitting
needles
balls of yarn

layout

remote
hall, passageway / massive / oak / wing

---

[3] **Desde 1939... Argentina**   Since 1939, nothing of value (i.e., no French novels) was arriving
in Argentina. With this reference to France, Cortázar invites the readers to remember what
happened to that country in World War II. When Hitler and his armies marched into Poland in
1939, the French declared war on Germany but did not move to attack. In May 1940, the Nazi
forces invaded France, meeting little resistance. By June, the French had capitulated. The Germans
occupied Paris and the northern half of the country, permitting the French to set up a puppet
government in the small town of Vichy in the southern zone. In November 1942, in response to
the Anglo-American invasion of North Africa, the Germans immediately moved their troops into
the unoccupied section of France, thus taking over the entire country. Meanwhile, the Argentin-
ians maintained a policy of neutrality during most of World War II and were therefore accused of
pro-Nazi sympathies. They finally declared war on Japan and Germany in March 1945, when the
conflict was almost over.

[4] **con gobelinos**   with tapestries from Gobelins. The Gobelins workshops in Paris produced their
finest tapestries in the seventeenth century for King Louis XIV.

[5] **Rodríguez Peña**   a street in Buenos Aires.

delantera° donde había un baño, la cocina, nuestros dormitorios y el living central, al cual comunicaban° los dormitorios y el pasillo. Se
55 entraba a la casa por un zaguán° con mayólica,° y la puerta cancel° daba al living.° De manera que uno entraba por el zaguán, abría la cancel y pasaba al living; tenía a los lados las puertas de nuestros dormitorios, y al frente el pasillo que conducía° a la parte más retirada; avanzando por el pasillo se franqueaba° la puerta de roble y más allí empezaba el otro
60 lado de la casa, o bien se podía girar° a la izquierda justamente antes de la puerta y seguir por un pasillo más estrecho° que llevaba a la cocina y el baño. Cuando la puerta estaba abierta advertía° uno que la casa era muy grande; si no, daba la impresión de un departamento° de los que se edifican° ahora, apenas para moverse; Irene y yo vivíamos siempre en
65 esta parte de la casa, casi nunca íbamos más allá de la puerta de roble, salvo° para hacer la limpieza,° pues es increíble cómo se junta tierra en los muebles.° Buenos Aires será una ciudad limpia, pero eso lo debe a sus habitantes y no a otra cosa. Hay demasiada tierra en el aire, apenas sopla° una ráfaga° se palpa° el polvo° en los mármoles° de las consolas°
70 y entre los rombos° de las carpetas° de macramé; da trabajo sacarlo bien con plumero,° vuela y se suspende en el aire, un momento después se deposita de nuevo en los muebles y los pianos.

front
connected
*hall / ceramic tiles / **puerta...** inner front door / **daba...** opened onto the living room*
led
went
turn
narrow
noticed
*= **apartamento***
*= **construyen***
*= **except** / cleaning*
***cómo...** how dusty the furniture gets*
blows / gust of wind / one can feel / dust / marble tops / tables / rhombus / table covers / feather duster

Ruidos extraños

Lo recordaré siempre con claridad porque fue simple y sin circunstancias inútiles. Irene estaba tejiendo en su dormitorio, eran las
75 ocho de la noche y de repente se me ocurrió poner al fuego la pavita del mate.[6] Fui por el pasillo hasta enfrentar° la entornada° puerta de roble, y daba la vuelta al codo° que llevaba a la cocina cuando escuché algo en el comedor o la biblioteca. El sonido venía impreciso y sordo,° como un volcarse de silla° sobre la alfombra° o un ahogado° susurro° de
80 conversación. También lo oí, al mismo tiempo o un segundo después, en el fondo° del pasillo que traía desde aquellas piezas° hasta la puerta. Me tiré° contra la puerta antes de que fuera° demasiado tarde, la cerré de golpe° apoyando el cuerpo; felizmente la llave estaba puesta de nuestro lado y además corrí el gran cerrojo° para más seguridad.°
85 Fui a la cocina, calenté la pavita, y cuando estuve de vuelta con la bandeja° del mate le dije a Irene:
—Tuve que cerrar la puerta del pasillo. Han tomado la parte del fondo.
Dejó caer° el tejido y me miró con sus graves ojos cansados.
—¿Estás seguro?
90 Asentí.°
—Entonces —dijo recogiendo las agujas— tendremos que vivir en este lado.
Yo cebaba° el mate con mucho cuidado, pero ella tardó un rato en reanudar su labor. Me acuerdo que tejía un chaleco gris; a mí me gustaba
95 ese chaleco.

***hasta...** until I faced / half-closed*
***daba...** I was turning in the hall*
muted
***como...** like the fall of a chair / rug / muffled / whisper*
rear / rooms
*I threw myself / **antes...** before it was / **la...** I slammed it shut*
bolt / security
tray
She dropped
I nodded.
was preparing

---

[6] **la pavita del mate** the kettle [of water] for "mate," a tea-like South American beverage made from the leaves of a species of holly.

Una nueva invasión

Los primeros días nos pareció penoso° porque ambos habíamos   = **difícil**
dejado en la parte tomada muchas cosas que queríamos. Mis libros de
literatura francesa, por ejemplo, estaban todos en la biblioteca. Irene
extrañaba° unas carpetas, un par de pantuflas° que tanto la abrigaban°   missed / slippers / **la...** kept her warm
100 en invierno. Yo sentía mi pipa de enebro° y creo que Irene pensó en   juniper
una botella de Hesperidina[7] de muchos años. Con frecuencia (pero esto
solamente sucedió° los primeros días) cerrábamos algún cajón de las   = **ocurrió**
cómodas y nos mirábamos con tristeza.

—No está aquí.

105 Y era una cosa más de todo lo que habíamos perdido al otro lado de
la casa.

Pero también tuvimos ventajas.° La limpieza se simplificó tanto que   advantages
aun levantándose tardísimo, a las nueve y media por ejemplo, no daban
las once y ya estábamos de brazos cruzados. Irene se acostumbró a ir
110 conmigo a la cocina y ayudarme a preparar el almuerzo. Lo pensamos
bien, y se decidió esto: mientras yo preparaba el almuerzo, Irene cocinaría
platos para comer fríos de noche. Nos alegramos porque siempre resulta
molesto° tener que abandonar los dormitorios al atardecer y ponerse a   bothersome
cocinar. Ahora nos bastaba con la mesa en el dormitorio de Irene y las
115 fuentes de comida fiambre.°   **las...** the platters of cold cuts

Irene estaba contenta porque le quedaba más tiempo para tejer. Yo
andaba un poco perdido a causa de los libros, pero por no afligir° a mi   to worry
hermana me puse° a revisar la colección de estampillas de papá, y eso   **me...** I began
me sirvió para matar el tiempo. Nos divertíamos mucho, cada uno en
120 sus cosas, casi siempre reunidos en el dormitorio de Irene que era más
cómodo. A veces Irene decía:

—Fíjate este punto° que se me ha ocurrido. ¿No da un dibujo de   stitch
trébol?[8]

Un rato después era yo el que le ponía ante los ojos un cuadradito°   little square
125 de papel para que viese° el mérito de algún sello de Eupen y Malmédy.[9]   would see
Estábamos bien, y poco a poco empezábamos a no pensar. Se puede vivir
sin pensar.

Sueños

(Cuando Irene soñaba en alta voz yo me desvelaba° en seguida.   I would wake up
Nunca pude habituarme a esa voz de estatua o papagayo,° voz que viene   parrot
130 de los sueños y no de la garganta. Irene decía que mis sueños consistían
en grandes sacudones° que a veces hacían caer el cobertor.° Nuestros   jolts / bedspread

---

[7] **una botella de Hesperidina**   a bottle of lemon-scented perfume.

[8] **¿No da un dibujo de trébol?**   Doesn't it look like a three-leaf clover? (Note: the "fleur-de-lys" symbol of France has a clover-like shape.)

[9] **algún sello de Eupen y Malmédy**   a certain stamp from Eupen and Malmédy. These two small towns in eastern Belgium were annexed by Prussia in 1815 and returned to Belgium in 1919 at the Treaty of Versailles, which ended World War I. The Nazi armies invaded Eupen and Malmédy in 1940, and Hitler declared them once again part of Germany. The cities were liberated by the Allied Forces in 1944.

dormitorios tenían el living de por medio,° pero de noche se escuchaba **de...** in the middle
cualquier cosa en la casa. Nos oíamos respirar, toser,° presentíamos el coughing
ademán° que conduce a la llave del velador,° los mutuos y frecuentes **= gesto** / night-table lamp
135　insomnios.

　　Aparte de eso todo estaba callado° en la casa. De día eran los rumores **= silencioso**
domésticos, el roce° metálico de las agujas de tejer, un crujido° al pasar rubbing / rustle
las hojas° del álbum filatélico.° La puerta de roble, creo haberlo dicho, era pages / stamp
maciza. En la cocina y el baño, que quedaban tocando la parte tomada,
140　nos poníamos a hablar en voz más alta o Irene cantaba canciones de **canciones...** lullabies / crockery /
cuna.° En una cocina hay demasiado ruido de loza° y vidrios° para que glass / burst in
otros sonidos irrumpan° en ella. Muy pocas veces permitíamos allí el
silencio, pero cuando tornábamos a los dormitorios y al living, entonces
la casa se ponía callada y a media luz, hasta pisábamos° más despacio we would walk
145　para no molestarnos. Yo creo que era por eso que de noche, cuando Irene
empezaba a soñar en alta voz, me desvelaba en seguida.)

La casa tomada

　　Es casi repetir lo mismo salvo las consecuencias. De noche siento
sed, y antes de acostarnos le dije a Irene que iba hasta la cocina a
servirme un vaso de agua. Desde la puerta del dormitorio (ella tejía)
150　oí ruido en la cocina; tal vez en la cocina o tal vez en el baño porque muffled
el codo del pasillo apagaba° el sonido. A Irene le llamó la atención mi
brusca manera de detenerme,° y vino a mi lado sin decir palabra. Nos of stopping myself, halting
quedamos escuchando los ruidos, notando claramente que eran de este
lado de la puerta de roble, en la cocina y el baño, o en el pasillo mismo
155　donde empezaba el codo casi al lado nuestro.

　　No nos miramos siquiera.° Apreté° el brazo de Irene y la hice correr **No...** We didn't even look at
conmigo hasta la puerta cancel, sin volvernos hacia atrás. Los ruidos each other / I squeezed
se oían más fuerte pero siempre sordos, a espaldas nuestras.° Cerré **a...** at our back
de un golpe la cancel y nos quedamos en el zaguán. Ahora no se oía
160　nada.

　　—Han tomado esta parte —dijo Irene. El tejido le colgaba° de las was hanging
manos y las hebras° iban hasta la cancel y se perdían debajo. Cuando vio threads
que los ovillos habían quedado del otro lado, soltó° el tejido sin mirarlo. she dropped

　　—¿Tuviste tiempo de traer alguna cosa? —le pregunté inútilmente.
165　—No, nada.

　　Estábamos con lo puesto.° Me acordé de los quince mil pesos en el **Estábamos...** We had only what
armario° de mi dormitorio. Ya era tarde ahora. we were wearing / wardrobe

　　Como me quedaba el reloj pulsera,° vi que eran las once de la noche. **el...** the wristwatch
Rodeé con mi brazo la cintura de Irene° (yo creo que ella estaba llorando) **Rodeé...** I put my arm around
170　y salimos así a la calle. Antes de alejarnos° tuve lástima,° cerré bien la Irene's waist / **Antes...** Before
puerta de entrada y tiré la llave a la alcantarilla.° No fuese que a algún going away / **tuve...** I felt sorry
pobre diablo se le ocurriera robar y se metiera en la casa,[10] a esa hora y / sewer
con la casa tomada.

Julio Cortázar. «Casa tomada», BESTIARO © Heirs of Julio Cortázar, 2012

[10] **No... casa.**.　　Just in case a poor devil got it into his head to steal and break into the house.

Comprensión

¿Qué pasó?

Los dos hermanos

1. ¿Quiénes habitaban la casa? ¿Por qué les gustaba la casa? ¿Cómo era el horario de Irene y su hermano?
2. ¿Por qué no se casaron los dos? ¿Qué edad tenían los dos hermanos? ¿Qué hacía Irene casi todo el día? ¿Qué cosas confeccionaba ella?
3. ¿Qué hacía el narrador los sábados? ¿Qué tipo de literatura le gustaba a él?
4. ¿De dónde les llegaba su dinero?

La casa

5. ¿Cómo estaba distribuida la casa? ¿En qué parte vivían los dos hermanos?
6. ¿Por qué era un problema la tierra?

Ruidos extraños

7. ¿Qué oyó el narrador una noche, a las ocho? ¿Qué hizo él entonces?
8. ¿Qué le dijo a Irene? ¿Cuál fue su reacción? ¿Qué tejía ella en ese momento?

Una nueva invasión

9. ¿Qué cosas habían dejado los dos hermanos en el lado tomado de la casa?
10. ¿Qué hacía el narrador para matar el tiempo?

Sueños

11. ¿Cómo soñaba Irene de noche? ¿Cómo soñaba el narrador?
12. ¿Qué sonidos se oían de día?

La casa tomada

13. ¿Qué ocurrió una noche cuando el narrador iba a la cocina? ¿Qué hicieron ellos en lugar de ir a la cocina?
14. ¿Qué había dejado Irene al otro lado de la puerta?
15. ¿Qué dejó el narrador en la casa? ¿Qué hora era?
16. ¿Qué hizo el narrador con las llaves de la casa? ¿Por qué lo hizo?

Audio

Despúes de escuchar la historia, indica si la idea es verdadera (**V**) o falsa (**F**).

1. V   F   2. V   F   3. V   F   4. V   F   5. V   F   6. V   F

Palabras

Prefijos negativos

Spanish, like English, often uses prefixes to change the meaning of a word. Certain prefixes add a negative meaning:

| des- | **tejer** | *(to knit)* | **destejer** | *(to unknit, to unravel)* |
| in- | **útil** | *(useful)* | **inútil** | *(useless)* |

Transformaciones

Da el significado en inglés de cada palabra.

1. conocer / desconocer
2. aparecer / desaparecer
3. cortés / descortés
4. atar / desatar
5. feliz / infeliz
6. conformidad / inconformidad
7. justo / injusto
8. esperado / inesperado

Conexiones en contexto

Refiriéndote al cuento, empareja cada término de la Columna **A** con el *correspondiente* de la Columna **B**.

Los correspondientes

A	**B**
1. pasillo	a. silencioso/a
2. departamento	b. construir
3. ponerse a	c. mirar
4. callado/a	d. pararse
5. revisar	e. zaguán
6. insomnio	f. irritante
7. edificarse	g. desvelo
8. molesto/a	h. gesto
9. ademán	i. apartamento
10. detenerse	j. empezar

Refiriéndote al cuento, empareja cada término de la Columna **A** con su *opuesto* de la Columna **B**.

Los opuestos

A	B
1. espacioso/a	a. aceptar
2. recuerdo	b. acostarse
3. silencioso/a	c. divorciarse
4. levantarse	d. después
5. solo/a	e. primero/a
6. casarse	f. acompañado/a
7. limpio/a	g. sucio/a
8. antes	h. ruidoso/a
9. último/a	i. olvido
10. rechazar	j. estrecho/a

Resumen

Vuelve a contar la historia, cambiando los verbos en itálica al tiempo pasado apropiado.

1. Nos *gusta* la casa porque *guarda* los recuerdos de nuestra familia.   2. Irene y yo *persistimos* solos en la casa, a pesar de que *es* muy grande para nosotros dos. No *necesitamos* ganarnos la vida.   3. En la casa *hay* una parte más retirada.   4. Una noche *voy* por el pasillo para ir a la cocina mientras Irene *teje*.   5. *Hay* un ruido que *viene* del comedor o de la biblioteca.   6. *Cierro* la puerta de golpe, y *apoyo* el cuerpo contra ella.   7. Le *digo* a Irene que *han tomado* la parte del fondo de la casa.   8. Ambos *hemos dejado* muchas cosas que *queremos* en la parte tomada.   9. La limpieza se *simplifica* mucho y a Irene le *queda* más tiempo para tejer.   10. Yo me *pongo* a revisar la colección de estampillas de papá.   11. Una noche *siento* sed, y *voy* a la cocina a servirme un vaso de agua.   12. Desde la puerta del dormitorio *oigo* ruido; a Irene le *llama* la atención.   13. *Aprieto* el brazo de Irene y la *hago* correr conmigo hasta la puerta cancel.   14. *Cierro* la cancel y nos *quedamos* en el zaguán; *han tomado* esta parte de la casa.   15. No *tenemos* tiempo de traer ninguna cosa; *estamos* con lo puesto.   16. *Salimos* a la calle, *cierro* bien la puerta de entrada y *tiro* la llave a la alcantarilla.

Interpretación

Análisis

1. Categoriza el cuento. ¿Te parece una narración realista o fantástica? ¿cómica o triste? ¿absurda o lógica? ¿Qué piensas del relato? Razona tu respuesta.
2. Basándote en lo que has leído, describe a los dos protagonistas.
   A Irene le importa tejer y a su hermano le fascina leer. ¿Qué simbolizan estas actividades?

3. ¿Cuál crees que es la intención autorial de Cortázar al presentarnos este cuento? ¿Qué objetos concretos y detalles narrativos integra Cortázar en el cuento para indicar la clase social de la familia de los dos hermanos?

4. ¿Qué impresión te da el estilo de vida de Irene y su hermano? El narrador describe su relación como un «matrimonio de hermanos». Basándote en la historia, explica el significado de esta idea.

5. ¿Saben los hermanos protagonistas la identidad de los «invasores»? ¿Por qué el autor no especifica quiénes tomaron la casa?

6. En tu opinión, ¿son felices los hermanos? ¿Quién es más feliz de los dos? Explícalo con ejemplos tomados del texto.

7. Inventa un suceso que rompa la rutina diaria de Irene y su hermano. Relata cómo actuarían.

8. Imagínate que Irene es la narradora y su hermano quien se queda en casa. ¿Cómo cambia la historia? Describe la nueva relación familiar, social y sicológica entre ellos.

9. Comenta los papeles femeninos y masculinos manifestados en el relato.

10. Analiza el tema del poder. ¿Cómo cambia a lo largo de la narración? ¿Quién lo tiene y en qué situaciones?

11. El narrador afirma que él y su hermana representaban el fin de una genealogía. Explica por qué lo dice.

12. El filósofo francés Descartes dijo: «Pienso, luego existo». Compara y contrasta esta famosa cita con la convicción del protagonista de que «Se puede vivir sin pensar». ¿Con cuál de ellas estás de acuerdo? Explica tu respuesta con algún ejemplo.

13. Este cuento se puede interpretar como una alegoría de la ocupación de Francia por los alemanes durante la Segunda Guerra Mundial. Explica.

14. Interpreta el simbolismo de la tierra y el polvo en la narración. Relaciónalo con la importancia de la llave y la alcantarilla al final del cuento. ¿Qué revelan sobre el impacto en el desarrollo y el desenlace del relato?

15. Vuelve a leer el pasaje donde el narrador describe la casa. Dibuja un plano de la casa con los nombres de las diferentes partes en español.

16. El narrador declara cuánto les importa a él y a Irene la casa familiar cuando dice: «Nos gustaba la casa (...) guardaba los recuerdos de nuestros bisabuelos, el abuelo paterno, nuestros padres y toda la infancia". Si estuvieras en la misma situación en la que ellos están al final de la historia, ¿dejarías la casa? ¿Por qué? ¿Qué crees que les pasa?

Ensayos

1. Imagínate que un mes después de huir de la casa, Irene y su hermano están en un café. Cada uno relata una distinta versión de lo que pasó en la casa. ¿Qué recuerda cada uno? ¿Cómo se siente al recordar la rara «invasión»? ¿Qué anticipa sobre el futuro?

2. Comenta el estilo en el que está escrito el cuento. ¿Qué voz y lenguaje usa Julio Cortázar para desarrollar la narración? ¿Qué pensamientos y sensaciones evocan en ti?

Dramatizaciones

1. Imagina un diálogo entre el narrador y una vecina, Victoria, al encontrarse el sábado mientras compran lana. Dramatiza el diálogo. ¿Qué le pregunta Victoria sobre Irene y la casa? ¿Cómo le responde el narrador?

2. Imagina el aspecto de la persona, o personas, que toman la casa y quizás algunas cosas. Luego, dramatiza una escena enérgica entre los «invasores» y los hermanos quienes —en vez de huir— resisten el ataque.

Discusiones

1. Imagínate que debes pasar una semana entera en tu casa sin salir. ¿Qué harías para mantenerte entretenido/a? Si pudieras elegir a alguien que se quedara contigo, ¿quién sería? ¿Por qué?

2. ¿Tienes algún objeto que haya pertenecido a toda tu familia? Si pudieras dejar algo para generaciones futuras, ¿qué sería? Explica qué importancia tiene para ti o tu familia.

3. ¿Cómo sueles tener tu cuarto, ordenado o desordenado? ¿Ayudas a tu familia a limpiar la casa? ¿Qué tarea doméstica te gusta más y cuál menos? ¿Por qué?

4. A Irene le encanta tejer y al narrador leer. ¿Cuál es tu pasatiempo favorito? ¿Dónde lo practicas, al aire libre o dentro de casa? Explica.

5. El protagonista del relato lee literatura francesa. ¿Cuál es tu género literario preferido? ¿de qué país? ¿Qué obra literaria le recomendarías a un/a amigo/a? Explica.

6. Compara el papel de la mujer y el del hombre en la sociedad de la primera mitad del siglo XX, cuando Cortázar escribió este cuento, con los de hoy día en la Argentina y en tu país.

7. Inventa la genealogía de una familia contemporánea. ¿Cómo es su casa y su vida familiar? Incluye objetos simbólicos y detalles narrativos.

8. ¿Cómo son los fantasmas? ¿Crees en ellos? ¿Por qué? Si tu casa fuera tomada, ¿qué cosas guardarías? ¿Por qué?

Comparaciones y contrastes

Examina el significado de la casa para los hermanos en «Casa tomada», de Julio Cortázar, y para los esposos en «Al correr los años», de Miguel de Unamuno. Luego, interpreta el simbolismo de la llave en «Casa tomada» y la foto en «Al correr los años». ¿Cómo influyen en el desarrollo y el desenlace de los relatos?

28
Las medias rojas

~ Emilia Pardo Bazán ~

España

«…la llama…alumbró su cara redonda, bonita, de facciones pequeñas,
la boca apetecible, de pupilas claras, golosas de vivir.»

Las medias rojas

Emilia Pardo Bazán (1851–1921), daughter of an aristocratic family
in La Coruña, Spain, was the first woman to be named professor of
Romance Literature at the University of Madrid. Under the influence
of French novelist Emile Zola, she introduced naturalism into Spanish
literature and focused on how women and men were victimized by
their socioeconomic circumstances. "Las medias rojas,"[1] which is
drawn from her anthology Cuentos de la tierra, portrays Ildara, a
young girl facing the harsh realities of rural life, and her dreams of
escaping from an abusive father and a harsh, unbearable environment.

CONTEXTO CULTURAL La provincia de Galicia se localiza al noroeste
de España. Se caracteriza por su escarpada costa atlántica y un interior
montañoso con áreas rurales bien alejadas entre sí. En el siglo XIX, los
empobrecidos granjeros emigraron a otras partes de España, Portugal o
incluso a América en busca de una vida mejor.

Ildara, la hija

Cuando la rapaza° entró cargada° con el haz de leña° que acababa
de merodear° en el monte del señor amo,[2] el tío Clodio[3] no levantó la
cabeza, entregado° a la ocupación de picar un cigarro,° sirviéndose, en
vez de navaja,° de una uña córnea,° color de ámbar oscuro, porque la
5 había tostado el fuego de las apuradas colillas.°

Ildara soltó° el peso° en tierra y se atusó° el cabello, peinado a la
moda "de las señoritas" y revuelto° por los enganchones° de las ramillas°
que se agarraban° a él. Después, con la lentitud de las faenas aldeanas,°
preparó el fuego, lo prendió,° desgarró las berzas,° las echó en el pote
10 negro, en compañía de unas patatas mal troceadas° y de unas judías asaz
secas,° de la cosecha° anterior, sin remojar.[4] Al cabo de estas operaciones,
tenía el tío Clodio liado° su cigarrillo, y lo chupaba° desgarbadamente,°
haciendo en los carrillos° dos hoyos° como sumideros,° grises, entre el
azuloso° de la descuidada barba.°

15 Sin duda la leña estaba húmeda de tanto llover la semana entera,
y ardía° mal, soltando una humareda acre;° pero el labriego° no
reparaba:° al humo, ¡bah!, estaba él bien hecho desde niño.[5] Como
Ildara se inclinase° para soplar° y activar la llama,° observó el viejo

= **muchacha** / loaded / **haz...** bundle of firewood / to gather	
dedicated / **de...** to make a cigar	
knife / **uña...** thick fingernail	
apuradas... burnt-down cigar butts	
dropped / weight / **se...** smoothed	
tangled, messy / snags / small branches	
caught / **faenas...** village chores / lit	
desgarró... cut up the cabbage	
cut up	
judías... rather dry beans / harvest	
rolled up / was puffing / ungracefully	
cheeks / indentations / sewage drains	
bluish color / **descuidada...** unkempt beard	
burned / **humareda...** acrid cloud of smoke / farmer, peasant / **no...** did not notice	
se... bent over / to blow, fan / flame	

---

[1] **«Las medias rojas»**   "Red Stockings."

[2] **el monte del señor amo**   in the mountain (forest) belonging to their land owner.

[3] **tío Clodio**   The narrator refers to the father of Ildara as **tío Clodio** (Uncle Clodio), the name by
which he is known to the people of the village.

[4] **sin remojar**   without soaking. Usually dried beans are soaked in water several hours before cooking.

[5] **al humo... niño**   He was well-accustomed to chimney smoke from childhood.

cosa más insólita:° algo de color vivo, que emergía de las remendadas y
20 encharcadas sayas° de la moza... Una pierna robusta, aprisionada en una
media roja, de algodón...[6]

—¡Ey! ¡Ildara!

—¡Señor padre!

—¿Qué novidá° es ésa?

25 —¿Cuál novidá?

—¿Ahora me gastas medias,[7] como la hirmán° del Abade°?

Incorporóse° la muchacha, y la llama,° que empezaba a alzarse,°
dorada,° lamedora de la negra panza del pote,[8] alumbró° su cara redonda,
bonita, de facciones pequeñas, de boca apetecible,° de pupilas claras,
30 golosas° de vivir.

—Gasto medias, gasto medias —repitió sin amilanarse° —. Y si las
gasto, no se las debo a ninguén.°

—Luego nacen los cuartos° en el monte —insistió el tío Clodio con
amenazadora sorna.°

35 —¡No nacen...! Vendí al abade unos huevos, que no dirá menos él...[9]
Y con eso merqué° las medias.

La violencia

Una luz de ira° cruzó por los ojos pequeños, engarzados° en duros
párpados,° bajo cejas hirsutas,° del labrador... Saltó del banco donde estaba
escarranchado,° y agarrando° a su hija por los hombros, la zarandeó°
40 brutalmente, arrojándola° contra la pared, mientras barbotaba:°

—¡Engañosa°! ¡Engañosa! ¡Cluecas andan las gallinas, que no
ponen![10]

Ildara, apretando° los dientes por no gritar de dolor,° se defendía°
la cara con las manos. Era siempre su temor° de mociña° guapa y
45 requebrada,° que el padre "la mancase",° como le había sucedido a la
Mariola, su prima, señalada° por su propia madre en la frente° con el aro
de la criba,° que le desgarró los tejidos.[11] Y tanto más defendía su belleza,
hoy que se acercaba el momento de fundar° en ella un sueño de porvenir.°
Cumplida la mayor edad,[12] libre de la autoridad paterna, la esperaba el
50 barco,° en cuyas entrañas° tantos de su parroquia° y de las parroquias
circunvecinas° se habían ido hacia la suerte, hacia lo desconocido de los

Glosses (right margin):

= **extraordinaria**

remendadas... patched wet skirts

= **novedad** (novelty)

= **hermana** / abbot
got up / flame / to rise
gold colored / lit up
attractive
eager

sin... undaunted
= **(ninguno) nadie**
= **dinero**
amenazadora... threatening sarcasm

= **compré**

anger / set
eyelids / **cejas...** hairy brows
sitting astride / grabbing / **la...** shook her / throwing her / was sputtering
Deceitful one

gritting / pain / **se...** protected
fear / = **muchacha**
courted, wooed / **la...** would cripple her / scarred / forehead

aro... metal ring of the strainer
to establish / **sueño...** dream of the future
boat / = **interiores** / parish
neighboring

---

[6] **algodón** It is not only the color of the stockings but the fact that they are made of cotton (**algodón**) which indicates to the father that they were purchased. Home-knit socks would have been in much thicker wool (**lana**).

[7] **me gastas medias** you are wasting my money on stockings.

[8] **lamedora... pote** licking at the blackened bottom of the pot.

[9] **que no dirá menos él** he who will corroborate it. (Lit., he who will not say less.)

[10] **¡Cluecas... ponen!** [You say that] because they are brooding (**cluecas**), that is, sitting on their nests, they are not laying eggs (**no ponen**). Tío Clodio is accusing Ildara of lying about the condition of some of the hens so that she can sell teir eggs and buy stockings.

[11] **que le desgarró los tejidos** which tore her skin open (in several places).

[12] **cumplida la mayor edad** as she is no longer a minor. Literally, having reached legal adulthood (**la mayor edad**).

lejanos países donde el oro rueda por las calles y no hay sino bajarse para cogerlo.[13] El padre no quería emigrar, cansado de una vida de labor, indiferente a la esperanza tardía: pues que se quedase él... Ella iría sin
55 falta: ya estaba de acuerdo con el *gancho*,[14] que le adelantaba° los pesos para el viaje, y hasta le había dado cinco de señal,° de los cuales habían salido las famosas medias...[15] Y el tío Clodio, ladino,° sagaz,° adivinador° o sabedor,° sin dejar de tener acorralada° y acosada° a la moza, repetía:

60 —Ya te cansaste de andar descalza de pie y pierna,° como las mujeres de bien, ¿eh, condenada? ¿Llevó medias alguna vez tu madre? ¿Peinóse como tú, que siempre estás dale° que tienes con el cacho de espejo?° Toma, para que te acuerdes...

Y con el cerrado puño° hirió° primero la cabeza, luego el rostro,°
65 apartando° las medrosas° manecitas,° de forma no alterada aún por el trabajo,[16] con que se escudaba° Ildara, trémula.° El cachete° más violento cayó sobre un ojo, y la rapaza vió como un cielo estrellado,° miles de puntos brillantes, envueltos en una radiación de intensos coloridos sobre un negro terciopeloso.° Luego, el labrador aporreó° la nariz, los carrillos.°
70 Fué un instante de furor, en que sin escrúpulo° la hubiese matado,° antes que verla marchar,[17] dejándole a él solo, viudo,° casi imposibilitado de cultivar la tierra que llevaba en arriendo,° que fecundó° con sudores tantos años, a la cual profesaba un cariño maquinal,° absurdo. Cesó al fin de pegar;° Ildara, aturdida de espanto,° ya no chillaba siquiera.°

El fin del sueño de Ildara

75 Salió afuera, silenciosa, y en el regato° próximo se lavó la sangre. Un diente bonito, juvenil, le quedó en la mano. Del ojo lastimado,° no veía.

Como que el médico, consultado tarde y de mala gana,° según es uso de labriegos, habló de un desprendimiento° de la retina, cosa que no
80 entendió la muchacha, pero que consistía... en quedarse tuerta.°

Y nunca más el barco la recibió en sus concavidades° para llevarla hacia nuevos horizontes de holganza° y lujo.° Los que allá vayan, han de ir sanos,° válidos,° y las mujeres, con sus ojos alumbrando° y su dentadura° completa...

Emilia Pardo Bazán, «Las medias rojas».

---

[13] **los lejanos... cogerlo.**   faraway lands where gold rolls in the streets and one only has to bend down to pick it up. This is the myth of America's gold rushes which attracted many European emigrants in the nineteenth century.

[14] **el *gancho***   A crooked middleman who would lure poor village girls to sail to the Americas where they would most likely be indentured as servants or prostitutes until they could reimburse his fee.

[15] **de los cuales... medias.**   with which she had paid for the famous stockings.

[16] **de forma... trabajo**   (small hands) which had not lost their nice shape even though she did hard chores. Literally, whose shape [had] not [been] lost even through hard work.

[17] **antes... marchar**   rather than see her go away for good.

---

le... was advancing her

de... as honest money

astute / shrewd / psychic

in the know / cornered / assaulted

descalza... barefooted and bare-legged

= vanidosa / cacho... a small mirror

cerrado... closed fist / wounded / **= cara /** separating / frightened / little hands

se... was protecting herself / trembling / punch / star-filled

un... a black velvety background / **= golpeó duro /** cheeks / **sin...** without remorse / **la...** he would have killed her / widower

en... rented / he made fertile

cariño... machine-like affection

Cesó... he finally stopped hitting her / **aturdida...** stunned with fright / **ya...** now she didn't even scream

stream

injured

de... reluctantly

detachment

blind in one eye

inner spaces

leisure / luxury

healthy / able / that can see / set of teeth

Comprensión

¿Qué pasó?

Ildara, la hija

1. ¿Qué recoge la rapaza para la casa?
2. Cuando Ildara entra a la casa, ¿qué está haciendo el padre? ¿Dónde soltó la leña la rapaza?
3. ¿Quién prepara la comida?
4. ¿Cómo chupa el padre su cigarillo? ¿Por qué está húmeda la leña?
5. El padre nota que Ildara se ha puesto algo en las piernas. ¿Qué es? ¿Por qué se pone furioso el padre?
6. Describe la cara de Ildara. ¿Cómo le explica Ildara al padre con qué dinero ha pagado las medias rojas?

La violencia

7. ¿Contra qué arroja el padre a su hija, Ildara?
8. Cuando el padre le pega brutalmente a Ildara, ¿cómo se protege ella la cara?
9. ¿Cuál es el temor de Ildara?
10. ¿Qué le había pasado a su prima Mariola?
11. ¿Qué sueño de porvenir tiene Ildara? ¿Qué cree Ildara que rueda en las calles de los países lejanos?
12. ¿Qué le hace el padre a Ildara con el puño? ¿Por qué no mata a su hija?

El fin del sueño de Ildara

13. ¿Qué daño permanente ha sufrido Ildara?
14. ¿Recibe el barco a Ildara? ¿Por qué?

 Audio

Despúes de escuchar la historia, indica si la idea es verdadera (**V**) o falsa (**F**).

1. V F   2. V F   3. V F   4. V F   5. V F   6. V F

Palabras

Sustantivos derivados de verbos

Some Spanish nouns are derived from verbs according to this pattern: infinitive stem + suffix. These nouns are masculine.

-or	**temer** *(to fear)* →	**el temor** *(fear)*
-amiento (**-ar** verbs)	**pensar** *(to think)* →	**el pensamiento** *(thought)*
-imiento (**-er**, **-ir** verbs)	**descubrir** *(to discover)* →	**el descubrimiento** *(discovery)*

Transformaciones

Da el sustantivo que corresponde a cada infinitivo. Luego, da el significado de cada sustantivo y utiliza cada sustantivo en una oración.

-or
1. amar   *(to love)*
2. doler   *(to give pain)*
3. valer   *(to be worth)*
4. temblar   *(to tremble)*

-amiento
5. casarse   *(to marry)*

-imiento
6. nacer   *(to be born)*
7. remorderse *(to feel remorse)*
8. establecer *(to establish)*
9. consentir   *(to consent)*
10. conocer   *(to know)*
11. sentir   *(to feel)*
12. mover   *(to move)*
13. crecer   *(to grow)*
14. comportarse *(to behave)*

Conexiones en contexto

Refiriéndote al cuento, empareja cada término de la Columna **A** con el *correspondiente* de la Columna **B.**

Los correspondientes

A	B
1. rapaza	a. extraordinario/a
2. incorporarse	b. pasar
3. al cabo	c. saludable
4. insólito/a	d. asaltado/a
5. temor	e. miedo
6. ira	f. herido/a
7. suceder	g. muchacha
8. acosado/a	h. al fin
9. sano/a	i. furor
10. lastimado/a	j. alzarse

Refiriéndote al cuento, empareja cada término de la Columna **A** con su *opuesto* de la Columna **B**.

Los opuestos

A	B
1. húmedo/a	a. aprisionado/a
2. robusto/a	b. ahorrar
3. gastar	c. olvidarse
4. lentitud	d. seco/a
5. libre	e. pobreza
6. acordarse	f. ruidoso/a
8. engañoso/a	h. en contra de
7. lujo	g. honesto/a
9. de acuerdo	i. débil
10. silencioso/a	j. rapidez

Resumen

Vuelve a contar la historia, cambiando los infinitivos a la forma apropiada del presente del indicativo o del presente perfecto del subjuntivo.

1. El ambiente duro del monte hace que Ildara *(trabajar)* _____ mucho con las manos.
2. Es necesario que ella *(recoger)* _____ la leña para la casa.   3. La lluvia fuerte causa que la leña *(estar)* _____ húmeda.   4. Al padre le pone furioso que Ildara *(llevar)* _____ medias rojas.   5. Él no cree que su hija *(vender)* _____ huevos al abad para comprar las medias.   6. Ildara sueña con viajar en barco algún día a otros países, pero su padre no quiere que ella lo *(dejar)* _____ solo.   7. El padre golpea violentamente a la hija, y es necesario que el médico la *(examinar)* _____.   8. Los oficiales del barco exigen que *(embarcarse)* _____ solamente jóvenes sanas y con dientes.

Interpretación

Análisis

1. ¿Cómo es Ildara físicamente? ¿Cuántos años tendrá? Describe su carácter. ¿Con qué sueña ella? ¿Por qué?
2. ¿Qué imagen de tío Clodio nos presenta Pardo Bazán? Este padre le grita a Ildara insultos como «engañosa» y «condenada». ¿Qué revela de su carácter? Según tu interpretación, ¿a qué está «condenada» Ildara en el cuento?
3. Pardo Bazán incorpora lenguaje relacionado con la luminosidad, como la *llama*, la *luz* y el *oro*, para llamarnos la atención a ciertos personajes, problemas y percepciones. Señala los casos autoriales de incorporar estos términos lingüísticos alumbrantes. Nombra las referencias positivas y las negativas y su impacto en el desarrollo del relato. ¿Qué imágenes y sensaciones evocan?
4. Describe los pensamientos y sentimientos de Ildara a lo largo de la narrración, desde abrazar ilusiones y sueños hasta afrontar abusos y engaños. Señala también algunas ironías.
5. Según el cuento, Ildara cree que en «los países lejanos el oro rueda por las calles». Relaciona este pensamiento idealista con la dura realidad de su existencia diaria. Menciona ejemplos concretos.
6. ¿Qué lenguaje utiliza Pardo Bazán para indicar la dureza de la vida de Ildara antes y después del abuso por parte del padre?
7. Delinea el poder prepotente y la pobreza palpitante como protagonistas en el relato. ¿Qué efectos tienen?
8. ¿Qué infieres sobre la imagen de la belleza en la narración? ¿Cómo influye en el desenlace del cuento?
9. Ildara se queda tuerta después de los golpes de su padre. Enumera los rápidos pasos abusivos y heridas horribles que Pardo Bazán nos detalla con mucha precisión. ¿Qué observas y qué concluyes?
10. El tío Clodio es viudo y tiene una vida difícil; es pobre y su dieta consiste en judías y patatas. ¿Su propio sufrimiento diario justifica el abuso contra su hija? Explica.

11. ¿Qué función narrativa tiene el hombre que llaman "el gancho"? ¿Qué manifiesta sobre el tratamiento de las chicas de clase trabajadora en aquella época en España?

12. ¿Cuál será la intención narrativa de la autora al referirse a las medias rojas como «cosa insólita»? Distingue qué les simbolizan a Ildara y a su padre.

Ensayos

1. Narra el cuento desde la perspectiva del capitán del barco. ¿Qué piensa y siente él sobre Mariola y el "gancho"; e Ildara y su papá? ¿Qué dice sobre lo que simboliza el barco para los personajes femeninos y para los personajes masculinos?

2. ¿Qué papel desempeña la madre en el relato? Imagínate que la mamá de Ildara se le aparece en un sueño. Ella trata de reconfortar a su hija trémula. ¿Cómo describe la suerte o el destino de su hija?

Dramatizaciones

1. Imagínate que un año más tarde, Mariola, la prima de lldara, se encuentra con tío Clodio en el pueblo. Ildara ha huido. ¿Cómo es el encuentro? ¿Qué se dicen? Dramatiza la escena.

2. Imagínate que tres vecinos observaron la escena entre Ildara y su padre. ¿Qué descripciones y comentarios hacen estas personas?

Discusiones

1. Resume la trama de un libro o una película sobre el tema del abuso familiar o el abuso ajeno al ámbito familiar, como el acoso escolar. Explica cómo se desarrolla.

2. ¿Crees en la suerte —mala o buena— o en el destino? Explica lo que piensas, con ejemplos.

3. ¿Hacia qué *nuevos horizantes* quisieras viajar en el futuro? ¿Qué esperas encontrar allí con respecto a tu futura carrera y tu vida personal?

4. Narra un sueño alegre o divertido de tu niñez. ¿Qué significaba?

5. ¿Cuáles son los peligros de fumar? ¿Fuman tus familiares o tus amigos? ¿y tú? ¿Por qué?

6. Si observas un incidente de abuso físico o mental, ¿qué haces? ¿Por qué?

7. ¿Qué revela de la persona su manera de vestirse? Da ejemplos. ¿Cómo caracterizas tu estilo de vestirte?

8. En el mundo global, ¿qué comidas faltan en las regiones de mucha pobreza? ¿Qué podemos hacer para solucionar el dilema del hambre en el mundo?

Comparaciones y contrastes

Ildara, en «Las medias rojas», e Ignacio, en «No oyes ladrar los perros», experimentan severas «malas rachas» físicas y síquicas a lo largo de la narración. Compara y contrasta su doble sufrimiento y el impacto en el desenlace del cuento.

29
Un perro, un niño, la noche

~ *Amalia Rendic* ~

CHILE

«Sin conocer el cansancio,
penetraron en la inmensa vastedad de la puna.»

Un perro, un niño, la noche

Amalia Rendic *(1928–1989), born in Antofagasta, Chile, began her academic career as a professor of literature at the University of Santiago. In her short stories, she combines realism and poetry to portray life in contemporary Chile. In "Un perro, un niño, la noche," which was first published in* Cuentos infantiles *(1967), a worker's son is asked to care for the dog of one of the American directors of the local copper mine.*

CONTEXTO CULTURAL La ciudad de Chuquicamata o simplemente Chuqui, en el norte de Chile, es el centro de una importante industria minera de cobre. Antes de la nacionalización de 1970, el 90% de las minas pertenecían a los Estados Unidos. Debido a la remota localización de la zona, estas compañías proporcionaban alojamiento, agua, electricidad y colegios a los trabajadores.

El campamento

El sol se diluía° en pequeños cuerpecillos de oro.° La luz débil de los faroles° combatía° apenas la oscuridad y la neblina° que avanzaban invadiendo todo el campamento.[1] Una pequeña muchedumbre,° compuesta por palanqueros, maquinistas, trabajadores de los molinos de piedra, barreteros, volvía al hogar.° El regreso era lento y silencioso por efecto de la puna.[2] El mineral° de Chuquicamata está a más de dos mil ochocientos metros sobre el nivel del mar.

Al llegar hacia el barrio Brinkeroft,[3] el grupo empezó a desintegrarse hacia diferentes calles del campamento obrero. A través de ventanas y puertas entreabiertas° se divisaban° claridades de hogar.° El obrero Juan Labra, maquinista esforzado° y excelente compañero, seguía por una de las tantas° callejuelas,° quejumbroso° aún por la estridencia° de silbidos° y sirenas de las maestranzas.° En su rostro° joven, y ya° surcado de cisuras como vetas,[4] se disiparon° de pronto las preocupaciones, y súbitas° ráfagas° de ternura° le afloraron° a los ojos. Como algo natural, recibió la ofrenda° de cariño de su joven familia. Allí estaba Juanucho,°

*was fading softly / **pequeños...** golden rays / street lamps / was fighting against / fog crowd*

volvía... *were returning home*
mine

*half-open / **se...** were visible / **claridades...** household lights / **= fuerte** numerous / **= calles cortas y estrechas** / sighing / shrillness / whistles / work areas / **= cara** / already / vanished sudden / bursts / tenderness / surfaced / **= regalo** / little Juan*

---

[1] **el campamento**   mining camp. Workers (**obreros**) at the immense open-pit copper mine include the men handling the pile drivers (**palanqueros**), the machinists (**maquinistas**), those who crush the ore (**trabajadores de los molinos de piedra**), and the miners (**barreteros**).

[2] **la puna**   cold mountain wind causing breathing difficulty as a result of the high altitude: over 9,000 feet above sea level.

[3] **el barrio Brinkeroft**   the village established for the mine workers. Rendic was perhaps thinking of Charles Brinkerhoff who was president of the Anaconda Company that was active in the copper mining industry in Chile in the 1960s.

[4] **surcado... vetas**   with deep wrinkles resembling veins of ore. Literally, furrowed with indentations like veins of ore.

esperándolo como todas las tardes en la puerta de la casa. Mocito° de   = **Niño**
nueve años, de ojos vivaces° y curiosos, bastante fornido° para su edad   lively / = **fuerte**
y de pies muy andariegos.° La mina para él no tenía secretos. Palmo a   de... fond of walking
20 palmo[5] conocía todos sus misterios. Parlanchino,° sólo la sonrisa lograba°   Talkative / managed
interrumpir su constante barbullar.° Con la cara pegada a° la pequeña   chattering / pressed against
reja° del jardín, observó lleno de curiosidad a un norteamericano de gran   iron gate
estatura° que venía detrás de su padre.   = **muy alto**

La visita de míster Davies

—¡Papá, un gringo° te sigue, viene a nuestra casa! —le susurró°   = **norteamericano** / he whispered
25 asustado,° a manera de saludo, a su progenitor.° La calle se veía desierta.   frightened / father
Obsesionaba a Juanucho la presencia de Black, el enorme perro pastor°   shepherd
que permanecía junto a míster Davies, el amo.° Black era para éste° uno   owner, master / = **Mr. Davies**
de esos seres° que habían logrado entrar en sus afectos. Una especie° de   beings / kind
compañero en su existencia solitaria en tierra extranjera.

30 —Pase usted, míster Davies; en lo que podamos servirlo° —dijo el   en... what can we do for you?
minero Juan Labra, sacándose° con respeto su casco metálico° y abriendo   taking off / **casco**... hard hat
la pequeña puerta de la reja. Apenas disimulaba° su asombro° al ver a uno   concealed / astonishment
de los jefes de la compañía frente a su puerta.

—Yo ser breve,[6] señor Labra. Yo necesitar° un favor grande de   = **Necesito**
35 parte suya. Pronto debo partir hacia Antofagasta[7] y querer° dejar bajo   = **quiero**
su custodia, por unos días, a este mi buen amigo Black. Usted ser°   = **es**
bondadoso. En Calama[8] usted integrar° junta de protección a animalitos.°   = **integra** / **junta**... society for
Todo saberlo,° —dijo míster Davies, contemplando° a su perro.   the protection of animals / = **Todos lo saben** / = **mirando**

—Muy bien, míster Davies, muchas gracias por la confianza. Aquí
40 estará a gusto.° Trataremos° que el perro no sufra. Mi hijo Juanucho lo   = **contento** / We shall make sure
cuidará en su ausencia° —respondió Labra, acomodándose° la chaqueta y   absence / adjusting
sintiendo° un raro cosquilleo° de satisfacción por dentro.   feeling / sensation

—Yo dejarlo° en sus manos y muchas gracias. Hasta pronto, señor   = **lo dejo**
Labra. Ser hasta° muy pronto, Black... ¡Ah, olvidarme yo!° Aquí dejar° sus   = **Volveré** / = **se me olvidó** /
45 provisiones de carne envasada.° Ser° su alimento° predilecto.°   forgot / = **dejo** / canned / = **Es** /
   = **comida** / = **favorito**

El perro y el niño

El amo y el perro se veían apesadumbrados.° Black tironeó° los   sad / pulled
pantalones a su dueño, éste° se inclinó y acariciando° la cabeza de   = **Davies** / patting
puntiagudo hocico,° partió. El animal quiso seguirlo, pero lo retuvieron,°   de... with pointed snout / they
como una especie de cadena,° los brazos de Juanucho. Black ladró   held back / chain
50 entrecortadamente,° olfateando° el aire. Sobresalía° su lengua roja y   falteringly / sniffing / Was hanging
empapada.° Respiraba acezante.° El niño cerró la reja. Black se irguió°   out / wet / anxiously / stood erect
con cara de pocos amigos. Su pelaje° lustroso,° la esbeltez,° la dignidad   fur / shining / slenderness

---

[5] **Palmo a palmo**   Inch by inch (see p. 38, Footnote 5).

[6] **Yo ser breve = (Yo) seré breve**   I shall be brief. Mr. Davies, an American who has been sent to manage the mine in Chile, speaks a grammatically incorrect Spanish. Note that he uses subject pronouns and infinitives rather than conjugated verb forms.

[7] **Antofagasta**   major Chilean seaport, about 150 miles southwest of Chuquicamata, from which the copper is exported around the world.

[8] **Calama**   small town at a lower altitude, twenty miles southwest of Chuquicamata.

de su porte,° acusaban° la rama heráldica[9] de su origen. Era un perro   *bearing / were indications of*
comprado en oro° y triunfador en muchos concursos° por su pedigree.   *expensive / dog shows*

55   Como si se tratase de° un hermano menor, el niño empezó a hablarle.   **Como…** *As if he were*
Largo rato se miraron sin siquiera pestañear.° Los ojos del perro estaban   **sin…** *without even blinking*
fijos, y en ellos, como pequeños puntos luminosos,° se reflejaba la   *bright*
imagen° del niño. Tímidamente acarició el lomo° del perro, quien olfateó   *face / back*
el aire y tiempo después respondió con un desganado° movimiento de su   *indifferent*
60 cola.°   *tail*

El pequeño Labra° continuó su extraño° soliloquio° con Black.   *= Juanucho / strange / monologue*
Empezaron a cobrarse simpatía.° Tras las horas oscuras de la noche   **a…** *to become fond of each other*
envuelta en camanchaca[10] llegó el amanecer° y luego el día, que como   *dawn*
siempre despuntó° en medio de esas dos moles° inmensas que forman   *broke / masses*
65 los volcanes San Pedro y San Pablo. Todo aparecía de un color azul
mojado. En el patio de la casa obrera, Black despertó con las primeras
sirenas y al contemplar el desfile° de mineros fue como si a él también   *procession*
le hubiese amanecido° algo grande en el pecho.° Respondió a las nuevas   **hubiese…** *had awakened / heart*
impresiones con ladridos° que estallaban.° A primera hora,° Juanucho,   *barks / sounded like explosions /*
                                                                            First thing in the morning / **fue…**
70 desde su mundo de fantasía, fue al encuentro° de su amigo improvisado°   *went out to see / new*
y durante días y más días salieron juntos a todas partes.

Desafiando° el viento, corrían por esa cinta° sinuosa° y gigantesca   *Challenging / path / winding*
que es el camino a Calama. Sin conocer el cansancio,° penetraron en la   *fatigue*
inmensa vastedad de la puna.

75 Jugando se zambullían° en los grises residuos° de cobre° de la torta,°   *they dove / residues / copper / mine*
esa masa informe° y majestuosa° de tierra metálica. Trataban de coger°   *pit / shapeless / majestic / collect*
los reflejos luminosos verde-azules y amarillos que forman alucinantes
coloraciones con el abrazo del sol.°   **con…** *in the sunlight*

Así transcurrían° las horas y llegaban los anocheceres,° tornándose°   *= pasaban / nightfalls / becoming*
80 cada vez más cálidos° los lazos° de amistad que lograban unirlos.°   *affectionate / ties / = unir a*
Una creciente° angustia nublaba° la efímera° dicha° del niño. Pensaba   **Juanucho y a Black** / *growing /*
que el plazo° pronto se vencería.° Era indudable° el regreso de míster   *clouded / short-lived / happiness*
Davies.   *time together / = acabar / = cierto*

—Papá, ¿no puedes pedirle al míster que nos regale° a Black? ¿Por   *give*
85 qué no se lo compras?

—No, Juanucho, no será nunca nuestro. Es muy fino,° vale su precio   *fine, elegant*
en oro. Estos son perros de ricos. A los gringos les gusta pasearse con
ellos y presentarlos a concursos —respondió con una sonrisa amarga° el   *bitter*
obrero.

90 —Cuando yo sea grande se lo compraré —respondió Juanucho con
decisión—. ¡No quiero que se lo lleven,° es mi amigo! —gritó casi a su   **se…** *they take him (Black) away*
padre.

---

[9] **rama heráldica**   pedigree. Literally, the branch of a family possessing a coat of arms: a noble lineage.

[10] **envuelta en camanchaca**   foggy. **Camanchaca** is the name given to the low, thick, creeping fog characteristic of northern Chile. (A product of the cold Humboldt Current, this fog does not modify the desert
climate of the area.)

El regreso de míster Davies

Un día, al regresar de su paseo por las márgenes del Loa,[11] empezó a soplar° un feo viento de cordillera.° Venían empapados° con la seda húmeda° de la camanchaca. Al llegar frente a su puerta se detuvieron° como ante algo temido° y esperado.°

to blow / **feo...** nasty mountain wind / wet / **seda...** silk-like mist / they stopped
feared / anticipated

¡Míster Davies! Había vuelto. El pequeño trató de explicar lo que en su vida significaba° el perro, pero las palabras brotaron° en su corazón y quedaron en la garganta reseca.° Fue un momento triste.

meant / welled up

parched

—¡Adiós, amiguito, y buena suerte! —balbuceó° con las pupilas° mojadas y retorciéndose° las manos nerviosas.

he stammered / **= ojos**

wringing

Míster Davies le dio las gracias más sinceras. Con precoz hombría de bien,[12] el niño no aceptó gratificación° alguna.

payment

Black echó a° caminar con desgrano° tras su antiguo° dueño, y escudriñando° ávidamente° los rincones, se despidió de° los barrios obreros camino hacia° el campamento americano. Juanucho, pasado el primer acceso de desesperación,° reflexionó, porque sabía que un perro fino no era para él. Black siguió su marcha. La armonía logró establecerse en ambas partes.

= empezó a / reluctance / former
examining / eagerly / **se...** said good-bye to / on the road toward
acceso... attack of despair

Pero llegó la soledad de la noche, cuando las almas analizan hasta el último retazo° de la propia vida° y entonces todo fue inútil.° Se derrumbó° la defensa de Juanucho y rompió a sollozar.° Algo provocó una corriente° de comunicación entre los sentimientos del niño y del animal a través del espacio y en ese mismo instante, en el campamento americano, el perro empezó a aullar.° En el cerebro° del niño desfilaban° las imágenes° de Black, y como por una secreta influencia, el perro ladraba enfurecido,° pidiendo° al viento interpretara su mensaje.° Primero fue un concierto lastimero,° luego se hizo ensordecedor.°

fragment / **la...** life itself / useless / Collapsed / **rompió...** he began to sob / flow

to howl / mind / were parading by / memories / furiously

asking / **interpretara...** to transmit his message
plaintive / **se...** it became deafening

Juanucho sollozó la noche entera en una queja° suplicante° que también se convirtió° en un raro concierto que fustigaba° las quietas calles del mineral.

moan / imploring
turned into / whipped through

Míster Davies estaba perplejo ante Black. ¿Qué puede hacer un hombre frente a un perro que llora? Una nueva verdad tomó posesión del cerebro del gringo. Black ya no le pertenecía,° le había perdido el cariño.

ya... no longer belonged to him

Labra no encontraba cómo conformar° al hombrecito° lloroso° y afiebrado.° Porque, ¿qué puede hacer un hombre frente a un niño que llora? Labra quería ver otra vez la risa segura y fácil de su hijo. Sintió el deber de conquistarla.[13] A él la pobreza lo había aguijoneado° muchas veces, pero esto no lo soportaba.° Algo inusitado° tendría que suceder° en el mineral en esta noche de excitación.°

to comfort / **= Juanucho** / tearful
feverish

lo... had stung him
esto... this he was unable to bear / unexpected / **tendría...** would have to happen / uneasiness

[11] **las márgenes del Loa**   the banks of the Loa River, which runs from Chuquicamata to Calama and then northwest to the Pacific Ocean.

[12] **Con... bien**   Like a young gentleman. Literally, with a precocious sense of integrity (that implies he would not take payment for services rendered).

[13] **Sintió... conquistarla.**   He felt obliged to win back Juanucho's smile.

El milagro

Como si hubiese llegado la hora en que todos los hombres fuesen hermanos,[14] se echó° su manta° a los hombros,° cogió la linterna° y partió hacia el barrio alto para ver si podría ser realidad un milagro.°
135 Sí, tenía que darse ánimos° y atreverse.° Él, un modesto obrero, siempre apocado° y silencioso, iría a pedirle el fino, hermoso y premiado° perro Black a uno de los jerarcas° de la compañía. Aspiró con fuerzas° el aire frío de la noche y se estremeció° pensando en su audacia.° Subía hacia el campamento americano.

140 En forma sorpresiva,° unos ojos pardos° y fosforescentes° brillaron a la luz de su linterna. Labra se sobresaltó.° Un olor° a pipa y tabaco fino y unos ladridos familiares lo detuvieron°...

¡Míster Davies salía a su encuentro a esa hora y se dirigía hacia el pabellón° de los obreros!

145 Algo mordió el corazón de los hombres.[15] No eran necesarias las palabras.

—Ya no pertenecerme° —balbuceó el míster, depositando en las manos obreras la maciza° cadena° metálica de Black.

Labra cogió al animal con manos temblorosas° y un regocijo°
150 triste calentó° su sonrisa. No hubo gracias exaltadas, sólo una muda° y recíproca comprensión. Black, tironeando,° lo obligó a seguir las huellas° hacia el barrio de Juanucho.

En el trance° del milagro, un nuevo calor entibió° la noche de Chuqui.

he threw / poncho / shoulders / flashlight / miracle

darse... to give himself courage / to be daring / **= tímido** / prize-winning

= jefes / Aspiró... He breathed deeply / shuddered / boldness

unexpected / brown / phosphorescent

was startled / smell

stopped

housing area

= no me pertenece

heavy / leash

trembling / happiness

warmed / silent

tugging / tracks

= momento / warmed

Amalia Rendic, «Un perro, un niño, la noche»

Comprensión

¿Qué pasó?

El campamento

1. ¿Dónde tiene lugar este cuento? ¿Cómo es el ambiente del campamento? ¿Cuáles son los trabajos de los mineros?
2. ¿Por qué es lento y silencioso el regreso al hogar?
3. ¿Qué hace Juan Labra en la mina? ¿En qué estado regresa el padre del trabajo? ¿Cómo le recibe su joven familia?
4. ¿Cuántos años tiene Juanucho? ¿Cómo es?

La visita de míster Davies

5. ¿A qué viene míster Davies? ¿Qué representa Black en la vida de míster Davies?
6. ¿Por qué siente asombro Juan Labra? ¿Qué favor le pide míster Davies al padre de Juanucho?

[14] **Como... hermanos**   As if the hour had arrived when all men would be brothers.

[15] **Algo... hombres.**   Something touched the hearts of the two men. Literally, **morder** means *to bite*.

El perro y el niño

7. ¿Qué hacían juntos Juanucho y Black? ¿Por qué sentía Juanucho una creciente angustia?

8. ¿Qué quería Juanucho que le pidiera su papá a míster Davies? ¿Qué le contestó el padre al hijo?

El regreso de míster Davies

9. Al regresar míster Davies, ¿cómo reaccionó Juanucho? ¿y Black?

10. Después de separarse, ¿qué hicieron Black y Juanucho durante la noche?

El milagro

11. ¿Por qué partió el padre de Juanucho hacia el campamento americano?

12. Describe el episodio en que Juan Labra y míster Davies se encontraron.

13. ¿Qué sintió Juan Labra al coger a Black?

14. ¿Quién esperaba a Black y a Juan Labra en el barrio obrero?

 Audio

Despúes de escuchar la historia, indica si la idea es verdadera (**V**) o falsa (**F**).

1. V   F   2. V   F   3. V   F   4. V   F   5. V   F   6. V   F

Palabras

Sufijos diminutivos *(-illo, -cillo, -ucho)*

Diminutives in Spanish are very common. Note the following suffixes:

-illo, -illa	**el ojo** → **el ojillo**	*(little eye)*
-cillo, -cilla	**el cuerpo** → **el cuerpecillo**	*(little body, speck)*
-ucho, -ucha	**Juan** → **Juanucho**	*(little Juan)*

Often the ending **-ucho** may have a slightly negative meaning.

Transformaciones

Da la palabra básica que corresponde a la expresión entre paréntesis.

1. el bolsillo _____ *(bag)*
2. la aventurilla _____ *(adventure)*
3. la puertecilla _____ *(door)*
4. la ventanilla _____ *(window)*
5. el cuartucho _____ *(room)*
6. debilucho _____ *(weak)*

Conexiones en contexto

Refiriéndote al cuento, empareja cada término de la Columna *A* con el *correspondiente* de la Columna **B**.

Los correspondientes

A	B
1. sollozar	a. rogar
2. enfurecido/a	b. mojado/a
3. escrudiñar	c. por medio de
4. ávidamente	d. confundido/a
5. suplicar	e. luminoso/a
6. empapado/a	f. llorar
7. dicha	g. intensamente
8. efímero/a	h. enojado/a
9. apesadumbrado/a	i. examinar
10. perplejo/a	j. anxioso
11. fosforescente	k. breve
12. a través de	l. felicidad

Refiriéndote al cuento, empareja cada término de la Columna **A** con su *opuesto* de la Columna **B**.

Los opuestos

A	B
1. gigantesco/a	a. claridad
2. quieto/a	b. dulce
3. nublar	c. normal
4. amanecer	d. encontrar
5. raro/a	e. crueldad
6. oscuridad	f. ruidoso/a
7. lleno/a	g. desierto/a
8. perder	h. anochecer
9. amargo/a	i. pequeño/a
10. ternura	j. aclarecer

Resumen

Vuelve a contar la historia, cambiando todos los verbos en itálica al tiempo pasado apropiado. ¡Préstale atención al subjuntivo!

1. Juan Labra *regresa* a su casa contento de que otro día de trabajo en la mina *haya* terminado.   2. *Es* bueno que su familia *reciba* con cariño al fuerte maquinista.   3. El hijo Juanucho se *asusta* de que un gringo *siga* al padre a la casa.   4. El norteamericano les *pide* a los Labra que *cuiden* de su perro Black cuando él *esté* en Antofagasta.   5. El padre *dice* que *tratarán* de que el perro no *sufra*.   6. *Está* agradecido y orgulloso de que míster

Davies *tenga* tanta confianza en su familia.   7. Black no *quiere* que su amo lo *deje*.
8. Juanucho *tiene* que retener a Black con sus brazos y le *impresiona* mucho que el perro
sea tan fuerte y fino.   9. *Es* natural que el niño y el perro se *hagan* buenos amigos.   10. *Es*
seguro que míster Davies *regresará* dentro de poco.   11. El hijo le *dice* al papá que *compre* al
perro pastor.   12. Sin embargo, el padre le *explica* al hijo que cuando *vuelva* míster Davies
de Antofagasta, el perro se *irá* con su amo.   13. El niño y el perro se *pondrán* muy tristes
cuando se *separen*.   14. *Es* una lástima que Juanucho *llore* tanto.   15. *Es* triste que Black *ladre*
tanto.   16. Al final, *es* un milagro que míster Davies le *regale* al perro a Juanucho.

Interpretación

Análisis

1. En tu opinión, ¿cuáles son algunos temas notables en este cuento? Explica uno, y cita ejemplos del relato.
2. Analiza el primer párrafo del cuento. ¿Qué ritmo y tono crea Rendic en su descripción paralela de ese ambiente chileno y de la gente minera? ¿Cómo interpretas la trascendencia y el impacto de la última oración del párrafo?
3. Comenta el tema de la confianza y el del cariño en el cuento con respecto a Juanucho, su papá, Black y míster Davies.
4. Señala la contradicción autorial de Rendic al describir al minero, Juan Labra, en el segundo párrafo. ¿Qué se puede inferir del carácter personal y del aspecto físico del maquinista? ¿y de su clase social?
5. ¿Qué impresión te llevas de míster Davies? ¿y de Black, su perro de pedigree? Cita ejemplos del cuento para indicar de qué rango social serán.
6. Describe la personalidad y la fuerza corporal de Juanucho. ¿En qué se asemejan Juanucho y Black? Analiza el desarrollo de su relación a lo largo de la narración.
7. ¿Qué lenguaje (sustantivos y adjetivos) utiliza Rendic para describir los distintos aspectos del clima —buenos y malos— en ese ambiente minero de Chile? Examina sus efectos positivos y negativos en los personajes y en la narrativa.
8. Explica el paralelismo que hay entre el aullar del perro y el llorar de Juanucho. Menciona alguna situación paralela entre Juan Labra y míster Davies al final de la narración.
9. Señala momentos de soledad y silencio en el relato. ¿Qué emociones crees que evocan en nosotros, los lectores?
10. Al separarse, Juanucho se despide de Black así: «—¡Adiós, amiguito, y buena suerte!» ¿Qué tono produce el uso autorial del diminutivo 'amiguito' y cómo interpretas el mensaje?
11. Los cinco sentidos (vista, oído, olfato, gusto, tacto) están palpitantes en el relato de Rendic. Cita ejemplos del texto y qué sensaciones provocan en nosotros.
12. Explica qué o quién tiene el poder en diferentes situaciones a lo largo de la narración. Describe los resultados. Considera el título, también.
13. ¿Cómo funcionan los elementos de la alienación y la añoranza en el relato?
14. ¿Qué ironía notas cuando, al final del relato, Rendic describe la reacción de Juan Labra así: «…un regocijo triste calentó su sonrisa»?
15. En tu opinión, ¿cuál es el doble milagro al final del cuento?
16. Relaciona el siguiente refrán con el cuento: «El amor entiende todos los idiomas».

Ensayos

1. Imagínate que la mamá de Juanucho se entera de los episodios recientes sobre Juanucho, míster Davies y Black. Narra la historia desde la perspectiva de ella.

2. Rendic intercala muchas descripciones metafóricas en el cuento para retratar a los personajes y el ambiente. Explica dos de las siguientes, mencionando los contextos personales o ambientales creados:
   - (línea 15)   «...ráfagas de ternura»
   - (línea 16)   «...la ofrenda de cariño»
   - (línea 53)   «...la rama heráldica de su origen»
   - (línea 76)   «...masa informe y majestuosa de tierra metálica»
   - (línea 78)   «...con el abrazo del sol»
   - (línea 112) «...una corriente de comunicación»

Dramatizaciones

1. Inspirándote en la narración, dramatiza una escena en que el sol y el viento hablan sobre sus altibajos climatológicos como elementos de la naturaleza. ¿Qué se comentan sobre el día, la noche, la camanchaca y la amistad entre Black y Juanucho?

2. Imagínate que el próximo domingo, Soledad y Esperanza —las primas gemelas de Juanucho de nueve años— vienen a visitarlo. ¿Qué preguntas le hacen sobre Black, míster Davies y su tío Juan Labra? ¿Cómo les explica Juanucho la historia desde su perspectiva?

Discusiones

1. ¿Importa que un perro sea "de pedigree" como Black? Describe a un perro precioso, en tu opinión. ¿Cuál es su origen?

2. ¿Cuál es la rutina diaria de actividades de un/a niño/a de nueve años en tu comunidad? ¿Cómo era tu vida cuando tenías nueve años? Resume tu rutina diaria ahora.

3. El cuento propone que los «lazos de amistad» unen a las personas. ¿Estás de acuerdo? Define esos «lazos» o componentes de una amistad duradera y da ejemplos.

4. ¿Cómo piensas que es la vida en una mina? ¿Trabajarías allí? ¿Por qué?

5. ¿Qué actividades sugieres para combatir los sentimientos de soledad? y melancolía?

6. La puna es un viento frío que empeora la enfermedad causada por la altura en las montañas. Describe cómo se sufre de otra condición alérgica causada por la naturaleza.

7. ¿Cómo defines «milagro»? Describe uno observado en la literatura o en el cine.

8. El campamento chileno del cuento está a «dos mil ochocientos metros sobre el nivel del mar». Nombra otro lugar a una altura similar. ¿Qué tipo de comunidad es y cómo afecta el clima a la gente? ¿Podrías vivir en tal ambiente? Si no pudieras, sugiere otros climas alternativos.

Comparaciones y contrastes

En ciertos momentos narrativos, Juanucho 'sollozó la noche entera', en «Un perro, un niño, la noche» y Bernardino 'lloraba desesperadamente' en "Bernardino". Para cada joven, un perro es el «lazo» de la amistad, pero, en distintos contextos narrativos. Distingue y explica qué significan los llantos en cada cuento.

30
La pared

~ *Vicente Blasco Ibáñez* ~

ESPAÑA

«…las dos familias vivieron para exterminarse,
pensando más en aprovechar los descuidos del vecino
que en el cultivo de las tierras…»

La pared

Vicente Blasco Ibáñez *(1867–1928) was born in Valencia, Spain. As a young lawyer and politician, he supported the cause of the Cuban revolutionaries and was exiled in 1896 to Italy, where he began his literary career. With the publication of his 1908 novel,* Sangre y arena *(Blood and Sand), and his 1918 novel* Los cuatro jinetes del Apocalipsis *(The Four Horsemen of the Apocalypse), he attained international acclaim. Both novels were made into films. "La pared," [1] the story presented here, was written in 1896. From the opening paragraph, it appears to be a classic tale of two families who have been feuding violently for generations. However, a fire sparks unexpected consequences and new relationships.*

CONTEXTO CULTURAL En 1850, Campanar era un pequeño pueblo agrícola de 300 familias y una iglesia daba alojamiento a la venerada imagen de Nuestra Señora de Campanar, encontrada por un granjero en 1596. En 1897, Campanar fue anexado a la vecina Valencia, una importante ciudad portuaria en el Mediterráneo. Hoy día, las históricas alquerias y huertas de Campanar han sido remplazadas por altos bloques de apartamentos.

Las dos familias

Siempre que los nietos del tío Rabosa se encontraban con los hijos de la viuda° de Casporra en las sendas° de la huerta° o en las calles de Campanar, todo el vecindario° comentaba el suceso.° ¡Se habían mirado! ¡Se insultaban con el gesto! Aquello acabaría mal, y el día menos pensado 5 el pueblo sufriría un nuevo disgusto.

El alcalde° con los vecinos más notables predicaban° paz° a los mocetones° de las dos familias enemigas, y allá iba el cura, un vejete° de Dios, de una casa a otra, recomendando el olvido de las ofensas.

Treinta años que los odios° de los Rabosas y Casporras traían 10 alborotado° a Campanar. Casi en las puertas de Valencia, en el risueño pueblecito que desde la orilla° del río miraba a la ciudad con los redondos° ventanales° de su agudo° campanario,° repetían aquellos bárbaros° la historia de luchas y violencias de las grandes familias italianas en la Edad Media.° Habían sido grandes amigos en otro tiempo; sus casas, 15 aunque situadas en distinta calle, lindaban° por los corrales,° separadas únicamente por una tapia° baja. Una noche, por cuestiones de riego,° un Casporra tendió en la huerta de un escopetazo° a un hijo del tío Rabosa, y el hijo menor de éste, para que no se dijera que en la familia no quedaban hombres, consiguió,° después de un mes de acecho,° colocarle una bala

widow / paths / orchard
neighborhood / = evento

mayor / would preach / peace
= jóvenes robustos / eccentric old man

hatreds
traían... agitated / cheerful
bank / round
large windows / pointed / belltower / savages
Middle Ages
were joined / barnyards
= pared / irrigation
tendió... shot in the orchard

managed / lying in wait

---

[1] **«La pared»** "The Wall."

20   entre las cejas° al matador.° Desde entonces las dos familias vivieron para
exterminarse, pensando más en aprovechar los descuidos° del vecino que
en el cultivo de las tierras. Escopetazos° en medio de la calle; tiros° que
al anochecer° relampagueaban° desde el fondo° de una acequia° o tras
los cañares° o ribazos° cuando el odiado enemigo regresaba del campo;
25   alguna vez un Rabosa o un Casporra camino del cementerio con una onza
de plomo° dentro del pellejo,° y la sed de venganza° sin extinguirse, antes
bien, extremándose° con las nuevas generaciones, pues parecía que en las
dos casas los chiquitines° salían ya del vientre° de sus madres tendiendo
las manos a la escopeta° para matar° a los vecinos.

30   Después de treinta años de lucha, en casa de los Casporras sólo
quedaban una viuda con tres hijos mocetones que parecían torres de
músculos. En la otra estaba el tío Rabosa, con sus ochenta años, inmóvil
en un sillón de esparto,° con las piernas muertas por la parálisis, como un
arrugado° ídolo de la venganza, ante el cual juraban sus nietos defender el
35   prestigio de la familia.

      Pero los tiempos eran otros. Ya no era posible ir a tiros° como sus
padres en plena plaza° a la salida de la misa mayor.[2] La Guardia Civil[3] no
les perdía de vista; los vecinos les vigilaban, y bastaba que uno de ellos se
detuviera algunos minutos en una senda o en una esquina, para verse al
40   momento rodeado° de gente que le aconsejaba° la paz. Cansados de esta
vigilancia que degeneraba en persecución y se interponía entre ellos como
infranqueable° obstáculo, Casporras y Rabosas acabaron por no buscarse,
y hasta se huían cuando la casualidad les ponía frente a frente.

La pared

      Tal fue su deseo de aislarse° y no verse, que les pareció baja la pared
45   que separaba sus corrales. Las gallinas° de unos y otros, escalando los
montones de leña,° fraternizaban en lo alto de las bardas;° las mujeres de
las dos casas cambiaban desde las ventanas gestos de desprecio.° Aquello
no podía resistirse: era como vivir en familia; la viuda de Casporra hizo
que sus hijos levantaran la pared una vara.[4] Los vecinos se apresuraron°
50   a manifestar su desprecio con piedra y argamasa,° y añadieron algunos
palmos[5] más a la pared. Y así, en esta muda° y repetida manifestación de
odio la pared fue subiendo y subiendo. Ya no se veían las ventanas; poco
después no se veían los tejados;° las pobres aves° del corral estremecíanse°
en la lúgubre sombra de aquel paredón que les ocultaba° parte del cielo,
55   y sus cacareos° sonaban tristes y apagados° a través de aquel muro,°
monumento de odio, que parecía amasado con los huesos° y la sangre de
las víctimas.

Glosses (margin):
- colocarle... shoot between the eyes / killer / en... to take advantage of the carelessness / Gunshots / shots
- dusk / would flash / bottom / irrigation ditch / cane fields / embankments
- lead / skin / revenge
- getting worse
- = niños / womb
- shotgun / to kill
- wicker, cane
- wrinkled
- ir... to start shooting
- en... in the middle of the square
- surrounded / were advising
- insurmountable
- to remain isolated
- hens
- firewood / brambles on top of the wall / disdain
- hastened
- mortar
- = silenciosa
- roofs / = gallinas / trembled
- hid
- clucking / faded / = pared
- bones

---

[2] **a la salida de la misa mayor**   as people were leaving [the cathedral] after High Mass [on Sunday morning].

[3] **la Guardia Civil**   the Civil Guard or Spanish national police force.

[4] **una vara**   a measure of length somewhat shorter than a yard (about 33 inches).

[5] **algunos palmos**   The "palm" or "span" is an old Spanish measure of length representing the spread from thumb to little finger (about 9 inches).

Así transcurrió° el tiempo para las dos familias, sin agredirse° como en otra época, pero sin aproximarse, inmóviles y cristalizadas en su odio.

El incendio

60   Una tarde sonaron a rebato° las campanas° del pueblo. Ardía° la casa del tío Rabosa. Los nietos estaban en la huerta; la mujer de uno de éstos en el lavadero,° y por las rendijas° de puertas y ventanas salía un humo° denso de paja° quemada.° Dentro, en aquel infierno que rugía° buscando expansión, estaba el abuelo, el pobre tío Rabosa, inmóvil en su sillón. La
65   nieta se mesaba° los cabellos,° acusándose como autora de todo por su descuido;° la gente arremolinábase° en la calle, asustada° por la fuerza° del incendio. Algunos, más valientes, abrieron la puerta, pero fue para retroceder° ante la bocanada° de denso humo cargada de chispas° que se esparció° por la calle. ¡El pobre agüelo![6]
70   —¡El agüelo! —gritaba la° de los Rabosas volviendo en vano la mirada en busca de un salvador.

Los asustados vecinos experimentaron° el mismo asombro° que si hubieran visto el campanario marchando hacia ellos. Tres mocetones entraban corriendo en la casa incendiada. Eran los Casporras. Se habían
75   mirado cambiando un guiño de inteligencia,[7] y sin más palabras se arrojaron° como salamandras en el enorme brasero.° La multitud les aplaudió al verles reaparecer llevando en alto como a un santo en sus andas[8] al tío Rabosa en su sillón de esparto. Abandonaron al viejo sin mirarle siquiera, y otra vez adentro.
80   —¡No, no! —gritaba la gente.

Pero ellos sonreían siguiendo adelante. Iban a salvar algo de los intereses de sus enemigos. Si los nietos del tío Rabosa estuvieran allí, ni se habrían movido ellos de casa. Pero sólo se trataba de un pobre viejo, al que debían proteger como hombres de corazón.° Y la gente les veía
85   tan pronto en la calle como dentro de la casa, buceando° en el humo, sacudiéndose° las chispas como inquietos demonios, arrojando muebles y sacos para volver a meterse entre las llamas.°

Lanzó un grito la multitud al ver a los dos hermanos mayores sacando al menor en brazos. Un madero,° al caer, le había roto una pierna.
90   — ¡Pronto, una silla!

La gente, en su precipitación, arrancó° al viejo Rabosa de su sillón de esparto° para sentar al herido.°

El muchacho, con el pelo chamuscado° y la cara ahumada,° sonreía, ocultando° los agudos dolores que le hacían fruncir° los labios. Sintió que
95   unas manos trémulas, ásperas;° con las escamas° de la vejez, oprimían° las suyas.

---

[6] **agüelo = abuelo**   (in local dialect).

[7] **cambiando... inteligencia**   exchanging a signal of understanding (**un guiño** = wink).

[8] **como... andas**   like [the statue of] a saint [carried in a procession] on its platform.

Marginal glosses:

- passed / attacking one another
- **sonaron...** rang out the alarm / bells / was burning
- laundry shed / cracks / smoke
- straw / burned / was roaring
- was tearing out / = **pelo**
- carelessness / were milling around / frightened / force
- to back away / huge puff / sparks
- scattered
- = **la nieta**
- felt / astonishment
- threw themselves / brazier
- **hombres...** kind-hearted men
- diving
- shaking
- flames
- beam, plank
- pulled
- **sillon...** cane armchair / injured man
- scorched / smoky
- hiding / pucker
- rough / scaly skin / were pressing

—¡Fill meu! ¡Fill meu!⁹ —gemía° la voz del tío Rabosa, quien se
arrastraba° hacia él.

    moaned
    was dragging

100   Y antes que el pobre muchacho pudiera evitarlo, el paralítico buscó
con su boca desdentada° y profunda las manos que tenía y las besó un
sinnúmero de veces, bañándolas con lágrimas.°

    toothless
    tears

★★★

    Ardió toda la casa. Y cuando los albañiles° fueron llamados para
construir otra, los nietos del tío Rabosa no les dejaron comenzar por la
limpia del terreno, cubierto de negros escombros.° Antes tenían que hacer
105 un trabajo más urgente: derribar° la pared maldita.° Y empuñando° el
pico,° ellos dieron los primeros golpes.°

    masons
    rubble
    to tear down / cursed / clutching
    pickax / blows

Vicente Blasco Ibáñez, «La pared»

Comprensión

¿Qué pasó?

Las dos familias

1. ¿Cómo se llamaban las familias rivales? ¿Por qué comentaba el vecindario los conflictos entre las dos familias enemigas?
2. ¿Qué hacían el alcalde, los vecinos más notables y el cura del pueblecito?
3. ¿Cómo se llamaba el pueblecito? ¿Dónde quedaba?
4. ¿Cuántos años hacía que luchaban las dos familias? ¿Por qué comenzó la lucha?
5. ¿Quién fue el primero que mató a su vecino?
6. ¿Cuántos hijos tenía la viuda de Casporra?
7. ¿Por qué estaba siempre el tío Rabosa en su silla de esparto?
8. ¿Por qué los Casporras y los Rabosas terminaron por huirse mutuamente?

La pared

9. ¿Por qué levantaron aun más la pared que separaba sus corrales?
10. ¿Quiénes fueron los primeros en levantar la pared?

El incendio

11. ¿Cuál de las dos casas se quemó? ¿Quién quedó dentro de la casa en llamas?
12. ¿Por qué los vecinos se asombraron tanto?
13. ¿Qué hizo la multitud cuando les vio salir con el tío Rabosa en alto?
14. ¿Habrían hecho lo mismo los Casporras si los nietos del tío Rabosa hubieran estado atrapados en la casa?

⁹ **¡Fill meu!** = **¡Hijo mío!** (in local dialect).

15. ¿Por qué los Casporras volvieron a entrar en la casa que se quemaba?
16. ¿Qué le ocurrió al menor de los Casporras?
17. ¿Qué dijo y qué hizo en ese momento el tío Rabosa?
18. ¿Cuál fue el primer trabajo cuando llegó el momento de reconstruir la casa? ¿Quiénes lo empezaron?

Audio

Despúes de escuchar la historia, indica si la idea es verdadera (**V**) o falsa (**F**).

1. V   F   2. V   F   3. V   F   4. V   F   5. V   F   6. V   F

Palabras

Cognados *(c-)*

Many Spanish words that begin with **c-** have English cognates that begin with ***ch-*** or with ***c-***. Some have two cognates, with somewhat different meanings.

cargado	→	charged
el corral	→	corral
la carta	→	card, chart

Transformaciones

Da el cognado en inglés de cada palabra.

1. la caridad
2. la caza
3. el canto
4. la capilla
5. el carácter
6. el canal

Conexiones en contexto

Refiriéndote al cuento, empareja cada término de la Columna **A** con el *correspondiente* de la Columna **B**.

Los correspondientes

A	B
1. pared	a. aconsejar
2. escopetazos	b. subir
3. recomendar	c. camino
4. incendio	d. endemoniado/a
5. rodeado/a	e. quemado/a
6. maldito/a	f. chillar
7. escalar	g. fuego
8. incendiado/a	h. lindado/a
9. gritar	i. tiros
10. calle	j. muro

Refiriéndote al cuento, empareja cada término de la Columna **A** con su *opuesto* de la Columna **B**.

Los opuestos

A	B
1. asustado/a	a. levantar
2. mocetón	b. matar
3. perder de vista	c. lindado/a
4. lúgubre	d. seguir adelante
5. manifestar	e. cuadrado/a
6. retroceder	f. risueño/a
7. derribar	g. vigilar
8. redondo/a	h. valiente
9. separado/a	i. viejo
10. salvar	j. ocultar

Resumen

Vuelve a contar la historia, cambiando los verbos en itálica al tiempo pasado apropiado.

1. Las familias Casporra y Rabosa *son* enemigas.   2. *Empiezan* a luchar por cuestiones de riego.   3. Los miembros de las dos familias se *están* matando.   4. Les *motiva* la venganza. 5. La lucha *dura* treinta años, y solo *quedan* la viuda Casporra con tres hijos, el tío Rabosa, que *tiene* ochenta años, y sus nietos.   6. Los vecinos *vigilan* la situación.   7. Las familias *construyen* una pared para no verse.   8. Una tarde *hay* un incendio.   9. Se *quema* la casa del tío Rabosa.   10. Los hijos de la viuda Casporra *entran* a la casa y *salvan* al tío.   11. El pobre viejo *está* muy contento y *llora* mucho.   12. Antes de permitir la construcción de una nueva casa, los nietos del tío paralítico *dan* los primeros golpes para derribar la maldita pared.

Interpretación

Análisis

1. Enumera los temas del relato. ¿Cuál te parece más impactante? ¿Por qué?
2. El agua, componente del riego, y el fuego, componente del incendio, son elementos opuestos de la naturaleza. Analiza cómo ellos influyen en el desarrollo y desenlace del cuento. Da ejemplos.
3. ¿Qué simboliza la pared en el relato? Ponte en su lugar y cuenta la historia desde su perspectiva.
4. Basándote en la narración, ¿qué infieres sobre los temas del odio, la culpabilidad, el remordimiento y el perdón? ¿Quiénes le ponen fin a la lucha entre las dos familias?¿Qué implica eso?
5. La familia es un tema crucial en la historia. En tu opinión, ¿son ambas familias iguales o diferentes? Explica.
6. Describe el pueblo cómo te lo imaginas. ¿Qué papel desempeñan el cura, el alcalde y el vecindario en la vida del pueblo?
7. Señala algunas metáforas que utiliza Blasco Ibáñez para contar la historia de las familias enemigas Casporra y Rabosa. Analiza las imágenes y el lenguaje. ¿Qué efecto tienen en la narración?
8. En el incendio, los jóvenes Casporras salvan al viejo del fuego. ¿Por qué crees que lo hacen? Tras salvarlo, entran en la casa para «salvar algo de los intereses de sus enemigos». Para ti, ¿son honrados, nobles, interesados, egoistas? ¿Qué revela sobre su carácter esta actitud?
9. Relaciona el dicho, «Ojo por ojo, diente por diente» con la trama del cuento. ¿Qué ideas te sugiere?
10. ¿Cuál es, para ti, la moraleja del relato? ¿Qué significado tiene? Explica.

Ensayos

1. Imagínate que el incendio ocurre en la casa de la familia Casporra. Relata la historia del pueblo, las familias, la lucha y las consecuencias. ¿Cómo termina?
2. ¿Compara «La pared» con otra obra literaria en la cual el odio entre familias es el tema principal. Analiza los detalles de los conflictos y de la barrera entre ellas.

Dramatizaciones

1. Imagínate que un año más tarde, la viuda Casporra y el tío Rabosa están reflexionando sobre los últimos 30 años. ¿Qué pensamientos y sentimientos expresan los dos sobre el pasado y el presente?
2. Dramatiza una conversación entre cuatro nietos de ambas familias después del incendio. ¿Qué dicen sobre los abuelos y padres, la pared derribada y los planes para el futuro?

Discusiones

1. Las disputas por tierras son muy características de la época del cuento (1896). ¿Siguen existiendo hoy día estas guerras entre vecinos? ¿Por qué pelean ahora los vecinos entre sí? ¿Cuál podría ser un equivalente moderno de la situación narrada en el cuento?
2. Supón que vives en un edificio y tienes problemas con tus vecinos. ¿Qué harías para no aislarse de ellos? Como lo más probable es que esta situación resulte intolerable, ¿qué harías para reconciliarte con esos vecinos?

3. Describe las características que asocias con la vida en un pueblo. ¿Vivirías en uno? ¿Por qué? Compara y contrasta la vida en una ciudad y en un pueblo. ¿Quiénes son los «notables» de tu región?

4. Define el valor del perdón. ¿En qué circunstancias es difícil perdonar? ¿a quiénes? ¿A ti te cuesta perdonar o pedir perdón? ¿Por qué?

5. Comenta algunos actos de odio y venganza entre países en la actualidad. ¿Cómo se puede conseguir la paz mundial para reemplazar la violencia y la guerra?

6. Hoy día, ¿cuáles son algunos problemas físicos, emocionales y socioeconómicos que experimenta la gente de la tercera edad? Describe algunos actos de servicio o generosidad que se puedan hacer para ayudarlos.

Comparaciones y contrastes

Delinea los contextos en los que la pared divide a las familias Rabosas y Casporra, en «La pared», y en que la carretera separa a Jorge Maurí y la muchacha en «Noche de fuga». ¿Qué paralelos y diferencias encuentras? ¿Qué sucede al final de cada relato?

31
Dos palabras

~ Isabel Allende ~

Chile/USA

«—¿Qué… dice aquí?—preguntó por último.—¿No sabes leer?
—Lo que yo sé hacer es la guerra—replicó él.»

Dos palabras

Isabel Allende (1942–), daughter of Chilean diplomats, was born in Peru, but returned to Chile at around the age of two. Having left Chile in 1975 because of the dictatorship of Augusto Pinochet, she spent more than a decade in exile in Venezuela and later emigrated to the United States. Combining fantasy and reality, her highly successful first novel, La casa de los espíritus (1982), was based on the extraordinary life of her maternal grandmother and set against the background of contemporary Chilean history. In the story "Dos palabras,"[1] taken from Cuentos de Eva Luna (1990), a certain young woman's intervention transforms a rebel leader into a presidential candidate. However, what will be the ultimate outcome of her words?

CONTEXTO CULTURAL Gracias a los programas educativos iniciados en los años 60, hoy día el 95% de la población adulta de Sudamérica sabe leer y escribir, siendo las tasas más altas en las zonas urbanas. En las rurales la tasa de alfabetización es algo menor y los hombres suelen aventajar a las mujeres.

Belisa

Tenía el nombre de Belisa Crepusculario, pero no por fe de bautismo° o acierto° de su madre, sino porque ella misma lo buscó hasta encontrarlo y se vistió con él. Su oficio° era vender palabras. Recorría° el país, desde las regiones más altas y frías hasta las costas calientes, instalándose en las ferias
5 y en los mercados, donde montaba cuatro palos° con un toldo de lienzo,° bajo el cual se protegía del sol y de la lluvia para atender a su clientela. No necesitaba pregonar° su mercadería,° porque de tanto caminar por aquí y por allá, todos la conocían. Había quienes la aguardaban° de un año para otro, y cuando aparecía por la aldea° con su atado° bajo el brazo hacían cola°
10 frente a su tenderete.° Vendía a precios justos.° Por cinco centavos entregaba versos de memoria,[2] por siete mejoraba la calidad de los sueños, por nueve escribía cartas de enamorados,° por doce inventaba insultos para enemigos irreconciliables. También vendía cuentos, pero no eran cuentos de fantasía, sino largas historias verdaderas que recitaba de corrido,° sin saltarse nada.°
15 Así llevaba las nuevas° de un pueblo a otro. La gente le pagaba por agregar° una o dos líneas: nació un niño, murió fulano,° se casaron nuestros hijos, se quemaron las cosechas.° En cada lugar se juntaba una pequeña multitud a su alrededor para oírla cuando comenzaba a hablar y así se enteraban° de las vidas de otros, de los parientes lejanos, de los pormenores° de la Guerra

	fe... reason of baptism
	good choice
	trade / She would tour
	poles / **toldo...** canvas awning
	to hawk, to peddle / merchandise
	= **esperaban**
	village / her bundle / **hacían...** would wait in line
	stall / fair
	cartas... love letters
	de... fluently / **sin...** without skipping anything / news / to put together
	so-and-so
	the crops were scorched
	se... they would become informed / details

---

[1] «**Dos palabras**»   "Two Words."

[2] **entregaba versos de memoria**   she [Belisa] would recite lines of poetry from memory. This oral tradition evokes the troubadours of the Middle Ages.

20 Civil.[3] A quien le comprara cincuenta centavos, ella le regalaba una palabra secreta para espantar° la melancolía. No era la misma para todos, por supuesto,° porque eso habría sido un engaño° colectivo. Cada uno recibía la suya con la certeza° de que nadie más la empleaba para ese fin en el universo

25 y más allá. Belisa Crepusculario había nacido en una familia tan mísera,° que ni siquiera poseía° nombres para llamar a sus hijos. Vino al mundo y creció en la región más inhóspita,° donde algunos años las lluvias se convierten en avalanchas de agua que se llevan todo, y en otros no cae ni una gota° del cielo, el sol se agranda° hasta ocupar el horizonte entero y el mundo se convierte en un desierto. Hasta que cumplió doce años no tuvo otra ocupación ni virtud

30 que sobrevivir° al hambre y la fatiga de siglos.° Durante una interminable sequía° le tocó enterrar° a cuatro hermanos menores y cuando comprendió que llegaba su turno, decidió echar a andar° por las llanuras° en dirección al mar, a ver si en el viaje lograba burlar° a la muerte. La tierra estaba erosionada, partida en profundas grietas,° sembrada de piedras,° fósiles de

35 árboles y de arbustos espinudos,° esqueletos de animales blanqueados por el calor. De vez en cuando tropezaba° con familias que, como ella, iban hacia el sur siguiendo el espejismo° del agua. Algunos habían iniciado la marcha llevando sus pertenencias° al hombro° o en carretillas,° pero apenas podían mover sus propios huesos° y a poco andar debían abandonar sus cosas. Se

40 arrastraban° penosamente, con la piel convertida en cuero de lagarto° y los ojos quemados° por la reverberación de la luz. Belisa los saludaba con un gesto° al pasar, pero no se detenía, porque no podía gastar sus fuerzas en ejercicios de compasión. Muchos cayeron por el camino, pero ella era tan tozuda° que consiguió atravesar° el infierno y arribó° por fin a los primeros

45 manantiales,° finos hilos° de agua, casi invisibles, que alimentaban° una vegetación raquítica,° y que más adelante se convertían en riachuelos° y esteros.°

La escritura

Belisa Crepusculario salvó la vida y además descubrió por casualidad la escritura.° Al llegar a una aldea en las proximidades de la costa, el viento

50 colocó° a sus pies una hoja de periódico.° Ella tomó aquel papel amarillo y quebradizo° y estuvo largo rato observándolo sin adivinar° su uso, hasta que la curiosidad pudo más que su timidez. Se acercó a un hombre que lavaba un caballo en el mismo charco° turbio° donde ella saciara su sed.°

—¿Qué es esto? —preguntó.

55 —La página deportiva del periódico —replicó el hombre sin dar muestras de asombro° ante su ignorancia.

La respuesta dejó atónita° a la muchacha, pero no quiso parecer descarada° y se limitó a inquirir el significado de las patitas de mosca dibujadas sobre el papel.[4]

---

[3] **Guerra Civil** Civil War. Civil wars have plagued many Latin American countries in the last hundred years.

[4] **patitas de mosca... papel** illegible marks on the paper. Small unreadable print or scrawl is metaphorically referred to as "[marks left by] the feet of flies" or patas/patitas de mosca.

Glosses (right margin):

- to shake off, scare
- **por...** of course / deception
- certainty
- = muy pobre
- = tenía
- unwelcoming
- drop (of rain)
- **se...** expands
- to survive / centuries
- drought / **le...** it was her duty to bury
- **echar...** to start to walk / plains
- **lograba...** she could deceive
- crevices, fissures / **sembrada...** full of rocks / **arbustos...** thorny bushes
- = se encontraba
- mirage
- belongings / **al...** on their backs (lit., shoulders) / push carts
- bodies (lit., bones)
- They dragged themselves / **cuero...** alligator skin / burned
- gesture
- stubborn / cross through / = llegó
- springs / streams / fed
- sparse / brooks
- streams
- writing
- = puso / **una...** a page of a newspaper
- brittle / guessing
- pond / muddy / **saciara...** satisfied her thirst
- **muestras...** signs of surprise
- surprised
- impolite

60 —Son palabras, niña. Allí dice que Fulgencio Barba noqueó al Negro Tiznao en el tercer round.[5]

Ese día Belisa Crepusculario se enteró° que las palabras andan sueltas° sin dueño y cualquiera con un poco de maña° puede apoderárselas° para comerciar con ellas. Consideró su situación y concluyó que aparte de
65 prostituirse o emplearse como sirvienta en las cocinas de los ricos, eran pocas las ocupaciones que podía desempeñar.° Vender palabras le pareció una alternativa decente. A partir de ese momento° ejerció esa profesión y nunca le interesó otra. Al principio ofrecía su mercancía° sin sospechar° que las palabras podían también escribirse fuera de los periódicos.
70 Cuando lo supo° calculó las infinitas proyecciones de su negocio, con sus ahorros° le pagó veinte pesos a un cura° para que le enseñara a leer y escribir y con los tres que le sobraron° se compró un diccionario. Lo revisó desde la A hasta la Z y luego lo lanzó al mar, porque no era su intención estafar° a los clientes con palabras envasadas.°

se... found out / loose, free

skill / take charge of them

to perform

A partir... From that moment on / merchandise / **sin...** without suspecting

Cuando... When she found out

savings / priest

that remained

to swindle / prefabricated

Una mañana de agosto

75 Varios años después, en una mañana de agosto, se encontraba Belisa Crepusculario en el centro de una plaza, sentada bajo su toldo vendiendo argumentos de justicia a un viejo que solicitaba su pensión desde hacía diecisiete años. Era día de mercado y había mucho bullicio° a su alrededor. Se escucharon de pronto galopes y gritos, ella levantó los ojos
80 de la escritura y vio primero una nube de polvo° y enseguida° un grupo de jinetes° que irrumpió en° el lugar. Se trataba de los hombres del Coronel, que venían al mando del Mulato,[6] un gigante conocido en toda la zona por la rapidez de su cuchillo° y la lealtad° hacia su jefe. Ambos,° el Coronel y el Mulato, habían pasado sus vidas ocupados en la Guerra Civil y sus
85 nombres estaban irremisiblemente unidos al estropicio° y la calamidad. Los guerreros° entraron al pueblo como un rebaño en estampida,° envueltos en ruido, bañados de sudor° y dejando a su paso un espanto° de huracán. Salieron volando las gallinas,° dispararon a perderse los perros,[7] corrieron las mujeres con sus hijos y no quedó en el sitio del mercado
90 otra alma viviente° que Belisa Crepusculario, quien no había visto jamás al Mulato y por lo mismo le extrañó° que se dirigiera a ella.

—A ti te busco —le gritó señalándola° con su látigo enrollado° y antes que terminara de decirlo, dos hombres cayeron encima de la mujer atropellando° el toldo y rompiendo el tintero,° la ataron° de pies y manos
95 y la colocaron atravesada como un bulto de marinero sobre la grupa de la bestia del Mulato.[8] Emprendieron galope° en dirección a las colinas.°

bustle

nube... cloud of dust / immediately thereafter / cavalry riders / **irrumpió...** burst into

knife / loyalty / **= Los dos**

= destrucción

fighters / **rebaño...** stampeding herd / sweat / **= terror**

gallinas... the hens flew away

alma... living soul

le... it surprised her

pointing at her / **látigo...** rolled-up whip

knocking down / inkwell / tied

Emprendieron... They set off at a gallop / hills

---

[5] **Fulgencio... round** Barba knocked out Tizano in the third round. In Spanish, boxing terminology is borrowed from English, sometimes with phonetic changes in the spelling: noquear = to knock [out].

[6] **El Coronel** (the Colonel) and his adjutant el Mulato (the Mulatto) are known in the war-torn area by these names.

[7] **dispararon... perros** the dogs bolted away to hide.

[8] **atravesada... Mulato** thrown across the croup (rump) of the Mulatto's horse like a sailor's dufflebag.

Horas más tarde, cuando Belisa Crepusculario estaba a punto de morir con el corazón convertido en arena° por las sacudidas° del caballo, sintió que se detenían y cuatro manos poderosas la depositaban en tierra.

sand / shakings, jolts

100 Intentó° ponerse de pie y levantar la cabeza con dignidad, pero le fallaron las fuerzas° y se desplomó° con un suspiro, hundiéndose° en un sueño ofuscado.° Despertó varias horas después con el murmullo de la noche en el campo, pero no tuvo tiempo de descifrar esos sonidos, porque al abrir los ojos se encontró ante la mirada impaciente del Mulato, arrodillado° a

She tried

le... she didn't have the strength / **se**... she collapsed / sinking / agitated

on his knees

105 su lado.

El Coronel

—Por fin despiertas, mujer —dijo alcanzándole° su cantimplora° para que bebiera un sorbo° de aguardiente° con pólvora[9] y acabara de recuperar la vida.

handing her / canteen

sip / brandy

Ella quiso saber la causa de tanto maltrato y él le explicó que

110 el Coronel necesitaba sus servicios. Le permitió mojarse la cara[10] y enseguida la llevó a un extremo del campamento, donde el hombre más temido° del país reposaba en una hamaca colgada° entre dos árboles. Ella no pudo verle el rostro,° porque tenía encima la sombra incierta del follaje° y la sombra imborrable° de muchos años viviendo como

feared / hung

= cara

sombra... the shifting shade of the foliage / unchangeable / dissolute

115 un bandido, pero imaginó que debía ser de expresión perdularia° si su gigantesco ayudante° se dirigía a él con tanta humildad. Le sorprendió su voz, suave y bien modulada como la de un profesor.

adjutant

—¿Eres la que vende palabras? —preguntó.

—Para servirte —balbuceó° ella oteando° en la penumbra° para

120 verlo mejor.

stammered / straining / dark

El Coronel se puso de pie y la luz de la antorcha° que llevaba el Mulato le dio de frente.° La mujer vio su piel oscura y sus fieros ojos de puma y supo al punto° que estaba frente al hombre más solo° de este mundo.

torch

le... showed his face

supo... she knew instantly / **más**... loneliest

125 —Quiero ser Presidente —dijo él.

Estaba cansado de recorrer esa tierra maldita° en guerras inútiles y derrotas° que ningún subterfugio podía transformar en victorias. Llevaba muchos años durmiendo a la intemperie,° picado° de mosquitos, alimentándose° de iguanas y sopa de culebra,° pero esos inconvenientes

wretched

defeats

a... outdoors in bad weather / bitten

eating / **sopa**... snake

130 menores no constituían razón suficiente para cambiar su destino. Lo que en verdad le fastidiaba° era el terror en los ojos ajenos.° Deseaba entrar a los pueblos bajo arcos de triunfo, entre banderas de colores y flores, que lo aplaudieran y le dieran de regalo huevos frescos y pan recién horneado.° Estaba harto° de comprobar° cómo a su paso huían

bothered / of others

baked / fed up / to experience, prove

135 los hombres,° abortaban de susto las mujeres y temblaban las criaturas[11]

huían... men would flee

---

[9] **con pólvora**   in bad temper (Lit., "with gunpowder," as if ready to explode).

[10] **mojarse la cara**   to quickly wash her face. (Lit., to wet her face).

[11] **a su paso... criaturas**   at his passage, men would flee, [pregnant] women would miscarry [as a result] of their fright, and children would tremble.

por eso había decidido ser Presidente. El Mulato le sugirió que fueran a la capital y entraran galopando al Palacio para apoderarse° del gobierno, tal como tomaron tantas otras cosas sin pedir permiso, pero al Coronel no le interesaba convertirse en otro tirano,° de ésos ya habían tenido bastantes
140 por allí y, además, de ese modo no obtendría el afecto° de las gentes. Su idea consistía en ser elegido° por votación popular en los comicios° de diciembre.

seize

tyrant

affection

elected / = **elecciones**

—Para eso necesito hablar como un candidato. ¿Puedes venderme las palabras para un discurso?° —preguntó el Coronel a Belisa Crepusculario.
145 Ella había aceptado muchos encargos,° pero ninguno como ése, sin embargo no pudo negarse, temiendo que el Mulato le metiera un tiro° entre los ojos o, peor aún,° que el Coronel se echara a llorar. Por otra parte, sintió el impulso de ayudarlo, porque percibió un palpitante calor en su piel,° un deseo poderoso° de tocar a ese hombre, de recorrerlo con
150 sus manos,[12] de estrecharlo° entre sus brazos.

speech

assignments

le... would shoot her

peor... even worse

en... under her skin / **deseo**... powerful urge / to hold him

El discurso

Toda la noche y buena parte del día siguiente estuvo Belisa Crepusculario buscando en su repertorio las palabras apropiadas para un discurso presidencial, vigilada de cerca° por el Mulato, quien no apartaba los ojos de sus firmes piernas de caminante° y sus senos° virginales.
155 Descartó° las palabras ásperas° y secas, las° demasiado floridas,° las que estaban desteñidas° por el abuso, las que ofrecían promesas improbables, las carentes° de verdad y las confusas, para quedarse sólo con aquellas capaces de tocar con certeza° el pensamiento de los hombres y la intuición de las mujeres. Haciendo uso de los conocimientos° comprados
160 al cura por veinte pesos, escribió el discurso en una hoja de papel y luego hizo señas al Mulato para que desatara° la cuerda° con la cual la había amarrado° por los tobillos° a un árbol. La condujeron nuevamente° donde el Coronel y al verlo ella volvió a sentir la misma palpitante ansiedad° del primer encuentro. Le pasó el papel y aguardó,° mientras él
165 lo miraba sujetándolo° con la punta de los dedos.

vigilada... closely watched

walker / breasts

She discarded / harsh / = **las palabras** / flowery / faded, discolored

lacking

certainty

knowledge

untie / rope

la... he had tied her down / ankles / = **de nuevo** (again)

anxiety / she waited

holding it

—¿Qué carajo° dice aquí? —preguntó por último.

—¿No sabes leer?

—Lo que yo sé hacer es la guerra —replicó él.

Ella leyó en alta voz el discurso. Lo leyó tres veces, para que su cliente
170 pudiera grabárselo en la memoria.[13] Cuando terminó vio la emoción en los rostros° de los hombres de la tropa que se juntaron para escucharla y notó que los ojos amarillos del Coronel brillaban de entusiasmo, seguro de que con esas palabras el sillón° presidencial sería suyo.

¿Qué... What the devil

= **caras**

throne

—Si después de oírlo tres veces los muchachos siguen con la boca
175 abierta, es que esta vaina° sirve, Coronel —aprobó° el Mulato.

= **cosa, idea** / said approvingly

---

[12] **de recorrerlo con sus manos**   to run her hands over his body.

[13] **grabárselo en la memoria**   to memorize it. (Lit., to engrave it in his memory)

Las dos palabras

—¿Cuánto te debo por tu trabajo, mujer? —preguntó el jefe.

—Un peso, Coronel.

—No es caro —dijo él abriendo la bolsa que llevaba colgada del cinturón° con los restos del último botín.°

180 —Además tienes derecho a una ñapa.° Te corresponden dos palabras secretas —dijo Belisa Crepusculario.

—¿Cómo es eso?

Ella procedió a explicarle que por cada cincuenta centavos que pagaba un cliente, le obsequiaba° una palabra de uso exclusivo. El jefe 185 se encogió de hombros,° pues no tenía ni el menor interés en la oferta, pero no quiso ser descortés° con quien lo había servido tan bien. Ella se aproximó° sin prisa° al taburete de suela° donde él estaba sentado y se inclinó para entregarle su regalo. Entonces el hombre sintió el olor° de animal montuno° que se desprendía de° esa mujer, el calor de incendio 190 que irradiaban° sus caderas,° el roce° terrible de sus cabellos, el aliento° de yerbabuena° susurrando° en su oreja las dos palabras secretas a las cuales tenía derecho.°

—Son tuyas, Coronel —dijo ella al retirarse—. Puedes emplearlas cuanto quieras.

195 El Mulato acompañó a Belisa hasta el borde del camino, sin dejar de mirarla con ojos suplicantes de perro perdido, pero cuando estiró° la mano para tocarla, ella lo detuvo con un chorro° de palabras inventadas que tuvieron la virtud de espantarle el deseo,° porque creyó que se trataba de alguna maldición° irrevocable.

El candidato y la musa

200 En los meses de setiembre, octubre y noviembre el Coronel pronunció su discurso tantas veces, que de no haber sido hecho con palabras refulgentes y durables el uso lo habría vuelto ceniza.[14] Recorrió el país en todas direcciones, entrando a las ciudades con aire triunfal y deteniéndose también en los pueblos más olvidados, allá donde sólo el rastro de 205 basura° indicaba la presencia humana, para convencer a los electores que votaran por él. Mientras hablaba sobre una tarima° al centro de la plaza, el Mulato y sus hombres repartían° caramelos° y pintaban su nombre con escarcha° dorada en las paredes, pero nadie prestaba atención a esos recursos de mercader,° porque estaban deslumbrados° por la claridad de 210 sus proposiciones y la lucidez poética de sus argumentos, contagiados° de su deseo tremendo de corregir los errores de la historia y alegres por primera vez en sus vidas. Al terminar la arenga° del Candidato, la tropa lanzaba pistoletazos° al aire y encendía° petardos° y cuando por fin se retiraban, quedaba atrás una estela° de esperanza que perduraba° 215 muchos días en el aire, como el recuerdo magnífico de un cometa. Pronto

---

[14]**que de no... ceniza**   if it [the speech] had not been made of brilliant and lasting words, its [repeated] use would have reduced it to ashes.

cinturón° belt / botín° loot, booty
ñapa° bonus

obsequiaba° le... she would give him / her
se encogió de hombros° se... shrugged his shoulders
descortés° impolite
aproximó° / prisa° se... came closer / sin... without haste / taburete de suela° taburete... leather stool
montuno° = rústico, del monte / se desprendía de° came from
irradiaban° gave off / caderas° hips / roce° touch / aliento° breath
yerbabuena° / susurrando° mint / whispering
a las cuales tenía derecho° a las cuales... to which he was entitled

estiró° stretched out
chorro° flood
espantarle el deseo° espantarle... to ward off his lust
maldición° curse

rastro de basura° rastro... garbage pile
tarima° platform
repartían° / caramelos° would distribute / candy
escarcha° textured paint
recursos de mercader° recursos... marketing ploys / deslumbrados° dazzled
contagiados° infected

arenga° political speech
lanzaba pistoletazos° / encendía° / petardos° lanzaba... fired gunshots / lit / firecrackers
estela° / perduraba° trail / lasted

el Coronel se convirtió en el político más popular. Era un fenómeno nunca visto, aquel hombre surgido de la guerra civil, lleno de cicatrices° y hablando como un catedrático,° cuyo prestigio se regaba° por el territorio nacional conmoviendo° el corazón de la patria. La prensa se ocupó de él.

220 Viajaron de lejos los periodistas para entrevistarlo y repetir sus frases, y así creció el número de sus seguidores° y de sus enemigos.

—Vamos bien, Coronel —dijo el Mulato al cumplirse doce semanas de éxito.

Pero el candidato no lo escuchó. Estaba repitiendo sus dos palabras
225 secretas, como hacía cada vez con mayor frecuencia. Las decía cuando lo ablandaba° la nostalgia, las murmuraba dormido, las llevaba consigo sobre su caballo, las pensaba antes de pronunciar su célebre discurso y se sorprendía saboreándolas° en sus descuidos.° Y en toda ocasión en que esas dos palabras venían a su mente, evocaba la presencia de Belisa
230 Crepusculario y se le alborotaban los sentidos° con el recuerdo del olor° montuno, el calor de incendio, el roce° terrible y el aliento° de yerbabuena, hasta que empezó a andar como un sonámbulo° y sus propios hombres comprendieron que se le terminaría la vida antes de alcanzar el sillón de los presidentes.

235 —¿Qué es lo que te pasa, Coronel? —le preguntó muchas veces el Mulato, hasta que por fin un día el jefe no pudo más y le confesó que la culpa de su ánimo eran esas dos palabras[15] que llevaba clavadas en el vientre.°

—Dímelas, a ver si pierden su poder —le pidió su fiel° ayudante.

240 —No te las diré, son sólo mías —replicó el Coronel.

La reunión

Cansado de ver a su jefe deteriorarse como un condenado a muerte,° el Mulato se echó el fusil al hombro° y partió en busca° de Belisa Crepusculario. Siguió sus huellas° por toda esa vasta geografía hasta encontrarla en un pueblo del sur, instalada bajo el toldo de su oficio,
245 contando su rosario de noticias.° Se le plantó delante con las piernas abiertas y el arma empuñada.°

—Tú te vienes conmigo —ordenó.

Ella lo estaba esperando. Recogió su tintero,° plegó° el lienzo° de su tenderete,° se echó el chal° sobre los hombros y en silencio trepó al
250 anca del caballo.[16] No cruzaron ni un gesto en todo el camino, porque al Mulato el deseo por ella se le había convertido en rabia° y sólo el miedo que le inspiraba su lengua le impedía destrozarla a latigazos.° Tampoco estaba dispuesto° a comentarle que el Coronel andaba alelado,° y que lo que no habían logrado° tantos años de batallas lo había conseguido° un
255 encantamiento° susurrado° al oído.

Glosses (right margin):

- scars
- professor / **se...** was spread
- touching
- followers
- moved (lit., to soften)
- savoring them / careless moments
- **se le...** his senses were agitated / smell / touch / breath
- sleepwalker
- **clavadas...** riveted in his soul (lit., belly)
- faithful
- **condenado...** man condemned to death / **fusil...** rifle over his shoulder / **en...** in search / trails, tracks
- **rosario...** litany of news
- **arma...** weapon gripped in his hands
- inkwell / folded / canvas
- stall / shawl
- **en...** into anger
- **destrozarla...** to whip her to death
- ready / confused
- obtained / achieved
- spell / whispered

---

[15] **la culpa... palabras** those two words were to blame for his emotional state (**la culpa** = fault, blame).

[16] **trepó... caballo** mounted behind the saddle. (Lit., climbed onto the horse's haunches: **el anca**).

Tres días después llegaron al campamento y de inmediato° condujo a su prisionera hasta el candidato, delante de toda la tropa.

260 —Te traje a esta bruja° para que le devuelvas° sus palabras, Coronel, y para que ella te devuelva la hombría° —dijo apuntando el cañón° de su fusil a la nuca° de la mujer.

El Coronel y Belisa Crepusculario se miraron largamente, midiéndose° desde la distancia. Los hombres comprendieron entonces que ya su jefe no podía deshacerse° del hechizo° de esas dos palabras endemoniadas,° porque todos pudieron ver los ojos carnívoros del puma 265 tornarse mansos° cuando ella avanzó y le tomó la mano.

de... at once

witch / you give back

manhood / apuntando... aiming the barrel / nape of the neck

sizing each other up

to get rid / spell

diabolical

tornarse... become gentle as a lamb

Isabel Allende. «Dos palabras», CUENTOS DE EVA LUNA © Isabel Allende, 1990

Comprensión

¿Qué pasó?

Belisa

1. ¿Qué oficio tenía Belisa?
2. Por cada cincuenta centavos que pagaba, ¿qué recibía el cliente?
3. Describe la situación socioeconómica de su familia. ¿Qué elementos climatológicos afectaban su vida y la de sus familiares?
4. ¿Qué opciones tenía ella para sobrevivir? ¿Por qué decidió vender palabras?

La escritura

5. ¿Cómo descubrió la escritura?
6. ¿Quién le enseñó a leer y escribir? ¿Qué hizo Belisa con el diccionario?

Una mañana de agosto

7. Cuando estaba en la plaza, ¿qué militares entraron?
8. ¿Quién le habló a Belisa y qué le dijo?

El Coronel

9. ¿Qué quería el Coronel? ¿Por qué?
10. ¿Qué le impresionó a Belisa del Coronel?

El discurso

11. ¿Qué tipo de discurso escribió Belisa?
12. ¿Cómo lo aprendió el Coronel?

Las dos palabras

13. ¿Qué más le regaló Belisa al Coronel?
14. ¿Por qué aceptó el Coronel las dos palabras de Belisa?

El candidato y la musa

15. ¿Cuál es la reacción de la gente a la campaña política del Coronel?
16. ¿Qué le pasaba al Coronel? ¿Por qué andaba como sonámbulo?

La reunión

17. ¿Qué hizo el Mulato?
18. El Mulato quería que el Coronel le devolviera algo a Belisa. ¿Qué era? ¿Qué debía
     devolverle ella a él? ¿Cuál fue la reacción de Belisa y del Coronel al final del relato?

 ## Audio
Despúes de escuchar la historia, indica si la idea es verdadera (**V**) o falsa (**F**).

1. V   F   2. V   F   3. V   F   4. V   F   5. V   F   6. V   F

Palabras

> ### Familias de palabras
> Sometimes one Spanish noun is derived from another, more familiar noun.
>
> el tintero *(inkwell)*   ←   la tinta *(ink)*
>
> la hombría *(manliness)*   ←   el hombre *(man)*

Transformaciones
Indica el significado en inglés de cada palabra y da el sustantivo original.

1. la mercancía   4. el caminante
2. el poderío   5. la certeza
3. la clientela   6. el guerrero

Conexiones en contexto
Refiriéndote al cuento, empareja cada término de la Columna **A** con el *correspondiente* de la
Columna **B**.

Los correspondientes

A	B
1. mísero/a	a. depositar
2. ocupación	b. de nuevo
3. gigantesco/a	c. muy pobre
4. colocar	d. saber
5. percibir	e. noticias
6. enterarse	f. tremendo/a
7. nuevamente	g. notar
8. harto/a	h. muy cansado/a
9. nuevas	i. profesión
10. de inmediato	j. enseguida

Refiriéndote al cuento, empareja cada término de la Columna **A** con su opuesto de la Columna **B**.

Los opuestos

A	B
1. descartar	a. desatar
2. derrota	b. gritar
3. ápero/a	c. manso/a
4. ruido	d. dueño
5. susurrar	e. aceptar
6. sirvienta	f. victoria
7. morir	g. cortés
8. descarado/a	h. silencio
9. sequía	i. huracán
10. amarrar	j. recuperar la vida

Resumen

Vuelve a contar la historia, cambiando los verbos en itálica al tiempo presente.

1. Belisa Crepusculario *vendía* palabras.   2. Por todo el país ella se *instalaba* en las ferias.
3. De lugar en lugar *montaba* un toldo y *atendía* a sus clientes.   4. Como todos la *conocían*, *hacían* cola para verla.   5. *Tenía* diferentes precios por sus palabras, pero todos *eran* justos.
6. También *ofrecía* cuentos y *transmitía* las noticias de pueblo a pueblo.   7. Como remedio a la melancolía, Belisa *regalaba* palabras secretas.   8. Cada persona *recibía* su palabra especial.
9. La familia de Belisa *vivía* en la pobreza y miseria.   10. En la región en la que nació o *llovía* mucho o *había* grandes sequías.   11. La familia de Belisa *pasaba* hambre y fatiga.
12. Trágicamente se *murieron* cuatro de sus hermanos y ella *tuvo* que enterrarlos.   13. Belisa se *fue* al mar y así se *escapó* de la muerte.   14. *Descubrió* la escritura por casualidad cuando un día *encontró* la página deportiva de un periódico y no *pudo* adivinar qué *era* eso.
15. Ella le *preguntó* cuál *era* el uso de ese papel a un hombre que *lavaba* su caballo.   16. Él le *dijo* que lo que *había* en la página *eran* palabras.   17. Ella *aprendió* a leer y *decidió* vender palabras en lugar de ser prostituta o sirvienta.   18. Varios años después, *conoció* a un soldado, el Mulato, y al Coronel, su jefe.   19. Los jinetes *regresaron* de la Guerra Civil y, llenos de violencia, *entraron* en el pueblo.   20. Al ver a los jinetes, todas las personas, menos Belisa, *huyeron* de la plaza.   21. Los jinetes *colocaron* a Belisa sobre el caballo y casi la *mataron*.
22. En el campamento, el Coronel le *dijo* a Belisa que *quería* ser presidente, pero que *necesitaba* un buen discurso.   23. Belisa *aceptó* la petición del Coronel y le *vendió* unas palabras.
24. Belisa *trabajó* duro y en una hoja de papel le *escribió* un excelente discurso aceptable para los hombres y las mujeres del país.   25. Ella se lo *leyó* al Coronel, quien lo *memorizó*.
26. También Belisa le *regaló* dos palabras secretas.   27. El Coronel se *volvió* muy popular con su discurso, que *estaba* lleno de esperanza y popularidad.   28. El Coronel *repetía* día y noche las palabras secretas de Belisa y *pensaba* en ella a todas horas.   29. El Mulato *decidió* llevar a Belisa al campamento militar y, al verla, el Coronel se *quedó* hechizado.   30. Belisa y el Coronel se *miraron* largamente y ella le *tomó* la mano.

Interpretación

Análisis

1. Hay muchos temas representados en este cuento de Allende. Explica brevemente cuatro y ponlos en órden de importancia narrativa, según tu interpretación.

2. Imagínate que eres Belisa. Relata la historia de tu familia y tus primeros 15 años hasta que descubres la escritura. Incluye los fenómenos climatológicos. Utiliza la primera persona.

3. Explica el impacto de la pobreza y la miseria como personajes en este relato.

4. Interpreta la función de la literatura y la educación en el cuento. Explica el papel de Belisa como estudiante y maestra, y como mentora y musa. Caracteriza el poder de las palabras de Belisa a lo largo del cuento.

5. Según la historia, la joven Belisa «logró burlar la muerte». ¿Qué más logra burlar ella? Del comportamiento de ella, del Coronel y de otros personajes, ¿qué podemos inferir sobre el papel femenino y el masculino en la época en la que se desarrolla el relato?

6. Dos soldados rompieron violentamente el tintero de Belisa. ¿Qué simboliza este acto? ¿Cuál es su relación con el desenlace del cuento?

7. Retrata al Mulato y a su Coronel física y personalmente. Explica cómo cambian sus respectivos papeles en el cuento.

8. Se puede inferir que la dolorosa experiencia contradictoria del Coronel en varias guerras civiles en Chile le ha transformado de un militar guerrero "de fieros ojos de puma" a un candidato patriótico y pacífico. ¿Cómo caracteriza él esas guerras y las reacciones de las víctimas que le influenciaran a querer servir a su país —no de soldado «temido»— sino de presidente respetado? Explícalo, con citas del texto.

9. Belisa describe al Coronel como «el hombre más solo del mundo». ¿Por qué? Refiriéndote a la narrativa o a los personajes, cita otros ejemplos de melancolía o tristeza.

10. Allende intercala los diálogos con la narración en tercera persona. Analiza estos recursos estilísticos de la autora y cómo funciona cada uno en el cuento.

11. Lee el encuentro de Belisa y el Coronel (pág. 253–254). Después de preguntar a Belisa si ella vende palabras, el Coronel le confiesa: «Quiero ser Presidente». Explica qué revela de su carácter y misión en la vida. Luego, describe los valores del discurso que ella escribe para el Coronel. ¿Qué descarta y qué acepta él? ¿Por qué?

12. ¿En qué momento decisivo siente Belisa una atracción fuerte hacia el Coronel? Cita el pasaje narrativo y describe la categoría de amor manifestada. Contrástala con otras clases de afecto y amistad desarrolladas a lo largo del relato.

13. ¿Qué función tiene el uso autorial de expresiones temporales como «ese día», «varios años después», «horas más tarde»?

14. Señala momentos de humor y sátira observados en la narración. ¿Cuándo ocurren y qué aportan al relato?

15. Interpreta los episodios de desesperanza y esperanza, y de violencia y paz en el cuento. ¿Cuándo aparecen? ¿Qué representan? Resume otros constrastes destacados.

16. Señala elementos de la fantasía y la realidad en la narración.

17. ¿Qué sensaciones evoca la comparación en esta cita narrativa: «Los guerreros entraron como un rebaño en estampida». ¿Qué imagen produce en ti?

18. Caracteriza el poder de la palabra frente a la manifestación del abuso de poder político en el país, y el hecho de que la persona que vende las palabras secretas sea mujer.

19. Analiza 3 comparaciones autoriales que empiezan con 'como.' ¿Qué significan estos tropos literarios?

20. Después de que Belisa le tome la mano al Coronel en el campamento, ¿qué pensamientos y sentimientos te imaginas que intercambiarán sobre sus carreras y sus vidas en el futuro?

Ensayos

1. ¿Quién es "Belisa Crepusculario"? Comparando las letras del nombre de nuestra protagonista, "Belisa", y las de nuestra autora, "Isabel", descifra su identidad. ¿Qué notas? ¿Será casualidad o intención autorial autobiográfica? Explica. También, ¿qué significa "crepúsculo"? En tu opinión, ¿qué mensaje temático quiere trasmitir Allende sobre la literatura y la política al darle el nombre de "Belisa Crepusculario" a la protagonista principal? ¿Qué relación se puede inferir entre el relato y la autora, Allende?

2. Relaciona el siguiente dicho con la narración: «Hay más felicidad en dar que en recibir». Sitúa algunos momentos en el relato en que alguién dé y otra persona reciba un regalo físico o emocional. ¿Qué significan dentro de los contextos narrativos? ¿Qué reacciones y consecuencias tienen como resultado? ¿Estás de acuerdo con la noción expresada en el dicho? ¿Por qué?

Dramatizaciones

1. Inspirándote en el título de la narración, "Dos palabras", imagínate que *Paz* y *Cariño* —dos primas de Belisa— debaten sobre las "dos palabras secretas" que Belisa le regaló al Coronel en su encuentro en el campamento.
   Prima Paz argumenta a favor de uno de estos temas socio-políticos:
   • «Pueblo Unido»
   • «Futuro Presidente»
   • «Adelante, Chile»
   Prima Cariño sugiere uno de estos temas de amor y amistad:
   • «Te quiero»
   • «Me necesitas»
   • «Siempre juntos»
   Dramatiza el debate dinámico entre las dos jóvenes que también intercambian ideas y sentimientos sobre el futuro de Belisa y el Coronel, profesional y personalmente. Las dos explican sus argumentos con datos y entusiasmo.

2. Imagínate que eres un/a ciudadano/a joven de un pueblo latinoamericano hoy en día. Hablas con dos amigos y una candidata para presidenta del país. Dramatiza una escena en que ustedes le hacen preguntas a ella sobre la dictadura y la democracia. También, ustedes le dan consejos a la candidata sobre tres de los siguientes asuntos: la elección, los temas nacionales, la economía, el racismo, el acoso escolar, las enfermedades graves, los trabajos, las clases sociales, los jóvenes, las relaciones con otros países, etc.

Discusiones

1. ¿Cuáles son las horas de tu día o noche más productivas? ¿Por qué? ¿Cuándo piensas mejor? ¿Cuándo haces tiempo para reflexionar sobre lo que sucede en tu vida académica, social y personal?

2. Define «dictadura» y «democracia». ¿Qué papel tiene la política en tu vida? ¿Qué opinas de los políticos de tu región? ¿Votaste en las últimas elecciones? ¿Por qué? ¿Crees que cada persona mayor de edad debe votar en las elecciones nacionales, regionales y locales? ¿Podemos hacer una diferencia para mejorar la situación del país, a través del voto? Explica.

3. Define «analfabetismo». Indica en qué países del mundo global existe. ¿Cuáles son los tres problemas sociales más serios hoy en día en *tu* país? ¿Qué programas sociales y políticos hay para solucionarlos?

4. Describe un libro, poema o canción que haya influido mucho en tu vida. ¿Cuáles son algunas de sus palabras, ideas o versos más significativos? ¿Qué simbolizan?

5. En el pasado, las mujeres y los hombres cumplían papeles fijos, limitados y diferenciados. ¿Sigue la tradición igual hoy en día? ¿Cuáles son los papeles y los trabajos u oficios más populares de los hombres y las mujeres en tu región?

6. Indica «dos palabras» representativas e importantes en tu vida personal. ¿Cambiarán en diez años? ¿a qué? Imagínate que tienes el poder de regalar dos palabras. ¿A quién se las dirigirías y en qué contexto?

7. El Coronel dice que las guerras civiles son «inútiles» y que nadie puede transformar las «derrotas» en victorias. ¿Estás de acuerdo? Nombra algunos países que han sufrido guerras civiles en las últimas décadas. Incluye naciones hispánicas y otras regiones internacionales. Describe algunas causas de los conflictos.

8. Nombra algunos oficios o profesiones en que los trabajadores tengan mayor satisfacción, o ganen mucho dinero. En tu opinión, ¿qué es más importante, la satisfacción o el dinero? Explica.

9. ¿Cómo caracterizarías tu método de comunicación oral? ¿Generalmente hablas con tus amigos por medios electrónicos, por teléfono o cara a cara? ¿Sobre qué temas? ¿Prefieres expresar tus ideas oralmente o por escrito? Explica.

10. ¿Por qué hay tantas guerras en el mundo global? Si otro país estuviera en guerra, ¿bajo qué circunstancias irías a luchar con los militares de esa nación? Explica. ¿Cómo podemos lograr la paz en el mundo?

Comparaciones y contrastes

Compara y contrasta los desafíos de Belisa, en «Dos palabras», con los de Ildara, en «Las medias rojas» y de Mariana, en «La conciencia». Analiza los altibajos de sus contextos familiares, sociales y síquicos. ¿Qué sueños y aspiraciones comparten? ¿Qué éxito tienen? ¿Qué desilusiones sufren?

Apéndice A
Comparaciones y contrastes en contexto

Temas

1. Compara y contrasta el tema del acoso escolar en «Bernardino» al acoso familiar en «Las medias rojas». Analiza las actitudes y acciones de los abusadores.

2. ¿Cómo se manifiesta el abuso de poder político y militar en «Emma», «El general Rueda», «Dos palabras», «La abuelita y el Puente de Oro» y «Un día de estos»? ¿Qué otros temas literarios se incluyen en estos cuentos?

3. ¿Qué animales usan los autores de «Mi caballo mago», «Un perro, un niño, la noche», «Un oso y un amor» y «Bernardino» para desarrollar el tema de la amistad? ¿Con qué resultados?

4. Discute el tema de la libertad en «Las medias rojas», «Mi caballo mago» y «Un día de estos».

5. Examina el tema de la fuga en «Casa tomada», «Mi caballo mago» y «Noche de fuga». Contrástalos, con referencias a los textos.

6. Describe el papel de la religión en «Leyenda», «Bernardino» y «Una carta a Dios».

7. Examina el tema del cariño y de la compasión en «Un oso y un amor», «Un perro, un niño, la noche» y «Mi caballo mago».

8. Describe el carácter del amor y del apoyo entre las parejas en «El nieto» y «Al correr los años». Refiérete a detalles de su vida del pasado y del presente.

9. Señala algunos momentos de melancolía y de felicidad en la vida de Panchito en «Cajas de cartón» y de Juanucho en «Un perro, un niño, la noche». ¿Qué tema se destaca más?

10. Diferencia los elementos del amor en «El décimo», «Continuidad de los parques», «Cajas de cartón» y «Dos palabras».

11. Compara y contrasta los dos matrimonios de la mujer de Indalecio en «El tiempo borra» con el matrimonio de Juan y Juana en «Al correr los años» y el de los padres de la narradora en «El Beso de la Patria». ¿Cómo funciona la relación entre cada pareja?

12. En «Apocalipsis» y «La mala racha» muchas cosas desaparecen. Para cada relato, interpreta las diferentes razones y las consecuencias.

13. Interpreta los efectos de las pérdidas y la añoranza en «No oyes ladrar los perros», «Mi caballo mago» y «Emma». ¿Qué retrato de la vida se presenta en cada cuento? Da detalles.

14. Explica los temas opuestos en «El nacimiento de la col» y «Apocalipsis». En tu opinión, ¿cuál impacta más en nosotros, los lectores? ¿Por qué?

15. ¿Qué temas tienen en común «Una carta a Dios» y «El nacimiento de la col»? Da detalles.

16. Examina el espíritu indomable de Belisa en «Dos palabras», de la narradora en «El décimo» y de la abuelita en «La abuelita y el Puente de Oro». Explica los rasgos personales de nuestras protagonistas.

17. Explica el tema de la injusticia en «El Beso de la Patria» y «El general Rueda».

18. Describe la muerte en «No oyes ladrar los perros» y «Noche de fuga». ¿Qué circunstancias llevaron a los personajes a un fin tan trágico?

19. En los siguientes cuentos, compara y contrasta el papel de estos animales y de los pájaros: el caballo, en «Mi caballo mago» y «Dos palabras»; el oso y el pájaro, en «Un oso y un amor»; y el perro, en «Un perro, un niño, la noche». Distingue entre el papel positivo y el negativo en cada narración.

20. Qué función tiene el barco en «Medias rojas» y «Noche de fuga»? ¿Cómo impacta a los personajes?

21. Discute el tema de la soledad, la separación y el aislamiento en «El tiempo borra», «Las medias rojas», «La conciencia» y «Dos palabras». ¿Cómo combaten los personajes en cada relato esas condiciones impactantes? ¿Tienen éxito? Explica tu respuesta.

22. Compara la sensación de injusticia que sufre la protagonista en «El Beso de la Patria» con las preocupaciones de Mariana en «La conciencia» y la desilusión de Ildara en «Las medias rojas».

23. ¿Cómo se revela la pérdida de la inocencia en «El décimo», «Las medias rojas», «El Beso de la Patria» y «Bernardino»?

24. Discute la manifestación de culpabilidad en «La pared», «Casa tomada», «Leyenda» y «Sala de espera».

25. Analiza la búsqueda de la identidad en «Emma», «Cajas de cartón», «Mi caballo mago» y «Las medias rojas». ¿Qué semejanzas y diferencias notas entre los protagonistas?

Personajes

26. Explica el vínculo entre el narrador y su caballo en «Mi caballo mago», entre Bernardino y su perro «Chu» en «Bernardino», y entre el narrador y la paloma en «Un oso y un amor». Comenta las alegrías y las tristezas que estos animales despiertan en los personajes en cada relato.

27. ¿Cómo impactan la ilusión y el engaño en la vida y acciones de Ildara en «Las medias rojas», de Belisa en «Dos palabras» y de la narradora en «El décimo»? ¿Cómo cambiarías cada cuento para tener un desenlace feliz?

28. En algunas narraciones, los/las jóvenes se enfrentan con distintos desafíos: conflicto con vecinos, en «La pared»; enfermedad grave, en «No oyes ladrar los perros» y en «Dos palabras»; y abuso represivo, en «El general Rueda». Compara y contrasta cómo afectan los pensamientos y sentimientos de los/las protagonistas. ¿Cómo superan los desafíos?

29. Analiza las actitudes y las acciones de los niños/las niñas en «Emma», «Preguntas» y «Bernardino». Describe sus contextos socioeconómicos y personales. ¿En qué se asemejan y en qué se diferencian?

30. Compara y contrasta el final sorprendente en «La camisa de Margarita» y en «Una sortija para mi novia». ¿Qué «cosas» figuran en el desenlace y cómo afectan a los personajes de cada cuento?

31. ¿Crees en el destino? Explica cómo les han afectado las circunstancias a las protagonistas femeninas en «El Beso de la Patria», «El tiempo borra» y «El nieto». ¿Qué infieres sobre el impacto de la edad en cada relato?

32. Analiza las reacciones ante la adversidad que sufren el narrador y su hermana Irene en «Casa tomada», y los hermanos Caín y Abel en «Leyenda». ¿Resuelven los problemas de una manera semejante? Explica.

33. Distingue los pensamientos y sentimientos del padre en «Mi caballo mago», «Cajas de cartón» y «No oyes ladrar los perros». ¿Qué revelan de la personalidad de cada padre?

34. Belisa, en «Dos palabras», y Mariana, en «La conciencia», han experimentado tiempos muy difíciles. Compara los momentos chocantes del pasado de las dos protagonistas y contrástalos con algunos episodios de sus vidas actuales.

35. Wright en «Sala de espera» y Abel en «Leyenda» fueron asesinados. Contrasta las circunstancias y contextos de sus muertes.

36. Comenta los detalles del papel positivo que juega la madre en «Preguntas» y en «Al correr los años». Compáralos con el papel del padre.

37. ¿Qué componentes conflictivos se pueden identificar entre padre e hijo en «No oyes ladrar los perros», entre el dentista y el alcalde en «Un día de estos» y entre Mariana y el vagabundo en «La conciencia»? Categorízalos.

38. Analiza los altibajos de los ancianos en «Casa tomada», «La pared», «La abuelita y el Puente de Oro» y «El nieto». ¿En qué se asemejan y en qué se diferencian?

39. Analiza las ambivalencias y las angustias del narrador en «Mi caballo mago», del dentista en «Un día de estos» y de la muchacha en «Noche de fuga». ¿Cómo impactan a los personajes?

40. Los profesores tienen un papel central en las vidas escolares de los jóvenes. Compara y contrasta las características didácticas de la maestra de la narradora en «El Beso de la Patria», del padre en «Preguntas», y del maestro de Panchito en «Cajas de cartón». Indica qué sienten los/las jóvenes por estos «profesores». Comenta también qué influencia didáctica tiene el Coronel en «Dos palabras» en los ciudadanos chilenos con el discurso escrito por Belisa.

41. Detalla los efectos de la guerra y la venganza en «El general Rueda», «La abuelita y el Puente de Oro» y «Un día de estos». Refiérete a cómo estos afectan a los personajes principales.

42. Examina la relación entre hija y padre en «Las medias rojas» y de hijo y padre en «No oyes ladrar los perros». Entonces, compárala con las de hijo y dentista en «Un día de estos» y la de hija y padre en «Preguntas». ¿Qué circunstancias afectan cada relación?

43. Describe las acciones de Lencho en «Una carta a Dios» y del padre de Panchito en «Cajas de cartón» con respecto a las cosechas. ¿Qué elementos de la naturaleza tienen que confrontar para dar de comer a sus familias? ¿Cuáles son las consecuencias? ¿Qué desilusiones experimentan?

44. Compara y contrasta la importancia de la madre ausente a los niños en «No oyes ladrar los perros», «Dos palabras» y «Bernardino». En tu opinión, ¿cómo afecta a los otros personajes de cada relato?

45. Darío en «El nacimiento de la col, y Borges en «Leyenda» han creado dos microcuentos con temas distintos: la creación y la destrucción. Analiza el contenido temático y la forma estructural de los dos relatos. Examina las actitudes y las acciones de los personajes.

46. Descifra el lenguaje y las imágenes que emplean las autoras para representar la invasión de la casa de Irene y su hermano de «Casa tomada», la invasión de la casa de la narradora de «El general Rueda» y la invasión de los jinetes en la plaza en donde está Belisa de «Dos palabras». ¿Cómo reaccionan los protagonistas al ambiente invadido?

47. Lencho de «Una carta a Dios», el papá de «Cajas de cartón» y el padre de Juanucho en «Un perro, un niño, la noche» son de la clase trabajadora. ¿Cómo es cada uno? Describe la relación que ellos tienen con sus familias.

48. El padre de Ildara y el de Ignacio tienen que criar a sus hijos sin la madre. ¿Qué dificultades tienen? Compara y contrasta cómo tratan a sus hijos. ¿Qué piensas de lo que sucede al final de cada cuento?

49. Narra y analiza los altibajos de la vida de Indalecio y su esposa en «El tiempo borra» y de Mariana y su esposo Antonio en «La conciencia» En tu opinión, ¿quién ha sufrido más y por qué?

50. Examina la relación entre Juan y Juana en «Al correr los años» y entre el narrador y su hermana Irene en «Casa tomada». ¿Qué aspectos de la convivencia se destacan? En tu opinión, ¿qué manifiestan los personajes sobre los valores de las épocas en que se escribieron los dos cuentos?

Ambiente

51. Cómo influencian las varias formas de «agua» en el desenlace de «La abuelita y el Puente de Oro», «La conciencia» y «Noche de fuga». Describe la categoría de agua en cada relato y contrasta los efectos producidos y los ambientes creados por las autoras.

52. La violencia inminente crea diferentes tonos narrativos. Puede ser implícita o explícita. Compara y contrasta el ambiente creado en «Casa tomada», «Continuidad de los parques» y «Las medias rojas».

53. Examina cómo la naturaleza afecta las vidas y acciones del narrador, en «Mi caballo mago», y de Belisa, en «Dos palabras». Señala distintos tonos a lo largo de cada cuento.

54. Explica la actitud de los personajes masculinos hacia el ambiente en «Cajas de cartón», «Las medias rojas», «La pared» y «No oyes ladrar los perros».

55. Señala sensaciones de angustia y aprensión de los/las protagonistas en «Las medias rojas», «Un día de estos» y «El Beso de la Patria». ¿Cómo se asemejan y se diferencian esas sensaciones en los relatos?

56. Examina el ambiente de odio y venganza desarrollado en «La pared», «Un día de estos» y «Leyenda».

57. ¿Cómo crean los autores el ambiente de misterio en «El tiempo borra», «El nieto» y «Noche de fuga»? Refiérete a momentos específicos de los cuentos.

58. Compara el ambiente desarrollado por los autores de «Una sortija para mi novia» y «El décimo». ¿Qué aspectos implícitos y explícitos notas a lo largo de las narraciones?

59. Describe y analiza los distintos efectos ambientales en los personajes de «Emma», «Casa tomada», «Noche de fuga», «Las medias rojas» y «Una carta a Dios» cuando los autores intercalan circunstancias inesperadas.

60. Analiza la relación familiar manifestada a través de los diálogos entre padre e hijo en «No oyes ladrar los perros» y padre e hija en «Preguntas» y «Las medias rojas». ¿Qué tonos ambientales resultan?

61. Un tema aludido en algunos relatos es el conflicto armado. Examina el ambiente que crea este conflicto en «El tiempo borra», «Un día de estos», «El general Rueda», «La pared» y «La abuelita y el Puente de Oro». Detalla su influencia en el ambiente de cada cuento.

62. La luna, en «No oyes ladrar los perros», y las estrellas, en «Mi caballo mago», «Las medias rojas» y «Leyenda», producen distintos efectos ambientales. Explica las circunstancias y los contextos narrativos.

63. La jerarquía de clases es un tema que produce conflictos e influencia en el ambiente narrativo. Interpreta las sensaciones producidas en «La camisa de Margarita», «El Beso de la Patria» y «El décimo». ¿Cómo afecta la voz y el tono en estos relatos? ¿Cómo terminan?

64. ¿Qué tono dan las apariencias y la realidad en «Un día de estos», «La camisa de Margarita», «Sala de espera», «Al correr los años» y «La abuelita y el Puente de Oro»?

65. Examina los detalles del ambiente creado en «Continuidad de los parques» y «Noche de fuga». ¿Qué lenguaje específico usa cada autor para desarrollar el miedo y el suspenso?

66. La tensión está palpable en algunos relatos. Describe los elementos de la tensión entre Ignacio y la narradora en «Preguntas» y entre Bernardino y los chicos del pueblo en «Bernardino». ¿Qué indica sobre el ambiente en que viven y se relacionan esos jóvenes?

67. Con respecto al tiempo y al espacio, ¿qué reacciones evoca el ambiente de «Apocalipsis», «La pared», «Leyenda» y «El tiempo borra» y «Dos palabras»?

68. Al incluir muchos elementos naturales, ¿qué ambiente crean los autores de «Un oso y un amor», «Dos palabras», «Mi caballo mago» y «El nacimiento de la col»?

69. Compara y contrasta los ambientes creados en «La mala racha» y «El tiempo borra». Interpreta el final de cada cuento.

70. Juanucho y Black en «Un perro, un niño, la noche» y Bernardino y «Chu» en «Bernardino» son compañeros cariñosos que comparten la dureza de sus vidas solitarias. ¿Cómo retratan los autores los dos diferentes ambientes de la naturaleza para el niño y el perro? ¿En qué momentos lloran los dos niños y qué sensaciones producen en ti?

71. Examina el primer párrafo de «Una carta a Dios», «Un perro, un niño, la noche» y «El tiempo borra». Léelos en voz alta y nota el lenguaje que emplean los autores para crear un ambiente llamativo e interesante. Compara y contrasta los detalles lingüísticos y comenta los efectos que provocan en nosotros, los lectores.

72. ¿Qué efectos narrativos producen las repeticiones en «Mi caballo mago», «La conciencia» y «No oyes ladrar los perros»? Contrasta los ambientes creados.

73. ¿Qué tono sicológico crean los autores en «No oyes ladrar los perros», «Las medias rojas», «La mala racha» y «La conciencia»? ¿Qué semejanzas y diferencias observas?

74. ¿Qué lenguaje usan los autores para desarrollar un ambiente agradable y unos diálogos positivos entre el señor Lema y Panchito en «Cajas de cartón», entre Míster Davis y Juanucho en «Un perro, un niño, el perro» y entre el Señorito y la muchacha en «El décimo». ¿Qué «cosa» concreta sirve como vínculo entre adulto y joven en cada relato?

75. Hay un refrán que dice: «Antes que te cases, mira lo que haces». ¿Estás de acuerdo? Relaciónalo con estos relatos: «La camisa de Margarita», «La conciencia» y «Al correr los años». ¿Con qué desafíos se enfrenta cada pareja?

Estilo y simbolismo

76. Compara y contrasta la personificación de la muerte en «Dos palabras» con la rosa en «El nacimiento de la col» y las máquinas en «Apocalipsis». ¿Qué estilo y tonos resultan?

77. ¿Qué palabras palpitantes utilizan los autores de «No oyes ladrar los perros», «La conciencia» y «La mala racha» para presentarnos a los lectores el peso de la presión paralítica para los personajes?

78. ¿Qué simbolizan estos coches para los protagonistas: La Carcanchita para el padre de Panchito en «Cajas de cartón» y el «Roadster» para José Miguel, el pretendiente en «Una sortija para mi novia»? ¿Qué «cosas» tienen representación simbólica para los personajes femeninos en los mismos relatos? ¿Qué circunstancias socioeconómicas notas?

79. ¿Qué lenguaje intercalan los autores de «Un día de estos», «El general Rueda», «Emma» y «Preguntas» para indicarnos la importancia de la política?

80. ¿Qué representan la cabaña del monte en «Continuidad de los parques», y la cantina y el bar en «Noche de fuga»? ¿Qué simbolismo tienen en común? ¿Qué diferencias se destacan? ¿Qué detalles emplean los autores para describir esas casas y lugares físicos?

81. Ulibarrí retrata la naturaleza en «Un oso y un amor» y en «Mi caballo mago». Compara y contrasta la flora y la fauna en los dos relatos y explica qué significan.

82. ¿Qué impacto simbólico tienen las fotos en «Al correr los años», «El general Rueda» y «El nieto»?

83. Compara y contrasta la importancia del crepúsculo en «Continuidad de los parques» y de la noche en «Casa tomada». ¿Cómo influencian en la acción narrativa? Interpreta cómo termina cada cuento.

84. En «Un día de estos», «No oyes ladrar los perros» y «Un perro, un niño, la noche», percibimos un ambiente tanto sicológico como físico. Explica las semejanzas y diferencias entre el ambiente de los cuentos. ¿Qué recursos estilísticos emplean los autores para crear el doble ambiente?

85. Analiza los elementos de voz y estructura en «Leyenda» y «El nacimiento de la col». ¿Qué efectos tienen?

86. El sol o el día es cómplice engañador en ciertos cuentos. ¿Qué papel desempeña en «La abuelita y el Puente de Oro», «Cajas de cartón» y «Bernardino»? ¿Qué efectos tiene en los tres cuentos?

87. ¿Qué simbolizan las acciones de los vecinos en «La pared», del hombre leyendo la novela en «Continuidad de los parques», de los compañeros de Jorge Maurí en «Noche de fuga», y de los *hombres* en «La conciencia»? ¿Qué consecuencias resultan?

88. ¿Qué simboliza la literatura para el narrador en «Casa tomada», para Belisa en «Dos palabras», para la narradora en «Emma», y para los personajes en «Mi caballo mago»?

89. Nuestras memorias pueden recordarnos de cosas importantes en nuestro pasado. ¿Qué infieres que simbolizan para Indalecio en «El tiempo borra», su ranchito, y para Mariana en «La conciencia», el castaño bajo la ventana de su casa?

90. ¿Qué simbolismo llevan las «cosas» nombradas en «La casa tomada», «La mala racha» y «Apocalipsis»? Distingue las categorías de cosas en los dos cuentos y describe los sentimientos evocados como resultado.

91. ¿Que estilo produce el diálogo entre la muchacha y Jorge Maurí en «Noche de fuga» (pág. 61), entre el dentista y su hijo en «Un día de estos» (pág. 146–7), entre Juan y Juana en «Al correr los años» (pág. 183) y entre Ildara y su padre en «Las medias rojas» (pág. 222)? Categoriza los tonos y describe cómo termina cada cuento. ¿En qué momento narrativo aparece el diálogo y qué efecto produce en cada cuento?

92. ¿Cómo figuran las armas en «Un día de estos», «La abuelita y el Puente de Oro», «Continuidad de los parques» y «El general Rueda»? ¿Qué simboliza cada arma para los personajes principales de los cuatro relatos?

93. Refiriéndote al vocabulario, comenta el uso autorial de términos regionalistas en «La pared», «Bernardino», «Preguntas» y «El nieto». Menciona ejemplos.

94. Varios autores comparan a sus protagonistas a diferentes animales. ¿Qué comparaciones se destacan en «Un perro, un niño, la noche» y «Dos palabras»?

95. Describe la vida de Ildara en «Las medias rojas», de la narradora en «Noche de fuga», de Mariana en «La conciencia» y de la madre en «Cajas de cartón». ¿Qué cambios narrativos crearían un final feliz para *estas* protagonistas?

96. El agua, como recurso narrativo, puede engañar o reconfortar a los/ las protagonistas. ¿Qué simboliza el mar cubano para la joven narradora en «El Beso de la Patria» y el río salvadoreño para la vieja abuelita en «La abuelita y el Puente de Oro»? ¿Qué efecto tiene el agua en cada cuento?

97. En «Noche de fuga» y «Las medias rojas» las autoras utilizan un barco como un recurso narrativo que simboliza un escape para los/las protagonistas. Sin embargo, ellos nunca llegan al puerto de embarque. ¿Por qué? Explica las razones emocionales y físicas.

98. ¿Qué desafíos representan la pared en «La pared», el río en «La abuelita y el Puente de Oro», las 11 de la noche en «Casa tomada», las medias rojas para Ildara en «Las medias rojas», y el camino a Tonaya en «No oyes ladrar los perros»?

99. Analiza el estilo narrativo y estilístico de «Un oso y un amor» y «Mi caballo mago» de Ulibarrí. Señala algunos ejemplos de lenguaje lírico, comparaciones bellas y frases repetidas.

100. Al leer «Mi caballo mago», «Dos palabras», «Continuidad de los parques» y «Las medias rojas», ¿qué sensaciones evocan en nosotros los cinco sentidos? Da ejemplos concretos de los textos narrativos.

Apéndice B
Términos literarios

For extra practice with these terms and key thematic vocabulary from the stories, click on the Flashcards link on the *Album* student website.

Sustantivos

alegoría *f.* allegory
alusión *f.* allusion
ambiente *m.* atmosphere; environment
análisis *m.* analysis
argumento *m.* plot; argument
autor/autora *m./f.* author
carácter *m.* personality, character
clímax *m.* climax
comedia *f.* comedy; play
comienzo *m.* beginning
componente *m.* component
contexto *m.* context
cuento *m.* story
desarrollo *m.* development
desenlace *m.* ending; outcome
dicho *m.* saying
drama *m.* drama; play
dramatización *f.* dramatization
efecto *m.* effect
elemento *m.* elemento
ensayo *m.* essay; rehearsal
escena *f.* scene
escenario *m.* stage; setting
escritor/escritora *m./f.* writer
estilo *m.* style
estrofa *f.* stanza
estructura *f.* structure
fábula *f.* fable
fantasía *f.* fantasy
fin *m.* end
final *m.* conclusion
fondo *m.* background
forma *f.* form
frase *f.* phrase; sentence
género *m.* genre; gender
héroe *m.* hero
heroína *f.* heroine
historia *f.* story; history
ilusión *f.* illusion
imagen *f.* image

ironía *f.* irony
lector/lectora *m./f.* reader
leyenda *f.* legend
literatura *f.* literature
metáfora *f.* metaphor
microcuento *m.* very short story
moraleja *f.* moral (of a story)
narración corta *f.* short narrative
narrador/narradora *m./f.* narrator
naturalismo *m.* naturalism
novela *f.* novel
obra *f.* work
oración *f.* sentence
palabra *f.* word
papel *m.* part; role
parodia *f.* parody
párrafo *m.* paragraph
personaje *m.* character
personificación *f.* personification
perspectiva *f.* perspective
poema *m.* poem
poesía *f.* poetry
poeta *m./f.* poet
protagonista *m./f.* protagonist
refrán *m.* proverb, saying
realidad *f.* reality
realismo *m.* realism
realismo mágico *m.* magical realism
relato *m.* story
rima *f.* rhyme
rol m. role
sátira *f.* satire
significancia *f.* significance
símbolo *m.* symbol
simbolismo *m.* symbolism
símil *m.* simile, comparison
soneto *m.* sonnet
surrealismo *m.* surrealism
teatro *m.* theater
tema *m.* theme, subject
título *m.* title
tomo *m.* volume

tono *m.* tone
tragedia *m.* tragedy
trama *f.* plot
tropo *m.* trope, figure of speech
verso *m.* line of poetry; verse
voz *f.* voice

Verbos

aludir to allude
analizar to analyze
arguer to argue
asemejar to resemble
caracterizar to characterize
comentar to comment on
contar to tell; to relate
delinear to delineate, to outline
descifrar to decipher, to decode
desempeñar el papel to perform the role; to play the part
diferenciar to differentiate
discutir to discuss; to argue
distinguir to distinguish
explicar to explain
hacer el papel to play the role
ilusionar to excite, to thrill
implicar to imply
inferir to infer
integrar to integrate, to incorporate
intercalary to include; to intersperse
interpreter to interpret
narrar to narrate
parecerse to be alike
relacionar to relate
relatar to relate, to tell
retratar to portray, to depict
señalar, to show; to point out
significar to mean
simbolizar to symbolize
tomar el papel to take the role
transmitir to transmit

Apéndice C
Expresiones Cinematográficas

For extra practice with these terms and key thematic vocabulary from the stories, click on the Flashcards link on the *Album* student website.

Sustantivos

actor *m.* actor
actriz *f.* actress
ambientación *f.* scenery, setting
ambiente *m.* atmosphere
ángulo de cámara *m.* camera angle
año *m.* year
argumento *m.* argument
banda sonora *f.* soundtrack
cámara *f.* camera
canción de la película *f.* theme song
cine *f.* cinema, theater
cineasta *m./f.* filmmaker
cinéfilo/cinéfila *m./f.* film buff
cinemateca *f.* film library
climax *m.* climax
comienzo *m.* beginning
corto(metraje) *m.* short
decorado *m.* scenery
desarrollo *m.* development
desenlace *m.* ending; outcome
director/directora *m./f.* director
doblaje *m.* dubbing
dramatización *f.* dramatization
duración *f.* length
efectos digitales *m.* digital effects
efectos especiales *m.* special effects
elenco *m.* cast
equipo cinematográfico *m.* film crew
escena *f.* scene, setting, stage
escena retrospectiva *f.* flashback
escenario *m.* scene
espectador/espectadora *m./f.* spectator
estrella *f.* star (male or female)

estreno *m.* opening, premiere
exteriores *m.* location shots
film(e) *m.* film
fin *m.* end
fotografía *f.* photograph
guión *m.* script
guionista *m./f.* script writer
imagen *f.* image
intérprete *m./f.* actor/actress, performer
ironía *f.* irony
largometraje *m* full-length film
luz *f.* light, lighting
maquillaje *m.* makeup
mensaje *m.* message
mezcla *f.* mixing
música *f.* music
país *m.* country
pantalla *f.* screen
papel *m.* role
película *f.* film, movie
película muda *f.* silent film
personaje *m.* character
plató *m.* set
premio *m.* prize
primer plano *m.* close up
producción *f.* production
productor/productora *m/f.* producer
proyección *f.* projection
reparto *m.* cast; casting
retrovisión *f.* flashback
rol *f.* role
sátira *f.* satire
segundo plano *m.* medium shot
sombra *f.* shade; shadow
sonido *m.* sound

subtítulo *m.* subtitle
tema *m.* theme
término *m.* term
títulos de crédito *m.* credits
toma *f.* shot
trama *f.* plot, story line
vestuario *m.* costume
voz en off *f.* voice over
voz locutora *f.* voice over

Verbos

acabar to finish
actuar to act
analizar to analyze
caracterizar to characterize
comparar to compare
contrastar to contrast
desarrollar to develop
desempeñar un papel to perform a role
dirigir to direct
estrenar to premiere, to release (a film)
filmar to film
hacer el papel to play the role
inferir to infer
interpretar to interpret
mirar to watch
narrar to narrate
producir to produce
representar to act, to represent
rodar to film
salir to come out
significar to mean
simbolizar to symbolize
terminar to finish

Apéndice D
Respuestas de Resumen

1. Una carta a Dios

1. está
2. necesita, es
3. conoce
4. trabajan
5. comienzan, mira
6. Llueve, daña
7. piensa, han, miran
8. Escribe, lleva, echa
9. trae, abre
10. reúnen
11. pone, firma
12. lee, enfada
13. escribe, pide, moja
14. cae, va
15. dice, son
16. indica, han, falta

2. La mala racha

1. perderé
2. escaparán
3. perderán
4. preguntaré, podrá, deseará
5. pensaré
6. pondré
7. andaré, encontraré
8. tendré

3. Emma

1. éramos
2. íbamos, vigilaba
3. usaba
4. decía, tenía
5. comentaba, traicionaban
6. respondía, éramos
7. gustaban, eran
8. quería, regañaba
9. sufrieron
10. se mudó
11. sabía, adivinaba
12. era

4. Sala de espera

1. robaron
2. mató, fue
3. charló
4. fingió
5. pudo
6. tomó, subieron
7. vino
8. limpió

5. El nacimiento de la col

1. crea
2. se acerca, dice
3. prosigue, tiene, es
4. desea
5. pasa, indica, quiere
6. sonríe, contesta, ve

6. El tiempo borra

1. movían
2. hacía
3. avanzaba
4. revivía
5. regresaba
6. reconoció
7. gritó
8. se arregló
9. lloró
10. iba
11. preguntó
12. salió

7. Cajas de cartón

1. sonreiría, terminaría
2. trabajarían, recogerían
3. gustaría, manejaría
4. sentiría
5. Tendríamos, sería
6. suspiraría, limpiaría
7. hablaría
8. quedaríamos, llenaríamos
9. barrería, comerían
10. dormirían
11. enseñaría, estaría
12. iríamos, haría
13. subiría, tendría
14. vendría, esconderíamos
15. Regresaríamos, bañaríamos, dolería
16. Comeríamos
17. asistiría
18. saludaría, presentaría
19. pediría, podría
20. enojaría, llevaría, leería
21. diría
22. iría
23. estarían
24. vería, estaría

8. Leyenda

1. han encontrado, han caminado
2. han reconocido
3. han sentado, han hecho, han comido
4. ha asomado
5. ha advertido
6. ha pedido
7. ha recordado, ha tenido
8. ha dicho

9. Un oso y un amor

1. Sería
2. subiría
3. Cortaría
4. Haría
5. Dormirían
6. contemplaría
7. llegarían
8. Gozaríamos
9. comeríamos
10. montaría
11. diría
12. asustaría, vendría
13. mataría
14. pondría, interrumpiríamos
15. diría, haría
16. estaría, dependería
17. sentiría
18. abrazaría
19. daría
20. Pasarían, separaría

10. Noche de fuga

1. estaba celebrando
2. estaban bebiendo
3. estaba hablando, estaba sonando
4. estaba fumando, estaba pensando
5. estaba tambaleándose
   (se estaba tambaleando)
6. estaba conduciendo, estaba esperando
7. estaba meditando
8. estaba andando
9. estaba mordiéndose (se estaba
   mordiendo), estaba avanzando
10. estaba moviéndose (se estaba
    moviendo)

11. La camisa de Margarita

1. se conocen, se enamoran
2. pide, dé
3. gusta, despide
4. se pone, se arranca
5. se alarma, esté, se muera
6. examinen
7. se reúna, discutan
8. renuncia
9. van, jura, vaya
10. lleva

12. Apocalipsis

1. ocurrirá
2. alcanzarán, tendrán
3. necesitarán
4. apretarán, harán
5. irán, quedarán
6. empezarán, irán
7. multiplicarán
8. serán
9. olvidará
10. seguirán

13. El décimo

1. contó
2. vendió
3. dio, respondió
4. dijo, llevaba
5. metió
6. aseguró, sacaba, iba
7. pidió
8. salió
9. había sacado, era
10. pudo
11. vino, tuvo, había perdido
12. contestó, habían nacido
13. halló, había conocido
14. casó, vivieron

14. Preguntas

1. anuncia, van
2. Hacen, pone
3. Hay
4. tratan, es
5. dice, tienen
6. pregunta
7. presentan
8. lloran
9. está, cuestiona
10. cuenta

15. Una sortija para mi novia

1. muestre
2. pruébese, dígame
3. guste, grabemos
4. regrese
5. Vuelva

6. agrade
7. lleve
8. Tenga, oiga
9. se burle, me bese
10. hable

16. El general Rueda

1. diera
2. quebraran, buscaran, fuera
3. empujaran
4. se acercaran

5. tocaran
6. hicieran, quisieran
7. se quejara
8. fusilaran

17. El nieto

1. estaba
2. trabajaba
3. observaba
4. brillaba
5. se acercó
6. necesitaba
7. ofreció
8. era

9. Había
10. tomó, estudió
11. dijo, era
12. se encontró
13. venía
14. quería
15. se acordaron
16. aceptó

18. El Beso de la Patria

1. tenía
2. estaba, se peleaban
3. pasábamos
4. era
5. jugábamos, hablábamos
6. soñaba
7. instalaban
8. nos divertíamos

9. íbamos
10. tenía, gustaban
11. leía, estudiaba, estaba
12. daban
13. tenía
14. eran
15. iban
16. estaba, sufría, llevaba

19. Mi caballo mago

1. será
2. Poblará, llenará
3. contarán, admirarán
4. pasará, tomará
5. podrán
6. verá, palpitará
7. cambiará, soñará
8. Pasará, entrará
9. desaparecerá, verán

10. cansarán, seguirá, hablará
11. inspeccionará
12. abrirá, capturará
13. dominará, alegrará
14. llegarán, entenderán
15. encerrará
16. escapará
17. celebrará
18. será

20. Un día de estos

1. abre, Lleva
2. Es
3. está
4. sienta, empieza
5. Sigue
6. hace, Está
7. llama
8. amenaza, quiere
9. está, tiene
10. decide, deja
11. está, siente, saca
12. seca, pone, despide

21. Continuidad de los parques

1. leyendo
2. regresando
3. sentándose
4. Sabiendo
5. siguiendo, escondiéndose
6. subiendo, llevando, disfrutando

22. La conciencia

1. llevaba
2. creía, era
3. llegó, se acercaba
4. daban
5. pidió, podía
6. encontró, acababa
7. dijo
8. se limitó
9. sonrió
10. se quedaba, corrió
11. parecía
12. iba
13. era, tenía
14. llevaba, quería
15. creía, sabía, parecía
16. ignoró, comía, dormía
17. demandó, se puso
18. tenía
19. vio, estaba
20. había

23. No oyes ladrar los perros

1. cargaba
2. era, se cansaba
3. siguió
4. podía
5. iba, veía
6. preguntaba, se sentía
7. estaba, se impacientaba
8. tenía
9. quería, daba
10. se acordaba, nació, regañó, maldijo, llevaba
11. se quedó
12. oyó, ladraban

24. Al correr los años

1. son, casan
2. caracteriza
3. Corren, tienen
4. tiene
5. anda
6. cree, está
7. sorprende, guarda
8. quita, inspecciona
9. descubre, es
10. toma
11. da
12. echa
13. besa
14. Vuelven

25. La abuelita y el Puente de Oro

1. ha tenido
2. ha vivido, ha comenzado
3. ha pensado, han permanecido
4. ha preparado, ha cobrado, ha ganado
5. han matado, han volado
6. han encontrado, ha guardado, han poseído
7. han sospechado
8. ha ido, ha comprado, ha vuelto
9. han preguntado, ha pretendido
10. ha conseguido, ha convencido, ha regentado
11. ha aparecido
12. ha contado
13. se ha quejado, ha tenido
14. ha cantado
15. ha preguntado
16. ha contestado

26. Bernardino

1. me llamo, quiero
2. vivo, está
3. tengo
4. parecen
5. se visten
6. voy, paseo
7. es, adoran
8. dicen, soy
9. deciden
10. puedo, se ofrecen
11. llevan, va
12. veo
13. empieza
14. Hay, tengo
15. pregunto, quieren, piden
16. tengo, doy
17. se quedan
18. golpean
19. muestro
20. desato, salimos, abrazo

27. Casa tomada

1. gustaba, guardaba
2. persistimos, necesitábamos
3. había
4. iba, tejía
5. Había, venía
6. Cerré, apoyé
7. dije, habían tomado
8. habíamos dejado, queríamos
9. simplificó, quedaba
10. puse
11. sentí, fui
12. oí, llamó
13. Apreté, hice
14. Cerré, quedamos, habían tomado
15. tuvimos, estábamos
16. Salimos, cerré, tiré

28. Las medias rojas

1. trabaje
2. recoja
3. esté
4. lleve
5. haya vendido
6. deje
7. examine
8. embarquen

29. Un perro, un niño, la noche

1. regresaba, hubiera terminado
2. Era, recibiera
3. asustó, siguiera
4. pidió, cuidaran, estuviera
5. dijo, tratarían, sufriera
6. Estaba, tuviera
7. quería, dejara
8. tenía, impresionó, fuera
9. Era, hicieran
10. Era, regresaría
11. dijo, comprara
12. explicó, volviera, iría
13. pusieron, separaron
14. Era, llorara
15. Era, ladrara
16. fue, regalara

30. La pared

1. eran
2. habían empezado
3. estaban
4. motivaba
5. había durado, quedaban, tenía
6. vigilaban
7. habían construido
8. hubo
9. se quemaba
10. entraron, salvaron
11. estaba, lloraba
12. dieron

31. Dos palabras

1. vende
2. instala
3. monta, atiende
4. conocen, hacen
5. Tiene, son
6. ofrece, transmite
7. regala
8. recibe
9. vive
10. nace, llueve, hay
11. pasa
12. mueren, tiene
13. va, escapa
14. Descubre, encuentra, puede, es
15. pregunta, lava
16. dice, hay, son
17. aprende, decide
18. conoce
19. regresan, entran
20. huyen
21. colocan, matan
22. dice, quiere, necesita
23. acepta, vende
24. trabaja, escribe
25. lee, memoriza
26. regala
27. vuelve, está
28. repite, piensa
29. decide, queda
30. miran, toma

Vocabulario

This vocabulary provides English equivalents of Spanish words and phrases as they occur within the context of the stories and activities. The listing contains all the words that appear in the text except most common determiners, proper names, and most exact cognates. Irregular noun and adjective plurals are listed as well as selected irregular verb forms. The following abbreviations are also used.

adj. adjective
adv. adverb
aux. auxiliary
com. command
conj. conjunction
dem. demonstrative
dim. diminutive
dir. obj. direct object
f. feminine
fam. familiar
for. formal
ger. gerund

imp. imperfect
ind. obj. indirect object
inf. infinitive
interj. interjection
interrog. interrogative
m. masculine
n. noun
neg. negative
obj. object
p.p. past participle
pl. plural
poss. possessive

prep. preposition
prep. pron. prepositional pronoun
pres. p. present participle
pret. preterite
pron. pronoun
refl. reflexive
rel. relative
s. singular
subj. subjunctive
v. verb

A

a to, at, by
abade *m.* abbot
abajo down; underneath
  acá abajo here below
  boca abajo facedown
  calle abajo down the street
  cuesta abajo downhill
  de arriba abajo up and down
abandonado abandoned
abandonar to abandon, to desert
abandono *m.* abandonment
abanico *m.* fan
abeja *f.* bee
abierto (*p.p.* **abrir**) opened
abierto (*adj.*) open
ablandar to soften
abolladura *f.* dent
abollar to dent
abominablemente abominably
aborchonado embarrassed
abotonarse to button
abra *f.* valley
abrazar to hug, to embrace
abrazo *m.* embrace

abreviar to reduce, to shorten
abrigar to shelter
abrigo *m.* coat; shelter
abrir to open; to spread
abrochar to button
absceso *m.* abscess
absolutamente absolutely
absoluto absolute
  no… en absoluto not at all
abstracción *f.* concentration; abstraction
abuela *f.* grandmother
  abuelita (dear) grandmother
abuelo *m.* grandfather
  abuelito (dear) grandfather
  abuelos *pl.* grandparents
abuso *m.* abuse
acabar to finish, come to an end
  acabar de (+ *inf.*) to finish (+ *-ing*); to have just (done something), e.g., **acaba de salir** he has just left
  acabar por (+ *inf.*) to end up by (+ *-ing*)
acariciar to caress; to cherish

acarrear to carry
acaso maybe, perhaps
acceso *m.* access; attack; fit
  acceso de desesperación outburst
acción *f.* action; share of stock
acechar to watch, to spy on
acecho *m.* lying in wait
aceptar to accept
acequia *f.* irrigation ditch
acera *f.* sidewalk, side of the street
acerca about, regarding
acercarse to draw near, to approach
  acerqué (*pret.* **acercar**) I brought near
  me acerqué (*pret.* **acercarse**) I approached
acertar (ie) to focus; to get it right
acezante in an anxious way
achatado flattened
achatar to flatten
achiote *m.* annato dye

ácido *m.* acid
acierto good choice
aclarar to break (*day*); to clear
acomodado placed
acomodarse to accommodate, to adjust
acompañado accompanied
acompañar to accompany, to escort
aconsejar to advise
acontecimiento *m.* event; happening
acordarse (ue) de to remember
acorralado cornered
acortar to shorten
acosar to assault
acoso *m.* harassment
  acoso escolar *m.* bullying
acostar (ue) to put to bed
  acostarse (ue) to go to bed
acostumbrado accustomed
acostumbrarse to be accustomed
acre acrid
acreditado distinguished
actitud *f.* attitude
  en actitud de mendigar in the posture of begging
actividad *f.* activity
acto *m.* ceremony; act
actor *m.* actor
actriz *f.* actress
actual present, present day
actuar to act
acudir to attend
acuerdo *m.* accord; agreement
  estar de acuerdo con to be in agreement with
acunar to cradle
acusar to accuse
adecuado fitting, suitable
adelantar to advance; to pass
adelante ahead; forward
  ¡adelante! (*interj.*) go ahead! come in!
  de aquí en adelante from now on
  más adelante further on; later
adelgazar to thin out; to lose weight

ademán *m.* gesture
además besides
  además de in addition to
adentro inside
  pasar para adentro to come in, to enter
  Pase para adentro. Come in.
adiós good-bye
  adiosito (*dim.* **adiós**) bye-bye
adivinador prophetic; psychic; mind reader
adivinar to guess
adivino *m.* fortune teller; guesser
adjetivo *m.* adjective
admirablemente admirably
admiración *f.* admiration; wonder
adorable adorable
adorar to adore
adornado adorned, decorated
adquirir (ie) to acquire; to purchase, to buy
adrede on purpose
adredemente *adv.* knowingly
advenimiento *m.* arrival
advertir (ie,i) to warn; to notice
  advertirse to become aware
  advirtió (*pret.* **advertir**) noticed; notified; warned
aeropuerto *m.* airport
afanarse to work, to busy oneself
afectar to affect; to hurt
afectivo emotional
afecto *m.* affection, fondness; emotion
afeitarse to shave
aferrarse to seize
afiebrado feverish
afirmar to affirm; to brace
afirmativamente affirmatively
afligir to cause pain, to afflict
  afligirse to worry; to grieve
aflorar to fill; to emerge
africano African
afuera outside
afueras *f. pl.* suburbs, outskirts
agachar to lower; to bend down
agarrar to grasp, to hold on; to overpower

agarrotado caught, bound
agarrotar to bind
agazapar to catch; to crouch; to hide
agencia *f.* agency
agitado shaken
agitar to agitate, to excite; to strum
agotado exhausted
agotar to exhaust
agradar to please; to be agreeable (to)
agradecer to thank
agradecido thankful, grateful; appreciatively
agradecimiento *m.* gratitude, thankfulness
agrandarse to expand
agredir to attack
agregar to add
agrícolo agricultural
agridulce bittersweet
agrupado grouped
agua *f.* water
aguacero *m.* heavy shower, downpour
aguaitar to wait; to look at
aguamanil *m.* washbasin
aguantar to tolerate, to bear; to hold up
  aguantando holding
aguar *v.* to water
aguardar to wait for
aguardiente *m.* brandy
agudo sharp, pointed; acute
aguijonear to sting
aguja *f.* needle; knitting needle
agujereado full of holes
agujero *m.* hole
ahí there, over there
  ahí mismo right there
ahijadero *m.* lambing
ahijado *m.* godson
ahogado drowned; muffled
ahora now; presently
  ahora mismo right now
  ahora sí certainly now
  por ahora for the present
ahorros *m.* savings

ahumado smoky
ahuyentar to drive away
aire *m.* air; demeanor
aislar to isolate
  aislarse to seclude oneself, to isolate oneself
aislamiento *m.* isolation
ajar to fade, to wilt
ajedrez *m.* chess
ajeno foreign; another's
  ajeno de (*adj.*) unaware of
ajetreo *m.* bustle, agitation
ajuar *m.* trousseau
ajustado tight-fitting
ajustar to adjust
al (+ *inf.*) upon (+ -*ing*)
ala *f.* wing
alabar to praise
alambrada *f.* wire fencing
alambrado *m.* wire fence
alambre *m.* wire
alameda *f.* tree-lined path
álamo *m.* poplar
alargar to extend, to hand something to another
alarido *m.* shout
alarmar to alarm
  alarmarse to become alarmed
alba *f.* dawn
albañil *m.* mason
albeante white
alborotado agitated
alborotar to agitate
alborozado with merriment
álbum *m.* album
alcalde *m.* mayor
alcance *m.* reach
  al alcance *m.* within reach
alcanfor *m.* camphor
alcantarilla *f.* sewer
alcanzar to reach; to attain
alcé (*pret.* **alzar**) I raised
alcoba *f.* bedroom
aldea *f.* village
  faenas aldeanas *f.* village chores
aldeano *m.* villager
alegrarse to be glad, to rejoice; to make oneself happy

alegre happy
alegría *f.* gaiety, joy
alejar(se) to move aside, to move away; to leave, to go away
alelado confused, stupid
alemán *m.* German
alfabetización *f.* literacy
alfiler *m.* pin
alfombra *f.* carpet
  alfombrado carpeted
alforja *f.* saddlebag
algo *m.* something, some
algo (*adv.*) somewhat
algodón *m.* cotton
  algodón de azúcar cotton candy
alguien someone, somebody
algún (*adj. & pron.*) some, any
  alguna vez now and then; sometimes
  algunas horas a few hours
alguno some, any; someone
alienación *f.* alienation
aliento *m.* breath; sound
alimentar to feed
alimento *m.* nourishment, food
  dar alimento to nourish, to feed
alisar to smooth, to stroke, to pet
aliviar to alleviate
alivio *m.* relief
allá there
  allá arriba on top, above
  más allá beyond
allanar to level; to overcome
allí there
alma *f.* soul, heart, spirit
  amigas del alma *f.* best friends
  partir el alma to break one's heart
almorzar (**ue**) to have lunch
almuerzo *m.* lunch
alojamiento *m.* lodging
alpargata *f.* hemp sandal
alquería *f.* farm
alquilar to rent
alquiler *m.* rent

alrededor *m.* environs
  a su alrededor all around (himself or herself)
  alrededor de around, surrounding
altibajos *m. pl.* ups and downs; vicissitudes
altillo *m.* attic
altivo proud, arrogant
alto high, tall; top; loud
  a las altas horas very late
  en alto in the air; up high
  en lo alto at the top
  en voz alta aloud
altura *f.* height; attitude
  a estas alturas now; at this juncture
alucinante hallucinating
alumbrar to light up
alumno *m.* student
alusión *f.* allusion; reference
alzado constructed
alzar to lift up, to raise; to construct
  alzarse to rise
amable amiable, kind; lovable; gracious; affable
amado loved
amanecer *m.* dawn, daybreak
amanecer *v.* to dawn
amante *m. & f.* lover, sweetheart
amanar to secure, to fix
amar to love
amargo bitter
amarillento yellowish
amarillo yellow
  amarillo canario canary yellow
amarrar to tie; to moor
ambiente *m.* environment, atmosphere
ambientación *f.* scenery
ámbito *m.* atmosphere
amilanarse to become terrified
ambos both
amedrentado frightened
amenaza *f.* threat
amenazar to menace, to threaten
amenguar to diminish
americano American

ametralladora *f.* machine gun
amiga/s *f.* friend/s
amigo *m.* friend
  amigas del alma *f. pl.* best friends
  amigo de correrías cohort in escapades
  amiguito *m.* (*dim.* **amigo**) dear friend, good friend
amilanarse to become cowed, to be intimidated
aminorar to lessen
  aminorar la marcha to slow down
amistad *f.* friendship
amito *m.* (*dim.* **amo**) little master; beloved master
amo *m.* owner; master
amohinarse to become annoyed
amor *m.* love
  amor propio self-esteem
  amor no correspondido unrequited love
amparar to shelter, to protect
amplio broad
análisis *m.* analysis
analizar to analyze
anca *f.* rump; croup
ancho wide
anciana *f.* elderly woman
anciano *m.* elderly man
ancianos the elderly
anda (*fam. com.* **andar**) come on
anda *f.* stretcher; litter
andamio *m.* scaffolding
andanza *f.* occurrence, event
andar to walk; to run; to function; to act
andariego wandering; swift
  de pies muy andariegos very fond of walking
andén *m.* railway; platform
andrajoso ragged
anestesia *f.* anesthesia
angustia *f.* anxiety
angustiado distressed
angustioso painful, anguished
anhelante anxious

anillo *m.* ring
  me viene como anillo al dedo it fits me like a glove
animado animated, lively
animal *m.* animal
animalito *m.* (*dim.* **animal**) dear animal
  junta de protección a animalitos society for the protection of animals
ánimo *m.* courage
  dar ánimos to encourage
  darse ánimo to be encouraged
animar to encourage
aniquilar to destroy
anoche last night
anochecer *m.* nightfall, dusk
anochecer(se) to grow dark
ansia *f.* longing
ansiedad *f.* anxiety
ansiosamente anxiously
ansioso anxious, worried
ante before, in front of; in the presence of
anterior former; previous
  día anterior *m.* day before
anteriormente formerly; previously
antes before; sooner; earlier
  antes bien on the contrary
  antes de before, in front of
  antes de que before
  antes que rather than; before
anticipado anticipated
  por anticipado in advance
anticipar to anticipate
antigüedad *f.* antique
antiguo former; old
antorcha *f.* torch
anunciar to announce
anuncio *m.* announcement
añadir to add
año *m.* year
  tener... años to be . . . years old
añorado longed-for, beloved
añoranza *f.* longing
añorar to long for, to miss
ansiedad *f.* anxiety; impatience
apacible peaceful, placid

apagado faded; turned off
apagar to extinguish, to put out; to turn off; to die out; to soften colors
apalear to beat, to whip
aparato *m.* machine
aparcería *f.* partnership
aparcero *m.* sharecropper
aparecer to appear; to show up
aparentar to appear, to seem
aparición *f.* apparition; appearance
apariencia *f.* appearance; aspect; sign, indication
apartar to separate
aparte aside; separately; apart
  aparte de besides
apasionado passionate
apear to put down; to help dismount
  apearse to get off
apenar to hurt
apenas barely
  apenas murmurado barely whispering
apéndice *m.* appendix
apersogar to tie (an animal)
apesadumbrado anxious, mournful
apesadumbrar to be anxious; to grieve
apetecible attractive
apilado piled up
apiñarse to crowd
apisonar to trample
aplastar to crush
aplaudir to applaud
aplicar to apply
apocado timid
apoderado *m.* attorney
apoderar to take charge
  apoderarse to seize
apogeo *m.* height
aporrear to beat
aportar to contribute
apoyado supported
apoyar to lean
  apoyarse to support oneself
aprender to learn

apresurar to hasten, to hurry
  apresurarse to hurry
apretado tight; compact; thick
apretar (ie) to tighten; to squeeze;
  to press; to clench
  apretar el paso to quicken one's pace
aprisa swiftly
aprisionar to imprison; to fasten, to hold
aprobar (ue) to approve
apropiado appropriate
aprovecharse to make use (of)
aproximadamente approximately
aproximarse to move near, to approach
apuntar to write down; to aim; to point
apurado in a hurry
apurarse to worry; to hurry
  no te apures (*fam. neg. com.* **apurarse**) don't worry
aquel (*dem. adj.*) that
aquél (*dem. pron.*) that (one)
aquello that
aquí here
  de aquí en adelante from now on
  de por aquí in the vicinity, around here
  por aquí this way; through here, here, around here
araña *f.* spider
  huevos de araña spider eggs
árbol *m.* tree
arbusto *m.* bush
arcano mysterious
arder to burn
ardiente burning hot
arena *f.* sand
  arenas movedizas *f.* quicksand
arenga *f.* political speech
arenoso sandy
argamasa *f.* mortar
argumento *m.* plot; argument
aristocrático aristocratic
arma *f.* weapon, firearm

armar to rig up, to assemble, to put together; to cause
  armar una to make a row, to cause an altercation
armario *m.* wardrobe
armazón *f.* framework
armonía *f.* harmony
aroma *m.* aroma
arquitecto *m.* architect
arrancar to uproot; to pull out; to start
arrastrar to drag along
arrebato *m.* fit, rage
arreglar to adjust; to arrange; to settle; fix; to put in order
  arreglarse to adjust; to settle; to arrange; to conform
arrellanado comfortable
arremolinar to whirl
  arremolinarse to mill around
arrepentido sorry, penitent
arrepentimiento *m.* repentance, regret
arriba up, upward; above, upstairs
  allá arriba on top, above
  de arriba abajo up and down
  escalera arriba upstairs
arribar to arrive
  arribó (*pret.* **arribar**) arrived
arriendo rent
  en arriendo rented
arrimarse to lean against or upon; to approach, to draw near
arrodillarse to kneel down
arrogante arrogant; spirited
arrojar to throw
  arrojarse to throw oneself
arrollar to wind
arroyo *m.* stream; river bed
arroz *m.* rice
arrugado wrinkled
arrugar to wrinkle
arruinar to destroy
arte *m.* art (*pl.* **las artes** *f.* the arts)
artículo *m.* article
asa *f.* handle
asado roasted
asalto *m.* assault, attack

asegurar to assure; to secure
asemejarse to resemble
asentado set, planted
asentir (ie, i) to agree
asesinar to murder, to assassinate
asesinato *m.* murder, assassination
así so, thus; like this
  así es that is how
  Así mismo. Exactly.
asiento *m.* seat
asignar to assign
asignatura *f.* work
asistir to attend
asomar to show, to appear
asombrado astonished, amazed
asombro *m.* astonishment; fright; surprise
aspecto *m.* aspect
áspero harsh, rough; bitter
aspiradora *f.* vacuum cleaner
aspirar to inhale, to breathe in; to aspire
asterisco *m.* asterisk
astro *m.* star
astucia *f.* cunning, craftiness
astuto astute, sly
asumir to adopt, to take on
asustado frightened, scared
asustar to frighten, to scare
  asustarse to become frightened; to startle
atado *m.* bundle
atado tied
atar to tie, to fasten, to bind
  ató su lengua she/he prevented herself/himself from speaking
atardecer *m.* late afternoon, early evening
atardecer to draw toward evening
atemorizar to frighten
atención *f.* attention
  llamar la atención to attract attention
  prestar atención to pay attention
atender (ie) to pay attention; to attend (to), to take care (of)
atendido attended to

aterrar (ie) to pull down; to destroy

atinar to manage; to hit upon; to find out

atónito astounded, aghast, astonished, surprised

atractivo attractive

atraer to attract

atrapar to trap

atrás back: backward; behind
  de atrás back
  echar para atrás to throw back
  mucho tiempo atrás a long time ago
  volverse atrás to go back

atravesar (ie) to cross, to go across

atreverse to dare, to risk

atrevido daring

atrevimiento *m.* daring

atribuir to assign; to attribute

atributo *m.* characteristic

atropellando knocking down

atroz cruel, atrocious

aturdido stunned

atusar to smooth down

audacia *f.* daring

auditivo relating to the sense of hearing

aullar to howl

aullido *m.* howl, cry

aumentar to increase

aun even
  aun cuando although, even if, even though

aún still, yet, already

aunque though, although

ausencia *f.* absence

ausente absent

auténtico authentic

automóvil *m.* automobile

autor *m.* author

autora *f.* author

autorial of the author

autoridad *f.* authority

avanzar to advance

ave *f.* fowl, bird

avenida *f.* avenue

aventajar to be ahead

aventura *f.* adventure

aventurilla *f.* (*dim.* **aventura**) little adventure

averiguarlo to check it

ávidamente eagerly

ayer yesterday

ayuda *f.* help

ayudante *m. & f.* adjutant, assistant

ayudar to help

azar *m.* chance; fate; destiny
  juego de azar game of chance

azotar to whip, to beat

azotea *f.* flat roof

azúcar *m. & f.* sugar
  algodón de azúcar cotton candy
  roscas de azúcar sugar donuts

azul blue
  azul mojado intense blue
  azul pavo peacock blue
  azul prusia Prussian blue

azuloso bluish color

B

babosa *f.* foolish person (female)

baboso *m.* foolish person (male)

baile *m.* dance

bajar to lower; to take down; to go down
  bajarse to bend down; to get off; to get down

bajo (*adj.*) low; short

bajo (*adv.*) low, softly

bajo (*prep.*) under, beneath

bajón *m.* decline

bala *f.* bullet

balancear to balance
  balancearse to swing; to roll, to rock

balanceo *m.* balancing; rocking

balazo *m.* gunshot

balbucear to stammer

balido *m.* bleat

banda *f.* band; border, edge; bank, shore
  banda sonora *f.* soundtrack

bandada *f.* flock

bandeja *f.* tray

bandera *f.* flag

bando *m.* faction, side

bañadito (*dim.* **bañado**) (nicely) bathed

bañado *m.* swampy area; marshland

bañar(se) to bathe

baño *m.* bath; bathroom

barba *f.* beard; chin

bárbaro savage, barbaric

barbotar to sputter

barbullar to blabber, to chatter

barco *m.* boat

barda *f.* wall

barra *f.* arm of a chair; bar; loaf

barrer to sweep

barrera *f.* barrier; obstacle
  barrera generacional generation gap

barretero *m.* miner, drill runner

barriga *f.* belly

barrio *m.* quarter; neighborhood, district

base *f.* base

bastante (*adj.*) enough

bastante (*adv.*) enough; fairly

bastar to be enough; to suffice
  bastarle con to be sufficient for someone
  basta de enough of

bastón *m.* cane

basura *f.* trash

batir(se) to beat, to batter; to bear down

bautismo *m.* baptism

bautizar to baptize

bayoneta *f.* bayonet

belleza *f.* beauty
  belleza encendida fiery beauty

bello beautiful, fair

bellota *f.* acorn

bendito blessed; cursed

beneficio *m.* benefit, profit

berza *f.* cabbage

besar to kiss

beso *m.* kiss

bestia *f.* beast

Biblia *f.* Bible

biblioteca *f.* library

bicho *m.* bug; animal
  mal bicho mischievous creature
bien well; readily; very; indeed
  hombría de bien honor; honesty
  más bien rather
  venirle a uno bien to be
    becoming; to fit well
bifurcar to divide, to branch, to
    fork
bigote *m.* moustache
billete *m.* ticket; bill
bilingüismo *m.* bilingualism
bisabuelos *m. pl.* great-
    grandparents
blanco white
bloque *m.* block
blusa *f.* blouse
bobo silly
boca *f.* mouth
  boca abajo facedown
bocanada *f.* huge puff
boda *f.* wedding
bodega *f.* grocery store; wine
    vault; cellar, storeroom
bola *f.* battlefield; ball
boleto *m.* ticket
bolígrafo *m.* ballpoint pen
bolsillo *m.* pocket
bolso *m.* bag
bombilla *f.* lightbulb
bombillo *m.* electric-light globe;
    lightbulb
bombo *m.* lottery drum
bombón *m.* candy
bondad *f.* kindness
bondadoso kind, generous
bonito pretty
boquiabierto openmouthed
borde *m.* edge, border; side
  hasta los bordes to the brim
bordear to skirt, to border
borrar to erase, to rub out; to
    cross out, to obscure
borroso blurry
bosque *m.* forest woodland
bostezo *m.* yawn
bota *f.* boot
botella *f.* bottle
botica *f.* pharmacy

botín *m.* loot, booty
botón *m.* button
bracero *m.* day laborer
brasa *f.* live coal, red-hot coal
brasero *m.* brazier
bravo *m.* brave; fierce; mad
brazo *m.* arm
breve brief, short
  brevemente briefly
brillante *m.* diamond
brillante (*adj.*) bright, shining
  verde brillante bright green
brillar to shine
brillo *m.* brightness, brilliance
  cobrar brillo to shine
brincar to jump
brioso spirited
brisa *f.* breeze
broma *f.* joke, jest, fun
  en broma in jest
brotar to sprout up; to gush; to
    come forth
bruja *f.* witch
brujo *m.* sorcerer
bruma *f.* mist
brusco brusque, blunt
brutal brutal
brutísimo extremely coarse,
    brutish
bucear to dive
buche *m.* mouthful
  haga buches gargle
bucle *m.* ringlet
buen good (*before masculine
    singular nouns*)
bueno good; kind; well
Burdeos Bordeaux
burlar to mock; to deceive
  burlarse de to make fun of
bullicio *m.* bustle
bulto *m.* shape
burro *m.* donkey
busca *f.* search
  en busca de in search of
buscar to look for; to search
  buscó a tientas he groped for
  busquen (*for. com.* **buscar**)
    search, look for
buzón *m.* letter box

C

caballeriza *f.* stable
caballero *m.* gentleman, sir
caballete *m.* roof ridge
caballito *m.* (*dim.* **caballo**) little
    horse
caballitos *m. pl.* merry-go-round
caballo *m.* horse
  montar a caballo to ride
    horseback
cabaña *f.* cabin
cabecita *f.* (*dim.* **cabeza**) little
    head
cabello *m.* hair
caber to fit
  no cabe duda there is no doubt
cabestro *m.* rope
cabeza *f.* head
cabezal *m.* headrest
cabida *f.* space
cabizbajo head down;
    melancholy
cabo *m.* end, tip
  al cabo finally, after all
  llevar a cabo to carry out,
    to accomplish
cacarear to cackle, to crow
cacerola *f.* container; pot
cachete *m.* punch
cacho *m.* small amount, bit
cachorro *m.* cub; puppy
cada each, every
  cada vez each time
  cada vez más more and more
cadena *f.* chain; leash
  maciza cadena heavy leash
cadera *f.* hip
caer to fall
  a mí me caía bien I liked him
  caer bien to like
  dejar caer to drop
  se me caen las cosas things
    fall out
café *m.* café; coffee
caído (*p.p.* **caer**) fallen
caja *f.* box
cajita *f.* (*dim.* **caja**) small box
cajón *m.* crate, box
calabozo *m.* prison

calcular to calculate
calentar (ie) to warm, to heat
cálido warm
caliente hot
calificar to describe
calladamente silently
callado silent, mysterious
callar to be quiet
calle *f.* street
  calle abajo down the street
callejuela *f.* side street, back street
calma *f.* calm, calmness
calmar to calm, to soothe; to abate
  calmarse to calm down
calor *m.* heat; warmth
  hacer calor to be hot, to be warm (*weather*)
  tener calor to be hot, to be warm (*people*)
caluroso warm
cama *f.* bed
camanchaca *f.* dense fog
cámara *f.* camera
cambiar to change; to exchange
  cambiarse de barrio to move away
cambio *m.* change, alteration
  en cambio on the other hand
caminante *m.* walker
caminar to walk; to go; to travel, to journey
caminillo *m.* (*dim.* **camino**) path
camino *m.* road, way; journey
  a medio camino halfway
  de camino on the road
camión *m.* truck; bus
camisa *f.* shirt; slip; gown
campamento, *m.* camp; mining camp
campana *f.* bell
campanario *m.* belltower
campanazo *m.* strike (of a bell)
campeón *m.* champion
campesino *m.* peasant, farmer
campito *m.* (*dim.* **campo**) dear land; little field
campo *m.* field, countryside; camp; land

cana *f.* gray hair
canario *m.* canary
  amarillo canario canary yellow
canasta *f.* basket
canastilla *f.* (*dim.* **canasta**) little basket
cancel *m. & f.* screen
  cancel de tela curtain
  puerta cancel screen door
canción *f.* song
  canción de cuna *f.* lullaby
  canción de la película *f.* theme song
  temblando una canción singing a song
candente hot
cansado tired, weary, exhausted, worn out
cansancio *m.* tiredness, fatigue
cansar to tire
  cansarse to become tired, to become weary
cantar to sing
cantidad *f.* quantity, amount
cantimplora *f.* canteen
cantina *f.* bar, tavern
cantinela *f.* ballad, song
canto *m.* singing
cañada *f.* gully; cattle trail
cañar *m.* canefield
cañón *m.* cannon; barrel (of a gun)
capa *f.* layer; cloak
capaces (*s.* **capaz**) capable
capataz *m.* foreman; forester
capaz capable
capitalino relative to the capital city
capítulo *m.* chapter
capota *f.* roof
capturar to capture
cara *f.* face
  cara a cara face to face
carabina *f.* carbine, rifle
carácter *m.* character
característica *f.* characteristic
caracterizar to characterize
carajo *m.* blast it
  ¿qué carajo? what the devil!
caramelo *m.* candy

carcajada *f.* big laugh
  tirar una carcajada to burst into laughter
carcancha *f.* automobile
carcanchita *f.* (*dim.* **carcancha**) jalopy
cárcel *f.* jail, prison
carente lacking
carga *f.* load
cargado burdened, loaded
cargadores *m. pl.* suspenders
  cargadores elásticos suspenders
cargar to load; to carry; to burden; to charge; to entrust with
  cargar con to carry
caricia *f.* caress
caridad *f.* charity
cariño *m.* love; affection
cariñoso affectionate
  cariñosamente affectionately
carnal carnal, sensual
carne *f.* meat, flesh
carnear to butcher, to slaughter; to kill
carnet *m.* identification card
caro expensive
carpa *f.* tent; tarp; awning
carpeta *f.* folder; table cover
carrera *f.* run; race; bet
  una carrera mal ganada a bet unfairly won
carretera *f.* road, highway
carretilla *f.* small cart, push cart
carrillos *m. pl.* cheeks
carro *m.* car; wagon, cart
carta *f.* letter
cartaginense Carthaginian
cartera *f.* wallet
cartero *m.* mailman
cartilla *f.* small cart
cartón *m.* cardboard
cartucho *m.* cartridge; supermarket bag
casa *f.* house
  casa de placer *f.* brothel
  ir a casa to go home
casado married
casal *m.* couple

casarse to marry, to get married
casco *m.* miner's helmet, helmet
casero homemade
casi almost
casita *f.* (*dim.* **casa**) little house
caso *m.* case; event
  en todo caso in any case
  no hacer caso de to ignore
casona *f.* large house
castañetear to chatter
castaño *m.* chestnut tree
castaño (*adj.*) chestnut-colored
  castaño parejo even
    chestnut-colored
casualidad *f.* chance, coincidence
catedral *f.* cathedral
catedrático *m.* professor
católico Catholic
catorce fourteen
caudal *m.* volume of flow
caudaloso abundant; large,
  mighty (*river*)
causa *f.* cause
  a causa de because of, on
    account of
cauteloso cautious
cautivar to captivate
cauto cautious
cayado *m.* walking stick
cayó (*pret.* **caer**) you (*for.*)/he/
  she/it fell
cazar to hunt
cebar to stuff; to prime
ceder to give up
cegada impossible to see through
ceja *f.* eyebrow
celajes *m. pl.* sky with many-hued
  clouds
celeste heavenly
celos *m. pl.* jealousy
cementerio *m.* cemetery
cenar to have supper
cenicero *m.* ashtray
ceniza *f.* ash
  miércoles de ceniza Ash
    Wednesday
centello *m.* flash
centenar *m.* hundred
central central

céntrico central
centro *m.* downtown; center
ceñido held
cerca *f.* fence
cerca near
  cerca de near
  de cerca close by
  más cercano closer
cercanía *f.* nearby
  cercanías *f. pl.* surrounding
    area
cercar to enclose, to surround
cerebro *m.* mind, brain
ceremonia *f.* ceremony
cerrado closed
cerradura *f.* lock
cerrar (**ie**) to close
  a medio cerrar to half-close;
    half closed
cerro *m.* hill
cerrojo *m.* bolt; lock
certeza *f.* certainty
cerveza *f.* beer
cesar to cease
cesto *m.* basket
chal *m.* shawl
chaleco *m.* waistcoat, vest
champú *m.* shampoo
chamuscado scorched
chaqueta *f.* jacket
charco *m.* pond
charlar to talk, to chat; to chatter
charol *m.* patent leather
chasco *m.* trick
  dar chasco to play a trick
chica *f.* girl
chico *m.* boy
chico (*adj.*) small
chicotazo *m.* blow with a whip
chillar to sizzle; to squeak; to
  shriek
chillo *m.* scream
chimenea *f.* fireplace
chiquillo *m.* (*dim.* **chico**) little
  child, youngster; lad, little
  boy
chiquitín *m.* (*dim.* **chico**) baby,
  infant
chirriar to chirp

chirrido *m.* chirping; creaking
chispa *f.* spark
chiste *m.* joke
chocante startling
chocita *f.* (*dim.* **choza**) little hut,
  little shack
chopera *f.* grove of black poplar
  trees
chorro *m.* spurt, spout
  a chorros abundantly, in floods
choza *f.* hut, shack
chucho *m.* dog (*colloquial*)
chupada *f.* puff
chupar to puff
cicatriz *f.* scar
ciclo *m.* cycle
ciego blind
cielo *m.* sky, heavens
cielorraso *m.* flat ceiling
cien hundred, a hundred, one
  hundred
cierto certain, sure; true
cigarrillo *m.* cigarette
cigarro *m.* cigarette, cigar
cima *f.* top
cine *m.* cinema, movie theater
  guión de cine movie script
cineasta *m.& f.* filmmaker
cinegético relating to hunting
cinta *f.* strip, ribbon; tape
cintura *f.* waist
cinturón *m.* belt
circunstancia *f.* circumstance;
  condition
circunvecino neighboring
ciruela *f.* plum
cisura *f.* scar; incision
cita *f.* engagement; date;
  quotation
citar to list; to mention
ciudad *f.* city
ciudadano *m.* citizen
clamar to cry out
claramente clearly
claridad *f.* clarity, brightness
  claridad de hogar household
    light
claro (*adj.*) clear; indisputable
  claro que sí of course

claro (*adv.*) clearly
clase *f.* classroom; kind, class
  sala de clase classroom
clausura *f.* closure
clavado driven by
clavar to nail; to fix
  clavarse to rivet
clave *f.* key
clavo *m.* nail, iron spike
clientela *f.* clients, clientele
clima *m.* climate
clímax *m.* climax
coartada *f.* alibi
cobarde *m. & f.* coward
cobardemente (*adv.*) cowardly
cobardía *f.* cowardice
cobertor *m.* bedspread
cobrar to recover; to acquire, to get; to collect; to charge
  cobrar brillo to shine
  cobrarse simpatía to become fond of each other
cobre *m.* copper
coche *m.* car
cocido cooked
cocina *f.* kitchen
cocinar to cook
codo *m.* angle, bend; elbow
coger to grab, to catch; to hold
cognado *m.* cognate
cojo (*pres.* **coger**) I grab
col *f.* cabbage
cola *f.* tail
  hacer cola to wait in line
colchón *m.* mattress
colección *f.* collection
colegio *m.* secondary school
cólera *f.* anger
colérico irritable
coletazo *m.* pang; slap of the tail
colgado hung
colgar (ue) to hang, to suspend
colilla *f.* cigarette butt
colina *f.* hill
colmo *m.* top
  Esto es el colmo. This is the limit.
colocar to place
coloquial colloquial

color *m.* coloring; complexion; color
coloración *f.* coloring
colorado red, reddish
colorido colorful
combatir to combat, to fight against
comedia *f.* comedy
comedor *m.* dining room; cafeteria
comején *m.* termite; wood-fretter moth
comentar to comment on; to gossip
comenzar (ie) to begin, to commence
comer to eat
  dar de comer to feed
comercio *m.* business
cometer to commit
comicios *m.* elections
comida *f.* food; meal; supper
comienzo *m.* beginning
como as, like; how; since
  a como dé lugar somehow
  cómo no why not; of course
  como si as if
  como si le costara as if it were hard for him
  como siempre as always
  tan pronto como as soon as
cómoda *f.* bureau, chest of drawers
cómodamente comfortably
cómodo comfortable
compa *m.* (**compañero**) buddy
compadecer to pity
compadecido pitied
compadre *m.* friend; godfather
compañero *m.* companion, pal; schoolmate; workmate
compañía *f.* company
comparar to compare
compartir to share
compasión *f.* compassion, pity
compasivo sympathetic
competencia *f.* competition
competir (i,i) to compete
complacerse to take pleasure or satisfaction (in); to be content

complementar to complement
completamente completely
completo complete
  por completo completely
cómplice *m. & f.* accomplice, partner
componente *m.* component
comportamiento *m.* behavior, conduct
comportar to behave, to act
composición *f.* composition
comprar to buy
comprender to understand, to comprehend
comprobar to check; to experience
comprometerse to become engaged
compuesto (*p.p.* **componer**) composed
común common
comunal common, communal
comunicar to connect; to communicate
  comunicarse to communicate
comunidad *f.* community
con with
  con extrañeza with surprise, surprisedly
  con frecuencia frequently
  con furia furiously
  con gracejo wittily
  con ingenuidad innocently
  con lentitud slowly
  con picardía playfully
  con prisa hurriedly
  con respecto a with regard to
  con tal (de) que provided that
  para con toward
concavidad *f.* inner space, hollow
conceder to concede, to grant; to agree
concertarse to go together; to agree on
conciencia *f.* conscience
concierto *m.* concert
concurso *m.* competition; (dog) show
condenar to condemn; to convict

condensado condensed
  leche condensada condensed milk
condición *f.* condition
condicional conditional
conduciendo when at the wheel, driving
conducir to lead; to drive (a car)
confeccionar to make
confesado confessed
confesar (ie) to confess
confesión *f.* confession
confianza *f.* confidence, trust
confina *f.* limit
conflicto *m.* conflict
conformar to conform; to comfort
confrontar to bring face to face
  confrontarse con to face, to confront
confundido confused, confounded
confundir to confuse
  confundirse to be mixed up
confusión *f.* confusion
confuso confused
conmemorar to commemorate
conmigo with me, with myself
  conmigo mismo with my own self
conmovedor moving, touching
conmover (ue) to move
  conmoviendo touching
conocer to know; to meet; to be aware of
conocido known; well known
conocimiento *m.* knowledge
conquistador *m.* conqueror
conquistar to conquer
consagrar to consecrate; to dedicate
consecuencia *f.* consequence
conseguido achieved
conseguir (i,i) to obtain, to get; to manage
consejo *m.* counsel, advice; council
  consejo sumarísimo court martial

consentir (ie,i) to consent, to allow, to agree
conserje *m. & f.* caretaker; concierge
consideración *f.* consideration
consigo with himself/herself/itself
consiguiente consequent
  por consiguiente consequently, therefore
consiguió (*pret.* **conseguir**) was able to
consistir to consist
  consistir en to consist of
consola *f.* console table; wall table
constancia *f.* perseverance, constancy
constante constant
constantemente constantly
constelación *f.* constellation
construcción *f.* construction
construido constructed
construir to construct
consultar to consult
consultorio *m.* medical office
contacto *m.* contact
contagiado infected
contar (ue) to count; to tell
  contar con to count on
contemplar to contemplate
contento happy, content
contestación *f.* answer
contestar to answer
contexto *m.* context
contigo with you (*fam.*), with yourself
continuación *f.* continuation
continuar to continue
continuidad *f.* continuity
continuo continous
contra against; toward; facing
contraer to contract
contrastante contrasting
contrastar to contrast
contraste *m.* contrast
contratista *m. & f.* contractor
convencer to convince
convenir to agree

conversación *f.* conversation
  darle conversación to converse with
conversar to converse
convertir (ie,e) to convert
  convertirse (ie,e) to become
convicción *f.* conviction
convivencia *f.* living together in harmony
copa *f.* drink
coqueteo *m.* flirtation
corazón *m.* heart
corbata *f.* necktie
cordal *f.* wisdom tooth
corderito *m.* (*dim.* **cordero**) little lamb
cordero *m.* lamb
  un costillar de cordero a side of lamb
cordial cordial
cordialmente cordially
cordillera *f.* mountain range
cordoncillo *m.* embroidery
córneo of hard material like horn
cornisa *f.* cornice
coronación *f.* coronation, crowning; finishing touch
corpúsculo *m.* corpuscle; microbe
corral *m.* corral, barnyard
correcto correct
corredizo easily untied
corredor *m.* corridor
corregir (i,i) to correct
correo (correos) *m.* mail; post office
  echar al correo to mail
correr to run; to slip away
  correr por to run down
correspondencia *f.* correspondence
corresponder to correspond
corrido *m.* Mexican folk song; embarrassed
  de corrido quickly by heart
corriendo running
corriente *f.* current, flow
cortar to cut
corto short

cortés courteous, polite
cortesía *f.* courtesy
cortina *f.* curtain
corva *f.* back of the knee
cosa *f.* thing
cosecha *f.* harvest
cosquilleo *m.* tickle
costa *f.* (sea) coast
costado *m.* side, flank
costalazo *m.* bump, bang (from falling on side or back)
costar (ue) to cost; to be difficult
  como si le costara as if it were hard for him
costear to go along
costilla *f.* rib
costillar *m.* rib; back
  un costillar de cordero a side of lamb
costumbre *f.* custom, habit
  de costumbre usual
cráneo *m.* head
crear to create
crecer to grow; to increase; to rise; to swell; to grow up
creciente growing
crecimiento *m.* growth
creencia *f.* belief
creer to believe
crepúsculo *m.* dusk
creyendo (*pres. p.* **creer**) believing, thinking
creyó (*pret.* **creer**) you (*for.*)/ believed, thought
criado *m.* servant
criar to bring up, to rear; to nourish; to grow
criatura *f.* creature; child
criba *f.* sieve
crimen *m.* crime
crin *f.* mane
cristal *m.* crystal; glass
cristalino crystalline
cristalizado crystallized
crueldad *f.* cruelty
crujido *m.* cracking, creaking; crunch; rustle
crujir to creak

cruzado crossed
cruzar to cross
cuaderno *m.* notebook
cuadra *f.* block; stable; group of houses
cuadradito *m.* (*dim.* **cuadrado**) little square
cuadrado (*adj. & m. n.*) square
cuadro *m.* picture, portrait; square
  a cuadros plaid
cual (*adj. & pron.*) which
  el cual which; who
  lo cual which
  por lo cual for which reason
cuál (*interrog. adj. & pron.*) which; what; which one
cualidad *f.* characteristic, quality
cualquier any; anyone; whichever
cuan as
cuán how; how much
cuando when; although; in case; since
  aun cuando even if, even though, although
  cuando más at most
  cuando menos at least
  cuando quiera whenever
  de cuando en cuando from time to time
cuanto as much as; respecting; as many
  en cuanto as soon as
  en cuanto a with regard to
cuaresma *f.* Lent
cuartel *m.* barracks
cuarto *m.* room
cuarto (*adj.*) fourth
cuartos (dinero) *m. pl.* money
cubierta *f.* cover
cubierto covered
  cubierto de sal covered with salt
cubilete *m.* dice box; box
cuchichear to whisper
cuchillo *m.* knife
cucurucú *m.* cooing
cuello *m.* neck; collar

cuenta *f.* bill
  a la cuenta seemingly, apparently
  darse cuenta de to realize
  por su cuenta on one's own
cuento *m.* short story
cuerda *f.* rope
cuerdo sane
cuero *m.* leather; skin
cuerpecillo *m.* (*dim.* **cuerpo**) little body
  cuerpecillos de oro golden rays
cuerpo *m.* body; matter; corporation
cuesta *f.* hill
  cuesta abajo downhill
cuestión *f.* question; quarrel; matter
  por cuestión de because of the matter of
cuidado *m.* care
  tener cuidado to be careful
cuidar to take care of; to watch over
culebra *f.* snake
culpa *f.* blame, guilt, fault; sin; offense
  tener la culpa to be guilty, to be to blame
culpabilidad *f.* guilt
culpable guilty
culpar to blame, to accuse
cultivo *m.* farming, tillage, cultivation
cumplir to become true; to be fulfilled
  cumplirse to fulfill oneself
cuna *f.* cradle
  canción de cuna lullaby
cura *m.* priest
curar to cure
curiosear to browse
curiosidad *f.* curiosity
curioso curious; neat; careful
curso *m.* course
  curso escolar schoolyear
custodia *f.* custody
cuyo of which; whose; of whom

D

dale constantly
danzar to dance
dañar to injure, to harm
daño *m.* damage, injury
 hacer daño to hurt, to harm
dar to give
 dar a luz to give birth
 dar alimento to feed, to
  nourish
 dar ánimos to encourage
 dar chasco to play a trick
 dar de comer to feed
 dar en to hit upon, to succeed
  in
 dar fe to bear witness
 dar la vuelta to turn around
 dar las ocho to be eight
  o'clock
 dar las once to be eleven
  o'clock
 dar lástima to be pitiful
 dar media vuelta to turn
  around
 dar trabajo to be difficult
 dar un paso to take a step
 dar una vuelta to turn around;
  to take a stroll
 dar vela to give an excuse
 dar vuelta to turn over
 dar vueltas to fuss about; to
  shift back and forth
 darle conversación to converse
  with
 darse to give up; to devote
  oneself
 darse ánimo to be encouraged
 darse cuenta de to realize
 darse el gusto to give oneself
  the pleasure, to enjoy
 darse por satisfecho to
  consent; to be content
de of, from; about
 de camino on the road
 de cerca close by
 de cuando en cuando from
  time to time
 de enfrente in front of;
  opposite

de entonces at that time
de espaldas with one's back
 turned
de frente straight ahead
de fuera from outside, on the
 outside
de improviso unexpectedly
de inmediato right away
de la mano hand in hand
de la mañana in the morning
de la noche of the night; at
 night
de lado sideways; tilted
de lado a lado from side to side
de lágrimas with tears
de manera que so that
de más extra; for nothing
de memoria by heart
de momento for a moment
de noche at night, by night
de nuevo again
de pérdida en pérdida from
 loss to loss
de pie standing, firm, steady
de pies muy andariegos very
 fond of walking
de prisa quickly, hurriedly
de pronto suddenly
de repente suddenly
de rodillas on one's knees
de sobre on top of
de una vez in one stroke, all at
 once
de vez en cuando occasionally
de vez en vez once in a while
dé (*for. com.* **dar**) give
debajo beneath
 por debajo de underneath
deber *m.* obligation
deber to have to, ought to;
 to owe
 deber de should, must
 debía ser must have been
debido due, owed
 debido a due to
débil weak, feeble, faint
década decade
decidido determined, decided
decidir to decide

décimo *m.* tenth
decir to say, to tell
 decir al oído to whisper
 decir palabra to speak
 decir que no to say no
 decir que sí to say yes
 decirse to be called; to say
 oír decir to hear (people) say
 querer decir to mean
decisión *f.* decision
declarar to declare, to make
 known
declinar to decline; to draw to a
 close
decretar to decide; to decree
decreto *m.* command, decree
dedicar to dedicate
 dedicarse to devote oneself
dedo *m.* finger
 me viene como anillo al dedo
  it fits me like a glove
 punta de los dedos fingertip
defecto *m.* defect
defender (ie) to defend, to
 protect
 defenderse (ie) to defend
defensa *f.* defense
definir to define
definitivo definitive
deformar to deform
degenerar to degenerate
dejar to leave; to let go; to allow,
 to let
 dejar a uno con un palmo de
  narices to disappoint one of
  success
 dejar caer to drop
 dejar de to stop
 dejarse to allow oneself
 dejó de pedalear you (*for.*)/he/
  she/it stopped pedaling
 dejó caer (*pret.* **dejar caer**) you
  (*for.*)/he/she/it dropped
dejo *m.* hint, trace
delantal *m.* apron
delante before, ahead, in front
 delante de before, ahead of, in
  front of
delantero front

delgado thin
delinear to outline, to delineate
delito *m.* crime
demás other
  lo demás the rest
  los demás the others
demasiado too much; too many
déme (*for. com.* **dar**) give me
demonio *m.* devil
demora *f.* delay
demorar to delay
  demorar en irse to linger
  demorarse to slow down
denotar to express
denso dense, thick
dentadura *f.* set of teeth
dentista *m. & f.* dentist
dentro inside; within
  dentro de within
  por dentro on the inside
deparar to offer
departamento *m.* apartment
depender de to depend on
dependienta *f.* shop clerk
deportivo sporting
depositar to deposit
derecha *f.* right hand; right-hand side
  a la derecha right; on the right, to the right
derecho *m.* right, privilege
derecho (*adj.*) straight
derivar to derive
derramar to spill
derrengar to cripple; to bend
derribar to destroy; to knock down; to shoot
derrocar to overthrow
derrota *f.* defeat
derrumbarse to collapse, to crumble
desabotonar to unbutton
desabrochar to unbutton
desacomodado disarranged
desafiar to challenge
desafío *m.* defiance, challenge
desahogo *m.* comfort
  con desahogo comfortably
desairar to reject

desamparado *m.* homeless person
desaparecer to disappear
desarmar to take apart; to disarm
desarrollar(se) to develop; to take place; to unroll; to unfold
desarrollo *m.* development
desasosegar (**ie**) to worry; to disturb
desatar to untie
desayunar to have breakfast
desayuno *m.* breakfast
desazonar to upset, to displease
descalzarse to take off one's shoes and socks
descansar to rest
descarado brazen, insolent, impudent
descaradamente impudently
descartar to discard
descargado discharged (empty)
descargar to unload; to discharge; to free; to brace
descender (**ie**) to descend, to go down
descifrar to decipher, to decode
descolorido pale
desconectar to disconnect
desconfianza *f.* lack of confidence
desconocer to be ignorant of, to be unaware of
desconocido unknown; strange; unfamiliar
descortés rude
descoyuntar to dislocate; to disjoint
descretar to establish order
describir to describe
descripción *f.* description
descubierto discovered, revealed
descubrimiento *m.* discovery
descubrir to discover; to reveal, to uncover
descuidado careless; unkempt
descuido *m.* carelessness, neglect

desde since; from; after
  desde entonces since then
  desde hace horas for hours
  desde hace un tiempo for some time now
  desde lejos from a distance, from afar
  desde siempre from the beginning of time
desdentado toothless
desear to desire, to wish done
desembocar to come out, to empty, to flow
desempacar to unpack
desempeñar to perform
desenlace *m.* outcome, result, ending
desensillar to unsaddle
  desenterrado unearthed, dug up, disinterred
desentonar to wound someone's pride; to be out of place
deseo *m.* desire, wish
desesperación *f.* desperation
  acceso de desesperación outburst
desesperadamente desperately
desesperado desperate, without hope
desesperanza *f.* hopelessness
desesperarse to become irritated; to become annoyed, to despair
desfilar to parade
desfile *m.* parade
desfondado crumbling
desgajar to separate
  irse desgajando to separate oneself
desganado reluctant, listless
desganar to be listless
desgano *m.* reluctance
desgarbadamente ungracefully
desgarrar to tear
desgracia *f.* misfortune
deshacer to undo
  deshacerse to get rid of
deshonra *f.* disgrace
desierto *m.* desert

desierto (*adj.*) deserted

desilusión *f.* disillusionment; disappointment

desilusionante disappointing

desilusionar to disillusion

desintegrarse to disintegrate, to break up

desistir to give up

deslizarse to slide, to slip

deslumbramiento *m.* dazzle, glare

deslumbrar to dazzle, to blind

desmentir (ie,i) to contradict

desmontar to dismantle

desobedecer to disobey

desocupado free, vacant; unemployed

desolado desolate

desollar to skin

desosegado upset

despachar to serve

despacio slow, slowly; at leisure; in a low voice

  lo despacio how slowly

despacito (*dim.* **despacio**) (rather) slowly

despechar to disgust; to become disgusted

despedida *f.* farewell; leaving

despedir (i,i) to dismiss

  despedirse (i,i) to take leave; to say goodbye

despegar to separate, to detach

despertar (ie) to awake, to wake up

  despertarse (ie) to wake up

despiadado pitiless, cruel

despidió (*pret.* **despedir**) you (*for.*)/he/she/it dismissed

  se despidió (*pret.* **despedirse**) you (*for.*)/he/she/it took leave of

despiojar to delouse, to clean oneself of lice

desplegar (ie) to unfold

despliegue *m.* display, unfolding, deployment

desplomar to collapse

desprecio *m.* disdain, contempt

desprender to take off; to emanate

desprendimiento *m.* detachment

desprevenido unprepared

después after, afterward

  después de after

despuntar to dawn

destacado outstanding

destacar to stand out; to emphasize

destejer to unravel, to unknit

destemplado disagreeable, unpleasant; shrill

desteñido faded

desteñir (i,i) to discolor, to fade

desterrar to exile, to banish

destrabar to unbind, to loosen

destraído (distraído) distracted

destreza *f.* dexterity

destripar to gut; to crush, to mangle

destrozar to destroy

destrucción *f.* destruction

destruido (*p.p.* **destruir**) destroyed

destruir to destroy

desvelar to be wakeful, to have insomnia

desvelo *m.* sleeplessness; watchfulness

desventaja *f.* disadvantage

desyerbar to weed

detalle *m.* detail

detectar to detect

detención *f.* detention, detainment

detener to detain, to stop

  detenerse to stop; to pause; to linger, to tarry

detenidamente attentively, cautiously

determinación *f.* determination

determinado determined; specific

detestar to detest

detrás behind

detrasito (*dim.* **detrás**) right behind

detuve (*pret.* **detener**) I detained

me detuve (*pret.* **detenerse**) I stopped

detuvo (*pret.* **detener**) you (*for.*)/ he/she/it detained

  se detuvo (*pret.* **detenerse**) you (*for.*)/he/she/it stopped

deuda *f.* debt

devastador devastating

devolver (ue) to return, to give back

devoto devout, pious, devoted

di (*pret.* **dar**) I gave

di (*fam. com.* **decir**) say, tell

día *m.* day

  de día by day, in the daytime

  día anterior day before

  hoy (en) día nowadays

  todos los días every day

  un día de estos one of these days

diablo *m.* devil

diálogo *m.* dialogue

diario daily

dibujar to draw

dibujo *m.* drawing; outline; description

dicha *f.* happiness

dicho *m.* remark

  mejor dicho rather

diciéndome (*pres. p.* **decir**) telling me

dictadura *f.* dictatorship

diente *m.* tooth

diestra *f.* right hand

diestro skilled

diez ten

diferencia *f.* difference

diferenciado differentiated

diferenciar to differentiate

  diferenciarse to differ

diferente different

difícil difficult

difícilmente with difficulty

dificultad *f.* difficulty

difunto deceased, dead

dignidad *f.* dignity

dije (*pret.* **decir**) I said

dijo (*pret.* **decir**) you (*for.*)/he/she/it said, told

dile (*fam. com.* **decir**) tell him/her

diluirse to fade, to become faded

diminutivo *m.* diminutive

diminuto small, diminutive; minute

dinamita *f.* dynamite

dinero *m.* money

dio (*pret.* **dar**) gave

dios *m.* god

Dios *m.* God

  Dios lo quiera God willing

dique *m.* reservoir

director *m. & f.* director; principal

dirigente *m. & f.* director

  dirigido directed, addressed; guided

dirigir to direct, to lead; to address; to guide; to manage; to steer

  dirigirse to go; to turn

discernir (**ie**) to discern, to distinguish

disco *m.* phonographic record; disk

discretamente discreetly

disculpa *f.* excuse

disculparse to excuse oneself, to apologize

discurso *m.* speech

discusión *f.* discussion

discutir to discuss

diseño *m.* design

disfrazar to disguise

disgusto *m.* displeasure, annoyance

disimuladamente reservedly, secretly

disimular to conceal, to hide

disiparse to disappear, to dissipate

disminuir to diminish, to reduce

disminuyendo (*ger.* **disminuir**) diminishing

disoluto dissolute

disparar to shoot, to fire

displicente casual

disponerse to get ready

disponible available

dispuesto ready, prepared; arranged; clever, skillful

disputa *f.* dispute, fight; struggle

distancia *f.* distance

distante distant, remote

distinguir to distinguish, to differentiate

distinto distinct; different

  distintos various, several

distracción distraction

distraer to distract

distraídamente distractedly

distraído distracted

distrajo (*pret.* **distraer**) you (*for.*)/he/she/it distracted

distribución *f.* distribution

disuadir to dissuade

diurno daytime

disyuntiva *f.* dilemma

diversión *f.* diversion; amusement

  parque de diversiones amusement park

diverso diverse; different

diversos several

divertir (**ie,i**) to amuse, to entertain

  divertirse to enjoy, to have fun

dividir to divide

divisar to be invisible; to distinguish

divorciar(se) to (obtain a) divorce

doblaje *m.* dubbing

doblar to bend; to turn

  doblarse to fold; to double; to give in; to buckle

doble double

docena *f.* dozen

  media docena half dozen, six

doctor *m.* doctor

dólar *m.* dollar

doler (**ue**) to ache, to hurt; to grieve

dolor *m.* ache; pain; grief, sorrow

dolorido in pain

doloroso painful

doméstico domestic

dominar to check, to restrain; to master, to control, to dominate

dominio *m.* dominion, power; control

doncella *f.* maiden

donde where

  ¿adónde? where?

  ¿dónde? where?

  por donde where

donjuanesco womanizing

dorado golden

dormir (**ue,u**) to sleep, to be sleeping

  dormirse (**ue,u**) to sleep, to fall asleep

  un mal dormir a bad night's sleep

dormitar to doze

dormitorio *m.* bedroom

dote *m.* dowry

drama *m.* drama

dramático dramatic

droga *f.* drug

duda *f.* doubt

  no cabe duda there is no doubt

  sin duda without a doubt, certainly

dudar to doubt, to question; to hesitate

dueña *f.* owner, proprietress, mistress

dueño *m.* owner, proprietor, master

dulce sweet; pleasant

dulzura *f.* gentleness, sweetness

duplicar to duplicate

durante during, while

durar to last; to remain

dureza *f.* harshness; difficulty

duro *m.* Spanish coin

duro (*adj.*) hard

E

e and (*used for* **y** *before* **i-**, **hi-**)

echar to throw; to toss; to cast; to put in; to dismiss; to expel; to drive away; to lay (*eggs*)

  echar a to begin to; to burst out (e.g., *crying*)

  echar al correo to mail

  echar al suelo to tear down

  echar flores to toss flowers; to court

  echar mano a to grab

  echar para atrás to throw back

  echarse a to begin

  echárselo to load him on

económico economic

edad *f.* age

  Edad Media Middle Ages

  la tercera edad *f.* golden age; senior citizenry

  tener la edad para comprender to be old enough to understand

edificar to build; to edify

edificio *m.* building

educado brought up

efectivamente effectively

efectivo *m.* cash

efectivos *m. pl.* troops

efecto *m.* effect

  en efecto indeed; as a matter of fact

  por efecto de as a result of

  efectos digitales *m. pl.* digital effects

  efectos especiales *m. pl.* special effects

efímero fleeting, ephemeral

¡Eh! Here!

ejemplo *m.* example

ejercicio *m.* exercise

ejército army

él he; him; it

elástico elastic

  cargadores elásticos suspenders

elegante elegant

elegido elected

elegir (i,i) to elect; to choose, to select

eliminado eliminated

elogio *m.* praise, eulogy

ella she; her; it

ellas (*pl.* **ella**) they; them

ellos (*pl.* **él**) they; them

emanar to emanate, to result from

embarazo *m.* embarrassment; obstacle; pregnancy

embargo *m.* embargo

  sin embargo nevertheless, however

embobado fascinated

embutir to insert; to pack tightly

  embutirse to be crammed; to be packed tightly

emigrar to emigrate, to migrate

emitir to emit; to issue

empacar to pack; to crate

empalizada *f.* (stockade) fence

empapado soaked

empapar to wet, to soak

emparejar to match up

empecé (*pret.* **empezar**) I began

empedrado *m.* cobblestone pavement

empellón *m.* push, shove

empeñarse to insist

emperatriz *f.* empress

empezar (ie) to begin

empiece/empiezo *m.* beginning

empleado *m.* employee

emplear to employ

empleo *m.* job; task

empobrecido poverty-stricken

emprendedor enterprising

emprender to start

empujar to push, to shove

empujón *m.* push

empuñar to grip, to clutch

en in; at; on

  de cuando en cuando from time to time

  en actitud de mendigar in the posture of begging

  en alto in the air; up high

  en balde in vain

en broma in jest

en busca de in search of

en cambio on the other hand

en cuanto as soon as

en cuanto a with regard to

en especial specially, in particular

en general in general, generally

en lo alto at the top

en los ratos during the short time

en lugar de instead of

en medio de in the middle of

en ninguna parte nowhere

en ratos at times; for short periods

en realidad really, truly

en seco high and dry

en seguida at once, immediately

en serio seriously

en tanto in the meantime

en tren by train

en vano in vain

en vez de instead of

enamorado *m.* lover, sweetheart

  cartas de enamorados love letters

enamorado (*adj.*) in love

encajar to fit in

encaje *m.* lace

encaminar to go

encantado enchanted

encantamiento *m.* spell

encantar to enchant, to charm

encarar to aim

  encararse con to confront

encarcelado jailed

encarcelamiento *m.* imprisonment

encargado *m.* person in charge

encargo *m.* assignment; errand

encarnado incarnate, flesh-colored; red-faced

encender (ie) to light; to ignite, to kindle, to inflame; to start (a car)

encendido ignited, inflamed

encerrado locked up

encharcado wet

encía *f.* gum

encima above, overhead; besides, in addition

encoger to shrivel, to shrink; to bend over

  encogerse los hombres to shrug one's shoulders

encontrar (ue) to encounter, to meet; to find

  encontrarse (ue) to meet, to meet each other; to be situated; to find oneself

  encontrarse con to come upon

encrespado curled

encuentro *m.* encounter, meeting; clash

endemoniado diabolical

enderezarse to straighten oneself up, to stand up

endurecer to harden

endurecido hard; strong; obstinate

enebro *m.* common juniper

enemiga *f.* hatred, enmity; enemy

enemigo *m.* enemy

enemigo *(adj.)* hostile

energéticamente energetically

energía *f.* energy

enfadar to anger

  enfadarse to get angry

enfermarse to get sick

enfermedad *f.* illness

enfiló drove down

enfrentamiento *m.* encounter

enfrentar to face

enfrente facing, opposite

  de enfrente in front of; opposite

  enfrente a in front of

  enfrente de in front of; opposite

enfurecer to enrage, to infuriate

  enfurecerse to become furious

enganchar to hook

enganchón *m.* snag

engañar to deceive

engaño *m.* deception

engañoso deceitful

engarzado set

enhebrado threaded

enjugar (ue) to dry, to wipe

enjuto slender

enloquecer to drive mad

enmarañar to tangle

  enmarañarse to get involved

enmudecer to silence, hush

enojado mad, angry

enojar(se) to get angry

enorme enormous

enrarecido rarefied

enredar to hamper, to entangle

enriquecer to enrich

  enriquecerse to get rich, to become rich

enrollar to wind; to roll

  enrollarse to roll up; to peel off

ensabanar to cover

ensangrentado gory, bloody

ensayar to try for

ensayo *m.* essay

enseguida immediately, right away

enseñar to teach

ensombrecer to darken, to make cloudy

ensordecedor deafening

ensueño *m.* dream state

entender (ie) to understand

enterar to inform

  enterarse de to find out about

entero *m.* whole

enterrar (ie) to bury

entibiar to temper; to make lukewarm

entidad *f.* entity

entonces then

  de entonces at that time

  desde entonces since then

  por entonces around that time

entornado half-open

entrada *f.* entrance

entraña *f.* internal organ, entrail; insides

entrar to enter

entre between, among

entreabierto half-open

entrecortadamente falteringly

entregado delivered; given up; dedicated

entregar to deliver; to give up

  entregárselas to give them to her

entremezclar to mix

entretener to enertain

  entretenerse (ie) to amuse each other; to amuse oneself

entretenimiento *m.* pastime; entertainment

entrevistar to interview

entristecer to sadden

entusiasmado enthusiastic

entusiasmo *m.* enthusiasm

entusiasta enthusiastic

enumerar to list

envasado canned; prefabricated

envasar to can

envejecer to age

enviar to send

envidia *f.* envy

envidiable enviable

envolver (ue) to envelop

envuelto *(p.p. envolver)* enveloped

época *f.* epoch

equilibrar to balance

equivocar to mistake

  equivocarse to make a mistake; to be wrong, to be mistaken

erguido lifted up

erguir to raise, to lift up

  erguirse to straighten up

erizo *m.* hedgehog; sea urchin; spine, spike

esbeltez *f.* slenderness

esbelto svelte, slim, well-shaped

escabroso risqué, daring

escasez *f.* limited nature, scarcity

escala *f.* scale

escalar to climb, to scale

escalera *f.* stairs, stairway, staircase

  escalera arriba upstairs

escalofrío *m.* shiver

escalón *m.* step

escama *f.* scale (of a fish)

escándalo *m.* scandal

escapada *f.* escape, escapade

escapar to free, to save; to escape, to flee

  escaparse to escape, to flee; to run away

escaparate *m.* display cabinet

escarcha *f.* gold glitter; frost; textured paint

escarpado steep

escarrancado sitting astride

escasez *f.* limited nature

escena *f.* scene

escenario *m.* stage, scene; scenario

escoba *f.* broom

escoger to select, to choose, to pick out

escolar scholastic

  curso escolar schoolyear

escollo *m.* obstacle, danger; reef

escombros *m. pl.* debris

esconder to hide

escondido hidden

  a escondidas covertly

escondite *m.* hiding place

escopeta *f.* gun, shotgun

escopetazo *m.* gunshot

escribir to write

escritor *m.* writer (male)

escritora *f.* writer (female)

escritorio *m.* desk

escritura *f.* writing

escrúpulo scruple, doubt

  sin escrúpulo without remorse

escuchar to listen to; to hear

escudarse to protect oneself

escudriñar to examine

escuela *f.* school

esculpir to sculpt

escupidera *f.* spittoon

escurrirse to escape, to slip away

ese (*dem. adj.*) that

ése (*dem. pron.*) that (one); the former

esforzado strong

esforzarse to force oneself

esfuerzo *m.* effort

esmeralda *f.* emerald

eso that

a eso de around

eso sí that indeed

por eso therefore, for that reason

espacio *m.* space

espacioso spacious

espalda *f.* back

  a espaldas nuestras at our backs

  de espaldas with his back; on one's back

espantar to frighten; to shake off; to scare

espanto *m.* fright; terror; threat

espantoso frightening, terrifying

español *m.* Spanish (*language*)

  su español mocho his broken Spanish

esparcir to scatter

espartillo *m.* feather grass

esparto *m.* esparto grass; wicker, cane

especial special

  en especial specially, in particular

especie *f.* kind

específico specific

espectacular spectacular

espectador *m.* viewer

espejismo *m.* mirage

espejo *m.* mirror

espera *f.* wait, waiting

  sala de espera waiting room

  salita de espera small waiting room

esperado expected

esperanza *f.* hope

esperar to hope; to wait for; to expect

espesarse to become thick, to thicken

espeso thick

espinudo thorny

espíritu *m.* spirit; mind

esposa *f.* wife, spouse

esposo *m.* spouse, husband

espuela *f.* spur

espuma *f.* foam

espumadera *f.* colander

espumarajos *f. pl.* froth

esqueleto *m.* skeleton

esquina *f.* corner

esquivo elusive

esta (*dem. adj.*) this

  a estas alturas now; at this juncture

establecer to establish

establecimiento *m.* establishment

establo *m.* stable

estación *f.* season; station

estacionar(se) to park; to station

estadio *m.* stadium

estado *m.* state

  golpe de estado *m.* coup d'état

estadounidense *m. & f.* American

estafar to swindle

estallar to burst, to explode

estallido *m.* explosion

estampa *f.* engraving

estampida *f.* stampede

estampido *m.* crash; explosion

estampilla *f.* postage stamp

estancado suspended; stagnant

estandarte *m.* standard, flag

estar to be

  estar de acuerdo con to be in agreement with

  estar de visita to be visiting

  estar de vuelta to be back

  estar en to be in on

  estar harto de to be fed up with

estatua *f.* statue

estatura *f.* stature

este (*dem. adj.*) this

éste (*dem. pron.*) this (one); the latter

este *m.* east

estela *f.* trail

estereotipo *m.* stereotype

estero *m.* stream

estilístico stylistic

estilo *m.* style

estirar to stretch

esto this

  un día de estos one of these days

estómago *m.* stomach

estorbar to hinder
  estorbarse to get in each other's way
estrechar to hold
estrecho tight, narrow
estrecho *m.* strait
estrella *f.* star; ferris wheel
estrellado star-filled
estremecer to tremble
  estremecerse to shudder; to tremble
estremecimiento *m.* shudder
estrenar to open, to release (a film)
estreno *m.* opening, premiere
estrepitosamente noisily
estrés *m.* stress
estresado stressed
estridencia *f.* stridence
estrofa *f.* stanza
estropear to spoil
estropicio *m.* destruction
estructura *f.* structure
estuche *m.* case
estudiar to study
estudio *m.* study, studio
estúpido stupid
estuve (*pret.* **estar**) I was
estuviéramos (*imp. subj.* **estar**) we were
etapa *f.* stage
eternidad *f.* eternity
eterno eternal
Europa *f.* Europe
evidente evident; plain
evitar to avoid
evocar to evoke
exactamente exactly
exacto exact
exagerar to exaggerate
exaltado extreme; exalted
examen *m.* exam
examinar to examine; to inspect
excelente excellent
excepción *f.* exception
exceso *m.* excess
excitación *f.* uneasiness
excitado uneasy, agitated
exclamar to exclaim

excusarse to excuse oneself; to apologize
exigir to demand, to require
existencia *f.* existence
existir to exist
éxito *m.* success
expansión *f.* expansion
experiencia *f.* experience
experimentar to experience, to undergo; to feel; to test
explicación *f.* explanation
explicar to explain
  explicarse to explain oneself; to speak one's mind
explique (*for. com.* **explicar**) explain
explosión *f.* explosion, outburst
exponer to expose; to explain
exposición *f.* exposition, arrangement
expresión *f.* expression
extensivo extensive
exterior exterior, outer
  exteriores *m.* locations
exterminar to exterminate
  exterminarse to exterminate each other
extinción *f.* extinction
extinguido extinguished
extinguir to extinguish
extraer to extract; to pull out
extranjero strange; foreign
extrañado surprised
extrañar to miss
  extrañarse to marvel; to seem strange
extrañeza *f.* surprise
extraño strange
extremadamente extremely
extremarse to take special pains

F

fábrica *f.* factory
fábula *f.* fable
facciones *f. pl.* facial features
fachada *f.* facade, front (of a building)
fácil easy
  fácilmente easily

facilitar to help
faena *f.* task
falda *f.* skirt
fallar to fail
falta *f.* fault; lack
faltar to be lacking, to be wanting; to be absent; to falter; to fail; not to fulfill one's promise
fama *f.* fame, renown
familia *f.* family
familiar (*adj.*) familiar; of the family
familiares family members
famoso famous
fantasía *f.* fantasy; fancy
fantasma *m.* phantom, ghost
fantástico fantastic
farol *m.* lamp; streetlight
fase *f.* phase
fastidiado annoyed
fastidiar to bother; to annoy
fatiga *f.* weariness, tiredness
favor *m.* favor
  por favor please
favorito favorite
faya *f.* black ribbon typically used on shoes
fe *f.* faith
  dar fe to bear witness
fecha *f.* date, day
fecundar to fertilize
fecundidad *f.* fruitfulness, fecundity
federal federal
felices (*pl.* **feliz**) happy
felicidad *f.* happiness
  morirse de felicidad to be extremely happy
feliz happy; lucky; felicitous
felizmente happily
femenino feminine
fenómeno *m.* phenomenon
feo ugly
feroz fierce
festín *m.* banquet
fiambre *m.* cold cuts
fiar to guarantee
ficticio fictitious
fideo *m.* noodle

fiel faithful
fiesta *f.* party; holiday
figura *f.* shape, figure
figurar to figure
fijamente intently
fijarse (en) to notice
  fíjate (*fam. com.* **fijarse**) notice
fijeza *f.* steady gaze
fijo fixed; firm; solid
fila *f.* row
filatélico philatelic, pertaining to stamp collecting
filosofía *f.* philosophy
filosófico philosophical
film(e) *m.* film
filmar to film
fin *m.* end; aim; purpose
  a fin de in order to
  a fines de at the end of
  al fin at last
  fin de semana weekend
  por fin at last
final *m.* end
finalmente finally
finca *f.* farm
fingir to feign, to pretend
fino fine, delicate; elegant
finquita *f.* (**dim.** *finca*) little ranch
firma *f.* signature
firmar to sign
firme firm
firmeza *f.* firmness
física *f.* physics
físico physical
flamenco Flemish
flechar to wound with an arrow; to pierce
fleco *m.* fringe; speck
flemático phlegmatic, sluggish
flequillo *m.* bang, fringe
flojedad *f.* weakness
flojo limp; weak; lazy
flor *f.* flower
floral floral
florido flowery
flotador *m.* floater
fogata *f.* bonfire; campfire
follaje *m.* folliage

fondo *m.* bottom, depth; background; backyard, rear (of a house); rear, back
  en fondo in essence
fondos *m. pl.* funds
forastero *m.* stranger
forcejar/forcejear to struggle
forma *f.* form
formar to form
  formarse to grow
formularios *m. pl.* forms
fornido husky, sturdy, robust
Foro Trajano Trajan's Forum
fortificar to fortify, to strengthen
forzar (ue) to force
fosforescente phosphorescent
foto *f.* photo
fotografía *f.* photograph; photography
fragmentar to reduce to fragments
francés French
franquear to open the way
frase *f.* phrase; sentence; idiom
fraternizar to fraternize
frecuencia *f.* frequency
  con frecuencia frequently
frecuente frequent
frente *m.* front, front line; facade
frente *f.* brow; forehead; face
frente in front of
  de frente straight ahead, directly
  frente a in front of; compared with; faced with
fresa *f.* strawberry; dentist's drill
fresco *m.* coolness
fresco (*adj.*) fresh, cool
fríamente coldly, rigidly, coolly
frijol *m.* bean
frío *m.* cold
  hacer frío to be cold (*weather*)
  tener frío to be cold (*people*)
frío (*adj.*) cold; dull; weak
frito fried
fritura *f.* fritter
frondoso leafy
frontera *f.* border
fronterizo (*adj.*) border

frotar to rub
fruncir to pucker
frustración *f.* frustration
frustrado frustrated
fruta *f.* fruit
fruto *m.* fruit
fuego *m.* fire; light
fuente *f.* fountain; source; platter
fuera (*imp. subj.* **ser**) were
fuera outside; off; away
  de fuera from outside, on the outside
fuerte strong; hard; loud; heavy
fuerza *f.* force; strength; power
  a la fuerza forcibly
  aspiró con fuerzas you (*for.*)/ he/she/it breathed deeply
  sus fuerzas his own strength
fuese (*imp. subj.* **ser**) were
fuesen (*imp. subj.* **ser**) were
fuga *f.* escape
fugaces (*pl.* **fugaz**) fleeting
fugarse to flee, to escape
fugaz fleeting
fulano *m.* so-and-so
función *f.* function
funcionar to function, to work
fundar to establish
furia *f.* fury, rage
  con furia furiously
furioso furious
furtivo furtive, stealthy
fusil *m.* rifle
fusilamiento *m.* shooting; execution
fusilar to shoot, to execute
fustigar to whip through
fútbol *m.* soccer
futuro *m.* future

G

gabardina *f.* raincoat
gabinete *m.* office; cabinet
gala *f.* gala
  de gala full-dress
galería *f.* corridor
galón *m.* trimming, braiding; gallon
galopar to gallop

galope *m.* gallop
galvanizar to galvanize
gallina *f.* hen
gallinazo *m.* buzzard
gana *f.* desire
  de mala gana reluctantly
  tener ganas de to feel like
ganado *m.* flock; cattle
ganador (*adj.*) winning
ganar to earn; to win; to win over; to gain
garaje *m.* garage
garantizar to guarantee
garganta *f.* throat
garza *f.* heron
gastado run down, worn out
gastar to spend; to waste; to wear out
gatillo *m.* dentist's forceps; trigger
gato *m.* cat
gaucho *m.* herdsman; skilled horseman
gaveta *f.* drawer
gemir to moan
genealogía *f.* genealogy
generación *f.* generation
generacional generational
  barrera generacional generation gap
general (*adj. & m. n.*) general
  colector general tax collector
  en general in general, generally
  por lo general generally
generalmente generally
género *m.* gender; genre
generosidad *f.* generosity
generoso generous
Génesis *m.* Genesis
gente *f.* people, folks; race; nation
gerundio *m.* gerund
gesto *m.* gesture
gigante giant
gigantesco gigantic
girar to roll; to turn
gitano *m.* gypsy
glacial icy
  respiraba un olor glacial your (*for.*)/his/her/its breath was icy

gloria *f.* glory
gobelino *m.* French tapestry
gobierno *m.* government
gofio *m.* roasted maize, roasted cornmeal
golondrina *f.* swallow (*bird*)
golosina *f.* delicacy; goody, treat
goloso sweet-toothed, eager
golpe *m.* blow, stroke, hit, knock
  de golpe suddenly
  golpe de estado *m.* coup d'état, overthrow
golpear to hit
golpecito *m.* (*dim.* **golpe**) tap
gordo fat; heavy; rash
gorjear to gurgle; to warble
gorra *f.* cap
gorro *m.* cap
gota *f.* drop
gotear to drip
gotera *f.* leak
gótico Gothic
gozar to enjoy, to delight in
gozne *m.* hinge
grabar to engrave
  grabárselo en la memoria to memorize it
gracejo *m.* wit
  con gracejo wittily
gracia *f.* grace
gracioso witty, amusing; graceful; pleasing
grado *m.* degree; grade, class
  pasar de grado to be promoted a grade level
gradualmente gradually
gran great, large (*before* masculine singular)
grande big, large; great
grandeza *f.* grandeur
granizo *m.* hail
granja *f.* farm
granjero *m.* farmer
grano *m.* grain
grasa *f.* fat, grease
gratificación payment
gratis free
gratitud *f.* gratitude
grato pleasant

grave grave, serious
grieta *f.* crevice, fissure
gringa *f.* non-Hispanic American, United States female
gringo *m.* non-Hispanic American, United States male
gris gray
gritar to shout
grito *m.* shout, cry, scream
grueso big; thick; heavy
gruñir to growl
grupa *f.* hindquarters
grupo *m.* group
gualicho *m.* evil spell
guapo handsome
guardar to guard, to watch over; to protect; to put away; to save, to keep; to put; to show; to observe
  guardar memoria to remember
  guardar silencio to remain silent
guardia *f.* guard
güero blond
guerra *f.* war
guerrera *f.* tunic
guerrero *m.* warrior
guiño *m.* wink
guión *m.* script
  guión de cine movie script
guionista *m. & f.* script writer
guiso *m.* stew
gustar to be pleasing
  gustar de to like to, to take pleasure in
gustativo relating to the sense of taste
gusto *m.* taste; like; pleasure
  a gusto content, happy
  darle gusto to please
  darse el gusto to give oneself the pleasure, to enjoy

H

haber (*aux. v.*) to have
  haber de (+ *inf.*) to be to (do something); to have to (do something)

había que (+ *inf.*) one had to (do something)

había there was, there were

habichuela bean

habitación *f.* room; dwelling, residence

habitante *m. & f.* inhabitant

habitar to inhabit

habituado accustomed

habituar to accustom

hablar to speak

habría que ver we would just have to see

hacer to make; to do

  desde hace horas for hours

  hace (+ *time*) (*time*) ago, for (*time*)

  hace rato a little while ago

  hacer calor to be hot, to be warm (*weather*)

  hacer daño to hurt, to harm

  hacer de to act, to perform

  hacer el papel to play the role

  hacer frío to be cold (*weather*)

  hacer mal tiempo to have bad weather, to be bad weather

  hacer preguntas to ask questions

  hacer ruido to be noisy

  hacer un viaje to take a trip

  hacerse to become, to turn into

  hacía rato for quite a while

  haga buches gargle

  hecho (*p.p.* **hacer**) done, made

  mandar hacer to have made

  no hacer caso de to ignore

hacia toward, in the direction of

  volverse atrás to go back

hada *f.* fairy

haga (*for. com.* **hacer**) make

  haga buches gargle

¡Hala! Pull!

hallar to find

hambre *f.* hunger

  pasar hambre to be hungry

  tener hambre to be hungry

harén *m.* harem (of mares)

harina *f.* flour

harto tired, fed up

  estar harto de to be fed up with

hasta until; to; as far as; even

  hasta que until

hay there is, there are

haz *m.* bundle

haz (*fam. com.* **hacer**) do

  haz por oír try to hear

he here is

hebra *f.* thread

hechizado bewitched, enchanted

hechizo *m.* spell

hecho *m.* fact, event

hecho (*p.p.* **hacer**) made; done; transformed

helado *m.* ice cream

helado (*adj.*) frozen; icy

helar (ie) to freeze

  helarse (ie) to freeze, to harden

hembra *f.* female

heno *m.* hay

  pilas de heno haystacks

heráldico heraldic

  rama heráldica noble lineage

heredar to inherit

herencia *f.* inheritance

herida *f.* wound

herido hurt, wounded

herir (ie,i) to wound

hermana *f.* sister

hermanito *m.* (*dim.* **hermano**) little brother

hermano *m.* brother

  hermanos *m. pl.* brothers; siblings

hermoso beautiful, lovely; handsome

hermosura *f.* beauty

héroe *m.* hero

herrado shod

hervido (*p.p.* **hervir**) boiled

hervir (ie,i) to boil

Hesperidina Hesperidin (*a white crystalline glucoside found in citrus fruit*)

hice (*pret.* **hacer**) I made; I did

hielo *m.* ice

hierba *f.* grass

hierro *m.* iron

  pulmón de hierro (*in Puerto Rico*) *m.* iron lung machine

hija *f.* daughter

hijo *m.* son

  hijos *m. pl.* children; descendants

hilera *f.* row

hilito *m.* (*dim.* **hilo**) little thread

hilo *m.* thread, wire

hinchado swollen, puffed up

hinchar to swell

hirmán (hermana) *f.* sister

hirsuto hairy

  cejas hirsutas *f.* hairy brows

hispano Hispanic

histeria *f.* hysteria

historia *f.* history; story

histórico historical

hito *m.* guidepost, milestone

  de hito en hito squarely, directly

hizo (*pret.* **hacer**) you (*for.*)/he/she/it made, did

  se me hizo un nudo I got a lump

hocico *m.* snout

hogar *m.* fireplace, hearth; home

  claridad de hogar household light

hoguera *f.* bonfire

hoja *f.* leaf; sheet of paper; page; lid

hojear to turn the pages of; to browse

holganza *f.* freeloading

hombre *m.* man

hombrecito *m.* (*dim.* **hombre**) little man

hombría *f.* manliness

  hombría de bien honor; honesty

hombro *m.* shoulder

  al hombro on their backs

  encogerse los hombres to shrug one's shoulders

homicidio *m.* homicide

hondo deep

honor *m.* honor

hora *f.* hour; time
  a las altas horas late at night
  a primera hora first thing in
    the morning
  ¿a qué hora? at what time?
  algunas horas a few hours
  desde hace horas for hours
  largas horas extended hours
hornear to bake in an oven
horno *m.* oven
horrorizado horrified
hosco sullen
hospitalidad *f.* hospitality
hostigar to harass
hoy today
  hoy (en) día nowadays
hoyo *m.* indentation
hubiera (*imp. subj.* **haber**) had
hubiese (*imp. subj.* **haber**) had
hubo (*pret.* **haber**) there was,
  there were
hueco hollow, empty
huella *f.* track
huerta *f.* orchard, large vegetable
  garden
huerto *m.* small garden, small
  orchard
hueso *m.* bone
huevo *m.* egg
  huevos de araña spider eggs
huir to flee
humano human
humareda *f.* cloud of smoke
humear to steam
humedecer to dampen,
  to moisten, to wet
húmedo humid
humilde humble
humillar to humiliate
humo *m.* smoke
hundir to submerge; to crush;
  to sag
huracán hurricane

I

idea *f.* idea
idílico idyllic
ídolo *m.* idol
iglesia *f.* church

ignorar not to pay attention to;
  to be unaware of
igual equal
  igual que equal to
ijar *m.* buttock
  ijares *m. pl.* flanks
iluminación *f.* illumination
iluminado illuminated
ilusión *f.* illusion
ilustrar to illustrate
imagen *f.* image
imaginación *f.* imagination
imaginado imagined
imaginarse to imagine
imborrable unchangeable
impaciencia *f.* impatience
impacientar to make (someone)
  impatient
  impacientarse to get impatient
impaciente impatient
impávido undaunted
imperfecto *m.* imperfect
imperio *m.* empire
impertinente impertinent
implicar to imply
importancia *f.* importance
importante important, significant
importar to be important
  no importa qué anything
imposible impossible
impreciso indefinite, vague
impregnar to impregnate, to fill
impresión *f.* impression
impresionar to impress
impresionante impressive
improvisado sudden; new
improviso unexpected,
  unforeseen
  de improviso unexpectedly
improvisto unexpected
impulsar to impel, to drive
impulso *m.* impulse
inauguración *f.* inauguration
incendiado set on fire
incendio *m.* fire
incidente *m.* incident
inclemente inclement,
  unfavorable
inclinado leaning, bent

inclinar to bend
  inclinarse to bend, to bow
incluso even
incómodamente uncomfortably
inconformidad *f.* nonconformity;
  impatience
inconsciente unconscious
inconveniente *m.* obstacle;
  objection
inconveniente (*adj.*)
  inconvenient; improper
incorporarse to sit up
incorrecto incorrect
incrédulo incredulous,
  unbelieving
increíble incredible
indagar to inquire
indeciso indecisive; vague;
  questioning
independencia *f.* independence
independientemente
  independently
indicado appropriate
indicar to indicate
indicativo *m.* indicative
indiferente indifferent
índole type, sort
indomable unbreakable,
  indomitable
indudable doubtless; inevitable
inesperado unexpected
inexorablemente relentlessly
inexpresado unexpressed
inexpresivo inexpressive
inextinguible inextinguishable
infancia *f.* childhood, infancy
infantil infant, infantile
infelicidad *f.* misery, unhappiness
infeliz unhappy
  ¡Infeliz de mí! Wretched me!
inferior inferior; lower
inferir (**ie,i**) to infer
infierno *m.* hell
infiltrar to infiltrate
infinitivo *m.* infinitive
infinito (*adj.*) infinite
infinito (*adv.*) greatly
inflamarse to become swollen, to
  become inflamed

influencia *f.* influence
informar to inform
informe shapeless, formless
infranqueable insurmountable
ingeniero *m.* engineer
ingenuidad *f.* candor; unaffected
   simplicity
   con ingenuidad innocently
inglés English
inhóspita unwelcoming
iniciar to initiate
injuriar to insult
injusto unjust
inmediatamente immediately
inmediato immediate
   de inmediato right away
inmenso big, immense
inmigración *f.* immigration
inmigrante *m. & f.* immigrant
inmóvil motionless
inmune immune
inmutarse to get perturbed
inocente innocent
inquietante restless; unsettling
inquieto restless, uneasy; worried
inquirir (ie,i) to inquire, to
   investigate
inquisición *f.* inquisition
insecto *m.* insect
insensible insensitive
inservible useless
insistencia *f.* insistence
insistir to insist
insolencia *f.* insolence,
   impudence
insolente insolent, impudent
insólito unusual
insomnio *m.* insomnia
inspección *f.* inspection
instalar to install
instante *m.* instant
instintivamente instinctively
institutriz *f.* governess
insultar to insult
insulto *m.* insult
integrar to incorporate, include
inteligencia *f.* intelligence
inteligente intelligent
intemperie *f.* outdoors

intención *f.* intention
intencionadamente intentionally
intencionado deliberate;
   knowing; loaded
intensidad *f.* intensity
intenso intense
intentar to try
intercalar to include, to
   intersperse
intercambio *m.* interchange
interés *m.* interest
interesado self-interested
interesar to interest
   interesar por to be interested in
intereses *m. pl.* (**interés**)
   interests; property
interior *m.* inside
   interponerse to intervene, to
   intercede, to get in the way
interpretación *f.* interpretation
interpretar to interpret
intérprete *m. & f.* actor,
   performer
interrogación *f.* question mark;
   inquiry
interrumpir to interrupt
intervenir to intervene, to
   mediate
íntimo intimate; close
intrusión *f.* intrusion
inusitado unusual
inútil useless
inutilmente uselessly, to no avail
invadir to invade
inválido handicapped
inventar to invent, to concoct
invernar (ie) to winter
invicto unconquered
invierno *m.* winter
invisible invisible
invitar to invite
inyección *f.* injection
ir to go
   ir a (+ *inf.*) to be going to (do
   something)
   ir a casa to go home
   irse to go away
   irse desgajando to separate
   oneself

   que se vaya that you (*for.*)/he/
   she/it go away
   vámonos let's go
   vete (*fam. com.* **irse**) go away
ira *f.* anger
irguió (*pret.* **erguir**) you (*for.*)/he/
   she/it put up straight;
   straightened
   se irguió (*pret.* **erguirse**) you
   (*for.*)/he/she/it stood erect
ironía *f.* irony
irradiar to give off
irregular irregular
irresistible irresistible
irritante irritating
irritar to irritate
irrumpir to burst in
itálica italic
izquierda *f.* left hand; left-hand
   side
   a la izquierda left, on the left,
   to the left

J

¡Ja! (*interj.*) Ha!
jadeante panting
jalar to pull
   jalar del brazo to pull by the arm
jamás never
jáquima *f.* halter
jardín *m.* garden
jardincito *m.* (*dim.* **jardín**) little
   garden
jarra *f.* jar
jefe *m. & f.* chief; boss; leader
jerarca *m.* head
jerarquía *f.* hierarchy
jinete *m.* cavalry rider; horseman
jocote *m.* plum
joven *m. & f.* youth, young
   person
joven (*adj.*) young
joya *f.* jewel
   joyas *f. pl.* jewelry, jewels
joyería *f.* jewelry store
jubilarse to retire
judías secas *f.* dried beans
juego *m.* game
   juego de azar game of chance

jugar (ue) to play
  jugar a las muñecas to play with dolls
juguete *m.* toy
juguetear to toy; to frolic, to dally
junco *m.* rush, reed
junta *f.* group
  junta de protección a animalitos society for the protection of animals
juntar to join
  juntarse to assemble
junto joined; united
junto *(adv.)* together; at the same time
  junto a near, close to, next to
  junto con along with, together with
juntos together
jurar to swear; to promise upon an oath; to take an oath
juramento *m.* oath
justamente exactly, precisely
justicia *f.* justice
justicieramente strictly; fairly
justificar(se) to justify
justo just, equitable, fair; exact
  veinte justos exactly twenty
juventud *f.* youth
juzgar to judge

K

kiosco *m.* kiosk

L

la the; her; it; you *(for.)*
labio *m.* lip
  mordiéndose los labios biting his/her lips
labor *f.* labor, task
labranza *f.* farming
  tierra de labranza farming land
labriego *m.* farmer, peasant
lacio straight
lacito *m. (dim.* **lazo)** little tie
ladera *f.* hillside
ladino astute

lado *m.* side; direction
  al lado next to; to the side
  de lado tilted
  de lado a lado from side to side
  de un lado from one side
ladrar to bark
  no oyes ladrar you don't hear barking
ladrido *m.* bark, barking
ladrillo *m.* brick
ladrón *m.* thief
lagarto *m.* alligator
lago *m.* lake
lágrima *f.* tear
  de lágrimas with tears
laguna *f.* small lake
lamentablemente unfortunately
lamentación *f.* sorrow; mourning
lamentar to mourn
lamer to lick
lámpara *f.* lamp
lana *f.* wool
lanchita *f.* small boat
langosta *f.* locust; lobster
lanza *f.* spear
lanzar to hurl; to fling; to release
  lanzarse to plunge
lapicera *f.* fountain pen
lapicero *m.* pencil; mechanical pencil with an adjustable lead
lápiz *m.* pencil
  lápiz de labios *m.* lipstick
largarse to leave
largo long, extended
  a lo largo (de) along, throughout
lasitud *f.* weariness
lástima *f.* pity; sorrow
  dar lástima to be pitiful
  tener lástima to take pity, to feel compassion
lastimar to bruise; to hurt; to injure
lastimero plaintive
lata *f.* tin, tin can
lateral side
latigazo *m.* lash, whiplash
látigo *m.* whip
latir to beat (a heart)

lavadero *m.* laundry shed
lavar(se) to wash
lazo *m.* rope; tie, bond
lealtad *f.* loyalty
leche *f.* milk
  leche condensada condensed milk
lecho *m.* bed
lector *m.* reader (male)
lectora *f.* reader (female)
lectura *f.* reading
leer to read
lejanía *f.* distance: distant place
lejano remote, distant
lejos far, far away
  a lo lejos in the distance
  desde lejos from a distance, from afar
lengua *f.* tongue; language
  ató su lengua she/he prevented herself/himself from speaking
lenguaje *m.* language
lentamente slowly
lentitud *f.* slowness
  con lentitud slowly
lento slow
leña *f.* firewood
levantado raised
levantar to raise, to lift, to elevate
  levantarse to stand up, to get up; to straighten up
leve light
ley *f.* law
leyenda *f.* legend
leyendo *(pres. p.* **leer)** reading
leyera *(imp. subj.* **leer)** I read
leyó *(pret.* **leer)** you *(for.)*/he/she read
liado rolled up
liberar to free, to liberate
libertad *f.* liberty, freedom
libre free
librería *f.* bookstore
libro *m.* book
  libro de ventas *m.* salesbook
licor *m.* liquor
lienzo *m.* canvas
  toldo de lienzo *m.* canvas awning

ligeramente slightly
ligero light
lila lilac
limeño (*adj.*) from Lima, Peru
limitar to limit
limonada *f.* lemonade
limpia *f.* clean; cleansing
limpiar to clean; to wipe
limpiecito (*dim.* **limpio**) quite clean
limpieza *f.* cleaning
limpio clean
lindante bordering
lindar to adjoin; to border
linde *m.* boundary, border
lindo pretty, nice; fine; perfect
línea *f.* line
  línea a línea line by line
linterna *f.* lantern
liquidación *f.* liquidation, sale
lírico lyric
lista *f.* list
  pasar la lista to take roll
listo clever, sharp; quick, alert; ready
literalmente literally
literario literary
literatura *f.* literature
litro *m.* liter
living *m.* living room
llama *f.* flame
llamada *f.* call
llamar to call; to name; to invoke; to attract
  llamar la atención to attract
  llamarse to be called; to be named
llamarada *f.* flare
llano *m.* plain
llanto *m.* weeping
llanura *f.* smoothness; plains
llave *f.* key
llegada *f.* arrival
llegar to arrive
  al llegar upon arriving
  llegar a (+ *inf.*) to go as far as; to (do something); to succeed in (+ *-ing*)
llegue (*pres. subj.* **llegar**) arrive

llenadero *m.* container; bottom
  no tenías llenadero you couldn't be filled
llenar to fill
  se me llenaron los ojos my eyes filled up
lleno full; plenty
llevar to take; to lead to; to wear; to have
  llevar a cabo to carry out, to accomplish
  llevar preso to take prisoner
  llevarse to get along; to take; to carry; to put
  llevarse la suerte to be lucky
llorar to weep (over), to mourn, to lament; to cry
lloriquear to cry
llorón *m.* cry baby
lloroso tearful
llover (ue) to rain
lluvia *f.* rain
lo the; him, it; you (*for.*)
  lo de about
  lo demás the rest
  lo mismo just the same; the same thing
  lo que that which, what
  lo que sea whatever it might be
  los demás the others
loción *f.* lotion
loco mad, crazy
locura *f.* insanity; folly
lodo *m.* mud
lograr to get, to obtain; to achieve, to attain
logro *m.* achievement
loma *f.* small hill, hillock
lomo *m.* back
loza *f.* porcelain; crockery
lozano abundant; lush
lucha *f.* fight; quarrel; struggle
luchar to struggle
luciente shining, bright
lucir to show off; to show up; to look
luego later, afterward
lugar *m.* place
  a como dé lugar somehow

  en lugar de instead of
  tener lugar to take place
lúgubre lugubrious, mournful
lujo *m.* luxury, extravagance
  de lujo luxurious, extravagant
luminoso luminous, bright
  puntos luminosos bright mirrors
luna *f.* moon
  la luna venía saliendo the moon was coming out
  luna de miel honeymoon
lunes *m.* Monday
lúpulo *m.* (*botanical*) hops
lustroso shining
luz *f.* light, lighting
  a la luz in the light
  a media luz half lit
  dar a luz to give birth

M

macho male; strong
macizo solid; massive
  maciza cadena heavy leash
macramé *m.* macramé (*coarse material tied into decorative geometric designs through special knots*)
madama *f.* a flowering plant
madeja *f.* skein
madera *f.* wood
madero *m.* board
madrastra *f.* stepmother
madre *f.* mother
madrina *m.* godmother
madrugada *f.* early morning, dawn
madrugador *m.* early riser
madurez *f.* maturity
maduro ripe
maestra *f.* teacher
maestranza *f.* work area; riding club; artillery repair shop
maestro *m.* teacher
mágico magical
magullar to bruise
maíz *m.* corn
majada *f.* fold
majestuoso majestic

mal *m.* evil; harm
mal (*adj. & adv.*) bad
maldad *f.* wickedness, evil
maldecido cursed
maldecir to curse
maldición *f.* curse
maldito wicked, damned;
    wretched
  ¡Maldita sea! Dammit!
malhumorado in a bad mood
malicia *f.* suspicion, malice;
    wickedness
malicioso malicious; wicked
maligno evil
malísimo extremely bad
malnutrido malnourished
malo bad; evil; ill; poor; naughty
  malos pasos bad ways
  por malo que no matter how
    bad
maltrecho battered, worn
malva purple, mauve
mamá *f.* mom, mama
manada *f.* herd
manantial *m.* spring, fountain;
    source
mancar to maim
mancha *f.* stain
manchado stained; clouded
manchar to spot; to stain; to
    cloud
mandado *m.* errand
  mandados *m.* groceries
mandar to command, to order;
    to send
  mandar hacer to have made
mandato *m.* command
mandíbula *f.* jaw
manecita *f.* (*dim.* **mano**) little
    hand
manejar to drive; to manage; to
    direct
manera *f.* manner, way
  a la manera de in the manner
    of; like
  a manera de in the form of
  de manera que so that
  de todas maneras anyway
manga *f.* sleeve

manguera *f.* (garden) hose
manifestación *f.* public demon-
    stration; manifestation
manifestar (ie) to show, to
    manifest
mano *f.* hand
  de la mano hand in hand
  echar mano a to grab
  pedir la mano to ask for (her)
    hand in marriage
manso gentle
manta *f.* poncho; blanket
mantener to support
  mantenerse to remain
mantequilla *f.* butter
  mantequilla recién batida *f.*
    freshly made butter
manzana *f.* apple
maña *f.* skill
mañana *f.* tomorrow; morning
  de la mañana in the morning
  por la mañana in the morning
  todas las mañanas every
    morning
mañanita *f.* bed jacket
mapa *m.* map
maquillaje *m.* makeup
máquina *f.* machine
maquinal machine-like
maquinaria *f.* machinery
maquinista *m. & f.* machinist
mar *m.* sea
maravilla *f.* marvel
maravillar to astonish
maravilloso wonderful,
    marvellous
marca *f.* mark; make, brand
marcar to mark
marcha *f.* course; march
marchar to march; to run; to
    work; to leave; to progress
  marcharse to leave, to go away
marchito tired; withered
marco *m.* frame; setting,
    backdrop
mareado nauseated, sick
margen *f.* border; area
marido *m.* husband
marina *f.* Navy

marinero *m.* sailor
mármol *m.* marble
martillar to hammer
martillazo *m.* blow with a
    hammer
mas (*conj.*) but
más (*adv.*) more, most
  a más de besides, in addition to
  cuando más at most
  de más extra; for nothing
  más adelante further on; later
  más allá beyond
  más bien rather
  más de (+ *number*) more than
    (+ *number*)
  más no poder to the utmost
  más que more than
  más tarde later
  más temprano earlier
  nada más nothing more
  no poder más to be no longer
    able to stand something
masa *f.* mass
mascota *f.* mascot; pet
masculino male; masculine
masticar to chew
matador *m.* killer
matar to kill
matanza *f.* killing, slaughter
mate *m.* South American tea
material *m.* material
matica *f.* (*dim.* **mata**) little plant
matices *m. pl.* (*s.* **matiz**) tints,
    shades, hues
matinal matutinal, morning
matiz *m.* tint, shade, hue
matricular to enroll
matrimonio *m.* matrimony,
    marriage
matrona *f.* matron
maullar to meow
mayólica *f.* majolica ware,
    enameled tile
mayor older; larger; greater;
    oldest; largest; greatest
  de mayor a menor from largest
    to smallest
  misa mayor High Mass
mayordomo *m.* estate manager

mayoría *f.* majority
mecánico mechanical
mecer to rock
medalla *f.* medal
medallón *m.* medallion
media *f.* stocking; half-past (*when used with time expressions*)
medias *f. pl.* socks; stockings
medicina *f.* medicine
médico *m.* physician, doctor
médico (*adj.*) medical
medida *f.* measure
 a medida que in proportion to, as
medidor de luz *m.* electricity meter
medio half; middle
 de por medio between
 Edad Media Middle Ages
 en medio de in the middle of
 media docena half dozen; six
 media luz half lit
 medio camino halfway
 medio cerrar half closed, to half-close
 por medio de by means of
mediodía *m.* midday, noon
medir (i,i) to measure
 medirse to size each other up
meditación *f.* meditation
meditar to meditate
medroso frightened
mejilla *f.* cheek
mejor (*adj.*) better; best; highest
 a lo mejor perhaps, maybe
mejor (*adv.*) better; best
 mejor dicho rather
mejorar to improve
melancolía *f.* melancholy; gloom
mella *f.* scratch
memoria *f.* memory; account, record
 de memoria by heart
 grabárselo en la memoria to memorize it
 guardar memoria to remember
memorizar to memorize
mencionar to mention

mendigar to beg
 en actitud de mendigar in the posture of begging
menor smaller; younger; slight; less; smallest; youngest; least
 de mayor a menor from largest to smallest
menos less, least; fewer; fewest; except for
 a lo menos at least
 al menos at least
 cuando menos at least
 menos que less than
 por lo menos at least
 venidos a menos come to nothing
mensaje *m.* message
mente *f.* mind
mentir (ie,i) to lie, to speak falsely
menudo minute, tiny
mercader *m.* merchant
mercadería *f.* merchandise
mercancía *f.* merchandise
mercería *f.* notions store, haberdashery
merecer to deserve, to merit
 merecido deserved
merienda *f.* snack; small meal
merodear to pillage
merqué (compré) I bought
mes *m.* month
mesa *f.* table
mesarse to pull out (hair)
meseta *f.* plateau
metáfora *f.* metaphor
metálico metal, metallic
meter to put in, to insert; to put
 meterse to interfere; to choose (*a profession*); to put oneself; to enter
metro *m.* meter; subway
mexicano Mexican
mezcla *f.* mixture
mezclar to mix
mi (*poss. adj.*) my
mí (*obj. of prep.*) me
 mí mismo myself
 Infeliz de mí! Wretched me!

miedo *m.* fear, dread
 tener miedo to be afraid
miel *f.* honey
 luna de miel *f.* honeymoon
mientras while; whereas
 mientras que while; whereas
 mientras tanto meanwhile
miércoles *m.* Wednesday
 miércoles de ceniza Ash Wednesday
migas *f. pl.* crumbs
Miguel Ángel Michelangelo
mil thousand, a thousand, one thousand
milagro *m.* miracle
milagroso miraculous
militar military
milla *f.* mile
millar *m.* thousand
millón *m.* million
mimado spoiled, pampered
mimbre *m.* willow twig
mina *f.* mine
mineral *m.* mineral; mine
minero *m.* miner
minero (*adj.*) mining
mintiendo (*pres. p.* **mentir**) lying
minuciosamente minutely
minuto *m.* minute
mío (*poss. adj. & pron.*) mine
mirada *f.* glance, look, gaze
mirar to look (at); to face; to watch
 mirar de reojo to look askance
mirra *f.* myrrh
misa *f.* mass, Catholic church service
 misa mayor High Mass
mísero very poor
miseria *f.* poverty
mismo same, similar; self; itself
 ahí mismo right there
 ahora mismo right now
 Así mismo. Exactly.
 conmigo mismo with my own self
 Es la misma vaina. It's the same thing.
 lo mismo just the same; the same thing

mí mismo myself
sí misma herself
yo mismo myself
míster *m.* Mr., mister
misterio *m.* mystery
misterioso mysterious
mitad *f.* half
mito *m.* myth
mocetón strapping lad
mocho blunt; flat
  su español mocho your (*for.*)/
    his/her broken Spanish
mociña (muchacha) *f.* girl
mocito *m.* (*dim.* **mozo**) little boy
moda *f.* fashion
modelar to model, to form
modernista *m.* modernist
modesto modest
modificar to modify
modo *m.* mood; mode; way,
  manner
  de este modo in this way
  de tal modo que so much so
    that; in such a way that
  de un modo que with the result
    that
mojado wet
  azul mojado intense blue
mojar to wet, to moisten
  mojarse to get wet
molde *m.* mold, cast
mole *m.* mass
molestar to disturb; to bother, to
  annoy; to tire
molestia *f.* hardship, bother
molesto bothersome
molino *m.* mill
momento *m.* moment
  a partir de ese momento from
    that moment on
  al momento immediately
  de momento for a moment
moneda *f.* coin, money
montaña *f.* mountain
montar mount; to ride
  montar a caballo to ride
    horseback
monte *m.* mountain, mount
montón *m.* heap, pile

montuno rustic
monumento *m.* monument
moño *m.* bun, chignon (hairstyle)
moral moral
moraleja *f.* moral (*of a story*)
morder (ue) to bite; to pierce
moreno brunette; dark
morir(se) (ue,u) to die
  morirse de felicidad to be
    extremely happy
mortificación *f.* mortification
mortificado mortified
mosaico *m.* mosaic
mostrador *m.* store counter
mostrar (ue) to show, to exhibit
motivar to motivate, to drive
motivo *m.* motive; reason;
  grounds
motor *m.* motor
movedizo moving, shifting
mover (ue) to move; to stir up
  moverse (ue) to move; to be
    moved
movimiento *m.* movement
mozo *m.* boy, waiter; servant
muchacha *f.* girl; servant, maid
muchacho *m.* boy; servant
muchedumbre *f.* multitude,
  crowd
muchísimo very much
mucho much, a lot of, a lot
  muchas veces often
mudada *f.* move, moving
  (*residence*)
mudado moved (*residence*)
mudanza *f.* move (*residence*)
mudarse to move (*residence*)
mudo dumb, mute; silent
muebles *m. pl.* furniture
muela *f.* tooth
muellemente smoothly
muerte *f.* death
muerto dead
muestrario *m.* display case
mugir to moo
mujer *f.* woman; wife
mujeriego *m.* ladies' man,
  womanizer
mulo *m.* mule

multiplicar to multiply
multitud *f.* multitude
mundo *m.* world
municipio *m.* town
muñeca *f.* wrist; doll
muñeco *m.* puppet; male doll;
  mannequin
  muñeco de peluche stuffed
    animal
murciélago *m.* bat
murió (*pret.* **morir**) died
murmurar to whisper, to
  murmur
  apenas murmurado barely
    whispering
muro *m.* wall
musa *f.* muse
músculo *m.* muscle
museable a museum piece
música *f.* music
musical musical
muslo *m.* thigh
mustio melancholy, sad, wilted
mutuamente mutually
mutuo mutual
muy very

N

na' (nada) nothing
nacer to be born
nacido born
nacimiento *m.* birth
nada *f.* nothing
  nada más nothing more
nadar to swim
nadie no one
naftalina *f.* naphthalene
narices *f. pl.* (**nariz**) noses
  dejar a uno con un palmo de
    narices to disappoint one of
    success
nariz *f.* nose
narración *f.* narration
  narración corta *f.* short
    narrative
narrador *m.* narrator
narradora *f.* narrator
narrar to narrate
natal natal, native

natalicio *m.* birthday
natural natural
naturaleza *f.* nature; disposition, temperament
naturalmente naturally
navaja *f.* knife
neblina *f.* fog
necesario necessary
necesitado needy
necesitar to need
necio stupid, foolish
negar (ie) to deny
negocio *m.* business; affair
negro black
negruzco blackish
nena *f.* my little one, girl
nerviosísimo extremely nervous
nervioso nervous
nevado snow-covered
ni neither, nor
  ni siquiera not even
nido *m.* nest
niebla *f.* fog
niegues (*fam. neg. subj.* **negar**) deny
nieta *f.* granddaughter
nieto *m.* grandson
  nietos *m. pl.* grandchildren
nimio minor
ninguén (ninguno) nobody
ningún no, not any (*before masculine singular nouns*)
ninguno (*adj. & pron.*) no, not any; none; neither; neither one
  en ninguna parte nowhere
niña *f.* girl
niñez *f.* childhood
niño *m.* child; boy
  niños *m. pl.* children
níquel *m.* nickel
nivel *m.* level
no no
  decir que no to say no
  no es nada you are welcome
  no obstante nevertheless
  si no otherwise
noble noble; generous

noche *f.* night; darkness
  a la noche tonight
  de la noche of the night; at night
  de noche at night, by night
  por la noche at night
nombrar to name, to appoint
nombre *m.* name; fame; reputation
noreste *m.* northeast
normal normal
noroeste *m.* northwest
norte *m.* north
norte (*adj.*) northern
norteamericano *m.* North American
nosotros we; us; ourselves
nostalgia *f.* nostalgia
nota *f.* grade, mark
  sacar las mejores notas to get the best grades
notable noteworthy
notar to notice, to note
noticia *f.* news; notice; information
novedad *f.* novelty; new book
novela *f.* novel
novelero fond of fiction
novelesco novelistic
novia *f.* fiancée; bride; sweetheart
noviazgo *m.* engagement, betrothal
noviciado *m.* novitiate
novidá (novedad) *f.* novelty
novio *m.* fiancée; bridegroom; sweetheart
nube *f.* cloud
nublado clouded
nublar to cloud
nuca *f.* nape of the neck
nudo *m.* knot
  se me hizo un nudo I got a lump
nueces *f. pl.* (*s.* **nuez**) walnuts, nuts
nuestro our
nuevamente again
nuevas *f. pl.* news

nuevo new
  de nuevo again
nuez *f.* walnut, nut
número *m.* number; size
nunca never
nupcial bridal
nutrir to nourish, to feed

Ñ

ñapa *f.* bonus

O

o or
objeto *m.* object
obligación *f.* obligation
obligar to oblige
obra *f.* work
  obras de restauración renovation work
obrero (*adj. & m. n.*) worker
o(b)scuridad *f.* obscurity; darkness
o(b)scuro dark; obscure
obsequiar to give, to present with; to offer
observación *f.* observation
observar to observe
obsesionar to obsess
obstáculo *m.* obstacle, hindrance
obstinación *f.* stubbornness
obstinado obstinate, stubborn
ocasión *f.* occasion, opportunity
occidental western
ocultar to hide, to conceal
oculto hidden
ocupar to occupy
ocurrir(se) to occur
  se me ha ocurrido it has occurred to me
  se nos ocurrió it occurred to us
odiado hated
odiar to hate
odio *m.* hatred
odioso hateful
ofensa *f.* offense
oficina *f.* office
oficio *m.* trade; function
ofrecer to offer, to present

ofrenda *f.* offering
ofuscado agitated
oído *m.* hearing; ear
  decir al oído to whisper
oigo (*pres.* **oír**) I hear
oír to hear; to listen
  haz por oír try to hear
  no oyes ladrar you don't hear
  oí gritar I heard (them) call out
  oír (+ *inf.*) to hear (+ *-ing*)
  oír decir to hear (*people*) say
ojalá would that; I hope
ojeada *f.* glance
ojera *f.* circle under the eye
ojillo *m.* (*dim.* **ojo**) little eye
ojo *m.* eye
  no pegar el ojo not to sleep a
  wink
  se me llenaron los ojos my
  eyes filled up
ola *f.* wave
olfatear to sniff
olfato *m.* sense of smell
olfatorio olfactory, relating to the
  sense of smell
oliente pungent-smelling
olivo olive tree
  verde olivo olive green
olla *f.* big cooking pot
ollita *f.* (*dim.* **olla**) little pot
olor *m.* odor, fragrance, smell
  respiraba un olor glacial your
  (*for.*)/his/her/its breath was
  icy
oloroso delicious-smelling
olvidado forgotten
olvidar(se) to forget
olvido *m.* forgetfulness; oblivion
onza *f.* ounce
opaco opaque
operación *f.* operation
operar to operate
opinar to think; to have an opinion; to pass judgment
opinión *f.* opinion
opíparamente splendidly
oprimir to press; to oppress
optimista *m. & f.* optimist
opuesto opposite

oración *f.* sentence
ordenar to order, to command; to
  put in an order
ordinariamente ordinarily
ordinario ordinary; normal
oreja *f.* ear
organización *f.* organization
organizar to organize
orgullo *m.* pride
orgulloso proud
oriental eastern
  Banda Oriental Uruguay
oriente *m.* East
origen *m.* origin
originalidad *f.* originality
orilla *f.* bank, shore
orinar to urinate
oro *m.* gold
  cuerpecillos de oro golden
  rays
ortografía *f.* spelling
oscurecer to darken, to grow
  dark; to dim
oscuridad *f.* darkness
oscuro dark, obscure
oso *m.* bear
oteando straining
otoñal autumnal
otro other, another
  otra vez again
  una y otra vez repeatedly
oveja *f.* ewe, female sheep
ovillo *m.* skein, wound, or
  entangled thread
oye (*fam. com.* **oír**) listen
oyendo (*pres. p.* **oír**) hearing
oyó (*pret.* **oír**) heard

P

pabellón *m.* pavilion area
pacer to graze
paciente patient
pacto *m.* agreement, pact
padre *m.* father
  padres *pl.* parents
padrino *m.* godfather
pagar to pay, to pay back; to treat
página *f.* page
paisaje *m.* landscape

país *m.* country
paja *f.* straw
  el techo de paja thatched roof
pájaro *m.* bird
palabra *f.* word
  decir palabra to speak
palacio *m.* palace
palangana *f.* washbasin
palanquero *m.* pile driver
palidecer to grow pale
palidez *f.* paleness
pálido pale, pallid
palito *m.* (*dim.* **palo**) little stick
palma *f.* palm
palmada *f.* pat, slap
palmo *m.* span of the hand,
  about nine inches
  **dejar a uno con un palmo de
  narices** to disappoint one of
  success
  palmo a palmo inch by inch
palo *m.* stick; post; pole
paloma *f.* dove
palpable palpable, tangible
palpar to touch
palpitante palpitating, burning
pampa *f.* pampas, plains
pan *m.* bread
  barra de pan loaf of bread
panorama *m.* panorama
pantalón *m.* pants, trousers
pantalla *f.* screen
pantufla *f.* slipper
panza *f.* belly
pañoleta *f.* triangular shawl
pañuelo *m.* handkerchief; shawl
papa *f.* potato
papá *m.* dad, papa
papagayo *m.* parrot
papel *m.* paper; role
  desempeñar un papel to
  perform a role
  hacer el papel to play the role
par *m.* pair
para for, in order to
  para con toward
  ¿para qué? for what reason?
  para que so that
  para siempre forever

parabellum *m.* pistol
parada *f.* parade
paradero *m.* whereabouts
paraíso *m.* paradise
parálisis *f.* paralysis
paralítico paralytic
paralizado paralyzed
parapetarse to shelter oneself
pararse to stop; to stand
¡Pardiez! Good Lord!
pardo brown
parecer to seem
  al parecer apparently
  parecerse a to resemble, to look
    alike
parecido like, alike; similar
pared *f.* wall
paredón *m.* thick wall
pareja *f.* pair, couple
parejo even; smooth
paréntesis *m.* parenthesis
pariente *m.* relative
parlanchino talkative, jabbering
párpados *m. pl.* eyelids
parque *m.* park; ammunition,
  arms
  parque de diversiones
    amusement park
parra *f.* grapevine
párrafo *m.* paragraph
parroquia *f.* parish
parte *f.* part, share; side
  a todas partes everywhere
  en ninguna parte nowhere
  la parte que a uno le toca to
    pertain to, to concern; to fall
    to the lot of; to be the turn of
  por otra parte on the other
    hand, in addition
Partenón *m.* Parthenon (temple
  in Athens, Greece)
participar to participate
participio *m.* participle
partidario *m.* supporter
partir to divide; to share; to
  depart; to shatter
  a partir de starting with
  partir el alma to break one's
    heart

pasado *m.* past
pasado past; gone by; done,
  spent; passed
pasador *m.* bolt
pasar to pass; to happen; to
  spend time; to move
  pasar de grado to be promoted
    a grade level
  pasar hambre to be hungry
  pasar la lista to take roll
  pasar para adentro to come in
  pasarse to pass
  Pase por adentro. Come in.
pascua *f.* Easter
pasear to move slowly
  pasearse to stroll; to pace
paseo *m.* walk
pasillo *m.* corridor
pasión *f.* passion
pasmar to amaze, to stun
  me pasmé I was astonished
paso *m.* step, footstep; pace
  aflojar el paso to slow down
  apretar el paso to quicken one's
    pace
  dar un paso to take a step
  malos pasos bad ways
pastar to graze
pastel *m.* pastry; cake
pasto *m.* pasture; grass
pastor *m.* shepherd
  perro pastor shepherd dog
pata *f.* paw
patente patent, evident, clear
paterno paternal
patio *m.* patio, yard, courtyard
patria *f.* homeland, country
patriótico patriotic
paulatinamente slowly;
  gradually
pausa *f.* pause
pava *f.* kettle
pavita *f.* (*dim.* **pava**) little kettle
pavo *m.* turkey; fool
  azul pavo peacock blue
  pavo real peacock
pavor *m.* fear
paz *f.* peace
peces *m. pl.* (*s.* **pez**) fish

pecho *m.* chest, breast; heart
  daba pecho was nursing
  salírsele del pecho to leap out
    from your (*for.*)/his/her chest
pedal *m.* pedal
pedalear (en) to pedal; to pump
  dejó de pedalear you (*for.*)/he/
    she stopped pedaling
pedazo *m.* piece
pedido requested
pedigree *m.* pedigree
pedir (i,i) to ask for; to beg; to
  solicit
  pedir la mano to ask for (her)
    hand in marriage
pedregullo *m.* gravel
pegar to hit, to strike, to beat,
  to slap; to press; to stick; to
  paste; to fasten
  no pegar el ojo not to sleep a
    wink
  te pega un tiro he/she will
    shoot you
pegado glued
peinado combed
peinado *m.* hairstyle
peinarse to comb one's hair
pelado bald, hairless
pelaje *m.* fur
peldaño *m.* step
pelear to fight; to struggle; to
  quarrel
película *f.* movie
peligro *m.* danger
peligroso dangerous
pelirrojo redhead
pelo *m.* hair
pelotón *m.* squad
peluche *f.* plush
  muñeco de peluche stuffed
    animal
pellejo *m.* skin, pelt
pena *f.* pain; shame; sorrow; pity
  Toque sin pena. Don't hesitate
    to knock.
  valer la pena to be worthwhile
penacho *m.* plume ornament
pendiente *f.* slope; earring
penetrar to penetrate; to enter

penoso painful

pensado planned

pensamiento *m.* thought

pensar (ie) to think; to intend to, to plan

  pensar de to think of (to offer an opinion of)

  pensar en to think of (to turn one's thoughts to); to think about

pensativo pensive, thoughtful

penumbra *f.* darkness

peor (*adj. & adv.*) worse; worst

pequeñez *f.* smallness

pequeño *m.* little one, child

pequeño small, little

percatar to perceive; to realize

perder (ie) to lose; to fade

  perder de vista to lose sight of

pérdida *f.* loss

  de pérdida en pérdida from loss to loss

perdido lost

perdón *m.* forgiveness

perdonar to pardon, to forgive

perdulario dissolute

perdurar to last

perfección *f.* perfection

perfecto perfect

  presente perfecto present perfect

perfil *m.* profile

perfumar to perfume

perico *m.* parakeet

periodista *m & f.* journalist

periódico *m.* newspaper

perla *f.* pearl

permanecer to remain

permanente permanent

permanentemente permanently

permitir to permit, to allow

pero but

perogrullada *f.* nonsense

perplejo puzzled, perplexed

perro *m.* dog; vermin

  perro pastor shepherd dog

persecución *f.* persecution

persistir to persist, to continue

persona *f.* person

personaje *m.* personage; character (in a literary work)

personalidad *f.* personality

personificación *f.* personification

perspectiva *f.* perspective

pertenecer to belong

pertenencias *f. pl.* belongings

peruano Peruvian

perverso perverted; wicked

pesadilla *f.* nightmare

pesado heavy, harsh; tiresome

pesar *m.* sorrow, regret

  a pesar de in spite of

pescador *m.* fisherman

pescar to fish

pescuezo *m.* neck

pesimista *m. & f.* pessimist

peso *m.* weight; burden; monetary unit in some Latin American countries

pestañear to blink

petardos *m. pl.* firecrackers

petróleo *m.* oil

pez *m.* fish

pezuña *f.* hoof

piano *m.* piano

piapiá (papá) *m.* father

picada *f.* trail

picado bitten

picar to poke; to puncture; to chop; to pick

picardía *f.* slyness, cunning

pico *m.* small quantity; pickax

pida (*pres. subj.* **pedir**) ask, request

pidiendo (*pres. p.* **pedir**) asking, begging

pidió (*pret.* **pedir**) asked for, requested

pie *m.* foot, base, bottom; caption

  de pie standing, firm, steady

  de pies muy andariegos very fond of walking

  ponerse de pie to stand up

  tenerse en pie to remain standing

piedad *f.* pity, mercy; piety

piedad *f. Pietá* (statue by Michelangelo)

piedra *f.* rock, stone

piel *f.* skin; leather

pierna *f.* leg

  estirando las piernas stretching his legs

pieza *f.* piece; room

pila *f.* pile, heap

pimpollo *m.* sapling

pintado painted, portrayed, depicted

pintar to paint; to hang around

  pintarse to depict, to describe

pinza *f.* tong

pipa *f.* pipe

  a pipa of a pipe

pique *m.* trail

piropo *m.* compliment

pisar to step on; to pound, to beat; to walk

  pisó tierra landed

piso *m.* floor; apartment

pistola *f.* pistol

pistoletazos *m. pl.* gunshots

pitada *f.* whistle, toot

pitillera *f.* cigarette case

pizcador *m.* picker

pizcar to pick

placentero pleasant

placer *m.* pleasure

plana *f.* page; side (of a sheet)

plano *m.* plan

  plano de la casa *m.* floor plan

  primer plano *m.* close up

  segundo plano *m.* medium shot

plantado fixed, placed

plantear to propose

plata *f.* silver; money

plateado silvered; silvery

platicar to talk

plato *m.* dish, plate

playa *f.* beach

plaza *f.* plaza; public square

plazo *m.* time

plegar to fold

plenitud *f.* fullness, plenitude

pleno full, complete

  en pleno in the middle of

plomo *m.* lead

  a plomo vertically; directly

pluma *f.* feather
plumero *m.* feather duster
poblador *m.* settler
población *f.* population
poblar to populate, to inhabit
pobre poor
  Pobre de ti. You poor thing.
pobreza *f.* poverty
poco little, small
  al poco rato in a little while
  poco a poco little by little
  pocos few
  ser poco to be of little
    importance
  un poco (de) a little
poder *m.* power
poder (ue) to be able, can
  a más no poder to the
    utmost
  no poder más to be no longer
    able to stand (something)
  poder con to be able to bear,
    to manage
poderío *m.* power
poderoso powerful
poeta *m. & f.* poet
póker *m.* poker
policía *f.* police
policial police
poltrona *f.* easy chair
polvera *f.* powder-box, compact
polvo *m.* dust
polvoriento dusty
pomo *m.* flask
poner to put, to place; to set (the
    table); to add; to make, to
    cause; to become
  al ponerse el sol at sunset
  ponerse to become
  ponerse a (+ *inf.*) to begin to
    (do something)
  ponerse colorado to get red in
    the face
  ponerse de pie to stand up
  póngase (*for. com.* **ponerse**)
    put yourself
  se puso a you (*for.*)/he/she/it
    began to
poniente *m.* west

por through, over; by, by means
    of; during; in; per; for
  de por aquí in the vicinity,
    around here
  por ahora for the present
  por anticipado in advance
  por aquí this way; through
    here; here; around here
  por completo completely
  por consiguiente consequently;
    therefore
  por cuestión de because of the
    matter of
  por dentro on the inside
  por efecto de as a result of
  por ejemplo for example
  por entonces around that time
  por eso for that reason,
    therefore
  por favor please
  por fin at last
  por la mañana in the morning
  por la noche at night
  por lo general generally
  por lo tanto for that reason
  por malo que no matter how
    bad
  por medio de by means of
  por primera vez for the first
    time
  ¿por qué? why?
  por supuesto of course
  por teléfono by telephone
  por última vez for the
    last time
porcelana *f.* porcelain
porcentaje *m.* percentage
porche *m.* porch, portico
pordiosero *m.* beggar
pormenor *m.* detail
porque because
  porque si because if
portal *m.* hallway, entrance
porte *m.* bearing
portento *m.* portent
portuario (*adj.*) port
porvenir *m.* future
posada *f.* inn; lodging
posadera *f.* innkeeper

posadero *m.* innkeeper
posar to perch
poseer to own
posesión *f.* possession
posibilidad *f.* possibility
posible possible
posición *f.* position; status
poste *m.* pole
posterior back; after
postigo *m.* shutter; gate
postizo false
póstumo posthumous
pote *m.* can, jar
potencia *f.* power
potrero *m.* fenced pasture
poyo *m.* stone seat or bench
pozo *m.* well; pit
preceder to precede
precepto *m.* precept
precio *m.* price
precipitadamente hastily
precipitado precipitate, hasty,
    rash
preciso necessary
precoz precocious
predicar to preach
predilecto favorite
preferible preferable
preferido preferred
preferir (ie,i) to prefer
pregonar to hawk, to peddle
pregonero *m.* town crier
pregunta *f.* question
  hacer preguntas to ask
    questions
preguntar to ask a question; to
    ask
premiado prizewinning
premio *m.* prize
prenda *f.* article of clothing or
    jewelry
prender to grasp, to catch; to
    fasten; to begin
prendido fastened, filled
preocupación *f.* preoccupation;
    worry
preocupado worried
preocupar to preoccupy
  preocuparse to worry

preparar to prepare
  prepararse to prepareoneself
preparativo *m.* preparation
prepotente high-handed, powerful
prescindir to do without, to omit
presencia *f.* presence
presentar to present, to show; to introduce
  presentarse to present oneself; to appear, to show up
presente present, actual
  presente perfecto present perfect
presentir (ie,i) to have a premonition of, to suspect
presión *f.* pressure
  presión de grupo peer pressure
preso imprisoned
  llevar preso to take prisoner
prestar to loan, to lend
  prestar atención to pay attention
prestigio *m.* prestige
presunto presumed, assumed
pretender to pretend, to claim
pretendiente *m.* suitor
pretérito *m.* preterite
pretexto *m.* pretext
pretil *m.* walk; edge
prevenido alert, vigilant
prevenir to prevent
prima *f.* cousin
primer first (*before masculine singular nouns*)
  primer plano *m.* close up
primera first, first of all
  a primera hora first thing in the morning
  por primera vez for the first time
primero *m.* first (one)
primitivo primitive
primo *m.* cousin
princesa *f.* princess
principio *m.* start, beginning; principle
  al principio in the beginning

prisa *f.* haste, rush, urgency
  con prisa hurriedly
  de prisa quickly, hurriedly
prisión *f.* imprisonment; prison
privado private
probable probable
probablemente probably
probar (ue) to try, to taste
  probarse (ue) to try on
problema *m.* problem
procurar to try; to obtain
producir to produce; to bring forth
productor *m.* producer (male)
productora *f.* producer (female)
produjo (*pret.* **producir**) you (*for.*)/he/she/it produced
profesión *f.* profession
profesor *m.* professor
profundo deep, profound; great
progenitor *m.* parent
prohibido forbidden
prohibir to forbid
prójimo *m.* neighbor
prometer to promise; to offer
promontorio *m.* high ground
prontamente promptly
pronto quick, fast; ready, soon
  de pronto suddenly
  tan pronto como as soon as
pronunciación *f.* pronunciation
propietario *m.* owner
propio proper, suitable; one's own
  amor propio self-esteem
  propia vida life itself
proponer to propose
proporcionar to provide
propuso (*pret.* **proponer**) you (*for.*)/he/she/it proposed
proseguir (i,i) to continue
prosiguió (*pret.* **proseguir**) you (*for.*)/he/she/it continued
protagonista *m. & f.* protagonist
protección *f.* protection
  junta de protección a animalitos society for the protection of animals
protector protective

proteger to protect
protesta *f.* protest
protestar to protest
provisión *f.* provision; supply, stock
provocar to provoke
proyección *f.* projection
proximidad *f.* proximity
próximo next; near; neighboring; close
Prusia Prussia
  azul prusia Prussian blue
púa *f.* sharp point, prick
público *m.* public
pude (*pret.* **poder**) I was able, I could
pudrir to rot
pueblo *m.* town; people
puente *m.* bridge
puerco *m.* pig
puerta *f.* door; gate
  puerta cancel screen door
puertecilla *f.* (*dim.* **puerta**) little door; gate
puertorriqueño *m.* Puerto Rican
pues then; well
puesto *m.* stall, stand
puesto (*p.p.* **poner**) put, placed; focused
  llevar puesto to wear
puesto *m.* booth; place; spot
pulgada *f.* inch
pulido polished
pulir to polish, to finish, to give polish to
pullover *m.* pullover
pulmón *m.* lung
  pulmón de hierro (*in Puerto Rico*) iron lung machine
pulsera *f.* bracelet
  reloj pulsera *m.* wristwatch
puna *f.* cold mountain wind; breathing difficulty
punta *f.* point
puntiagudo sharp, pointed
punta *f.* end; tip; point, toe of shoes
  punta de los dedos fingertips

punto *m.* point; stitch
  a punto de on the point of, about to
  al punto instantly
  punto de vista point of view
  puntos luminosos bright mirrors
puntual punctual
puñado *m.* handful
puñal *m.* dagger
puñetazo *m.* blow with the fist
puño *m.* fist
pupila *f.* pupil (eye)
pupitre *m.* desk
puro pure; sheer; clear; outright; out and out
púrpura *f.* purple in color
puse (*pret.* **poner**) I put, I placed; I pitched (a tent), I set up (a tent)
pusieron (*pret.* **poner**) you (*pl.*)/ they put, placed
puyar to jab (with a needle)

Q

que that which; who, whom
  el que he who
  más que more than
  ¿por qué? why?
  por qué why
  sino que (*conj.*) but
¡qué! (*interj.*) what! what a! how!
quebradizo brittle
quebrantado broken
quebrar (ie) to break
quedar to be left, to end up; to be located
  quedarle ajustado to fit
  quedarse to stay, to remain
  quedarse con to keep
quedito (*dim.* **quedo**) very quiet
quedo quiet, still; gentle
quehacer *m.* chore
queja *f.* moan; complaint
quejarse to complain
quejido *m.* groan
quejumbroso sighing; complaining
quemado burned

quemar to burn
querer (ie) to wish, to want; to love, to desire
  querer decir to mean
quiebre *m.* crack; failure
quien (*rel. pron.*) who, whom
quién (*interrog. pron.*) who, whom
quiera (*pres. subj.* **querer**) want
  cuando quiera whenever
quieras (*pres. subj.* **querer**) you may wish
quieto quiet, calm, still, tranquil
quietud *f.* quiet, calm, stillness
quise (*pret.* **querer**) I wanted
quisieras (*imp. subj.* **querer**) would you like
quiso (*pret.* **querer**) you (*for.*)/ he/she/it wanted
quitar to remove, to take off; to rob, to take away
quizás perhaps

R

rabia *f.* rage, anger
rabioso bad-tempered, rabid, mad, raging, furious
rabito *m.* (*dim.* **rabo**) little tail
rabo *m.* tail
racha *f.* gust of wind; spell, luck
  mala racha bad spell
racimo *m.* bunch
radio *m.* radius
ráfaga *f.* flash; gust of wind
raíz *f.* root (**raíces**)
rajar to crack
ralo thin
rama *f.* branch, bough
  rama heráldica noble lineage
ramilla *f.* small branch
ramita *f.* small branch
rancho *m.* ranch
rango *m.* rank, status
rapaza *f.* girl
rápidamente rapidly
rapidez *f.* rapidity
rápido rapid
  lo rápido how quickly
raquítico sparse, flimsy

raramente strangely; rarely
raro rare; strange
rascar to scratch
  rascarse to scratch oneself
rasgo *m.* characteristic
rastro *m.* trace
rata *f.* rat
rato *m.* short time; little while; period of time
  a ratos from time to time
  al poco rato in a little while
  en los ratos during the short times
  en ratos at times, for short periods
  hace rato a little while ago
  hacía rato for quite a while
  un rato a while
ratón *m.* mouse
raudamente swiftly
raya *f.* stripe
  a rayas striped
rayar to draw lines; to dawn, to begin (the day)
rayo *m.* beam, ray; thunderbolt
raza *f.* lineage, race
razón *f.* reason
  tener razón to be correct
razonable reasonable
reaccionar to react
real *m.* Spanish silver coin used in colonial times
realidad *f.* reality; truth
  en realidad really, truly,
realista realistic
realizar to accomplish
realmente really
reanudar to renew, to resume
reaparecer to reappear
reavivar to revive
rebelarse to rebel
rebosar to overflow
rebozar to baste, to muffle
rebullirse to stir, to begin to move
recargado resting
recargar to reload; to shift
  recargarse to lean
recelar to suspect

recelo *m.* fear, suspicion

receloso fearful, distrustful, suspicious

rechazar to reject

rechoncho chubby

recibir to receive

recién recently, just, newly

recientemente recently

recíproco reciprocal

recitar to recite

reclamar to claim

recluir to shut away

recobrar to recover

recoger to gather, to collect, to pick up

recomendar (ie) to recommend

recomenzar (ie) to begin again

recompensa *f.* compensation, return

reconfortante comforting

reconfortar to comfort, to encourage

reconocer to recognize; to admit; to acknowledge

reconocimiento *m.* recognition; acknowledgment

reconvenir to reprimand, to reproach, to rebuke

recordar (ue) to remember

recorrer to run over, to examine; to pass through

recortar to trim, to shorten; to outline

recostado reclining, reclined

recostar (ue) to lean back

   recostarse (ue) to lean, to lie against

recreo *m.* recreation; recess

rectamente directly

recuerdo *m.* memory

recular to back up

recuperar to recuperate

recurso *m.* resource

red *f.* screen; net; network

redoblar to redouble

redoble *m.* repeating; beating

redondo round

reducido reduced

reducir to reduce

reemplazar to replace

referencia *f.* reference

reflejar to reflect

   reflejarse to reflect, to be reflected

reflejo *m.* reflection

reflexión *f.* reflection

reflexionar to reflect

reflorecer to reflourish, to blossom again

refrán *m.* proverb, saying

refresco *m.* refreshment

refriega *f.* skirmish

refulgente brilliant

regalar to give, to present as a gift

regañar to scold; to quarrel

regarse to be spread

regato *m.* stream

regentar to run, to govern

regido ruled, governed

regocijo *m.* happiness

regresar to return; to go back

regreso *m.* return

reinar to reign

reino *m.* kingdom

reír (i,i) to laugh

reja *f.* iron gate

rejilla *f.* lattice; cane work

relación *f.* relationship

relacionar to relate

relampaguear to flash (as with lightning)

relatar to relate, to tell

relato *m.* story

releer to reread

religión *f.* religion

reloj *m.* clock, watch

   reloj pulsera wristwatch

relucir to shine

remar to row

rematar to top off, to crown

remedio *m.* remedy; choice

   sin remedio without help, without a solution; without fail

remendado mended, patched

remojar to soak

remolinar to whirl about, to spin

remolino *m.* whirl, flurry; whirlpool

remorderse (ue) to feel remorse

remordimiento *m.* remorse

remozado rejuvenated

remozar to rejuvenate

rencor *m.* rancor

rendija *f.* crack

renovación *f.* renovation

renovado renewed

renunciar to renounce; to reject; to forego

   renunciar a (+ *inf.*) to renounce (doing something)

reojo *m.* contempt

reparar to repair, to restore; to notice

repartir to distribute

reparto *m.* casting

repasar to go over

repaso *m.* revision; review

repente *m.* sudden outburst

   de repente suddenly

repetidamente repeatedly

repetido repeated

   repetidas veces repeatedly

repetir (i,i) to repeat

repitiendo (*pres. p.* repetir) repeating

replicar to reply, to answer

reponer to regain, to restore, to recover; to reply

reposado restful

reposar to rest

representación *f.* performance; representation

representar to represent; to perform; to act (a part)

reprimir to repress

reprochar to reproach

reproche *m.* blame

repuesto (*p.p.* reponer) reinstated

repuso (*pret.* reponer) you (*for.*)/ he/she/it replied

requebrada courted, wooed

requisito *m.* requirement, requisite

resaltar to stand out; to jut out

resbalar to slip; to glide

rescoldo *m.* ember
reseco dry, parched
reses *m. pl.* cattle
residuo *m.* residue
resignar to resign
resistencia *f.* resistance
resistir to resist
resolana *f.* patio
resolver (ue) to resolve; to solve, to decide on
resonancia *f.* resonance
resorte *m.* spring
   sillón de resortes *m.* padded dental stool
respaldo *m.* back (of a chair)
respecto *m.* relation; proportion, respect
   con respecto a with regard to
   respecto a considering; with regard to
respetable respectable
respeto *m.* respect
respirar to breathe
   respiraba un olor glacial his breath was icy
resplandor *m.* brightness
responder to answer, to respond
responsabilidad *f.* responsibility
respuesta *f.* answer
restañar to stop the flow of
restauración *f.* restoration, renovation
restaurado restored, repaired
restaurar to restore; to repair
resto *m.* rest, remainder
   restos *pl.* remains
restricción *f.* restriction
resuelto resolute, determined
resultado *m.* result
resultar to turn out to be
resumen *m.* summary
resumir to summarize
resurgir to resurge, to reappear
retacar to fill up
retardar to delay
retazo *m.* fragment
retener to stop, to withhold
retenes *m.* reinforcements
retirado distant, remote

retirar to retire; to hold; to pull back
   retirarse to withdraw, to retreat; to leave
reto *m.* challenge
retorcerse (ue) to wring, to twist; to writhe
retorno *m.* return
retratar to portray; to describe
retrato *m.* portrait; photograph; picture
retroceder to turn back, to go backward
retumbar to echo, to resound
retuvieron (*pret.* **retener**) you (*pl.*)/they held, retained
reunido gathered
reunir to gather, to assemble, to meet
revelar to reveal
revés *m.* reverse
revisar to inspect, to examine
revista *f.* magazine
revivir to revive; to relive
revolución *f.* revolution
revolcar (ue) to roll around
revolver (ue) to toss and turn
revólver *m.* revolver
revuelta *f.* revolt
revuelto tangled, messy
rey *m.* king
rezar to pray
riachuelo *m.* brook
ribazo *m.* steep bank
rico rich; wealthy; delicious; exquisite
riego *m.* irrigation
rienda *f.* rein
rifle *m.* rifle
rígidamente rigidly, strictly
rígido rigid, stiff
rigor *m.* harshness
rincón *m.* corner
riñón *m.* kidney
río *m.* river
riqueza *f.* wealth, richness
risa *f.* laughter
risueño cheerful
rivalidad *f.* rivalry

rizar to curl
robar to rob
roble *m.* oak
robo *m.* robbery, theft
roca *f.* rock
roce *m.* friction, contact; touch
rodar (ue) to roll; to revolve; to film
rodeado surrounded
   rodeado de surrounded by
rodear to surround; to go around; to encircle
   rodearse to turn, to twist, to toss about
rodeo *m.* campsite
rodilla *f.* knee
   de rodillas on one's knees, kneeling
roer to gnaw, to bite
rogar (ue) to implore, to entreat; to request
roído gnawed; corroded; damaged, destroyed
rojo red
rollo *m.* roll
romance *m.* ballad; verse
rombo *m.* rhombus
romper to break; to crack
   nos rompimos la cabeza we racked our brains
rompió (*pret.* **romper**) you (*for.*)/he/she/it broke
   rompió a sollozar you (*for.*)/he/she began to sob
ronda *f.* round
rondar to make the rounds of; to encircle
ropa *f.* clothing
rosa *f.* rose
rosal *m.* rosebush
rosca *f.* twist, spiral
   roscas de azúcar sugar donuts
rostro *m.* face
roto (*p.p.* **romper**) broken
rubio blond
rubor *m.* flush, blush
rudo rough, uneducated, unpolished, crude

rueda *f.* wheel
  silla de ruedas *f.* wheelchair
rugir to growl; to roar
ruido *m.* noise
  hacer ruido to be noisy
ruina *f.* ruin
rumbo *m.* bearing, course, direction
  rumbo a bound for, in the direction of
rumor *m.* rumor
rural rural
rutilante shining
rutina *f.* routine

S

sábado *m.* Saturday
  los sábados on Saturdays
sabedor informed, knowing
saber to know; to know how to
sabiduría *f.* wisdom; knowledge
sabor *m.* flavor
saborear to savor
sabroso delicious, tasty
sacar to get, to obtain; to pull out, to take out, to remove, to extract; to pull up; to draw to; to win
  sacar el gordo to win first prize
  sacar el premio to win the prize
  sacar la lotería to win the lottery
  sacar las mejores notas to get the best grades
  sacar notas to get grades
saciar to sate; to slake
saco *m.* sack, bag
sacrificio *m.* sacrifice
sacudida *f.* shake, jolt
sacudido shaking; shaken, dusted off
sacudir to shake; to shake off
  sacudirse to shake, to move
sacudón *m.* jerk, jolt
sagaz shrewd
sal *f.* salt
  cubierto de sal covered with salt

sala *f.* hall; drawing room; living room; room
  sala de clase classroom
  sala de espera waiting room
salamandra *f.* salamander
salida *f.* exit
  salida del sol sunrise
salido emerged
salir to leave, to go out, to come out; to go away, to depart; to result, to turn out
  la luna venía saliendo the moon was coming out
  salírsele del pecho to leap out from your (*for.*)/his/her chest
salita *f.* (*dim.* **sala**) little room
  salita de espera small waiting room
salón *m.* drawing room
saltar to jump; to leap, to hop; to burst; to crack
  saltar a to jump into
salto *m.* jump, leap, bound
  de un salto in a flash
saludo *m.* salute; greeting
salvar to save
salvo except, save
San Martín Saint Martin
sangre *f.* blood
sano healthy
santo *m.* saint
santo holy
  Viernes Santo Good Friday
sarnoso mangy
sartén *f.* frying pan
satín *m.* satin
sátira *f.* satire
satisfacción *f.* satisfaction
satisfacer (se) to satisfy
satisfaga (*pres. subj.* **satisfacer**) satisfy
satisfecho satisfied
  darse por satisfecho to consent; to be content
saya *f.* skirt; petticoat
se (*impersonal*) one; you; they
se (*refl. pron.*) yourself (*for.*); himself; herself; oneself; themselves

sé (*pres.* **saber**) I know
Sea. (*pres. subj.* **ser**) So be it.
secamente dryly
secar to dry, to wipe dry
  secarse to dry; to dry oneself, to get dry; to wither
seco dry
  en seco high and dry
secretamente secretly
secreto *m.* whispering; secret
secreto (*adj.*) secret
secundaria *f.* secondary school
secundario secondary
sed *f.* thirst
  tener sed to be thirsty
seda *f.* silk
seguida *f.* series, succession; following
  en seguida (enseguida) at once, immediately
seguido successive
  seguido de followed by
seguidor *m.* follower
seguir (i,i) to follow; to pursue; to continue
  seguir (+ *ger.*) to keep on (doing something)
según according to; as
segundo second
de segunda secondhand
seguramente surely, certainly
seguridad *f.* security, safety
seguro sure, certain; secure; safe; reliable; constant
sello *m.* postage stamp
semana *f.* week
  fin de semana weekend
sembrado planted
sembrar (ie) to sow, to seed, to plant
semi semi, half
semilla *f.* seed
semítico Semitic
sencillo simple
senda *f.* path
sendero *m.* path
seno *m.* bosom, breast
sensación *f.* sensation
sensual sensual

sentado seated

sentar (ie) to seat; to settle; to fit

  sentarse (ie) to sit, to sit down; to sit down to; to settle

sentido *m.* sense; meaning

sentido (*adj.*) felt; deeply felt; sensitive

sentimental sentimental

sentimiento *m.* sentiment; feeling; sorrow, regret

sentir (ie,i) to feel; to be or feel sorry for; to hear; to sense, to perceive

  sentirse (ie,i) to feel; to feel oneself to be; to be resentful; to crack

señal *f.* signal, sign

señalado scarred

señalar to point out; to point; to show; to signal; to mark

señas *f. pl.* address

señor *m.* Lord; sir, gentleman, Mr.; owner

señora *f.* madam, Mrs.; lady

sepa (*pres. subj.* **saber**) know

separación *f.* separation

separado separated

separar to separate

sepulcro *m.* sepulcher, tomb; grave

séquese (*for. com.* **secarse**) dry

sequía *f.* drought

sequoia *f.* sequoia (tree)

ser *m.* being; essence; life

  ser humano *m.* human being

ser to be

  ser de to belong to; to be made of; to be from

  ser poco to be of little importance

serie *f.* series

seriecito (*dim.* **serio**) pretty serious

serio serious; reliable; firm; strong

  en serio seriously

serpiente *f.* serpent, snake

serranías *f.* mountain valleys

servicio *m.* service

servir (i,i) to serve

  no se servía de ella he wasn't using

  servir de to serve as

  servirse to use

sesión *m.* session

seto *m.* hedge

severo severe

sexto sixth

si if

  como si as if

  como si le costara as if it were hard for him

  porque si because if

  si no otherwise

sí yes; indeed, itself

  ahora sí certainly now

  decir que sí to say yes

  eso sí that indeed

  por sí solo by itself

  sí misma herself

  sí mismo oneself/yourself/ himself

  sobre sí self-possessed

siembra *f.* sowing; sown field

siempre always

  como siempre as always

  desde siempre from the beginning of time

  para siempre forever

sierra *f.* mountain range

siesta *f.* afternoon nap, siesta

siete seven

siga (*for. com.* **seguir**) follow; continue

siglo *m.* century

significado *m.* significance; meaning

significar to signify, to mean

siguiendo (*pres. p.* **seguir**) continuing

siguiente following, next

silbar to whisle

silbido *m.* whistle

silencio *m.* silence

  guardar silencio to remain silent

silencioso silent

silla *f.* seat, chair; saddle

silla de ruedas wheelchair

silla voladora flying chair (an amusement park ride)

sillón *m.* armchair; chair; throne

  sillón de resortes dental stool

silvestre wooded; wild

simbolizar to symbolize

símbolo *m.* symbol

simpatía *f.* affection, attachment, liking, friendliness

  cobrarse simpatía to become fond of each other

simpático nice, congenial

simple simple

simplificar to simplify

sin without

  sin duda without a doubt, certainly

  sin embargo however; nevertheless

  sin remedio without help, without a solution; without fail

  sin siquiera without even

  toque sin pena don't hesitate to knock

sincero sincere

sinfonía *f.* symphony

siniestra *f.* left hand

sino but

  sino que but

sintiendo (*pres. p.* **sentir**) feeling

sinuoso winding

siquiera even; at least

  ni siquiera not even

  sin siquiera without even

siquiera (*conj.*) although, even though

sirena *f.* siren

sirvienta *f.* servant

sisear to hiss

sitio *m.* place, spot, location; room

situación *f.* situation

situado situated, located

situar to situate, to locate

sobrar to remain

sobre above, on, about

  de sobre on top of

  sobre sí self-possessed

sobre *m.* envelope
sobresalir to project; to hang out; to stand out, to excel
sobresaltado startled, shocked
sobresaltarse to be startled, to be frightened
sobresalto *m.* fright, scare
sobretodo *m.* overcoat
sobrevivir to survive
sobrino *m.* nephew
social social
sociedad *f.* society
soeces (*pl.* **soez**) dirty, vulgar
sofá *m.* sofa
sofocar to choke; to suffocate; to stifle
sofoco *m.* suffocation; oppression
sol *m.* sun
  al ponerse el sol at sunset
  salida del sol sunrise
solamente only
solar *m.* lot, ground-plot
soldado *m.* soldier
soledad *f.* loneliness, solitude
soliloquio *m.* soliloquy
solitaria *f.* tapeworm
solitario solitary, lonely
sollozar to sob
  rompió a sollozar you (*for.*)/ he/she began to sob
sollozo *m.* sob
solo (*adj.*) alone, sole; lonely
  por sí solo by itself
sólo (*adv.*) only
soltar (ue) to let out, to release; to untie
soltero unmarried
  tío solterón *m.* bachelor uncle
sombra *f.* shade; shadow; darkness; ghost
sombrero *m.* hat
sombrío dark
sonaja *f.* rattle
sonámbulo *m.* sleepwalker
sonar (ue) to ring, to sound
  sonar a to sound like
sonido *m.* sound
sonreír (i,i) to smile

sonriendo (*pres. p.* **sonreír**) smiling
sonrió (*pret.* **sonreír**) you (*for.*)/ he/she smiled
sonrisa *f.* smile
soñar (ue) to dream
  soñar con to dream of
  soñar en alta voz to talk in (one's) sleep
sopa *f.* soup
soplar to blow
sopor *m.* lethargy
soportar to bear; to hold up; to endure, to tolerate
sorber to sip, to soak up
sorbo *m.* sip
sórdido sordid
sordo deaf; dull; muffled
sorna *f.* sarcasm
sorprender to surprise
sorprendido surprised
sorpresa *f.* surprise
sorpresivo unexpected
sorteo *m.* drawing
sortija *f.* engagement ring
sosegado calm
sosegar to calm
sosiego *m.* quiet, calm
sospechar to suspect
sostén *m.* support
sostener to support, to hold up; to sustain
  sostenerse to support
soy (*pres.* **ser**) I am
  lo soy I am
suave suave, smooth, soft; gentle, mild, meek
suavemente softly
subir to raise, to lift; to carry up; to go up; to alight; to climb
  subirse to rise
súbito sudden
subjuntivo *m.* subjunctive
sublevarse to revolt
subsistir to exist
subtítulo *m.* subtitle
suceder to happen
suceso *m.* event
sucio dirty

sucumbir to succumb, to yield
sudar to sweat
sudor *m.* sweat
sudoroso sweaty
suegro *m.* father-in-law
suegra *f.* mother-in-law
suela *f.* tanned leather
sueldo *m.* salary
soler (ue) to tend to, to be in the habit of
suelo *m.* floor, ground
  echar al suelo to tear down
suelta (*fam. com.* **soltar**) untie
suelto loose; free
  tierra suelta dirt
sueño *m.* sleep, dream
  tener sueño to be sleepy
suerte *f.* luck; fortune; fate
  llevarse la suerte to be lucky
  tocar la mala suerte to suffer bad luck
sufijo *m.* suffix
sufrimiento *m.* suffering
sufrir to suffer
sujetar to subject, to keep; to hold fast; to fasten, to hold down
sumarísimo swift, expeditious
  consejo sumarísimo court martial
sumergir to submerge
sumideros *m. pl.* sewage drains
sumir to sink
supe, supo (*pret.* **saber**) found out, became aware
superar to overcome
superficie *f.* surface
suplicante imploring
suplicar to implore
suponer to suppose
  por supuesto of course
superviviente *m. & f.* survivor
sur south
surcado furrowed
surcar to furrow
surco *m.* row, furrow
sureste (*adj. & m.n.*) southeast
surgir to arise
surtidor *m.* jet stream

suspender to suspend
suspirar to sigh
suspiro *m.* sigh
sustancioso substantial
sustantivo *m.* noun
sustentar to support
sustituir to substitute; to replace
susto *m.* fright
susurrar to whisper
susurro *m.* whisper
sutil (or **sútil**) subtle
suyo yours (*for.*); his; hers; theirs; your own (*for.*); his own; her own; their own

T

tabaco *m.* tobacco
tabernero *m.* bartender
tabla *f.* table; list; board; index; plank
taburete *m.* stool
táctil tactile, relating to touch
tacto *m.* tact, touch; dexterity
tal such, so, as
   con tal (de) que provided that
   de tal modo que so much so that
   tal vez perhaps
talón *m.* heel
tambaleante wavering
tambalearse to sway, to stagger
también also
tampoco neither, not either
tan so; as; such
   tan pronto como as soon as possible; as soon as
tanto so much; as many; so many; so long
   en tanto in the meantime
   mientras tanto meanwhile
   por lo tanto for that reason
   un tanto somewhat
tapa *f.* cover
tapar to cover
tapia *f.* wall
tapiz *m.* tapestry
tardar to delay
tardar en (+ *inf.*) to delay in
   tardarse to be delayed

tarde *f.* afternoon; evening
   todas las tardes every afternoon
tarde (*adj.*) late
   ya era tarde it was already too late
tarde (*adv.*) late; too late
   más tarde later
tardío tardy, late
tardísimo extremely late
tarea *f.* job; task
tarima *f.* platform
tarjeta *f.* card
tartana *f.* round-topped, two-wheeled carriage
tasa *f.* rate
taza *f.* cup
teatro *m.* theater
técnica *f.* technique
techo *m.* ceiling; roof
teja *f.* tile; roof tile
tejabán *m.* roofed house
tejado *m.* roof
tejer to knit
tejido *m.* knitting; tissue
tela *f.* cloth; web
   cancel de tela curtain
telaraña *f.* spiderweb
teléfono *m.* telephone
   por teléfono by telephone
telescopio *m.* telescope
televisión *f.* television
tema *m.* theme, subject
temblar (ie) to tremble, to shake, to quiver
temblete *m.* aspen
temblor *m.* tremor, shaking, trembling
tembloroso trembling
temer to fear
temido feared
temor *m.* fear
temperatura *f.* temperature
tempestad *f.* storm
templado mild
temporada *f.* season
temporal temporal
tempranito (*dim.* **temprano**) very early

temprano early
tenaza *f.* tong
tender (ie) to offer; to stretch out; to extend
tenderete *m.* stall
tener to have; to consider
   no tenías llenadero you couldn't be filled
   tener ... años to be . . . years old
   tener calor to be hot or warm (*people*)
   tener cuidado to be careful
   tener frío to be cold (*people*)
   tener ganas de to feel like
   tener hambre to be hungry
   tener la bondad to be so kind (as to); please
   tener la culpa to be to blame, to be guilty
   tener la edad para comprender to be old enough to understand
   tener lástima to take pity; to feel compassion
   tener lugar to take place
   tener miedo to be afraid
   tener que (+ *inf.*) to have to (do something)
   tener que ver con to have to do with
   tener razón to be correct
   tener sed to be thirsty
   tener sueño to be sleepy
   tenerse en pie to remain standing
tenido (*p.p.* **tener**) had; held
   tenido por considered as
teniente *m.* lieutenant
tenis *m.* tennis
tensión *f.* tension
tentación *f.* temptation
tentar (ie) to tempt
tenue tenuous, delicate
teñir (i,i) to dye, to stain
tercer third
   la tercera edad *f.* golden age; senior citizenry
tercio *m.* third

terciopelo *m.* velvet

terciopeloso (terciopelado) velvety

terminado finished

terminantemente positively, categorically

terminar to finish, to end

término *m.* term

ternura *f.* tenderness

terraplén *m.* terrace, embankment

terrateniente *m.* landowner

terrenal earthy; earthly

terrenito *m.* small plot of land

terreno *m.* land, soil; field, terrain

terrible terrible

terriblemente terribly

terrón *m.* lump

terso smooth

tesoro *m.* treasure

testarudo stubborn

testigo *m.* witness

tez *f.* face

ti you (*fam. s.*); thee

    Pobre de ti. You poor thing.

tía *f.* aunt

tibieza *f.* lukewarmness; coolness

tibio tepid; lukewarm, warmish

tiempo *m.* time; tense; weather

    al mismo tiempo at the same time

    al poco tiempo in a short time

    desde hace un tiempo for some time now

    hacer mal tiempo to have bad weather

tienda *f.* store

tienta *f.* probe

    buscó a tientas you (*for.*)/he/she/it groped for

tiento *m.* halter, strap

tierno soft; fresh; tender

tierra *f.* ground, earth, land; dust

    pisó tierra landed

    tierra de labranza farming land

    tierra suelta dirt

tieso stiff

timbre *m.* doorbell

tímidamente timidly

timidez *f.* cowardice, timidness

tinaja *f.* large earthen jar

tinta *f.* ink

tintero *m.* inkwell

tío *m.* uncle

tipo *m.* type

tiranía *f.* tyranny

tirano *m.* tyrant

tirante (*adj.*) tightened

tirantes *m. pl.* suspenders

tirar to abandon; to throw away; to cast; to pull

    tirar del brazo to pull by the arm

    tirar una carcajada to burst into laughter

    tirarse to throw oneself

tiro *m.* shot

    a tiro within range

    te pega un tiro he/she will shoot you

tironear to pull, to tug

título *m.* title; degree

    títulos de crédito credits

tobillo *m.* ankle

tocable relating to the sense of touch

tocar to touch; to touch on; to feel; to ring; to toll; to strike; to play an instrument; to come to know; to suffer

    la parte que a uno le toca to pertain to, to concern; to fall to the lot of, to be the turn of

    tocar la mala suerte to suffer bad luck

todavía still, yet; already

    todavía no not yet

todo all; everything

    de todas maneras anyway

    en todo caso in any case

    todas las mañanas every morning

    todas las tardes every afternoon

    todos los días every day

toldo *m.* awning

tolerancia *f.* tolerance

tolerante tolerant

toma *f.* shot

tomado taken, seized, captured, taken over

tomar to take; to get; to seize; to take on; to catch; to have (food or drink); to drink

tono *m.* tone

tonto silly, foolish

topar (con) to run into, to encounter

toque (*for. com.* **tocar**) knock; touch

    Toque sin pena. Don't hesitate to knock.

torcido twisted, bent

    torcidos turned in

tormenta *f.* storm

tormento *m.* pain

tornar to return

    tornarse to become

torpe stupid, clumsy

torpor *m.* numbness

torre *f.* tower

torta *f.* mine pit

tortilla *f.* tortilla; omelet (*Spain*)

tortura *f.* torture

toser to cough

tozudo stubborn

traba *f.* feminine barrette

trabajador *m.* worker

trabajar to work; to till

trabajo *m.* work, job

    dar trabajo to be difficult

trabajosamente laboriously, with difficulty

trabar to seize, to grab; to lock

trabitas *f. pl.* small hair barrettes

tradición *f.* tradition

traducir to translate

    tradúzcalo (traduzca: *for. com.* **traducir**) translate it

traer to bring; to cause; to lead

tragar to swallow

    de un trago in a single gulp

traicionar to betray

traído (*p.p.* **traer**) brought

traje *m.* suit

trajeado dressed
  mal trajeados poorly dressed
trajeron (*pret.* **traer**) you (*pl.*)/
    they brought
trajinar to traipse; to deceive; to
    poke around
  trajo (*pret.* **traer**) you (*for.*)/he/
    she/it brought
trama *f.* plot; story line
trampa *f.* trap
trance *m.* moment
tranquilamente tranquilly,
    calmly
tranquilidad *f.* tranquillity
tranquilo tranquil, calm
transcurrir to pass, to elapse
transformación *f.* change;
    transformation
transformar to transform
  transformarse to be
    transformed
transparencia *f.* transparency
transparente transparent
tranvía *f.* streetcar
trapo *m.* rag
tras after; behind
trascurso *m.* course
trasero hind, back
trasformar to transform
trasmitir (**transmitir**) to
    transmit
trasquila *f.* shearing
trasporte (**transporte**) *m.*
    transport
trastes *m. pl.* dishes, pots and
    pans
tratar to handle, to deal with;
    to treat
  tratar de (+ *inf.*) to try to (do
    something)
  tratarse to be concerned with
  tratarse de to have to do with,
    to be about
  tratase de (*imp. subj.* **tratar**)
    were dealing with
través *m.* inclination to one side,
    bias; adversity
  a través de across, through
trayendo (*pres. p.* **traer**) bringing

trazar to trace
trébol *m.* clover
trecho *m.* space; lapse
  a trechos by intervals
trémulo trembling
tren *m.* train
  en tren by train
trenza *f.* braid
trepar(se) to climb up
tribu *f.* tribe
tribuna *f.* tribune; platform
tricota *f.* turtleneck sweater
trincheras *f. pl.* trenches
triste sad
tristemente sadly
tristeza *f.* sadness, gloominess
triunfador *m.* victorious,
    triumphant
triunfar to triumph
triunfo *m.* triumph
trocear to cut up
trompeta *f.* trumpet
tropa *f.* troop
tropezar (**ie**) to stumble over,
    to trip over, to run into; to
    stumble; to stumble upon
  tropezar con to bump into; to
    come upon, to stumble
    upon
tropezón *m.* stumble
  a tropezones stumbling;
    falteringly
trote *m.* trot
  al trote at a trot; hastily,
    hurriedly
  trotecillo *m.* (*dim.* **trote**) little
    trot
trozo *m.* piece
tú you (*fam.*); thou
tucán *m.* toucan
tuerto blind in one eye
turbar to perturb; to embarrass
turbio cloudy, misty; muddy
tuve (*pret.* **tener**) I had
tuviera (*imp. subj.* **tener**) had
tuvieron (*pret.* **tener**) had
tuvimos (*pret.* **tener**) we had
tuvo (*pret.* **tener**) had
tuyo (*fam. s. pron.*) yours

U

u or, either (*before words
    beginning with* **o**- *or* **ho**-)
último last, latest; final; excellent;
    superior
  por última vez for the last time
ultrajar to insult; to abuse, to
    offend
umbral *m.* doorway, threshold
uncir to harness
únicamente only
único only, sole; unique
uniformado uniformed
uniforme *m.* uniform
unir to unite
universidad *f.* university
unos some; a pair of
uña *f.* fingernail
urbe *f.* city
urgente urgent
usado used
usar to use; to wear
usted you (*for.*)
útil useful
utilidad *f.* utility, usefulness
utilizar to utilize
uva *f.* grape

V

vaca *f.* cow; cowhide
vacaciones *f. pl.* vacation
  de vacaciones on vacation
vacilante vacillating, hesitating
vacilar to vacillate, to hesitate
vacío *m.* emptiness
vacío empty
vacuna *f.* vaccination
vagabundo *m.* vagabond
vagamente vaguely
vagar to wander
vagido *m.* wail (*especially of a
    newborn child*)
vago vague, obscure
vaina *f.* pod; husk; thing
  Es la misma vaina. It's the
    same thing.
vainita *f.* (*dim.* **vaina**) little pod
valedor *m.* valiant one

valentía *f.* courage
valer to have worth; to be worthy; to be worth; to be valuable
  valer la pena to be worthwhile
valga (*pres. subj.* **valer**) is worthy
válido able
valiente valiant, brave
valija *f.* suitcase, valise
valioso valuable
valle *m.* valley
valor *m.* value; worth; courage; price
vanamente vainly
vano *m.* opening
vano vain
  en vano in vain
vaporoso cloudy
vaquero *m.* ranchhand; cowboy
vario various, varied
varios several
varón *m.* male, man
varonil manly
vaso *m.* glass
vastedad *f.* vastness
¡Vaya! (*interj.*) Come on! Well! Come on now!
vaya (*for. com.* **ir**) go
  que se vaya that you (*for.*)/he/she go away
veces *f. pl.* (*s.* **vez**) times, occasions
  a veces sometimes
  muchas veces often
  repetidas veces repeatedly
vecindario *m.* neighborhood
vecino neighboring
vecino *m.* neighbor
veinte justos exactly twenty
vejete *m.* old man
vejez *f.* old age
vela *f.* candle
  dar vela to give an excuse
velador *m.* night table; night light
velar to watch; to stay awake
velo *m.* veil
ven (*fam. com.* **venir**) come
vena *f.* vein
vencedor *m.* winner, victor

vencer to conquer; to expire
vendedora *f.* seller
vender to sell
venerado venerated
vengan a (*fam. com.* **venir**) come
venganza *f.* revenge, vengeance
venir (ie) to come
  me viene como anillo al dedo it fits me like a glove
  venidas a menos made useless
  venir a que to come with the purpose that, to come so that
  venirle a uno bien to be becoming; to fit well
venta *f.* sale
ventaja *f.* advantage
ventajoso advantageous
ventana *f.* window
ventanal *m.* large window
ventanilla *f.* window (of a ticket office)
vente (*fam. com.* **venirse**) come, bring yourself
ventura *f.* fortune, happiness
ver to see
  a ver let's see
  al ver upon seeing
  al verlas upon seeing them
  habría que ver we would just have to see
  tener que ver con to have to do with
vera *f.* edge
veranear to spend the summer
veranillo *m.* (*dim.* **verano**) little summer
  veranillo de San Martín Indian summer
verano *m.* summer
veras *f. pl.* truth; fact
  de veras really, truly
verbo *m.* verb
verdad *f.* truth
verdaderamente truly, really
verdadero real, true
verde green
  verde brillante bright green
  verde olivo olive green
verdugo *m.* executioner

vereda *f.* trail, path
vergüenza *f.* shame
verídico true
verja *f.* fence, grating
verso *m.* verse, line of poetry
vestido dressed
vestir(se) (i,i) to dress
vestuario *m.* costume
veta *f.* vein (of a mineral)
vete (*fam. com.* **irse**) go away
vez *f.* time, occasion; turn
  a la vez at the same time
  a su vez in turn; on your (*for.*)/ his/her part
  a veces sometimes
  alguna vez now and then
  cada vez each time
  cada vez más more and more
  de una vez in one stroke, all at once
  de vez en cuando occasionally
  de vez en vez once in a while
  en vez de instead of
  otra vez again
  por primera vez for the first time
  por última vez for the last time
  repetidas veces over and over again
  tal vez perhaps
  una vez once
  una y otra vez repeatedly
viaje *m.* trip, journey
  hacer un viaje to take a trip
vida *f.* life; livelihood
vidriera *f.* glass case
vidrio *m.* glass; windowpane
vieja *f.* older woman
viejita *f.* (*dim.* **vieja**) dear woman; dear wife; older woman
viejo *m.* old man
viejo old
viento *m.* wind
vientre *m.* womb; soul
viernes *m.* Friday
  Viernes Santo Good Friday
viese (*imp. subj.* **ver**) see
vigilancia *f.* watchfulness, vigilance

vigilar to watch over, look after
vinito *m.* (*dim.* **vino**) nice wine
vino *m.* wine
vino (*pret.* **venir**) you (*for.*)/he/
she/it came
viña *f.* vineyard
violación *f.* rape
violencia *f.* violence
violento violent
virgen *f.* virgin
virginidad *f.* virginity; innocence
virilidad *f.* virility
virreinato *m.* viceroyalty
virtud *f.* virtue
visión *f.* vision
visita *f.* visit; visitor, caller
vista *f.* sight; view; vision
  perder de vista to lose sight of
  punto de vista point of view
visto (*p.p.* **ver**) seen
visual visual
viuda *f.* widow
viudo *m.* widower
vivaz lively
viviente alive
vivir to live
vivo alive; lively; vivid
vocabulario *m.* vocabulary
vocal *f.* vowel
vocecita *f.* (*dim.* **voz**) little voice
voces *f. pl.* (*s.* **voz**) voices
volador flying
voladura *f.* explosion

volante *m.* steering wheel
volar (**ue**) to fly; to blow up
volcán *m.* volcano
volcar (**ue**) to overturn
voltear to knock down
voluntad *f.* will, determination;
good will
volver (**ue**) to return, to come
back
volver a (+ *inf.*) to do
(something) again
  volverse to turn around;
to return; to turn into, to
become
  volverse atrás to go back
vosotros (*fam. pl.*) you
votación *f.* voting
voz en off *f.* voiceover
voz *f.* voice
  en voz alta aloud
vuelta *f.* turn, twirl
  dar la vuelta to turn around
  dar media vuelta to turn
around
  dar una vuelta to turn around;
to take a stroll; to take
a drive
  dar vuelta to turn over
  dar vueltas to fuss about; to
shift back and forth
  estar de vuelta to be back
vuelto (*p.p.* **volver**) returned
vuelva (*for. com.* **volver**) return

Y

y and
ya already; right away; now;
finally
  ya no no longer
  ya que inasmuch as,
since
yacer to lie
yegua *f.* mare
yendo (*pres. p.* **ir**) going
yerba *f.* grass
yerbabuena *f.* mint
yerno *m.* son-in-law
yeso *m.* plaster
yo *pron.* I
  yo mismo myself

Z

zafiro *m.* sapphire
zaguán *m.* hall
zambullirse to dive
zángano *m.* lazy kid
zanja *f.* trench, ditch
zapador *m.* sapper
zarandeado shaken
zarandear to shake
zigzagueante zigzagging
zinc *m.* zinc
zorro *m.* fox
zumbar to buzz
zumbido *m.* buzzing
zurrón *m.* game bag